LISA FITZ

DER LANGE WEG ZUM UNGEHORSAM

Eine Autobiografie

WELTBUCH

Unveränderter Wiederabdruck als Taschenbuch-Ausgabe und als E-Book der 2011 als Hardcover unter der ISBN 978-3-453-17925-7 erschienenen Autobiografie.

1. Auflage, Taschenbuch-Ausgabe, Deutsch, 10/2022
ISBN 978-3-907347-02-7

Coverdesign: Dirk Kohl, Peter Knirsch
Fotograf Bilder Umschlagseiten: Dominic Reichenbach
Buchsatz: Dirk Kohl, Weltbuch Verlag GmbH (Sargans/Schweiz)
Gesamtproduktion: Weltbuch Verlag GmbH (Sargans/Schweiz)

Das 10/2022 ebenfalls im Weltbuch Verlag, Sargans/Schweiz erschienene E-Book ist unter der ISBN: 978-3-907347-03-4 erhältlich.

Weiterführende Informationen zum Buch unter:
www.weltbuch.com/lisa-fitz

Inhalt

Vorwort

Ich möchte am Ende meines Lebens nicht sagen müssen:
»Mein Leben hat allen gefallen, nur mir selbst nicht.«

An einem schönen Sommertag hatte ich den Gedanken, dass ich meine Biografie schreiben sollte, bevor ich sechzig bin. Jetzt war der richtige Zeitpunkt, fand ich, um Entwicklungen zu schildern, wie sie wirklich waren, wie und wo sie begannen. Jetzt bin ich mitten im Leben, fit und voller Energie. Ich will nicht irgendwann als alte Lady mein Leben noch mal Revue passieren lassen und Geschichten erzählen, die lange abgeschlossen sind, auch innerlich.

Für meine Freunde ist das Buch – und auch für Anti-Fitze – um deren etwaigen gräulichen Vermutungen und schwarz-weißen Unterstellungen meine bunten Wirklichkeiten gegenüberzustellen.

Chronologisch zu erzählen, bei G wie Geburt zu beginnen und bei J wie Jetzt zu schließen, schien mir zu unspannend. Ich will lieber beschreiben, wie weibliche Kraft entsteht, wie Widerstand sich bilden kann, wie neue Wege gegangen und Brüche im Leben willkommen geheißen werden, Familie verstanden werden kann und deren Kräfte genutzt werden können, wie Energie durch Reibung entsteht mit Verwandten, Umwelt, Freunden. Und vor allem, wo die »Powerfrau« ihre Wurzeln hat und wie man lernt, der eigenen Nase nachzugehen, anstatt sich einengenden Konventionen zu beugen.

Meine Biografie ist ein Reigen von Bildern, die in mir auftauchten wie Wassergeister aus einem Waldsee, und Geschichten, die durch die Presse geisterten, Ereignisse, zu denen Fans und Journalisten immer wieder Fragen stellen und last, not least:

die Entdeckung der Wurzeln, aus denen sich meine Kraft bis heute speist.

Meinen Fans, aber auch meinen Journalisten mit all ihren facettenreichen und breit gefächerten Qualitäten lege ich so quasi mein Leben vor die Füße und damit auch mein Credo ans Herz:

Profil erreicht man durch Biss und Qualität – nicht durch Häme.

Zabriskie Point

Kalifornien, an der Grenze zu Nevada, sechsunddreißigster Breitengrad, fünfundachtzig Meter unter dem Meeresspiegel. Tiefster Punkt des amerikanischen Kontinents, Millionen Jahre altes Gestein, heißeste und trockenste Region Nordamerikas, Temperaturen bis sechsundfünfzig Grad Celsius. Ausgetrocknete Erde, flirrende Luft, kreislaufkillende Hitze im »Tal des Todes«. Dreihundertsechzig Grad formgewaltiges, einzigartiges Panorama, Mondlandschaft, fremder Planet, unbekannte Natur in überwältigender Schönheit, einer der spektakulärsten Plätze in den Vereinigten Staaten.

Das berüchtigte *Death Valley*, wo jede Pflanze verdorrt, wo keine Eidechse raschelt, wo Skorpione ums Überleben kämpfen und Schlangen Zuflucht vor der Hitze in der Erde suchen. Kein Leben sieht man hier – nur Steine, Sand, Sonne. Kein Grashalm, kein Laut – nichts. Vielen Western diente das »Tal des Todes« als Filmkulisse mit den kargen Bergrücken der Panamint Mountains im Hintergrund, die rötlich und braun im Sonnenlicht schimmern. Davor die zweihundertfünfunddreißig Kilometer lange öde Talebene auf 13 628 Quadratkilometern. Goldgelbe Sanddünen, farbig schimmernde, verwitterte Felsformationen und Canyons. Weiße Salzkrusten sind Zeugen von ehemals vorhandenem Wasser in der öden Wüstenlandschaft. Vegetation ist nur in winzigem Umfang vorhanden.

1849 sind im *Death Valley* die Siedler eines Trecks mit hundert Wagen fast umgekommen. Sie waren nicht auf die mörderische Hitze gefasst, als sie eine Abkürzung zum Old Spanish Trail suchten, der Santa Fé in New Mexico über Utah mit Los Angeles verbindet.

Die Sonne brannte.

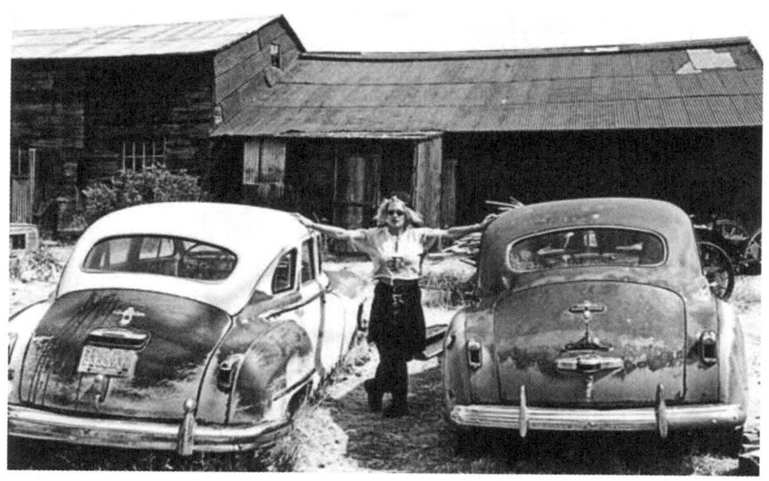

Arizona, USA (1995)

Ich kniff die Augen zusammen, schaute in die endlose Weite des Todestals. Kein Truck auf der Straße, kein Pick-up, kein Bike – kein Mensch, kein Tier. Nur Stille … und Hitze.

Hält man sich draußen auf, verliert der Körper bis zu zwei Liter Flüssigkeit pro Stunde. Sieben Liter Wasser pro Tag trinken, Wasser zur Kühlung des Autos mitnehmen. Wagen vorher volltanken, rät mein Reiseführer.

Gestern Nacht waren wir – mein Sohn Nepo, mein Cousin Florian und ich – in Lone Pine angekommen, um heute Morgen gleich in der Früh *Death Valley* zu durchqueren. Lone Pine, die letzte Station vor der Einfahrt ins Tal, eine einsame Kneipe, in der es schräge Souvenirs zu kaufen gibt – getrocknete Klapperschlangen, Vogelkrallen, Giftzähne, Dosenbier. Ein zahnloser Waiter mit Cowboyhut, wie aus einem Roadmovie entsprungen – kariertes Hemd, speckige Lederweste, zerschlissene Jeans –, wandte sich uns zu.

»Hi guys, can I help you?«

»Grüß Gott … äh … hello. Three cokes please, thanks.«

»Welcome«, nuschelte er durch die Zahnlücken und stellte drei kühle Colas auf den Tresen.

»Three Dollar fifty!«

An der Bar lehnte ein staubiger müder Biker in abgewetzter schwarzer Ledermontur, den Helm hatte er auf dem Tresen abgelegt, eine Dose Bier in der Hand.

»Hi! How are you?«, fragte ich ihn. »Passed Death Valley direction east-west?«

»Well ... no. I tried to, but ... it's a short story ...«

Ich sah ihn erwartungsvoll an.

»This is not my day, Lady«, sagte er und schüttelte müde den Kopf in Slow Motion. Beim ersten Versuch, *Death Valley* zu durchqueren, hatte ihn ein geplatzter Reifen gestoppt. Beim zweiten Versuch war es die Ölwanne gewesen, die leckte. Nun war die Luft auch aus ihm raus. Zu gefährlich, meinte er, wenn man so drauf sei, nix für einen Höllentrip.

»Ich bleib hier«, murmelte er, »und morgen, wenn mein Bike klar ist, fahr ich nach Hause. Okay, have a nice night, guys! This is not my day ...«

Er hob sein Bier in unsere Richtung, trank aus, wischte sich den Schaum vom Mund und stakste steifbeinig in Richtung Hinterausgang.

»We're going to close now, guys ...«, sagte der Barkeeper. »Braucht ihr ein Bett?«

»Nö«, antwortete ich und zeigte nach draußen. »Wohnmobil ... mobile home!«

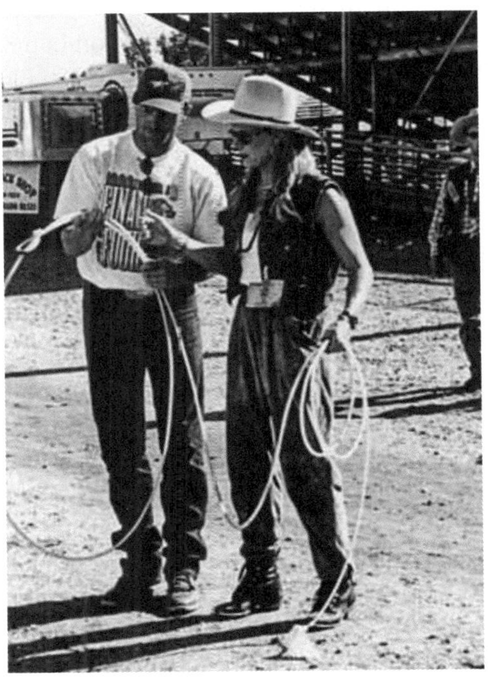

Lassowerfen in Arizona

Wir trollten uns in unser monströses Heim auf Rädern, das in hundert Metern Entfernung vor der Wirtschaft parkte, rollten uns in die Schlafsäcke und schliefen sofort ein. Das war gegen einundzwanzig Uhr, draußen dreißig Grad. Die Klimaanlage hatten wir auf ON gestellt.

Nach drei Stunden unruhigem Schlaf schreckte ich hoch und lauschte. Hatte sich da draußen was bewegt? Nichts ... Mir war heiß. Ich sah auf die Uhr, ein Uhr fünfzehn. Ich zippte den Schlafsack auf, taumelte verschwitzt zur Wohnmobiltür. Sie klemmte und ließ sich nur schwer und unter Quietschen öffnen. Ich blinzelte schlaftrunken in die fremde amerikanische Nacht. Die Außentemperatur hatte sich nicht verändert – das Thermometer stand nachts um ein Uhr immer noch auf über dreißig Grad. Nepo und Florian schliefen wie die Murmeltiere. Ich stieg die kleinen Stufen hinunter und stand in der Dunkelheit. Um mich herum weites Land, nichts zu sehen, außer der schwach beleuchteten Kneipe von Lone Pine – einsame Pinie. Der Barkeeper war mit seinem roten Pick-up weggefahren, wohl nach Hause, den Motorradfahrer hatte er mitgenommen. Wir waren alleine.

Ich lauschte in die Finsternis – kein Laut. Kein Auto, kein Straßenlärm, auch nicht in der Ferne. Kein Tier, kein Baum oder Busch, der sich bewegte, es war gespenstisch leise, still wie der Tod. Ich konnte mich nicht erinnern, jemals bewusst so ein akustisches Nichts wahrgenommen zu haben, so eine Stille ohne jeglichen Mucks in Flora und Fauna. Eine Stille, die erschlägt, wenn man sie zum ersten Mal erlebt. Ich blickte hinauf in den weiten Himmel – in eine endlose Sternenpracht! Das Firmament tat sich wie Gottes Showroom vor mir auf. Noch nie in meinem Leben hatte ich so unzählige Sterne in solch luzider Klarheit gesehen, von keiner Wolke getrübt, das Empfinden dieser Pracht von keinem Laut gestört. Ich glaube, das war der beeindruckendste Augenblick in meinem ganzen Leben. *Wie klein bin ich ... Was für ein Nichts in dieser gigantischen Schöpfung, kleiner als ein Staubkorn!* Ein Gefühl von Demut erfasste mich. Deutschland und mein Job waren weit, weit weg ... Ich stand alleine in dieser Nacht, endlos lange, ohne Gefühl für Zeit und Raum, in einer neuen Dimension.

»Bis zehn Uhr sollten Sie durch sein«, sagte der Mann an der Einfahrt zum Tal, auf einem Streichholz kauend. »Später wird's ungemütlich. Wenn Sie einen Motorschaden haben oder liegen bleiben und für ein paar Stunden keiner vorbeikommt, sind Sie tot!« Er grinste. »Na gut, sagen wir, so gut wie. Aber 'nen Fußmarsch da raus können Sie vergessen!«

Ich war vor sieben Uhr aufgestanden, drei Stunden würde die Fahrt durch das Tal dauern. Ich trieb die Männer zur Eile an.

»Nepo!!«, rief ich. »Raus aus den Federn, du Schlafmütze, wir müssen los! Florian, wo steckst du?!«

Mein Lieblingscousin Nummer zwei (das Erstrecht gebührt Thomas, dem Älteren) war schon wach und sah draußen rund ums Wohnmobil nach dem Rechten.

»Alles klar«, rief er, »wir können!«

Wir hatten Zabriskie Point erreicht und standen nun am Aussichtspunkt mit dem Dreihundertsechzig-Grad-Panorama. Nepo hüpfte übers Geländer in die Felsen.

»Pass auf!«, rief ich. »Fall nicht!«

»Ja, jaa ...«

Mein Sohn Nepo war drei Monate zuvor dreizehn geworden, ein Alter, in dem sich Abenteuerlust mit Unverstand paart. Er war fidel und süß – aber Gift für meine Mutternerven. Ich nannte ihn die *Ein-Mann-Heuschreckenplage*. Er sprang ermahnungsresistent durch die Landschaft, Florian stand in einigen Metern Entfernung und machte Fotos. Die Schönheit der Landschaft begeisterte uns.

»Wow, hier müsste man ein Roadmovie drehen!«, rief Nepo.

»Mann«, sagte Florian, »das gibt's doch schon lang. Nie *Zabriskie Point* von Antonioni gesehen??«

»Nö. Ich bin ja viel jünger als du!«

»Das gehört zum Allgemeinwissen, egal, wie alt du bist!«

Ich war froh, dass Florian dabei war. Er kümmerte sich beim

Wohnmobil um alles, wovon ich nichts verstehen wollte, technische und sanitäre Belange, und war trotz seiner Jugend ein erwachsener Begleiter, der – fröhlich und aus freien Stücken – Verantwortung übernahm. Er hatte uns angeboten, für uns zu kochen, was er superb erledigte, und er wachte wie ein Inspektor über die Sauberkeit des Wohnmobils, was mich in meinen Mutterpflichten entlastete. Das ewige Mahnen fand ich sowieso öde. Wenn Florian den Boden frisch gewischt hatte und Nepo (altersentsprechend) mit schmutzigen Schuhen hineinlatschte, handelte er sich einen gezielten Anschiss von Florian ein, ich musste mich nicht aufregen und sparte im Urlaub Nerven.

Mein Lieblingscousin Nummer zwei war Mitte zwanzig und hatte gerade seine Ausbildung an der Music School in Boston abgeschlossen. Wieder zurück in der deutschen Heimat fühlte er sich etwas orientierungslos und fremd. Als ich mit der Idee zu ihm kam, mit dem Wohnmobil durch Kalifornien zu reisen, und ihn fragte, ob er Nepo und mich begleiten wolle, sagte er begeistert zu.

Ich war Gott sei Dank (wieder) Single (mein liebster Status) und konnte reisen, wohin und mit wem ich wollte. Florians beruflicher Weg lag noch ungestaltet vor ihm, und ich war froh, bei dieser Reise einen Mann an meiner Seite zu haben. Florian wiederum fand es schön, mit Nepo und mir als relativ stressfreien Familienmitgliedern und doch in quasi gleichgesinnter Gesellschaft unterwegs sein zu können.

Die beiden alberten hinter mir herum, und ich konnte in Ruhe in die Ferne gucken. Ich dachte an Antonionis Aussteigerfilm, an den Mythos eines Wunderlandes, die Faszination seiner unbegrenzten Möglichkeiten …

Deutschland hinter mir lassen zu können, nicht an der Autobahntankstelle erkannt, im Supermarkt angestarrt zu werden wie eine lila Kuh, mal nicht für Popularität dankbar sein müssen (und mich doch in meiner Privatsphäre so eingeschränkt zu fühlen), mich nicht hinter einer Sonnenbrille verstecken oder den Kopf senken zu müssen, um nicht erkannt, begutachtet, bewertet zu werden – das bedeutete für mich Freiheit.

Einige Wochen Freiheit! USA! Wohnmobil!

Nur ich, wir, Family.

Da sah ich aus dem Augenwinkel den Bus. Ein riesiger silberner Greyhound-Bus rollte heran, bog auf den Parkplatz und parkte neben unserem Wohnmobil. Seine Türen öffneten sich mit einem zischenden Geräusch und spien rund vierzig Menschen aus, Männer und Frauen fortgeschrittenerer Alters, in Hawaiihemden, Bermudas, Sandalen, US-Käppis, mit Fotoapparaten bewaffnet.

Ein Touristenbus. Schade, aber ... gut, *Death Valley* und *Zabriskie Point* gehörten uns ja nicht alleine. Jedes Jahr kommen über eine Million Besucher dorthin. Wir waren wohl doch nicht früh genug losgefahren. Da erblickte mich die Erste, eine korpulente Frau in rosa geblümter Bluse und giftgrünen Shorts. Sie fixierte mich wie ein Huhn, das einen Wurm entdeckt hat, eilte stracks zu einem Mann und flüsterte ihm etwas ins Ohr, den Blick weiterhin auf mich geheftet. Eine zweite kam dazu, sie tuschelten. Dann hörte ich ihre Stimmen, die immer lauter wurden.

»Des isch!!!«, riefen sie aufgeregt, verhalten erst, dann mutiger.

»Freili, des isch!!!«

Und dann nahmen gut vierzig Schwaben mit gezückten Kameras Kurs auf mich. Ich drehte auf dem Absatz um, flüchtete zum Wohnmobil, sprang mit einem Satz hinein und schlug die Tür hinter mir zu. Da saß ich nun auf dem Bett und kam mir doof vor, kleinlich, unsouverän, unprofessionell. Nach einigen Minuten lugte Nepo vorsichtig durch die Tür.

»Mami ... Mami, wo bist du denn?? Die sind ganz nett und wollten nur ein Autogramm. Warum bist du denn nicht draußen geblieben und hast bisschen mit denen geredet??«

»Ich *bin im Urlaub!!!*«

Ich starrte verstockt vor mich hin. Florian kam dazu.

»Die sind jetzt echt stinkig«, sagte er und grinste. »Die wollten ein Foto mit dir haben. So 'ne Gelegenheit bekommen die doch nie wieder! Ein deutscher Promi in Amiland – mit Fitz auf

Tuchfühlung im Death Valley!« Er lachte. »Die haben dir nachgeschaut, als wärst du 'ne Marienerscheinung, weil sie nicht fassen können, dass *du jetzt hier* im gleichen Augenblick *wie sie* bist!«

Ja, welch ein Zufall. Ich nahm einen großen Schluck Wasser und kam mir schofelig vor.

»Das ist doch für die der Wahnsinn!«

»Für mich auch«, brummte ich mürrisch.

Mein Tag war gelaufen, die fröhlichen Gedanken in neurotischer Paranoia ersäuft wie Katzenjunge vom Bauern im Fluss.

»Geh doch einfach noch mal raus! Sonst denken sie, du bist arrogant und überheblich. Die freuen sich bestimmt, Mami!«

»Nein.«

»Warum denn nicht??«

»NEIN!!!! ICH BIN JETZT GERADE ARROGANT UND ÜBERHEBLICH, UND ICH WILL JETZT NICHT DA RAUS!«

»Menschenskinder, jetzt sei halt nicht so schwierig.«

»DOCH! Ich will nicht. Die haben mir mein Urlaubsfeeling zerstört, die Arschlöcher. Ich bin privat hier, versteht Ihr? PRIVAT!!!!«

Ein Bus voller Schwaben im Death Valley auf unserm USA-Trip! Vierzig Schwaben aus Bad Cannstatt. Der amerikanische Mythos lag röchelnd am Boden und verendete …

Florian ließ das Wohnmobil an, wir fuhren weiter. Ich saß stinkig wie ein schwarz verfärbtes Chamäleon (die bleiben über Stunden eingedunkelt auf einem Ast sitzen, wenn sie sauer sind) auf meinem Bett und haderte – mit mir, mit der Welt, mit meinem Beruf. Auf einmal begann der Motor unseres Wohnmobils zu stottern und setzte nach einer Weile aus – Überhitzung oder Kühlwassermangel! Wrrrttt-rrrttt-wrrrtt – AUS. Wir bekamen ihn nicht wieder an und saßen in der größten Mittagshitze im Tal des Todes bei zirka fünfundvierzig Grad ohne Schatten fest. Die Stimmung sank ins Bodenlose und mischte sich mit Panik. Wir sahen uns schon als Dörrfleisch mit heraushängender Zunge verendet vor dem Wohnmobil im Wagenschatten liegen …

Was soll ich sagen – ich mache es kurz, weil es peinlich ist. Nach fünfundvierzig Minuten größter Verzweiflung und vollkommener Aussichtslosigkeit hörten wir von ferne ein Brummen. Der Greyhound-Bus mit den vierzig Schwaben aus Bad Cannstatt kam angetuckert, hielt an – und der fröhlich schnatternde Schwabenclan machte mit dem Fahrer unser Wohnmobil wieder fit. Natürlich bekamen sie diesmal Autogramme und Fotos in allen Varianten …

Beim Tourismustreffpunkt an der Ausfahrt aus dem *Death Valley* sah ich sie wieder, es gab kein Entkommen. Der silberne Bus parkte vor dem Restaurant, und die Frau in den grünen Shorts schrie ins Telefon bei der kleinen Holzbude: »Hallooooo??? Mariele, bisch du's??! I bin's, die Gertraud! Mir sin im Daal des Dodes !!! Und woisch, wän mir da troffe hen??!! Des erratsch du im Lääbe net … die LISA FITZ, die die bayrischen Witzle macht – der isch dr Dampf ausgange mit ihr'm Wägle!«

Schweiz und Schule

Schrumm-zacka-u-u-zacka, Schrumm-zacka-u-u-zacka!

Der Rhythmus erschüttert die weichen fleischigen Wände. Die rote Höhle vibriert im Viervierteltakt mit mir. Gitarrenschläge, wie eine Maschine. *Schrumm-zacka-u-u-zacka.* Nun singt sie ... so schön! Die wunderbare Stimme kenne ich gut, diese tiefe warme Stimme mit den kleinen Wellen darin – ich kenne sie, seitdem ich bin. Was singt sie da?

Ui mee äää *ei a idddl uai dääää ...* Der hohe Ton kitzelt, er ist spannend.

Will hier bleiben, für alle Ewigkeit ... Musik, Wärme, Rhythmus, Geborgenheit, Dunkel.

Äonen nach endlosem sanften Schaukeln wird es eng, es drückt – vorwärts geht's, geschoben werde ich, gezwängt, wohin ...?

Boooaaahhh!

Grell, kalt, Schmerz, au!

Da ist ihre Stimme wieder, nun klingt sie anders ... nah, schön, frei.

O nein, wieder eng, aber mehr Platz als vorher, viel zu hell ... was ist das? Nicht einsperren, nicht allein lassen. Wo seid ihr??

SCHNAPP!

Mamiiiiiiii!!!

Ihr Töchterli isch e Achtmonatskind, dazu der Rhesusfaktor bei Ihne und Ihrem Mo und die poschtnatale Gelbsucht. Es isch e Wundr, dass sie überhaupt hätt übrläbe chönne. Aber zum Glück – die Erschtgeborene übrläbe meischtens, speziell, wenn's Maideli sin. Glückwunsch! Wie soll sie denn hiieße?«

»Lisa.«

Meine Mutter Molly lächelt erschöpft aus den Kissen und sieht ihr Frühchen an.

»Lisa Maria.«

»A so a liabs Maideli«, sagt die Schwester und wickelt das Kind resolut in trockene Tücher. »Sie chönnt es no e Momentli im Arm halte, aber dann geht's ab mit ihre in de Brutkaschte!«

BRUTKASTEN. BRUTKASTEN. BRUTKASTEN. BRUTKASTEN. BRUTKASTEN.

MAMI, WO BIST DU????

Wo sich damals das Krankenhaus in Zürich befand, in dem ich zur Welt kam, steht heute ein Altersheim. Das Haus wurde umfunktioniert oder das alte Gebäude abgerissen und ein neuer Kasten drauf gestellt. Ich könnte als Greisin zum Sterben an den Ort meiner Geburt zurückkehren und würde genauso professionell versorgt werden wie damals, auf dem selben Platz. *Trostreicher Gedanke ... von dort die Welt verlassen, wo man sie betreten hat.*

Die Schweizer Staatsangehörigkeit haben sie mir nicht gegeben. Nach einer Woche reimportiert nach München, das Frühchen, mit einer Röhre über dem Gesicht, wegen der Zugluft. Krailling, Vorort von München, ruhige Sache.

Schweiz wäre cool gewesen, schon rein steuerlich.

Meine Mutter wollte die Tournee trotz Schwangerschaft zu Ende bringen, meine Eltern brauchten das Geld, und in der Schweiz wurde schon 1951 gut gezahlt. Als trainierte Exsportlehrerin hatte meine Mutter in den letzten Monaten kaum zugenommen, der nicht sehr große Bauch wurde durch die schwarze Ibanez mit den verschnörkelt ausgesägten Schalllöchern verdeckt. Bis zum achten Monat und meiner verfrühten Geburt stand meine Mutter darum in der Schweiz singend und Gitarre spielend mit meinem Vater und dessen Bruder Wastl als DAS FITZETT auf der Bühne. Ab dem ersten Tag meiner intrauterinen und zellulären Existenz war also auch ich mit auf der Bühne, Mutter außen, ich innen – auf Tour seit Zeugung.

Gezeugt wurde ich in St. Moritz, versichert mir meine Mutter glaubwürdig, man sei eingeschneit gewesen während der Schweiz-Tour und habe nicht viel unternehmen können. Daher die Zeugung. In der Schweiz gezeugt *und* geboren.

Ob da was bleibt ... esoterisch-spirituell-geografisch-astrologisch? Sternbild Jungfrau. Jungfrau *und* Schweiz ... das kann nur der Schütze-Aszendent konterkarieren und der Mars im Löwen und der Pluto, ebenfalls im Löwen. Power! Löwenmut, astrologisch bedingt. Meine Mutter beschäftigte sich lebenslänglich viel und gern mit Astrologie.

»Was sind Sie? Ah, ein Löwe, da passen wir gut zusammen!«

O nein, sie war eine gescheite, gebildete Frau, keine Astro-Tante, sie hat sich mit so vielen Themengebieten beschäftigt – Geschichte, Biologie, Geografie, Politik, mit großem Allgemeinwissen. Ihr Vergehen war, wenn überhaupt, nur, dass sie mir unablässig subtil vermittelte, ohne Abitur sei ein Mensch quasi kein Mensch.

Ich habe das Gymnasium vor dem Abitur abgebrochen, vielleicht aus Opposition, und hatte – obwohl ich aus meiner damaligen Teenagersicht keinesfalls anders hätte handeln können – lange Zeit ein grottenschlechtes Gewissen, meinem Leben gegenüber: VERSAGT! KEIN MENSCH.

Wir schrieben das Jahr 1968, ich – noch nicht siebzehn – mittendrin in sämtlichen Turbulenzen dieser Zeit der sexuellen Libertinage. Meine Eltern waren nicht erfreut.

»Gut«, sagte mein Vater, »wenn du absolut nicht weitermachen magst mit der Schule, dann hör auf. Aber wirf uns später bitte nie vor: *Warum habt ihr mich nicht dazu gezwungen, weiterzumachen?* Versprichst du mir das?«

»Ja, verspreche ich.«

Ich hätte alles versprochen, nur um nicht mehr in die blöde Schule zu müssen!

Aber später hätte ich es ihnen dann doch gern vorgeworfen: *Warum habt ihr mich nicht dazu gezwungen, weiterzumachen?* Aber ich hatte versprochen, das nie zu tun, also tat ich es nicht. Schlauer Vater.

Ich wollte es nicht mehr aushalten, dass die Lehrkräfte uns Schüler so selbstgerecht niedermachten, nur weil sie Lehrer waren. Und dass sie uns demütigten. Und demotivierten. Statt uns zu motivieren. Und dass sie so sterbenslangweilig unterrichteten. Ich war durch Eltern- und Großelternhaus geistreiche Menschen gewohnt, intellektuelle Anregung, ironische Pointen, Esprit, inspirierende Vorträge – keine öden, saftlosen, unattraktiven Pauker mit Mundgeruch und präpotentem Dominanzanspruch.

Kann ein Lehrer das verdammt noch mal nicht lernen, dass er unterhaltsam unterrichtet? Ich darf mein Publikum auch nicht langweilen. Die Typen werden bezahlt, damit sie junge Menschen inspirieren und ihnen Wissen vermitteln. Amerikanische Lehrer können das.

Es lag nicht an meinem Kopf und meinem IQ, das bestätigten alle Lehrer, es lag an meinem Widerstand. Gerade das machte sie so zornig. Es fehlte mir jegliche Motivation. Der Chemielehrer sagte zu meiner verzweifelten Mutter: »Was will Ihre Tochter hier bei uns? Die braucht die Schule doch nur als Surrounding.« Was immer er damit auch meinte, ich hörte in der Tat lieber den Witzen meiner beiden, zwei Jahre älteren Sitznachbarn Klausi und Franzl zu, die als Wiederholer nicht so arg aufpassen mussten. Sie sahen gut aus, waren charmant und hatten viel Humor. Die Typen an der Tafel vorne waren ein notwendiges Übel.

Am Ende meiner Schulzeit, noch vor dem Gymnasiumsabgang, paukte daheim die gesamte Familie mit mir in unermüdlichem Einsatz: Vater (Geografie), Mutter (Biologie) Großvater (Geschichte), Mathematiker-Onkel Lenzi (der Bruder meiner Mutter, natürlich Mathe), und für Französisch gab es einen recht feschen Nachhilfelehrer. Auch der half nichts. In der neunten Klasse, mit fünfzehn, rasselte ich mit fünf Fünfern durch – Mathe, Physik, Französisch, Geschichte, Geografie – oder war's Biologie? Weder interessierten mich Fadenwürmer und deren Entstehung im Detail, noch das Känozoikum (Quartär, Tertiär), die Kreidezeit (Jura, Trias, alles ätzend) oder das Präkambrium (oh Gott!), noch die Deklination der französischen Verben, die mir auf den Keks gingen (meine pubertierenden Ohren lehnten die Sprache als *hysterisch* ab). In Deutsch hatte ich eine Eins, in Englisch eine Zwei, in Latein ebenfalls. Ich mochte Latein, es machte mir Spaß zu erfahren, welchen Ursprung Fremdwörter hatten. Die Sprache war folgerichtig und logisch, fand ich, wie ein Haus, das man baute, eines passte zum anderen und konnte vorausgesehen werden. Das gefiel mir. Die Sprache war vertrauensbildend.

Mein Verhältnis zu den Lehrkörpern war nicht gut. Sie mochten mich nicht. Und ich sie nicht. Zwischen uns herrschte ein latent feindseliger Dauerkriegszustand. Der Englischlehrer Fürst war in Ordnung. In Englisch war ich ja auch gut – klar: Gitarre ab Zeugung, Vater Big Band Leader, Mutter sang amerikanische Hits, ich konnte alle Beatles-Songs auswendig und dazu eine Menge Folksongs. In der Englischstunde mochte mich Herr Fürst, in der Französischstunde hasste er mich. Wie er mit dieser Schizophrenie zurechtkam, entzieht sich meiner Kenntnis, ich hassliebte ihn auch. Bedauerlicherweise war er über lange Jahre noch dazu unser Klassenlehrer. Wir hatten ihn in drei Fächern, das Übel potenzierte sich dadurch.

Ich glaube, das ging alles auf diese dünnlippige Strick in der Volksschule zurück, diese frustrierte Mistkuh – das Strick-Trauma. Bei Frau Festl mit den blonden Locken, meiner ersten Lehrerin, war ich zwei Volksschulklassen lang okay: Sie hatte mich gern, und deswegen schrieb ich Einser. Dann kam die Strick, der böse Drachen, die mochte mich nicht, niemanden mochte die – und bei Frau Strick war ich *nicht okay.* Das war der Anfang vom Ende, Prägung falsch gelaufen.

Nicht zu vergessen: die Dürrwimmer, das Pferd. Eine Frau wie ein Brauereigaul, die mir eine Watschen gab, weil ich mit dem Lesekasten zwei Buchstaben vorausgeschrieben hatte! (Ein Lesekasten war ein Kasten aus Holz, etwa DIN-A4-Querformat, etwas schmaler, in den man wie in den Setzkasten der früheren Druckereien die Buchstaben eines Wortes einzeln

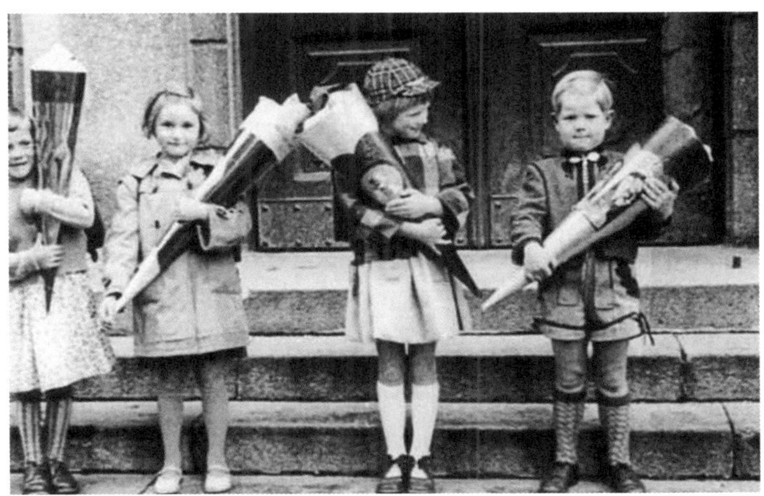

Liselotte, Ilse, Lisa, Oliver (1957)

nebeneinandersteckte, also M-I-E-Z-E-K-A-T-Z-E.) Mir machte das Spaß, und ich war daher schnell. Zu schnell für Dürrwimmers Vorgaben.

Mit ihren klosettdeckelgroßen Händen – WAMM! – ins sechsjährige Kindergesicht hinein, das muss man sich mal vorstellen.

Das erzählte ich meiner Mutter. Und nun nahm die Rache des Zeus, in diesem Fall der Hera, ihren Lauf. Meine Mutter, außer sich vor heiligem Zorn, wie sie es immer nannte, marschierte wutschnaubend in die Schule, mich an der Hand hinter sich herziehend. Sie passte das ungeschlachte Dürrwimmer-Pferd im großen Treppenhaus ab, gerade als die mit einer Mädchenklasse – zwanzig dreizehn- bis vierzehnjährige Backfische – wie ein Saurier die Treppe hinunterstampfte.

»Sind Sie Frau Dürrwimmer?«, fragte meine Mutter sehr laut mit ihrer ausgebildeten, tiefen, akzentfreien, makellosen Stimme über fünf Meter ins Treppenhaus hinein – eine Tigerin vor dem Sprung. Die Frage hatte einen bedrohlichen Klang, und als meine Mutter sie ausgesprochen hatte, vibrierte die Atmosphäre in dieser ehrwürdigen kühlen Eingangshalle aus Fliesen,

Marmor und antikem Holz wie im Italo-Western kurz vor dem Schusswechsel.

»Ja. Warum?«, fragte Frau Dürrwimmer und duckte sich wie ein Tier, das Gefahr heraufziehen spürt. Sie versuchte, ihre Antwort schnippisch klingen zu lassen.

Nun erhob meine Mutter die Stimme richtig. Ich hatte aus meiner Zwergenperspektive das Gefühl, der Ausbruch des Ätna stünde bevor.

»WENN SIE ES WAGEN ... NOCH EIN EINZIGES MAL ... MEINE TOCHTER ZU SCHLAGEN, DANN WERDEN SIE MICH KENNENLERNEN!!! *HABEN SIE DAS VERSTANDEN???*«

Mehr brauchte es nicht. Ihre Worte hallten im Treppenhaus nach – *anden-anden-anden-anden ...* Der Dürrwimmer war nach einem Blutflash nun sämtliche Farbe aus dem Gesicht gewichen. Sie nickte, totenblass, murmelte ein tonloses »Ja«, und ihren Schülerinnen gelang es nicht, vereinzeltes Kichern zu unterdrücken.

Für Dürrwimmer war dies die Spitze der Herabwürdigung ihrer Autorität, *der* GAU. Meine Mutter drehte sich um und dampfte wortlos mit mir davon. Mir war das alles total peinlich, ich schämte mich so und wäre am liebsten im Boden versunken.

Heute genieße ich es nachträglich ungemein. Meine schöne, kämpferische, mutige, stolze Mutter – wie Recht sie hatte!! Sie wollte einen Jungen haben, eine ganze Fußballmannschaft, hatte sie gesagt. Sie bekam ein Mädchen, mich. Sie erlitt drei Fehlgeburten, mein drei Jahre jüngerer Bruder Michael starb drei Tage nach seiner Geburt – ich blieb. Und versuchte, ein guter Junge zu sein und kam mir ungeliebt vor.

Bis zum vierzehnten Geburtstag war ich dünn und nicht besonders hübsch. Ein blasser staksiger Vogel, Lichtjahre entfernt vom Schwan. Als ich mir mit dreizehn Dauerwellen machen ließ – ein todesmutiger Versuch, die dünnen semmelblonden Haare, die wie Fäden von Seidenräupchen herabhingen, zu einer Art Frisur mit einem Hauch von Volumen zu gestalten –, sahen meine Haare anschließend aus wie Fäden mit Dauerwellen. Deutschlehrer M., ein hässlicher, zynischer Kerl mit dicker dunkelgerandeter Brille, drückte mir vor den feixenden Mitschülern eine Bürste in die Hand und schickte mich arrogant grinsend aufs Klo: zum Frisieren.

Ich habe die Schule gehasst, als Ort der Unterdrückung und der Demütigung und des Zwangs. Immerhin hielt ich es sieben Gymnasialklassen lang aus und durch, also quasi mittlere Reife plus 1 (ein Jahr) – und las in den Folgejahren mehrere Hundert Bücher, querbeet durch alle Themenfelder – MEINE BÜCHER, MEINE THEMEN: Psychologie, Religionen, Yoga, Philosophie.

Der einzige Lehrer, den ich wirklich liebte, den auch alle anderen gern hatten, war ein untypischer, unkonventioneller Studienrat, Eugen Brüschwiler, Deutsch und Geschichte. Er hatte einige Jahre in den USA verbracht und von dort eine lockere, unterhaltsame Art des Unterrichtens mitgebracht, ohne deshalb an Respekt und Achtung einzubüßen. Seine Autorität war eine *natürliche* und seine Strenge für uns zu jeder Minute nachvollziehbar. Wir spurten und waren still, wenn er uns nur ansah.

»Bis ungefähr sechzehn«, sagte er, »lernt ein Kind ausschließlich für seinen Lehrer. Ab der Unterprima begreift der junge Mensch so langsam, dass er für sich selbst lernt. Auch wenn man ihm das vorher sagt, es nutzt nichts, es geht nicht in sein Gemüt rein. Vorher bezieht sich alles auf den Lehrer. Und wenn der Schüler den Lehrer nicht leiden kann, lernt er nicht.«

Wie weise!

Vielleicht war Brüschwiler einfach intelligenter als die anderen Lehrhohlkörper. Er war unseren Schülerhirnen um gefühlte Lichtjahre näher und hatte Esprit und Witz. Mit ihm verbindet mich seit damals eine langjährige Freundschaft, er war bei meinen Eltern ein gern gesehener Gast und wurde zu einem guten Freund unserer Familie.

Lehrer können also doch cool sein.

Kasperl

»Was willst du denn später mal werden, Lisa?«

Meine schöne Mutter beugte sich mit zärtlichem Blick zu mir herab und sah mich gespannt an. Ich war fünf Jahre alt.

»Hm ...?«

Ich dachte lange nach. Dann sprach ich den folgenschweren Satz:

»Ich will Kasperl werden!« Meine Mutter lachte.

»Aber was meinst du damit?«

»Kasperl *halt. Ich will Kasperl werden!«*

»Aber, Lisilein, das ist kein Beruf, das ist ... eine ... Figur.«

»Dann will ich diese Figur werden.«

So hat sie es mir berichtet, und ich glaube ihr. Sie sagte, ich hätte diesen Berufswunsch im Alter von fünf Jahren geäußert und sei von da an nicht mehr davon abzubringen gewesen. Im Nachhinein wage ich einen Deutungsversuch.

Meine alte Kinderschwester Detta (sie war für mich seit jeher alt) war oft mit mir in München unterwegs gewesen, auf der Auer Dult, auf dem Oktoberfest, im Kasperltheater. Damals war nicht die WII-Station oder ein Gameboy oder World of Warcraft das Ziel kindlichen Begehrens, sondern die holzgeschnitzten Figuren in dem kleinen TV-Monitor-artigen Ausschnitt mit Vorhängen, einer nach links und rechts außen aufklappbaren Holzbühne mit Scharnieren, die viele Abenteuer mit- oder gegeneinander erlebten. Der Kasperl und seine Frau, die Gretel, der Polizist und das Krokodil als Hauptakteure – der Prinz und die schöne Prinzessin, der König und die Großmutter, archetypische Gestalten, deren Charaktere, Auftreten und Handlungen sich mir tief ins Unterbewusstsein gruben.

Herausragend war dabei der Kasperl. Er besiegte mit schlauem, oft bösem Witz sämtliche Widrigkeiten, trickste das Krokodil und den Polizisten aus, half dem König und beriet den Prinzen, verehrte die Prinzessin. Er war der Held der Kinder *und* der Eltern und der Schutzengel der Schwachen. Der Kasperl war eine eindeutig hochwertige 1-A-Identifikationsfigur.

Eigentlich hätte ich geschlechtsbedingt Gretel, Kasperls Frau, werden wollen müssen. Ich sah auch so aus mit meinen zwei blonden Zöpfen und meinem Gretelgesicht. Aber diese Gretel war mir zu fad. Sie war die unwitzige, stets schimpfende Nummer zwei hinter Kasperl (von Gleichstellung keine Rede!).

Sie nörgelte und mahnte stets irgendetwas an – *Kasperl, das Essen steht auf dem Tisch, komm sofort heim – Kasperl, pass auf, du machst die frischen Kleider schmutzig, Kasperl dies und Kasperl das und, und, und.* Manchmal drohte sie Kasperl auch mit dem Nudelholz, wenn sie ihn verfolgte oder zu Hause empfing. Sie war die lästige Mutti, die allen auf den Keks ging, die Mutti, die jeder Mann zu Hause hatte – und die selbstredend im (langweiligen) Recht war, aus heutiger Frauensicht gesehen. Aber sie war misslaunig und verbittert, weil der Kasperl nie auf sie hörte. Er fürchtete sie zwar zuweilen, aber tat doch meist, was er wollte.

Aber damals war Gretel die Antifrau und Kasperl der Held. *Mein Held.*

Ich konnte von Geburt an mit dem gängigen Frauenbild nichts anfangen. Meine Großmutter war Opernsängerin und Kindertheaterleiterin, eine Waage (für die Astro-Fans), die mit geradezu sizilianisch anmutenden, vulkanartig eruptiven Wutausbrüchen die Wände des Hauses in Krailling erbeben ließ. Menschen und Tiere flüchteten in ihre Schutzzonen, wenn meine Großmutter losbrüllte: kurz, heftig, aber niemals nachtragend. *Geschrei – vorbei!* Für mich als Kind waren diese Ausbrüche dennoch erschreckend. Sie richteten sich zwar selten direkt gegen mich, meist gegen »die Kinder«, egal, wer da gerade mit drunter fiel – mein Vater Walter (ihr Sohn), meine Mutter Molly, meine Freundinnen, zufällig anwesende Verwandte und deren Bekannte.

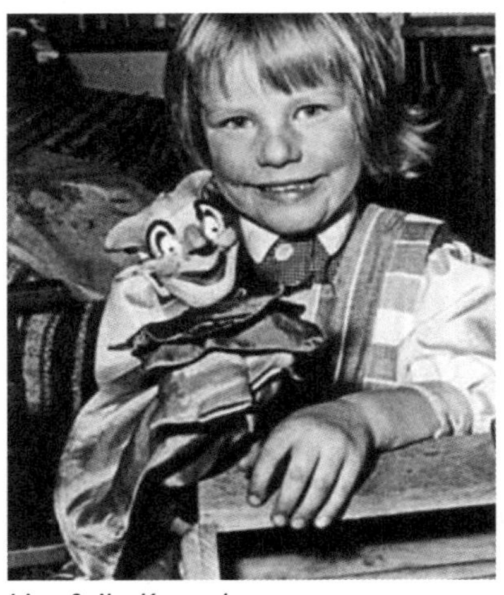
Lisa & ihr Kasperl

»KINDER!!!! WIE OFT HAB ICH GESAGT, IHR DÜRFT HIER NICHT SPIELEN!!! DONNERWETTER NOCHAMAL!!!! UND SCHREIT NICHT SO RUM DA DRAUSSEN!!! DER OPA MUSS SCHREIBEN!!! INS KINDERTHEATER WIRD NICHT HINEINGEGANGEN!!! DAS IST KEIN SPIELPLATZ!!! WENN DAS NOCH EIN EINZIGES MAL VORKOMMT, DANN KÖNNT IHR WAS ERLEBEN, DANN SETZT'S WAS!!! HABT IHR MICH VERSTANDEN? JETZT REICHT'S!!!!«

Auch ihre Fröhlichkeit war laut, ihr Lachen steckte an, sie war rundum lebendig, das muss man gerechterweise dazusagen, aber eben doch – Gretel. Eine künstlerisch hochwertige Gretel, aber – Gretel.

Meine Mutter war *nicht* Gretel. Sie war außer Konkurrenz und meine Königin. Aber auch mit großer Vorsicht zu genießen. Ihre Vorfahren waren Ungarn, ihr Mädchenname Raffay bezeugte dies, und auch sie konnte ohne Vorwarnung losschreien, dass mein ungewarntes Kindergemüt zusammenzuckte wie bei einem Donnerschlag. Wahrscheinlich stand sie unter großem Stress und dem Druck, die musikalischen Proben, die langen Tourneen und die ganze Familie im Haus unter einen Hut zu bekommen und den Anforderungen gerecht zu werden. Auch ihre Mutter war jähzornig gewesen, sie selbst war bereits die gefilterte, sublimierte, gemilderte Form, soweit man hier das Wort *mild* überhaupt gebrauchen möchte.

Aber ich hätte mir das sizilianische Element nicht nur im Wutausbruch, sondern auch in der Liebesbezeugung so sehr gewünscht: eine dicke Mama, die mich in die Arme schließt und sagt: *LISI, ALLES WIRD GUT.* Und Spaghetti kocht.

Die Frauen in meinem Leben waren Künstlerinnen, schillernd, aufbrausend. Sie hatten andere Prioritäten als dicke Spaghetti-Mama zu sein.

Mein Großvater war mein eindeutiges Vorbild. Er war ruhig und schien gelassen zu bleiben, was auch geschah. Er war witzig, klug, verschmitzt, durchtrieben und legte zuweilen einen bösen, oft satirischen Witz an den Tag – und er *war* die Nummer eins, beruflich und innerhalb des ganzen Familienverbunds. Er war Autor, Schauspieler, Interpret seiner Texte und Rezitator, Humorist – den Begriff *Kabarettist* gab es in den Fünfzigern nicht. Heute wäre das wohl die richtige Bezeichnung für seine vielen Facetten gewesen. Er brachte die Menschen zum Lachen, oft auch auf Kosten Anwesender (mich traf sein Giftpfeil seltsamerweise nie), zuweilen an der Grenze zur Beleidigung, aber stets souverän. Zu jeder Zeit war er Kasperl.

»Gut …« Meine Mutter atmete tief durch und dachte nach – und vollbrachte die großartigste Leistung ihres Lebens: Sie nahm mich und meinen Wunsch ernst. Man stelle sich das vor!

Diese Weisheit, diese intuitive Klugheit, dieses blinde Vertrauen in mich kleinen Depp.

Sie sagte: »Na gut, Lisi. Du kannst das machen, ich werde dich unterstützen. Aber weißt du … auch ein Kasperl braucht heutzutage eine richtige Ausbildung. Sonst nimmt man ihn nicht für voll. Deshalb musst du in die Schule gehen und lernen und später eine Ausbildung machen.«

Sie wollte mich nicht von einem Wahn ablenken, im Gegenteil.

»Dann gehst du auf die Schauspielschule und lernst singen und tanzen und Gitarre spielen oder Klavier, wie der Papi. Ein Kasperl mit einer richtigen Ausbildung ist ein besserer Kasperl.«

»Ja.«

Ich nickte und fand das toll. Vorerst blieben *Ausbildung* und *Schauspielschule* für mich Worte ohne Inhalt. *Gitarre* und *Klavier* jedoch verstand ich. Musik und Gesang sah und hörte ich seit meiner Zeugung. Aber ich fühlte – und das war das eigentlich Wesentliche –, dass sie mich, den kleinen Menschen mit seinem Wunsch, und meine Gefühle respektierte. Durch ihr Coaching verwirklichte ich meinen Traumberuf.

Heute ist Kasperl immer noch mein inneres Hologramm. Aber ich bin keiner. Mein Wesen ist blöderweise eher das des Clowns. Aber auch das bin ich nicht. Ich mag keine roten Nasen, in keiner Form. Venedig liegt mir näher. Ich bin eher der weiße Clown, der alles besser weiß. Und meistens weiß ich es wirklich besser. Meine Ratschläge haben in vielen Berufswegen von Freunden, Bekannten, Verwandten Lebensgeschichte geschrieben. Ich fühle mich innerlich wie eine Mischung aus Peter Sloterdijk im Miniformat, Grock und Paul McCartney. Ich bin kein Sunnygirl, ich leide körperlich unter platten Witzen, mir fehlt die Leichtigkeit, die charmante Ignoranz, der leichte Sinn der Comedians, ihre Selbstverliebtheit und ihr Selbstdarstellungsdrang.

Ich möchte aufklären. Mein Blut ist schwerer, ungarisch eingefärbt, melancholisch, immer reflektierend und nachdenklich, die Empfindsamkeit gut hinter antrainierter Lebenstüchtigkeit und Fähigkeit zur Analyse versteckt. Ich mag keine sogenannten sensiblen Frauen.

Frau und *sensibel* – das ist wie *Eulen nach Athen tragen*, ein *weißer Schimmel*, ein *Neger im Tunnel* – wie wir als Kinder sagten.

Sensibilität zeigt sich darin, dass frau zupacken kann, wenn's brennt, und hören kann, wenn eine Seele in Not ist und nicht ständig ihre – *hach ja!* – Sensibilität betont. (Wen interessiert das? Das ist maskierte Egozentrik.) Sensibilität zeigt sich darin, dass frau die richtigen Worte findet, um ihre Mitmenschen zu trösten, aufzurichten, ZUM LACHEN ZU BRINGEN. Wenn eine Frau sagt: *Ich bin so sensibel,* ist ihre Sensibilität nichts als eine fade, nervige POSE. Sie gehört therapiert und gecoacht, um ihren Charakter handfest und ihre Seele standfest zu machen und von besserem Nutzen zu sein in dieser Gesellschaft.

Mein Ideal sind – wenn überhaupt – gescheite Frauen, gewitzte Frauen, schwedische Sportsfrauen mit langen blonden

Haaren, Pferdeschwänzen und wenig Schminke, leicht sonnengebräunt, keine Solarluder mit Lizenz zum Hautkrebs – Marina Vlady im Filmklassiker *Die blonde Hexe*, Brigitte Bardot in ihren ersten Jahren (aber auch später als Tierschützerin), vor allem mit Jeanne Moreau im Film *Viva Maria!*, weniger Marilyn Monroe oder Romy Schneider, keine tragischen Selbstmörderinnen, die das Leben nicht schaffen oder Drogen und Tabletten verfallen – nein, trickreiche, weise, mit außergewöhnlichen Fähigkeiten ausgestattete Frauen. Nicht diese unselige Mischung aus Hausfrau und Esotusse, Raiki-Dilettantin und Reinkarnationsfaslerin, Guru-Nachtapperin – und natürlich gar nicht Germany next Toptrottel, die dürren Heulsusen, Leerkörper, die nichts können außer geziert herumzustaksen und zu weinen, zu weinen, zu weinen, wenn sie nicht »weiter« sind.

Nein, ich beneide Models nicht – ich habe sie noch nie im Leben beneidet, weder um ihr Aussehen, noch um ihre masochistische Lebensweise und ihre Profillosigkeit, noch um die Tortur bei ihrer Arbeit. Eine schauderhafte Vorstellung wäre dies für mich, ständig schön sein müssen, ganztags posend fotografiert zu werden, eine flüchtige Illusion auf einer Fotografie zu sein, eine falsche Persönlichkeit, die realiter nicht existiert, eine geschminkte Chimäre …

Ich bin einer Aerobic-Weltmeisterin neidig, einer Radchampionfrau, einer Tangotänzerin, einer Wissenschaftlerin, einer Regisseurin, einer Frau, *die etwas kann und eine Persönlichkeit ist*. Mit der die Unterhaltung Spaß macht, weil ihr IQ über Saunatemperatur liegt. Die Witz und Esprit hat!

Man glaubt es kaum, wie selten solche Frauen zu finden sind! Sie sind rarer als Trüffel. Es grassieren Putzfimmel, Sauberkeitswahn, Desinteresse an Politik, neurotisch limitierte Fokussierung auf Haushalt und Kinder. Kann man als Hausfrau nichts anderes lesen als kortexzersetzende Frau-ohne-Hirn-Blätter?? Nichts anderes ansehen als Rosamunde Pilcher und Harry Potter?? Als bestünde Frauenphilosophie nur aus Secondhandesoterik, und als erwachse der weibliche Seelenfrieden vorwiegend aus sauberen Böden und WCs! (Okay, der Seelenfrieden ist in der

Tat zuweilen gefährdet, wenn der Mann ein Ferkel mit schmutzigen Schuhen ist, aber das kann doch kein Dauerziel sein!) Hausfrauen, die computersüchtige fettleibige Kids heranziehen, die figürlich ihr Burgerfressendes Ebenbild werden, Mütter, die ihre Kinder mit Mikrowellenfraß zu Tode füttern, Mütter, deren Erziehung aus hohler Reglementierung ohne jegliche pädagogische Fähigkeiten besteht. (Wieso kann frau sich nicht mit entsprechender Literatur vorbilden? Nein, es kann nicht jede Frau erziehen, nur weil sie selbst eine Mutter hat!) Frauen, deren Emanzipation in den Schulterpolstern stecken geblieben ist, die Keifen für Emanzipation halten und … wie war das noch gleich?

Ein Kabaretttext von 1989 fällt mir ein:

Von den Frauen erwartet man jetzt neuerdings, dass sie die bessere Zukunft irgendwie her- … äh … -intuitieren oder so. Weil sie von Natur aus dazu befähigt sind, durch Wärme und Hingabe ein Gefühl der Geborgenheit zu vermitteln – sagt Herr Schönhuber? Und meine Oma sagt das auch.

Frauen sind ja nicht gefühlvoller, sondern oft einfach wirklich blöder – Moment, du hast zu früh geklatscht! Natürlich nicht von Natur aus, sondern weil ihr Intellekt durch mangelnde Benutzung verkümmert dahinvegetiert – oder sich durch den ausschließlichen Umgang mit Kleinkindern und deren Breiherstellung rückgebildet hat. Wie über den Muskeln am Bauch, liegt oft im weiblichen Hirn um den Intellekt herum eine Fettschicht, die mit geistigen Sit-ups abgedacht werden müsste.

Von vielen Frauen erwart ich mir schon mehr, ehrlich! Die sitzen fettarschig und verweigernd in ihren entwicklungsverhindernden Reihenhausgräbern, verwechseln Zickigkeit mit Anstand, Keifen mit Emanzipation und dümpeln in ihrer christlichen Universalneurose Maulaffen feilhaltend vor sich hin. Die sind nicht das schwache Geschlecht, sondern das lasche Geschlecht!

Solche Frauen haben ein Rückgrat wie eine Nacktschnecke. Männer lieben starke Frauen – die schwachen heiraten sie nur. Damit sie ihnen für sechshundert Euro im Monat den Haustrottel machen und das Nest wärmen. Deren Abhängigkeit so praktisch ist! Soll ich weitermachen? Die so gerne das schwache Geschlecht bleiben, weil die Koffer so wahnsinnig schwer sind – und das Leben auch, und überhaupt alles! Kühe, die auf der Weide herumstehen und auf den Stier warten – in Form eines einkommensstarken Ernährers:

Die Ehe als moderne Nutztierhaltung!

Oft denke ich, ich hätte mich nicht an den Männern abarbeiten sollen, sondern an den Frauen. Da liegt das
eigentliche Dilemma unserer Sozialstruktur – weltweit, in subalternen, Bibel-gebrain-washten, hirnlosen, kleinbürgerlichen, denk- und handlungslimitierten, ungebildeten Frauen, die nicht in der Lage sind, Männer mit politischer Ethik großzuziehen. Gretels, keine Kasperl, nicht 1 a, sondern immer 2 b.
Männer sind oft schwach und müssen stark tun – Frauen sind stark und sollen schwach tun. Ist das so? Siebzig Prozent aller deutschen Frauen interessieren sich laut Umfrage angeblich nicht für Politik.

Vielleicht hätten die Frauen längst alle Kriege beendet und die Welt mit dem Budget saniert, das die Kriege fressen, wenn sie sich nicht ständig hinter, unter oder bestenfalls neben den Mann stellen würden. Sondern einfach mal – drüber!

Die Detta

Bis zur Pubertät war ich ein gutes Kind und fügte mich in die häufige Abwesenheit meiner Künstlereltern. Sie waren viel auf Tournee, und ich vermisste, wenn meine Mutter nicht da war, ihren Geist und ihren Stolz, ihre vibrierende Energie, auch ihre intelligente, hochfahrende Strenge und mochte – bis auf einige Ausnahmen – die ungebildeten Betreuungspersonen nicht, die unter meiner Mutter Stand waren. Ich ertrug dennoch geduldig die wechselnden, verschiedenartigsten Menschen, die zu meiner Versorgung eingesetzt wurden und mit der Instandhaltung des Hauswesens betraut waren, darunter wahrlich schräge Vögel, auch Trinkerinnen, Kleptomaninnen und Schlampen, was sich stets erst nach einiger Zeit offenbarte. Meine Mutter konnte kaum je ein ruhiges Gefühl haben, wenn sie auf Tournee ging, aber das war nun einmal ihr Leben. Aufgefangen wurde die Unruhe des ständigen Bezugspersonenwechsels durch meine Großeltern, die aufgrund ihres fortgeschrittenen Alters nur noch selten auftraten.

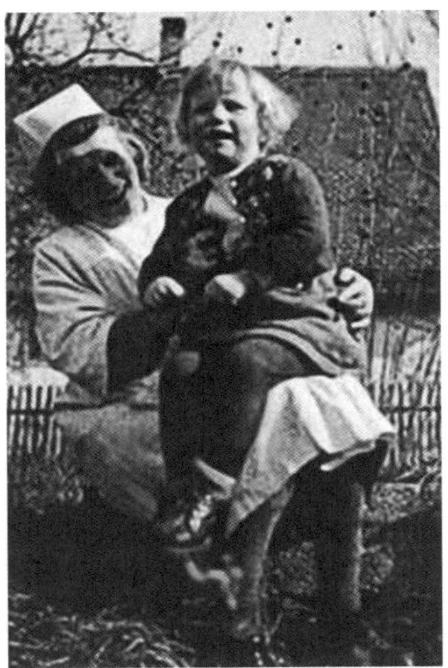

Kinderschwester Detta mit Lisa (3)

Bis ich eineinhalb war, hatten wir sieben Kindermädchen, aber meine Eltern hatten zu dieser Zeit nicht genug Geld, um allzu wählerisch sein zu können. Die Erste hieß Emmi, die in der Familie »der elektrische Zwerg« genannt wurde, weil sie auffällig klein und seltsam verwachsen war. Emmi soll mich sehr gerngehabt und ganztags herumgetragen haben wie eine Afrikanerin ihr Baby. Aber ihr Aufenthalt bei uns war begrenzt, weil sie ständig log. Ihr folgte eine Rohköstlerin, die mich auf den frisch ausgekochten Nachttopf setzte, was einen roten Ring auf dem Kinderpopo und eine wie am Spieß schreiende Lisa hinterließ. Auch sie wurde entlassen. Danach kam Lilly, die nachts fortging und in der Früh mit zerwühlten Haaren aus verschiedenen Autos verschiedener Männer stieg. Auch Lilly musste gehen. So ging es weiter …

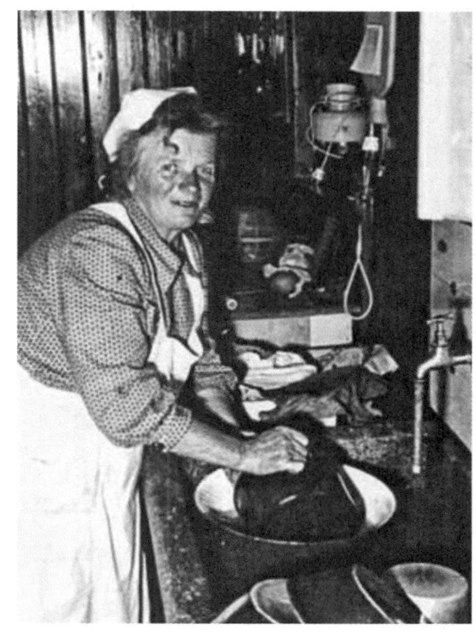

Detta in der Küche in der Elisenstraße

Als ich eineinhalb war, kam endlich Detta. »Detta« ist die tschechische Koseform von Tante. Unsere Detta war eine alteingesessene Münchnerin namens Edeltraud, aber der Spitzname Detta war ihr irgendwann irgendwie geblieben. Sie nahm sich meiner vom ersten Tag an professionell an, ich nahm Detta auch an, und meine Mutter konnte nun endlich beruhigt ihrem Beruf nachgehen. Detta war eine in Hauswirtschaft und Kindererziehung ausgebildete Kinderschwester mit stets blütenrein weißem Kittel und gestärktem Häubchen auf dem Kopf. Sie hatte ein stilles, freundliches Gesicht mit bergseeblauen Augen.

Aber das täuschte, Detta war sehr streng. Sie bekam mich innerhalb von kurzer Zeit stubenrein, und vor allem beim Wa-

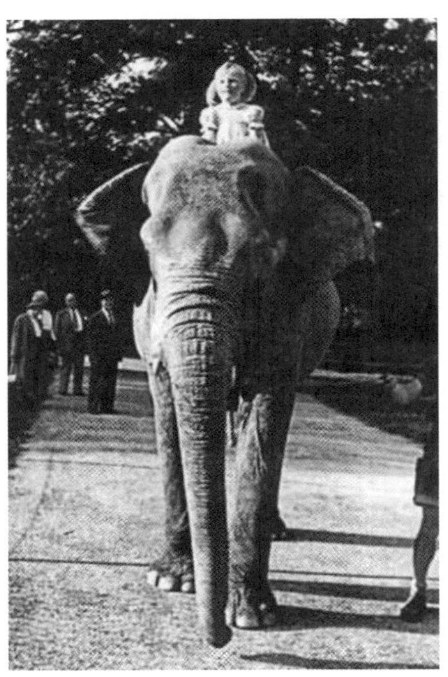
Elefantenreiten – ein Erlebnis!

schen und Zähneputzen ließ sie nichts durchgehen. Wenn ich sie fragte: »Warum?«, dann antwortete sie: »Darum!« Punkt. Eine pädagogisch orientierte Diskussionskultur gab es damals nicht.

Jeden Winter und jeden Sommer durfte ich mit Detta in die Wildschönau nach Tirol in die Pension Sandbichler fahren, zur Sommerfrische oder in den Winterurlaub, vier Wochen lang, solang die Schule noch nicht ihre Finger in meinem Leben hatte. Das war eine wunderbare Zeit für alle. Meine Mutter war mich los, ich durfte weg, Detta war meine Mutter los. Wildschönau, Oberau bedeutete für mich erste Skiversuche, Schneeballschlachten, wilde Tiroler Skifahrerbuam – und Opa Sandbichler. Oma Sandbichler, seine Frau, hatte die Haare immer nach hinten zu einem Dutt gebunden. Sie war so streng wie ihre Frisur und führte ihre Pension wie ein Regimentschef. Opa Sandbichler dagegen war ein freundlicher alter Mann mit schlohweißen seidenweichen Haaren (wie mein Großvater) und einem großen Schnauzbart, ein Opa wie aus dem Bilderbuch. Mit seiner langen Pfeife saß er auf dem Bankerl hinter dem Haus, besonders gerne dann, wenn seine bessere Hälfte ihre Kommandos durchs Haus gellen ließ. Dann schaute er ins Gebirge, schmunzelte vor sich hin und dachte über das Leben nach. Ab und zu hackte er Holz oder erzählte mir Geschichten, immer ruhig, nie hektisch. Sehr mild sprach er stets, nie bös und vor allem: tirolerisch. Noch heute habe ich wärmste Empfindungen, wenn ich Tiroler Dialekt höre, und ein Tiroler Mann ist eine echte Gefahr für mich.

Wenn ich das Wort *gemütlich* höre, denke ich an Opa Sandbichler, beim Wort *Hausdrachen* an sie. Er war Kasperl – sie war Gretel, eine klassische Xanthippe. Das Sterbebildl vom Opa Sandbichler hab ich in mein Poesiealbum geklebt, bei der Frau Sandbichler war es mir wurscht.

Detta regierte etwas milder als Oma Sandbichler, aber auch mit unnachsichtiger Strenge. Ich liebte sie als eine Art Zweitoma, aber ich hatte keine Chance, ihrer Dominanz zu entkommen, Detta war immer da und sah alles. Als wir einmal mit ihrem kleinen (für mich großen) Neffen die kleine, verschneite Landstraße von Auffach nach Oberau zum Gasthof Sandbichler zurückspazierten (»Sauerstoff ist gesund!«), hampelte und sprang ich wie üblich gefährlich nahe an der Fahrbahn herum. Dettas wiederholte Mahnungen und Angstrufe zeigten keine Wirkung. Zwei Autos rauschten nur knapp an mir vorbei. Detta schrie auf. Dann rannte sie mir mit ihren kurzen Beinchen atemlos nach, packte mich vehement am Anorakkragen und legte mich ohne Vorwarnung übers Knie: Hosen runter, Popoklatsch, der feixende Neffe in höflichen zehn Meter Distanz. Ich akzeptierte das sogar irgendwie, weil ich ihre Angst um mich spürte – aber ich kann nur hoffen, dass das keine wirklich gravierenden Prägungen in meinem Sexualempfinden hinterlassen hat.

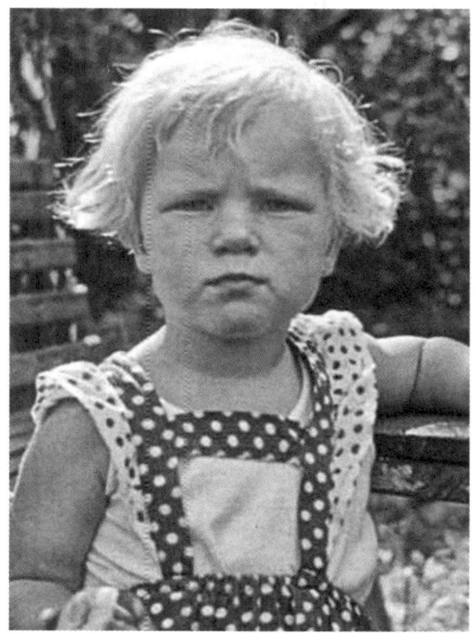

Lisa – ein bisschen Churchill

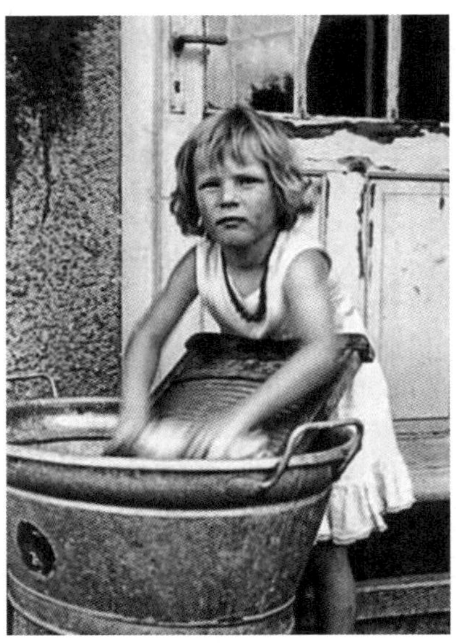
Lisa beim Wäschewaschen

Auf die Straße hüpfe ich auch heute noch und denke mir, die Autofahrer sollen gefälligst stehen bleiben, die sehen mich ja. Heute ist es mein Lebenspartner, der die Angstrufe von sich gibt. Aber er legt mich nicht mehr übers Knie. Ich würde es mir auch verbitten. (Außer wir sprechen das vorher ab.)

Meine Mutter wurde von Detta als Chefin akzeptiert, aber letztlich blieb sie ihr sehr fremd, auch nach Jahren verstand sie sie nicht. Mami war ihr zu sehr große Welt, eine Künstlerdame mit Launen. Die Fehlgeburten und Schmerzen, unter denen meine Mutter litt, interessierten sie nicht, über so was redete man nicht – und es betraf auch nicht Dettas Ressort. Sie erwartete, dass eine Frau das mit sich selbst abmachte. *Mann beziehungsweise frau beißt die Zähne zusammen und arbeitet – und* »Seele« *ist höchstens ein Wort in Gedichten.*

Detta hatte keine Kinder, nur eine greise, tyrannische Mutter mit dünnem dauergewelltem Resthaar, die ihre Tochter regelmäßig zu sich in die Wohnung in der Au (wo die jährliche Münchner Auer Dult stattfindet) zitierte, um sie ganze Nachmittage lang zu schikanieren. Sie scheuchte Detta mit Kleinstaufträgen herum, kritisierte jede ihrer Handlungen, war dauermisslaunig und ein chronischer Jammerlappen. Detta konnte ihr nichts recht machen. Mir war diese Mutter ungeheuer, ich mochte sie nicht, die alte Hexe. Detta jedoch blieb ihrer Mutter treu ergeben und fügte sich devot in ihr Schicksal – was blieb ihr übrig. Ihren Frust ließ sie an mir aus – in Form von

Unnachsichtigkeit –, weil ich ihr in der Hierarchie und Hackordnung unterstellt war. Hier habe ich gelernt: Lasse dich nie von deiner alten Mutter tyrannisieren!

Detta hatte in ihrem Leben eine einzige große Liebe. Ihr Verlobter, ein Flieger, war bei einem Absturz ums Leben gekommen, seither hatte sie nie wieder eine Liebschaft gehabt. Ihre restliche Lebenszeit widmete sie hingebungsvoll und aufopfernd ihrer Aufgabe als Haushälterin und Kinderschwester und ging ganz in ihrem Beruf auf.

Zehn Jahre war sie bei uns, dann starb sie. Ihr Ende war nicht schön – ich hätte mir für meine alte Dame wahrlich etwas anderes gewünscht. Mitte sechzig muss sie gewesen sein, als sie mit einer Freundin zu einer Wanderung in ihre geliebten Berge aufbrach. Die beiden alten Damen wurden im Gebirge von einem Wetterumschwung überrascht. Detta war in den Bergen zu Hause, sie kannte jeden Steig, auf dem sie wanderte. Aber diesmal ahnten die beiden Frauen im Schneesturm nicht, dass sie nur fünf Kilometer vom nächsten Dorf entfernt waren.

Hätten sie nicht aufgegeben, wären sie weitergegangen ... Eine gute Stunde strammen Marschierens hätte beiden das Leben gerettet – aber sie setzten sich unter einen Baum und gaben auf. *Gib nie auf, egal, welcher Schneesturm tobt, Lisa,* dachte ich mir. *STEH AUF UND GEHE WEITER!* Sie sind da oben erfroren, alle beide – und die Füchse haben sie gefressen, meine Detta. Was übrig geblieben ist von ihr, haben wir in einem Plastiksackerl beerdigt.

Lebwohl, Detta ...

Allein im Flur

Einer meiner Lieblingsaufenthaltsorte als Kind war der Flur.

So imposant das große gelbe Herrenhaus meiner Großeltern, in dem ich aufwuchs, von außen für eine Zehnjährige schien, so fünfzigerjahremäßig, dunkel und muffig war es innen. Meine Eltern mussten sich in den ersten Nachkriegsjahren ein großes Zimmer als Multifunktionsraum teilen: Tagsüber war es Büro und Arbeitszimmer meines Vaters und Proberaum für das FITZETT, und mit einigen Handgriffen konnte die Couchgarnitur zum Doppelbett und der Raum zum Schlafzimmer umgebaut werden.

Außerdem gab es noch die Wohnküche und einen Nebenraum, den ich mit meiner Kinderschwester Detta bewohnte. Die Wände in diesem Anbau waren Außenwände, kalt und etwas feucht, wogegen eine provisorisch an die Wand hinter meinem Bett geklebte Bastmatte schützen sollte. Ich hatte als Kind viele Jahre lang Albträume – von Männern, die mich in lehmige, schlauchartig verlaufende Erdlöcher ins Erdinnere zogen und mal gut, mal böse waren. Die Guten schickten mich wieder nach oben, die Bösen behielten mich unten, wobei gar nicht ihre Taten das Schreckliche waren, sondern meine Angst vor ihnen – ich wusste beim Hinunterschlingern nie, welche Männer unten lauerten.

Detta schnarchte sehr stark, ich musste oft mehrmals in der Nacht aufstehen und ihr die Nase zuhalten, was, wenn ich Glück hatte, das Sägewerk so lange stoppte, bis ich wieder eingeschlafen war. Meine Mutter konnte immerhin ein kleines Zimmerchen von acht Quadratmetern im teilausgebauten Speicher ihr eigenes Reich nennen. Sie fand dort so etwas wie Rückzug und Ruhe für ihre Yogaübungen.

Als ich zehn war und aufs Gymnasium kam, wurde der restliche Speicher ausgebaut, und jedes Mitglied meiner Kernfamilie – Vater, Mutter, Kind – hatte nun ein winziges, aber eigenes Zimmer. Das kleine Bad teilten wir uns. Mein Zimmer war bedauerlicherweise der erste der drei Räume, das bedeutete, dass beide Eltern es durchqueren mussten, um in ihre Räume zu gelangen – ein Durchgangszimmer, was mir eher das Gefühl einer Schlafstelle vermittelte als das eines abgeschlossenen eigenen Raumes. Mein Vater hielt sich meist im Arbeitszimmer im Parterre beim Schreiben, Komponieren und Proben auf und ging nur zur Nachtruhe – lange, nachdem ich eingeschlafen war – auf leisen Sohlen durch meinen Raum zum Schlafen in sein Speicherzimmer. Meine Mutter jedoch – soweit meine Eltern nicht auf Tour waren – durchquerte mehrmals am Tag mein Zimmer auf dem Weg zu ihrem und zurück. Das Gefühl von durchgehender Kontrolle und nicht vorhandener Privatsphäre zog sich so durch die ersten Jahre meines Lebens.

Als ich zwölf war, starb meine Großmutter, und irgendwer schlug vor, dass ich ihre Räume im ersten Stock beziehen könne. Das Privileg, zwei für mich riesige Räume von über fünfunddreißig Quadratmeter plus eigenem Bad zu bewohnen, wurde mir nur unzureichend bewusst, trug aber dazu bei, dass ich Omas Tod als nicht ausschließlich negativ wahrnahm. Es stufte mich eine Kategorie höher ein, ich stieg wohnsituationsmäßig auf. Omas Plattenspieler wurde sofort mit Beatles-Schallplatten entweiht, und mein Großvater, dessen Gram über

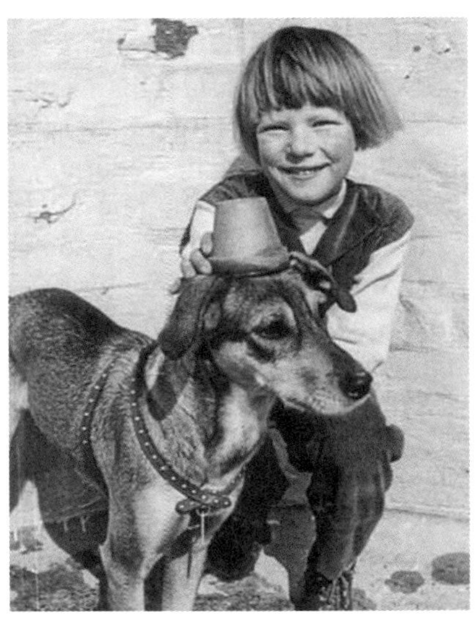

Lisa (6) & Hund Jacky

den Tod seiner Frau ich als Zwölfjährige nur sehr vage nachvollziehen konnte, musste meine laute Beatmusik ertragen, die aus den Räumen seiner eben verstorbenen Frau durch die Wände zu ihm drang.

Seine Lebensfreude und sein Humor waren mit ihrem Tod auf null gesunken, und regelmäßig erschien er wie der Geist von Hamlets Vater in der Tür und rief: »Herrgott! Könnt ihr denn nicht diesen Krach abstellen!!??« und zog erbost den Arm mit der Tonabnehmernadel vom Plattenspieler. *I wanna hold your hand* und *She loves you, yeah yeah yeah* waren zwei der ersten, aber nicht unbedingt die besten Nummern der Beatles, und sie waren eine Höllenqual für die von klassischer Musik verwöhnten Ohren meines Großvaters. Zwischen seinem Arbeitszimmer und mir lag als Pufferzone zwar noch seine Stube mit der gemütlichen Eckbank, aber wenn er sich etwas zu essen machte, war er in der Küche und im Esszimmer lauter Beatmusik ausgesetzt. Zwölfjährige sind ziemlich ignorant, wenn es um Rücksicht geht, und vollkommen unsensibel für die Befindlichkeiten anderer. Ich war da keine Ausnahme, ich war renitent und ohne Mitgefühl für meine Mitmenschen.

Seit ich zehn war, schien mich eh keiner mehr besonders zu mögen. Darunter leidet man nach der Pubertät dann noch weitere vierzig Jahre, kommt aber in seiner selbstgerechten Beweihräucherung nicht darauf, dass dies auch stark an einem selbst gelegen haben könne. Man sieht nur sich und sein großes Leid – die anderen sind alle doof.

Bis ich Omas zwei Zimmer bekam, lungerte ich häufig und gerne im Flur herum, teils aus Einsamkeit (Einzelkind!), teils aber auch aus Neugier und weil ich dort meine Ruhe hatte und sich niemand für mich interessierte. In der Küche regierte die strenge Detta, im gemeinsamen Zimmer war sie auch tagsüber allgegenwärtig. Man hatte jede Sekunde mit ihrer Aufsicht oder Unnachsichtigkeit zu rechnen, da das Zimmer direkt an die Küche anschloss und die Tür stets offen stand. Im Wohnzimmer waren meine Eltern oder zumindest mein Vater, dort hatte ich Zutrittsverbot, weil es tagsüber Arbeitszimmer war, Wohnzimmer nur an Feier- und Sonntagen oder wenn Gäste kamen.

Im Flur war keiner, dort entging ich jeglicher Aufsicht. Und ich bekam alles mit – wie unsere Katzen, die sich auch immer Plätze aussuchten, von denen aus sie alles unter Beobachtung hatten. Bei mir war es akustische Kontrolle. Die Streitgespräche oder zärtlichen Frotzeleien meiner Großeltern im ersten Stock, das Gewerke von Detta in der Küche, ich wusste, wer wann kam oder wohin ging, wer aus welchem Zimmer in ein anderes wanderte und wer wann das Klo aufsuchte. Und ich konnte den Proben meiner Eltern lauschen. Dreistimmige Chorsätze waren die Spezialität meines Vaters. Unnachgiebig triezte er das Trio, also sich, meine Mutter und seinen Bruder Wastl (der sich später Gerd nannte) und merzte noch den kleinsten falschen Viertelton aus. Wieder und wieder und wieder wurden die Sequenzen eines Chorsatzes wiederholt, jedes Lied zehn bis zwanzig Mal gesungen, bis alles perfekt klang oder zumindest so perfekt, wie es in diesem Stadium eben hinzubekommen war. Ich schnappte Dialogfetzen auf und lernte unbewusst, welch harte Arbeit die leichte Muse ist, wenn sie ernst genommen wird.

Mein Vater war ein ausgezeichneter Komponist, schwierige, schräge Harmonien waren seine Spezialität aus Big-Band-Zeiten – die Big Band, zu deren Aufgabe ihn meine Mutter aus wirtschaftlichen Erwägungen heraus überredet hatte. Es ist ein Unterschied, ob man die Einnahmen durch zehn und mehr teilen muss oder durch drei. Und auch, ob man zehn Mitspieler (auch nervlich) zu bewältigen hat oder zwei.

Ich lungerte also immer alleine im Flur rum. Ab und zu kam einer raus, bemerkte mich und fragte: »Ja, Lisele, was machst denn du da heraußen so allein?«

»Och, nix …«, sagte ich dann meist. »Nur so.«

Das reichte den Erwachsenen als Auskunft, sie waren viel zu sehr mit sich selbst und ihren Problemen beschäftigt und mit einem »So, so« gingen sie aufs Klo und später zurück in die jeweiligen Räume.

An einem meiner Flurtage, ich war vier Jahre alt, erschien meine Großmutter am oberen Ende der gewundenen Treppe, sah durch die Mitte der Geländerspirale zu mir herab und rief: »Ja, Lisele, was machst denn du da?«

»Oma – hast du a Wurscht?«, fragte ich zurück.

Das war das Ende meiner vegetarischen Kleinkindzeit.

Detta zauberte als Ernährungsfachfrau und ausgebildete Hauswirtschafterin eine Fülle von unterschiedlichsten feinen Quarkspeisen und köstlichen Salatvariationen auf den Tisch – weshalb ich auch heute noch gerne »grün« esse –, aber als ich vier war, brach sich die Fleischfresserin in mir Bahn.

Der Flur gab mir die Gelegenheit, unbeaufsichtigt und eigenmächtig in die neu gewählte Lebensphase einzutreten, denn weder unter der Kontrolle von Detta noch unter Aufsicht meiner Mutter hätte ich eigene Ernährungsregeln oder Änderungen der bestehenden einführen können. Die Oma reichte mir ein Scheiberl Gelbwurst – diese weiße Wurst mit der gelben Plastikhaut –, und sie schmeckte sehr, sehr fein. Ab diesem Tag gab es kein Halten mehr, die Veggie-Phase war beendet. Meine damals beste Freundin Ilse und ich statteten von nun an dem Lebensmittelgeschäft an der Straßenecke gegenüber von unserem Haus regelmäßige Schnorrbesuche ab. Ich konnte mit einem bestimmten Blick intuitiv so bedürftig dreinschauen, dass es die Verkäuferin wie aus geheimer Absprache und Seelenverwandtschaft heraus als Wurstsehnsucht auslegte und verlässlich fragte: »Magst a Wursti, Lisi, ha?« – *»Jaaa, immer!«* Und die Gelbwurst wurde über die Theke nach unten gereicht.

Dies war die erste Erfahrung, dass man bekommt, was man will – wenn man weiß, was man will, und dranbleibt.

Elisenstraße in Krailling

»Mami, was ist das denn???«

Vor Überraschung war mir fast das Sandwich im Hals stecken geblieben.

»Was meinst du?«, fragte sie irritiert.

Ich hob den Umschlag hoch und wedelte damit vor ihrer Nase herum. »Dieser Brief hier … Feldpost von meinem Vater, 1944 geschrieben, an die Familie daheim in Bayern!«

»Das war aus der Gefangenschaft in Kanada …«

»Da steht als Adresse *Adolf-Hitler-Straße*?!!«

»Wo hast du das gefunden??«

»Hier in der Kiste, die wir ausgemistet haben, unter dem Schreibtisch.«

»Ich bin deinem Vater 1949 das erste Mal begegnet …«

»Aber meine Großeltern haben in der *Elisenstraße* gewohnt, ihr auch!«

Elisenstraße, wie schön das klingt … dort bin ich vierzehn Jahre lang aufgewachsen!

»Ja. Ich weiß auch nicht … hm.«

Schweigen.

»Warum steht da nicht *Elisenstraße*, sondern *Adolf-Hitler-Straße*??«

»Sie hat die Elisenstraße geheißen. Dann haben sie sie wohl umbenannt in Adolf-Hitler-Straße. Viele Orte mussten damals eine Straße nach dem Führer benennen. Und nachdem der Spuk vorbei war, hat sie wieder Elisenstraße geheißen. So wird's gewesen sein …«

Meine ehedem so schöne Mutter blickte ratlos auf den kleinen grauen fleckigen Brief. Es war ihr nicht mehr wichtig. Ich sah sie an und dachte an ihre kleinen grauen Zellen, die nicht mehr so wollten wie sie, sie war sechsundachtzig, allein seit dem Tod meines Vaters vor achtzehn Jahren, müde vom langen Lebenskampf, von aufreibenden Tourneen, vom jahrzehntelangen Lärm der vielen Liveshows, Bands und schreienden Entertainer, der elektronisch verstärkten Musik, den unzähligen Nachtfahrten und der Unmöglichkeit, Karriere und Kind wirklich zufrieden machend unter einen Hut zu bekommen, die eigene Mutter in russischen KZ verloren, wo man Sudetendeutsche verhungern ließ.

Mami ... wer werde ich ohne dich sein ...

»Adolf-Hitler-Straße ... ekelhaft. Da will ich nicht mal begraben sein *und schon gar nicht gelebt haben möchte ich in einer Straße, die so geheißen hat!«*

Wozu in der sauberen, heilen Schweiz geboren und noch dazu einen Monat zu früh – früh genug, um es vor Tournee-Ende der Eltern auf die neutrale, eidgenössische Welt zu schaffen? Wozu, wenn heimgekehrt – ach was, *re-importiert*! – in eine Ex-*Adolf-Hitler-Straße*! Entwürdigt! Besudelt der heile Hort meiner Kindheit, der Nachmittagskaffee verdorben!

Der Garten in der Elisenstraße war mein Ass gewesen, mit ihm konnte ich als Kind punkten und ein frühes Statussymbol ins Spiel bringen, Durchsetzungsdefizite ausgleichen und mit ihm ergänzen und aufwerten, was meine schmale, empfindsame Persönlichkeit noch nicht hergab; keine meiner Freundinnen konnte etwas Ähnliches bieten: Ich hatte den größten.

Eltern- und hausmädchenseits war man froh, dass man uns in Reichweite wusste, aber nicht ständig beaufsichtigen musste. Wir Kinder hatten ein riesiges Areal nahezu für uns alleine. Unser Garten hatte gute 2500 Quadratmeter, eine ungeheuer weitläufige Spielwiese für Kinder, darin lauschige Fliederlauben, in denen man inmitten von weißen und lilafarbenen Blütentrauben verweilen und sich verstecken konnte, die kleine Hüttenansammlung des Kindertheaters meiner Großmutter mit Probebühne, Kostümhäuschen und Requisitenfundus, auf deren im Sommer warmen Dächern aus Dachpappe wir herumstiegen und in die Nachbarsgärten schielten, der Taubenverschlag, in dem die *Täubelen*, wie sie Oma immer nannte, wie seltsam ferne Wesen aus einer fremden Vogelwelt gurrten und – last, not least – der von meinem Vater und Onkel Lenzi, dem Bruder meiner Mutter, in Eigenkonstruktion selbst gebaute Pool samt dem Alpinum dahinter. Das Fundament des Alpengartens war das aufgeschüttete Erdreich aus dem Pool, er war mit Steinen, bunten Blumen und einem kleinen Weg versehen, der darüber führte – und dahinter meine großen Kletterbäume, in denen ich wie ein Affe – mehr Junge als Mädchen – meist herumhing. Des Weiteren gab es Gemüsegärten – und natürlich die tausend unsichtbaren Zwerge, Elfen und Feen samt Gefolge, die zwischen all den vielen Ästen und in den Lauben nächtens herumtanzten und sich erst mit Aufzug der Frühnebel aus dem Tau der großen Wiese verabschiedeten. Mein Garten war mein persönliches Paradies, das ich mit meinen Fantasien füllte, eine magische eigene Welt, ein Paralleluniversum, das meine Zuversicht, meinen Lebensmut und meine Kräfte speiste und das genährt wurde von den Geschichten über Elfen und Fantasiewesen, die mir meine Mutter erzählte und von denen die Märchenstücke meines Großvaters handelten, mein wunderbarer Zaubergarten …

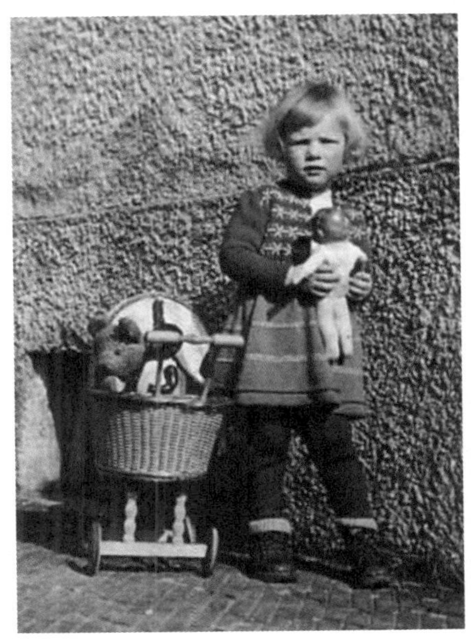

Lisa mit Bärle & Puppen in der Elisenstraße

Die historischen Ausdünstungen des NS-Monsters und die Namensvergewaltigung meiner Kinderstraße waberten durch das Wohnzimmer meiner Mutter, drangen in mein Hirn, meine Synapsen, verpesteten meine Seelenschwingungen und würden, jetzt, da ich es wusste, fortan wie Jauche an meinen Zellen kleben. Mich überraschte meine Erregtheit darüber, schließlich war ich immerhin achtundfünfzig Jahre alt. Ich hatte mehr Abstand gegenüber toten Diktatoren und Kriegsgeschehen (vor meiner Zeit) von mir erwartet, mehr vergangenheitsbewältigende Neutralität (Schweiz!) und die Fähigkeit, diese widerliche Entdeckung objektivieren zu können.

Richtig auffällig aber war meine physische Reaktion. Mein Herz klopfte, ich fühlte mich *getäuscht*, ohne einen greifbaren Schuldigen, es gurgelte in meinen Gedärmen. Den ganzen Tag hatte sich unverdaute Nahrung wie ein dicker Fußball in meinem Bauch verklumpt, falsch und zu viel gegessen, und nun, aha, kam mein Leib in Bewegung, Aufregung schlich sich ins System wie bei *Rosemaries Baby*. Ich rannte hinaus auf die Toilette und schiss den Hitler-Schock ins WC.

Vergessen will ich das, vergessen, die Schändung meiner geliebten Elisenstraße, meiner Kindheitserinnerungen, des liebenswürdigen, verwilderten großen Gartens, viel größer in meinem Herzen als in Quadratmetern, das verwitterte Großelterngemäuer mit der ehrwürdigen Patina und dem Charme der alten Herrenhäuser, Heimstatt und Nistplatz der Fitz-Vögel, Brutstätte des Fitz-Clans.

ER IST MIR HEILIG!!! ER IST MEIN KERN!! DAS EI, AUS DEM ICH GESCHLÜPFT BIN!!

Wollen Sie's nun kaufen oder nicht?«, hatte der Besitzer im Jahr 1962 meinen Vater gefragt, nachdem wir, drei Generationen Fitz, dort jahrzehntelang zur Miete gewohnt hatten. »Für hundertzwanzigtausend Mark gehört's Ihnen!«

»Moment mal!«, widersprach mein Vater misstrauisch aufhorchend. »Am Telefon hatten wir gestern hunderttausend vereinbart!«

»Gestern war gestern«, erwiderte der Besitzer lakonisch, »und heute ist heute. Und heute Vormittag hat Sie der Gemüsehändler Schlachter, Ihr Nachbar, um zwanzigtausend Mark überboten … Also, was ist jetzt?«

Mein Vater hatte seinen Stolz und keine Lust mehr.

Heute wäre allein das Grundstück eineinhalb Millionen Euro wert.

»Nein, danke«, sagte er patzig, »dann geben Sie's dem Schlachter. Ich lass mich nicht von Ihnen verarschen!«

Mein Großvater war ähnlich spekulationsresistent. Als man ihm zehntausend Quadratmeter Grund angeboten hatte in der Elisenstraße, in bester Lage Kraillings und direkt gegenüber von unserem Haus, sagte er: »Was soll ich denn mit einem Grundstück? Das brauch ich nicht.«

Der geschäftstüchtigere Nachbar, der es vorausschauend kaufte, wurde mehrfacher Millionär. Die Fitz-Kinder der zweiten, der Kriegsgeneration, zu der auch mein Vater gehörte, den man mit zehn Jahren in die Hitlerjugend zwang, waren keine kaufmännisch orientierten oder geschäftstüchtigen Menschen, sie hatten sich der Kunst verschrieben, das Geld war ihnen nicht so wichtig und für die Frauen der Familie eher relevant in Form eines einkommensstarken Ernährers. Mit Ausnahme meiner später geborenen Tante Veronika Fitz. Sie stand selbst ihre Frau als Schauspielerin. Und mit Ausnahme auch von mir. Ich schaue gern aufs Geld.

»Es muss so weit kommen, dass ein reicher Mann eine lächerliche Figur ist«, sagte mein Großvater. Den Spruch würde ich Josef Ackermann gern aufs Klo hängen. Dieser Aphorismus ist für mich der Inbegriff von Unabhängigkeit und freiem Geist.

Mein Großvater hatte Hitler von Beginn an misstraut. 1891 geboren, musste er mit dreiundzwanzig Jahren in den Ersten Weltkrieg ziehen und, obwohl glimpflich davongekommen, wollte er das nie wieder erleben. »Seid vorsichtig mit diesem Mann«, sagte er immer, »seid vorsichtig!« Aber ausrichten konnte er gegen ihn nichts.

Der Gemüsehändler, der unser Haus in der Elisenstraße kaufte, war der Vater meiner besten Freundin Ilse. Mit ihr hatte ich jahrelang den Garten durchspielt und im Kostümfun-

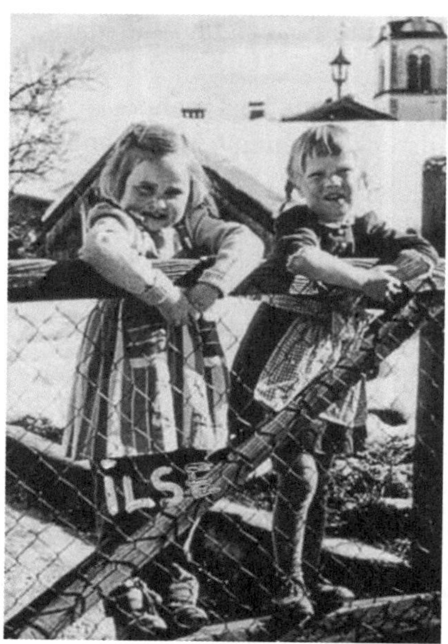

Lisa mit Freundin Ilse

dus meiner Großmutter das Paradies auf Erden entdeckt. Die kleine Probebühne ihres Kindertheaters war auf Großmutters Insistieren hin im seitlichen Teil des großen Gartens erbaut worden, daneben das Kulissenlager und eben der Kostümfundus. Ein Eldorado für uns Kinder. Der Zutritt war uns nicht erlaubt, schon gar nicht, darin herumzuwühlen, aber meiner Großmutter fehlten die Energie und die Zeit für kraftraubende Kontrollen und Gardinenpredigten, außerdem verstand sie unsere Sehnsüchte. Also übersah sie es gnädig und beschränkte sich auf Hinweise, wie die Kostüme wieder aufzuhängen waren, kurz, sie gab auf – und nach. Ilse und ich spielten alle Spiele, die uns einfielen, in allen Kostümierungen, die man sich nur vorstellen kann, in allen Variationen aller Rollen, die wir uns erdenken konnten – Prinzessinnen, Waldschrate, Könige, Teufel, Fantasiegestalten, Ritter, Edelfräulein, Elfenköniginnen, Kasperl, Räuber …

Mein Vater hatte uns Pimpfen einmal Spieße gebaut, Zaunlatten, an deren Ende ein Nagel mit der Spitze nach unten montiert war. Er schickte Ilse und mich damit los, um den Garten zu säubern: »Wenn ihr schon überall spielt, dann müsst ihr auch helfen, es sauber zu halten!«

Wir sollten alle Papierl und sämtlichen Unrat im Garten aufpieksen und in die Mülltonnen streifen. Bald waren wir fertig, und uns war fad. Also suchten wir nach neuen Betätigungsfeldern. Wir entdeckten den Apfelbaum gegenüber der

Garage, der jedes Jahr im Herbst wunderbare große rote Äpfel trug.

»Du, Ilse«, sagte ich, »dem seine Rinde schaut aber ganz schön alt aus, die machen wir jetzt auch sauber!«

Dann ritzten wir (in stundenlanger Arbeit) die Rinde ein und schälten den ganzen Baum sauber ab, bis der Stamm wie der nackte weiße Körper einer Jungfrau freilag. Der Baum trug ab dieser Säuberung nur mehr kleine runzlige Äpfel.

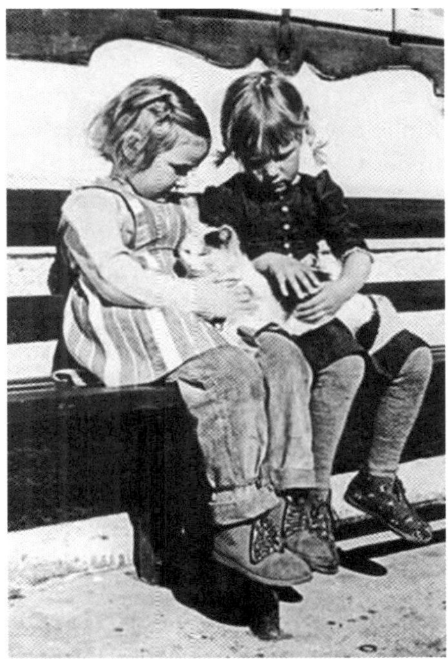

Ilse & Lisa mit Katzen

Überhaupt hatte der Baum ein mieses Karma. Wenn mein Großvater in die Garage einparkte, musste er dazu immer zurücksetzen. Und je älter er wurde (mein Großvater), desto schlechter schätzte er die Entfernung beim Rücksetzen ein. Jedes Mal bumste er gegen den Apfelbaum, und einige Äpfel fielen ihm aufs Autodach. »Hergottsakrament!«, brummte er dann, und der Apfelbaum blieb weiterhin verlässlich geschädigt.

Der Apfel fällt nicht weit vom Stamm, sagt man. Und ein beschädigter Baum bringt halt oft auch verhutzelte Apferl hervor. Und zuweilen fallen sie ganz woanders hin, als man denkt.

In den Ferien kam oft meine Hamburger Verwandtschaft und spielte mit: Cousin Thomas und Cousine Petra – gern gesehene Spielpartner und auch heute noch enge Vertraute. Helga, eine der drei Schwestern meines Vaters, hatte Kurt Kinkele, den Kumpel meines Vaters aus der Kriegsgefangenschaft, geheiratet und war mit ihm in den Norden gezogen. Mein Onkel hatte bei meinem Vater das Foto meiner Tante Helga gesehen und meinem Vater gesagt, er wolle sie kennenlernen und heiraten. Kurt Kinkele war der Manager der Big Band gewesen, die mein Vater in der Gefangenschaft gegründet hatte, und wurde später Spitzenmanager bei Polydor. Er war an Verträgen mit den Rolling Stones und vielen weiteren Rock- und Klassikgrößen beteiligt. Kurt wusste aus meiner Sicht fast alles. Er ist mein wichtigster und liebster Onkel und hat mich später oft bestens beraten. Allerdings dauerte es viele Jahre, bis ich so weit war, dass ich seinen Rat anzunehmen verstand.

Meine geniale Tante Veronika, die man nach einem guten Jahr Schauspielunterricht auf der Otto-Falckenberg-Schule wegschickte, weil man ihr *nichts mehr beibringen konnte*, sonnte sich als junges Mädchen oft im Garten der Elisenstraße und hatte an uns Kindern naturgemäß wenig Interesse, unser lustiger Onkel Wastl kam vorbei und machte Witze. Alle – Onkels, Tanten, Cousins und Cousinen – trafen sich in diesem kleinen Paradies Elisenstraße. Natürlich waren die tatsächlichen Verhältnisse nicht so sonnig, wie mein Kindergemüt es wahrnahm, von seelischen Abgründen, Zerwürfnissen, Familientragödien und Geschwisterzwisten zwischen Onkel, Tanten und Eltern wusste und ahnte ich nichts. Meine Welt blieb heil.

Ich war damals dünn wie ein Spargel und unsicher, meine Mutter war zu stark für mich, der Clan übermächtig und alles zusammen mitsamt dem Garten eine große Käseglocke, die mir Schutz und Entwicklungssicherheit gewährte. Frisör, Gemüseladen, Lebensmittelgeschäft und Schreibwaren – alles lag in zwei Minuten Gehweite entfernt, übersichtlich, nah beieinander, persönlich. Jeder kannte jeden, man mochte und respektierte oder akzeptierte sich zumindest gegenseitig. Ein überschaubarer, beruhigender Vorortkosmos, der schützend über meinem Leben lag. Die kleine, große Welt und der Humus einer Künstlerpflanze.

Allein für diese (wenn auch naive) Wahrnehmung muss ich mich bedanken, und selbst heute, wenn mir Fauliges, Verwestes aus historischen Familienabgründen zuweht – Kränkungen, seelische Verletzungen, Grenzüberschreitungen, Süchte oder gar Schlimmeres –, möchte ich es nicht mehr wissen. Ich will die Leichen im Keller diverser Verwandter nicht persönlich kennenlernen, Familienaufstellung hin oder her. Oder sagen wir: jetzt gerade noch nicht. Mir reicht der böse Odem der Adolf-Hitler-Straße, dessen historischen Gestank ich aushalten muss.

Mein Großvater war nach dem Tod meiner Großmutter in eine Wohnung gezogen, und mein Vater ließ uns 1964 einen schicken neuen Winkelbungalow in der Eichenstraße im oberen Krailling bei der Pentenrieder Straße bauen – nach seinen eigenen Entwürfen –, auch deswegen, weil meine Mutter es satt hatte, zeitlebens mit Schwiegereltern und marodierenden Verwandten, die tage- oder wochenlang Wohnstatt und Ansprache suchten, unter einem Dach leben zu müssen und keine Privatsphäre zu haben.

»Jeden Stein dieses Hauses habe ich mit deinem Vater erarbeitet, ersungen, jeden Ziegel, jedes Fenster – in diesem Haus stecken meine Tränen, mein Schweiß und meine Kraft«, sagte sie über das neue Haus.

Wie schwer es sechsundvierzig Jahre später werden würde, sie zum Auszug zu bewegen, als sie nicht mehr allein dort leben konnte, ahnte ich nicht. Meine Eltern hatten eine Menge Nerven und Geld in diesen Bungalow investiert, den ich nie annahm und lieb gewinnen konnte, obwohl oder eben *weil* ich all meine Pubertätsstürme dort durchlitten hatte. Mir bedeutete das Haus nicht viel, es brachte meinen Eltern, meiner Mutter speziell, kein Glück. Sie hatte gedacht, sie müsste alleine mit meinem Vater und mir sein, und war doch ein Rudeltier, das seine Alphaqualitäten nur im Zusammenspiel mit der Herde entwickelte, wenn es Konkurrenten, Mitstreiter und eine feste Hierarchie gab, in die es sich einfügen und in der es bestehen musste.

Wir zogen 1964 um, der Gemüsehändler ließ das alte gelbe Herrenhaus abreißen und stellte einen Vierkant-Appartementblock auf das Grundstück, das rechnete sich mehr als die alte Bude. Ich sah zu, wie die weit ausschwingende Eisenkugel des Baggers Löcher in mein Kinderzimmer schlug, und die aus den zerstörten Wänden heraushängenden Fetzen der Tapeten fühlten sich in mir an wie die Fetzen meiner inneren Haut. Es war mein persönliches Kinderkriegserlebnis. Die Abrissbirne schlug ein Loch nach dem anderen in das Gebäude, bis alles zusammenkrachte – und sie schlug auch ein großes Loch in mein fassungsloses vierzehnjähriges Herz: der Hort meiner Kindheit, Wohnort von Feen, Elfen und Zwergen, das Haus meiner Eltern und Großeltern, Keimzelle der ersten Schauspiel- und Singversuche wurde vor meinen Augen für immer zertrümmert. Kraillinger Elisenstraße, ade …

So lernt man das Abschied nehmen vom Kinderparadies, wenn gleich das ganze Haus versenkt wird, samt allen dunklen Abgründen, Abschied nehmen von diesem Hort der Seligkeit, der Rückhalt gegeben hat und seelische Stütze war, wenn die Eltern auf Tour waren; dann hielt ich die Stellung, war die Zentrale, in die sie zurückkehrten. Wenn ich heute aus meinem Haus herausmuss, wird es für mich nie wieder wirklich tragisch werden. Die Tragik wurde damals mit dem Bauschutt der Elisenstraße auf die Mülldeponie abtransportiert.

Einmal entwurzelt worden zu sein kann auch Freiheit bedeuten.

Der Fitz-Clan

Mein Großvater Hans Fitz war mein Vorbild für meine Berufswahl, mein *Role Model*. Ich sah ihn auftreten, beobachtete und hörte, wie er die Menschen zum Lachen brachte und dachte: *Diesen Beruf will ich auch!*

Und meine große Familie, meine ersten vierzehn Lebensjahre in einem Haus mit Eltern und Großeltern, die Nähe zur Kunst und ihrer Entstehung war ein perfekter Nährboden hierfür.

Der Volksschauspieler Maxl Graf soll gegrantelt haben: »Wo'st hinkommst beim Fernsehen oder Theater – überall triffst an Fitz!«

Ja, es stimmt wohl, wir sind die bekannteste und weitläufigste Künstlerfamilie Bayerns, nunmehr in der vierten Generation. Begründet wurde sie durch die Heirat des Schauspielers und Bühnenautors Hans Fitz mit der Opernsängerin Ilse, geborene Heirich, meiner Großmutter. Deren Onkel, Heinrich Knote (geboren 1870 in München, Bruder der Mutter), war königlich-bayerischer Kammersänger und Richard-Wagner-Heldentenor, er wurde dreiundachtzig Jahre alt. 1904 bis 1908 gab er Gastspiele in London und war Mitglied an der Metropolitan Opera in New York. Bei meinen Recherchen erfuhr ich erst jetzt, dass er zu dieser Zeit als großer Rivale von Enrico Caruso galt. Sofort begann ich darüber nachzudenken, ob ich mein stimmliches Erbe von Urgroßmutters Seite nicht reaktivieren könne, da Knote heute noch als einer der besten deutschen Heldentenöre angesehen wird, gab es aber dann schnell wieder auf. Die Linie meiner Urgroßmutter Hermine Heirich ist unter anderem auch mit Oskar von Miller verwandt, dem Gründer des Deutschen Museums. Na bitte! (Warum war ich nicht besser in der Schule?)

Mein Großvater Hans Fitz begann seine Schauspielkarriere Mitte der Dreißigerjahre bei der Universum-Film (Ufa) und mit zahlreichen Hörspielrollen im Radio. Nach dem Zweiten Weltkrieg war er ein Mann der ersten Stunde im Fernsehen. Neben seiner Tätigkeit als Schauspieler schrieb er unzählige Theater- und Fernsehstücke in bayerischer Mundart, und als Regisseur arbeitete er am Staatstheater am Gärtnerplatz in München. 1970 wurde er für seine Verdienste um die bayerische Kultur mit dem Bayerischen Poetentaler der Münchner Turmschreiber ausgezeichnet. Mein Großvater starb 1972 und fand seine letzte Ruhe auf dem Friedhof in Krailling bei München. Im Münchener Stadtteil Forstenried ist der Hans-Fitz-Weg nach ihm benannt. Er war wohl das, was man heute als Multitalent bezeichnen würde: Autor, Schriftsteller, Schauspieler, Rezitator und Liedersänger, Virtuose auf der Gitarre. Ein Mann mit ausgeprägtem schillerndem Charakter und einer gewissen Grandezza, humanistischer Erziehung und hoher Bildung, satirischem Humor und schmerzhaft treffsicherem sarkastischem Witz, der auch vor der nahen Verwandtschaft nicht Halt machte. Mit seinen Theaterstücken rettete er die Münchner Kammerspiele vor dem finanziellen Ruin, als sein Stück *Josef Filser* dort erfolgreich gespielt wurde und für ein ständig ausverkauftes Haus sorgte.

Er war angesehen und etabliert in der Münchner Gesellschaft der Dreißigerjahre und aktives Mitglied bei verschiedenen Münchner Kunst- und Kulturvereinen wie den »Turmfalken« und deren Folgeverein »Die damischen Ritter« (nach der Überlieferung waren die Gründer achtundzwanzig gestandene, alteingesessene Münchener Mannsbilder, Mitglieder der Bürger-Sängerzunft München, die sich im Löwenbräukeller in froher Runde trafen und mit alten Gepflogenheiten und Zwängen brechen, sozusagen alte Zöpfe abschneiden wollten, eine Art früher Kunstrevoluzzer). Ein Repertoire von über achthundert Liedern soll sich mein Großvater angeeignet haben, und mit dem Humoristen Karl Valentin verband ihn eine persönliche Bekanntschaft, mitunter war Valentin zu Besuch in unserem Kraillinger Haus.

Als junger Mann brach Hans Fitz sein Architekturstudium ab und aus der bürgerlichen Welt aus, vertauschte eine solide Laufbahn mit der risikoreichen Existenz des freien Künstlers und wagte sich in eine unsichere, kreative Zukunft. Ausbrüche, Umbrüche, Wagnisse, Mut, auch in fortgeschrittenem Lebensalter – dieses Muster findet man bei den Enkeln in der dritten Fitz-Generation immer wieder. Mein Großvater war das schwarze Schaf in seiner Ursprungsfamilie und für uns Folgegenerationen somit der Leithammel. Meine Großmutter, selbst Opernsängerin, brachte er vom strengen Weg der ernsten Kunst ab und zog sie zur leichten Muse, die ihn selbst zeitlebens verlässlich küsste. Sie leitete später – wie schon erwähnt – das von ihr gegründete Kindertheater.

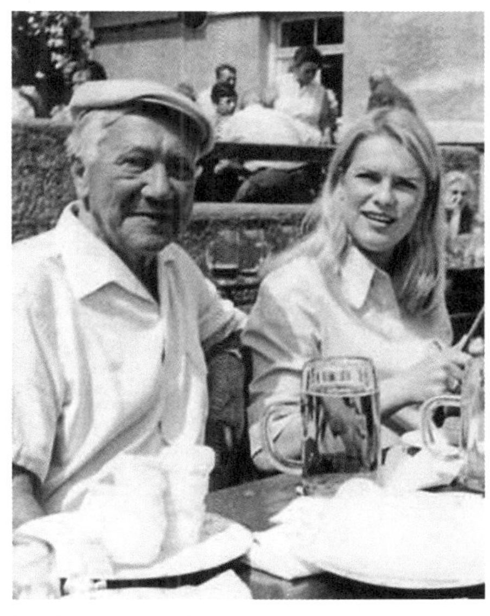

Großvater Hans Fitz & Enkelin Lisa in Andechs (1969)

Meines Großvaters künstlerische Qualitäten wurden familienintern hoch eingeschätzt, und so manch ein Fitz mühte sich vergebens, seine Fertigkeiten in der Dichtkunst, im Humor und im Vortrag zu erreichen. Hans und Ilse Fitz gestalteten ihre eigenen Gesangs- und Rezitationsabende und tourten damit auf deutschen Bühnen. In späteren Jahren traten sie auch zuweilen gemeinsam mit meinen Eltern und Onkel Wastl, dem FITZETT, auf. Der Titel dieser musikalisch-literarischen Abende war: »Humor in Frack und Lederhose«. Sowohl Klassikerhumor in Form von Goethe- und Schillergedichten als auch der derbere Witz bayerischer Schriftsteller kamen da zum Vortrag, sowie Texte meines Großvaters, der es liebte, beide Genres zu verbinden. Das FITZETT sorgte dabei für musikalisch-humoristische Parodien.

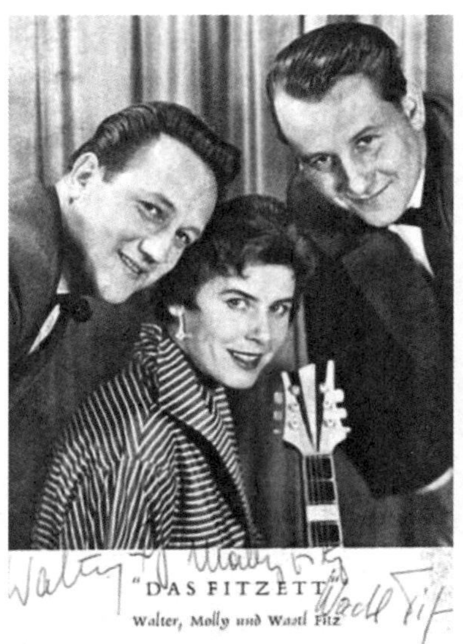

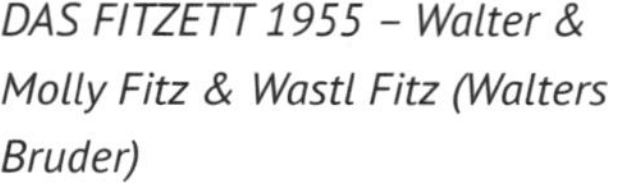

DAS FITZETT 1955 – Walter & Molly Fitz & Wastl Fitz (Walters Bruder)

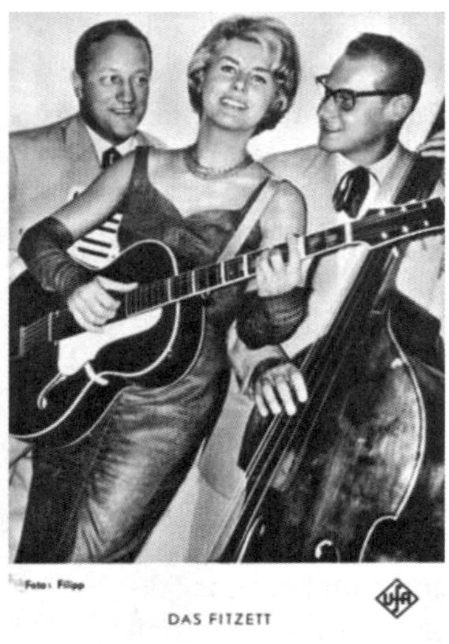

DAS FITZETT 1963 – Walter & Molly Fitz & Udo »Lenzi« Raffay (Mollys Bruder)

Ich bewunderte meinen Großvater, den disziplinierten Mann, der täglich um acht Uhr morgens an seinem Schreibtisch saß und schrieb, ob ihn die Muse küsste oder nicht, der belesen und gebildet war und sich stetig weiterbildete und weder dem Alkohol über das gesellschaftliche Maß zusprach noch anderen Drogen.

Allerdings war ich ein Kind und bekam nicht alles mit. Ich sah nur, dass er starke Roth-Händle rauchte und damit immerhin einundachtzig Jahre alt wurde.

Seine zukünftige Frau Ilse lernte Hans kennen, als sie zwölf Jahre alt war und er um die zwanzig. Er sah sie, verliebte sich sofort in sie und beschloss: *Die will ich haben.* Aber er musste noch warten. 1914 sagte er zu ihr: »Wenn ich aus dem Krieg zurückkomme, heirate ich dich!« Zum Glück traf seine stürmische Verehrung auf Gegenseitigkeit, er war ihre große Liebe.

Mein Großvater kam wohlbehalten aus dem Ersten Weltkrieg zurück und ehelichte meine Großmutter. Das erste Kind, das sich den jungen Eheleuten 1921 viel zu früh in wirtschaftlich schwierigen Zeiten ankündigte, wie so oft völlig ungelegen kam und die Diskussion um seine Austragung im Mutterbauch dennoch gottlob überlebte, war mein Vater. Die Liebesbriefe meiner Großeltern gehören zu den schönsten Dokumenten unserer Familienhistorie, die ich kenne. Erst spät wurden sie mir zugänglich. Eine so tiefe Liebe nötigte mir den größten Respekt ab, und die Lektüre der Briefe trieb mir die Tränen in die Augen.

Als mein Vater Jahre später als junger Marineoffizier in den Krieg ziehen musste und im U-Boot beschossen wurde, stand meine spätere Existenz zum zweiten Mal auf der Kippe. Zum dritten Mal war sie bedroht, als man die Blutgruppenunverträglichkeit meiner Eltern diagnostizierte, den sogenannten Rhesusfaktor. Meine Mutter hatte die Blutgruppe null. Wenn die Mutter Rhesus negativ und der Fötus Rhesus positiv ist, kann es sein, dass die Mutter Antikörper bildet, die zu Behinderungen oder zum Tod des Kindes führen. Heute macht man sofort nach der Geburt einen Bluttransfer, damals starben viele Kinder. Nur die Erstgeborenen, speziell Mädchen, überlebten häufiger, das gibt mir immer Mut, auch zu meinem Geschlecht als Frau.

Hätte also meine Großmutter den Sohn Walter, der mit seiner frühen Ankunft die materielle Existenz der Eheleute Fitz gefährdete, nicht behalten wollen, dürfen oder können, hätten die Engländer ein Vierteljahrhundert später das U-Boot mit meinem Vater versenkt oder hätte ich den Rhesusfaktor nicht überlebt – dann wäre ich nicht da. Die Welt wäre gut ohne mich zurechtgekommen, wohl wahr, ich aber sitze oft in Demut über den Liebesbriefen und Tagebüchern meines Vaters, dankbar, dass ich leben durfte. So selbstverständlich, wie man sie immer nimmt, ist eine menschliche Existenz gar nicht.

Großvater Hans Fitz' Qualitäten als Ehemann wurden innerhalb der Familie oft kritisiert – zu Recht. Sein Ausspruch »Ich war in meinem Leben sehr oft treu« erheiterte mich und oft auch andere Zuhörer beim geselligen Zusammensein, meine Großmutter aber weinte Kopfkissen durch aus Gram über seine

Vorliebe für junge Mädchen und seinen Unwillen zur Monogamie. Im Alter von fünfundsechzig starb sie an einem Herzinfarkt. Der Hausarzt hatte ihr kurz zuvor gute Gesundheit und ein gesundes Herz bescheinigt, aber als es postum untersucht wurde, erfuhren wir, dass ihre Herzwände *dünn wie Papier* gewesen seien. Meine arme Großmutter ...

Er hat ihr das Herz gebrochen mit seinen Weibergeschichten und ständigen Eskapaden, obwohl er sie doch über alles liebte. Aber die Frauen aus dieser Zeit gingen ja nicht weg, sie blieben, was immer ihnen auch geschah.

Ilse gebar ihrem Mann acht Kinder. Nach Walter, Ajo, Helga und Georg kam Sohn Valentin zur Welt. Er lebte nur ein Jahr lang, sein Tod hat meinen Großeltern großes Leid beschert. Danach wurde Gottfried geboren, auch er lebte nur einige Stunden. Wastl und Vroni folgten danach. Sohn Georg blieb im Krieg. Fünf Kinder überlebten also – Walter, Wastl, Ajo, Helga und Veronika. Wastl feierte 2010 seinen achtzigsten Geburtstag, Helga ist Mitte achtzig und Veronika wurde im März 2011 fünfundsiebzig.

Mein Großvater verwand den Tod seiner Frau kaum. Als sie starb, starb mit ihr auch seine Lebensfreude, er vegetierte vor sich hin und absolvierte die restlichen Jahre wie eine öde Pflichtübung. Nur selten noch trat er auf, sein Glanz war erloschen.

Eine Künstlerfamilie, heißt es, *ist gekennzeichnet durch das Auftreten von hervorragenden Künstlern derselben oder verwandter Richtung in bestimmten Familien in mehreren Generationen. Neben einer meist hohen intellektuellen Begabung ist die Voraussetzung für künstlerische Hochleistung ein ganz spezifisches Talent in einer Richtung, eine entsprechende Ausbildung und ein sozialer und gesellschaftlicher Rahmen. Bei Musikern und Malern spielen diese Umstände neben der Vererbung des musikalischen und malerischen Sinnes eine ziemliche Rolle. So stammen 38 Prozent der berühmten Musiker von Berufsmusikern, 24 Prozent der Maler von Berufsmalern. Die bemerkenswerteste von allen Musikerfamilien der Geschichte ist sicher die Familie Bach. 48 von 55 männlichen Bachs in sechs Generationen waren Musiker.* (Sagt die

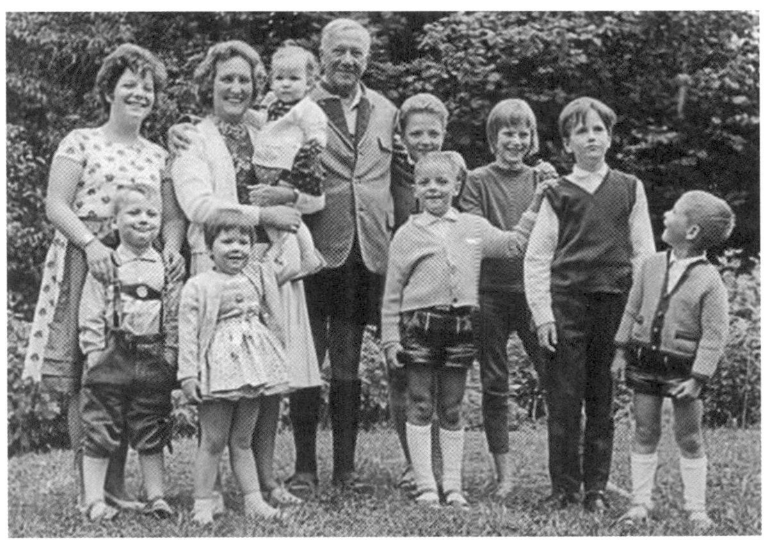

Ilse & Hans Fitz mit ihren neun Enkeln: Petra, Michael, Karin, Ariela, Thomas, Stephan, Lisa, Hannes, Wölfi (v. l.)

Deutsche Enzyklopädie.) Abgesehen von dem bedauerlichen Umstand, dass Töchter nicht angeführt werden, stimme ich ihm zu.

Als Familienverbund unterscheiden wir uns in privater Hinsicht nicht sehr von anderen Großfamilien. Es gibt Sympathien und Antipathien, die individuellen Kontakte sind je nach persönlichem Bezug und geografischen Bedingungen eng, sporadisch oder sehr selten. Obwohl die Fitze zuweilen charakterliche Gemeinsamkeiten aufweisen – man spricht vom »Fitz'schen Phlegma«, das viel Anschub braucht, um in die Gänge zu kommen –, gibt es innerhalb der vier Künstlergenerationen unterschiedlichste schillernde Charakter- und Persönlichkeitsfacetten: brave, schrille, langweilige, beschädigte, geniale und hochbegabte Wesen mit liberaler Haltung und weltoffener Fröhlichkeit, andere wieder mit der Fähigkeit, Dunkles aufzuspüren, es zu malen oder zu beschreiben, einige mit hoher Kritiklust und bissig-satirischer Weltsicht – wieder andere mit konventioneller Haltung und politischem Konservativismus.

Ein Füllhorn an kreativen Fähigkeiten gibt es hier zu bestaunen. Im weitverzweigten Stammbaum nisten ungewöhnliche Vorlieben, schräge Süchte, der Hang zum ausgiebigen Trinken, auch Egomanie und angeblich sogar Schlimmeres – wir haben alles im Angebot. So sind Familien eben. Ich habe nicht gewagt, alles auszuforschen und die einzelnen Büchsen der diversen Pandoras zu öffnen.

Aus diesem Facettenreichtum ergibt sich aber auch, dass die Nachkommen in der zweiten oder dritten Fitz-Generation – danach kann man den Überblick durch das verzweigte Kinderaufkommen etwas verlieren – aufgrund ihrer persönlichen Biografien ganz unterschiedliche Sichtweisen haben, was den Clan betrifft. Ein Scheidungskind mag als Fitz-Spross von der Künstlerdynastie nicht die gleiche Förderung oder Anregung wie ich erfahren und somit vielleicht keinen Vorteil aus dieser Familienzugehörigkeit gezogen haben, es mag ein Einzelkämpfer geblieben sein und diesen Clan nicht als wärmend empfunden haben. Wem Ärgeres widerfahren ist, dessen Sicht wird mehr mit therapeutischer Aufarbeitung als mit Clan-Euphorie zu tun haben. Ich verstehe das, aber meine persönliche Sicht der Fitz-Familie ist eindeutig und uneingeschränkt positiv, ohne sie zu idealisieren. Ich sehe wohl ihre menschlichen Schwächen und ihre Fehler, lernen aber wollte ich von ihren Stärken.

Meine Fitze waren für mich mein Humus für Beruf und Liberalität im Umgang mit Religion und Sexualität. Großeltern und Eltern durch ihr gelebtes Vorbild und ihre tägliche künstlerische Arbeit, mein Onkel Wastl durch seinen frechen Witz und seine schöne Tenorstimme, meine Tante Veronika durch ihre einzigartige Persönlichkeit als Schauspielerin und ihren lebenslänglichen Ungehorsam allen moralinsauren und politischen Konventionen gegenüber – nie ließ sie sich in ihrer Meinung beirren, immer sagte sie, was sie dachte, auch in den nach bürgerlichen Maßstäben unpassendsten Augenblicken – und Tante Ajo mit ihrer Weisheit, die immer ruhig und unaufgebracht die richtigen Fragen stellte – wie an meinem fünfundzwanzigsten Geburtstag während eines Ausflugs auf den Herzogstand. Sie

hatte diesen Ausflug angeregt, um mich nach meinem plötzlichen Ruhm besser und neu kennenzulernen, sie blieb an mir, an uns dran, sie kümmerte sich um die Familienbande (in doppelten Sinne), und sie fragte mich:
»Wo möchtest du dich in zehn Jahren sehen?«

Ich antwortete mit hochfliegenden Plänen von seriösem Schauspiel, Ruhm und Alleinstellung.

»Ja, ja«, sagte sie nachdenklich, »aber weißt du, das musst du dir alles erst hart erarbeiten. Das kommt nicht von selbst.«

Dieser eine Satz auf dem Weg zum Bergkreuz am Gipfel, im Sonnenschein, mit Blick über die ganze Berglandschaft, blieb einer meiner wichtigsten Leitsätze.

Und dann meine Hamburger Verwandtschaft: meine sanfte, aber subversive Tante Helga, deren oft so leise und nebenhin gesprochene Kommentare alle aufgeblasenen Eigensichten wie Luftballons platzen lassen und jegliche Überheblichkeit relativieren. Cousine Petra, die Cousins Thomas, Stephan und Wölfi, mit deren regelmäßigen Besuchen ich in Krailling aufwuchs. Der Hamburger Kinkele-Fitz-Clan lebte mir über Jahrzehnte einen vorbildlichen Familienzusammenhalt vor, durch alle Höhen und Tiefen, in guten wie in schlechten Zeiten. Für ihn könnte das Begriffspaar *Pech & Schwefel* erfunden worden sein, so gin-

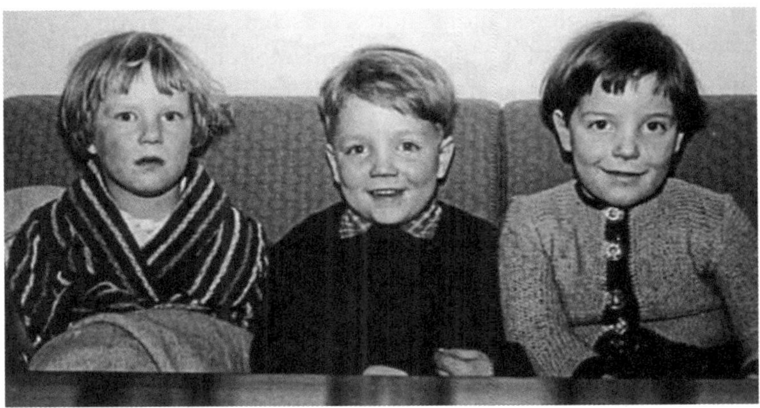

Lisa, Cousin Thomas, Cousine Petra (v. l.)

gen sie durch dick und dünn – und da waren wahrlich schwere Zeiten dabei. Über all die Jahre führe ich – heute immer noch – wunderbare Gespräche mit Thomas, einem Aromatologen (Wirkung von Düften auf das Gehirn), meinem Lieblingscousin, über Spiritualität, Entwicklung und Innehalten durch Innenschau. Und mit seinem Vater, meinem Onkel Kurt, dem Spitzenmanager, der mich lehrte, Ungehorsam in vertraglicher Hinsicht zu üben, nicht sofort per Unterschrift Ja zu sagen, weil ein Angebot lockt, verstehen zu lernen, wo man mich übers Ohr hauen will und bei Verträgen auch ganz hart Nein zu sagen, wenn's nicht passt.

Sowie der Seitenzweig, der auf einmal fitzisch-künstlerisch blüht und gedeiht: Florian David Fitz, der mit mir in den USA war und mich in unseren vielen Diskussionen zum unkonventionellen Denken inspirierte – seine wunderbaren Eltern, die Hoteliers Karlhans und Gabi. Gabi, die mir zum fünfzigsten Geburtstag einen Tandem-Fallschirmsprung schenkte, mit dem Kommentar auf der Karte: »Wenn ich das kann, kannst du das auch! (Ich bin älter als du.)« Dieser Sprung – Florian raste und schwebte einige Meter neben mir zur Erde – gehört mit zu den existenziellsten Erfahrungen in meinem Leben.

Ich liebe meine Fitze, auch wenn das nicht immer auf Gegenliebe stößt, weil man mich – das kenne ich seit meinem Weg in die Öffentlichkeit – ständig anders einschätzt, als ich bin. Sogar innerhalb der Familie fällt man auf mein öffentliches Image und seltsame Pressenachrichten herein und überbewertet zuweilen PR-Fehler streng und unnachsichtig wie Eltern pubertäres Fehlverhalten. Sei's drum.

Wer aber mit den Biografien der Verwandten nicht pfleglich umgeht, den holt der Ahnenteufel, weshalb ich mich in diesem Buch vorwiegend auf meinen persönlichen Zweig Fitz beschränken will. Zur Orientierung, und weil man mich bei allen Interviews und auch privat ständig fragt, welcher Fitz denn nun mit *wem* und vor allem *wie* verwandt ist, hier noch mal eine Kurzfassung der bekanntesten Fitze und ihrer Verwandtschaftsgrade:

Walter Fitz war mein Vater (Musiker, Schauspieler, Strauß-Parodist). Seine jüngste Schwester, die Schauspielerin *Veronika Fitz*, ist meine Tante. Schauspieler und Sänger Wastl, Künstlername *Gerd Fitz,* Bruder meines Vaters, ist mein Onkel. *Florian David Fitz* (Abkömmling aus dem parallelen Fitz-Zweig vom Bruder meines Großvaters) und *Michael Fitz* (Sohn von Gerd Fitz) sind meine Cousins. *Ariela Bogenberger*, Tochter von Veronika Fitz, ist meine Cousine. Mein Sohn ist *Nepo Fitz.*

Der Schauspieler Peter Fitz und seine Kinder Hendrijke und Florian Fitz (namensgleich mit Cousin Florian, aber ohne den »David« in der Mitte) sollen nicht mit uns verwandt sein. Aber wer weiß das schon so genau. Bei der Recherche habe ich entdeckt, dass der wunderbare Schauspieler Peter Fitz 1931 geboren wurde – in Kaiserslautern, wo auch mein Vater 1921 auf die Welt kam. Wenn man das intensive Liebesleben meines Großvaters bedenkt, wäre es nicht verwunderlich, wenn … Aber man sagte mir, mein Großvater sei 1931 schon längst nicht mehr dort gewesen. Hier regiert wohl eher mein Wunschdenken, ich hätte gerne alle Fitze (besonders die guten Schauspieler) als Zweige am Familienstammbaum.

Ach ja, und dass ich's nicht vergesse: Ein Vorfahre war Johannes Fitz (1796–1868) aus Bad Dürkheim, genannt »der Rote Fitz«, der mit rebellischen Liedern für mehr Freiheit und bessere Lebensverhältnisse stritt. Da wundert mich doch nix mehr hinsichtlich meines Ungehorsams. Große Politik und persönliches Schicksal waren bei ihm eng verflochten in einer Zeit gesellschaftlichen und technologischen Wandels. Nach ihm wurde ein guter Wein benannt.

Ein Zweig unserer Fitze, fanden wir vor vielen Jahren heraus, lebt immer noch in Bad Dürkheim und betreibt ein wunderschönes Weingut. Bei den Fitz-Ritters trinkt sogar unser Bundespräsident gerne mal ein Glaserl.

Mona & Lisa

Die beste Freundin ist die, der man *alles* erzählt, Ärger mit den Lehrern, die Sorgen mit den Eltern, den ersten Liebeskummer, die geheimsten Wünsche und Nöte. Meine beste Freundin Mona war eher meine Schwester. Und genauso verbunden fühlte ich mich mit ihr, durch dick und dünn. Ich liebte sie und hatte sie oft gewaltig dick. Das muss unter guten Schwestern so sein. Mona lernte ich im Alter von sechs Jahren kennen, heute ist sie die Chefin des Chiemgauer Volkstheaters, das sie gemeinsam mit ihrem Mann Bernhard Helfrich, dem künstlerischen Kopf des Theaters, seit über dreißig Jahren erfolgreich leitet. Sie ist in Krailling aufgewachsen und in Planegg zur Volksschule gegangen wie ich. Mona ist ein Jahr älter als ich und heißt eigentlich Ursula. Später Uschi. Als unsere Auftritte als Duo eine gewisse Professionalität erreichten und mein Vater sich auf Anraten meiner Mutter als unser Manager betätigte, nahm sie den Künstlernamen Mona an.

Aber ich muss viel früher beginnen – in der Volksschule, der Zeit der Pimpfe. Oder noch früher … in unserem Garten.

Meine früheste Freundin war Ilse, die Nachbarstochter, mein Ein und Alles. Ich liebte sie abgöttisch, wie ich immer liebe, wenn ich liebe, so etwas kann nur enttäuscht werden. Die süße Ilse mit den braunen Knopfaugen war ein trickreiches Schelmchen, die wusste, dass sie nur an einem Fädchen ziehen musste, damit ihr Lischen sprang. In Erwachsenenworten würde man sagen: Ilse manipulierte mich. Ihre größte Drohung war: »Dann gehe ich heim!«

Heim bedeutete nur dreißig Sekunden Weg nach nebenan, in den Hinterhof mit den Garagen und den Lagerräumen des Gemüseladens ihres Vaters, wo es viel weniger schön war als in unserem Garten. Ich hätte also nicht besorgt sein müssen.

Aber so weit dachte ich damals nicht. Wenn Ilse ging, bedeutete das, sie ließ mich stehen, unser Spiel wurde abrupt beendet, und ich war alleine mit Detta, ohne meine Mutter, ohne Geschwister. Ilse hatte zumindest ihre ältere Schwester Wucki, mit der sie sich streiten konnte, wenn ihr nach intensiver Kommunikation zumute war oder wenn sie Dampf ablassen wollte. Ich dagegen blieb zurück bei meiner alten, sperrigen, etwas schlicht gestrickten Kinderschwester, was mir als relativ große Bedrohung erschien, weil mich Detta zwar gernhatte und mich nach allen Regeln ihrer erlernten Profession mit gutmütiger Strenge erzog, aber es war ein Zustand einseitiger Dominanz seitens Dettas, glanzlos und lieblos und bevormundend – und das Ende des glückseligen, fantasiereichen Abenteuerzustands, des inneren Leuchtens, des selbstvergessenen Spielens mit Ilse.

Wir spielten mit Puppen, wir spielten mit unserem Hund, den wir verkleideten und in den Puppenwagen setzten, wir vertrieben uns die Zeit mit den Katzen im Garten oder mit Hölzchen und Bauklötzen, wir spielten Rollenspiele, Fee und Elfenkönigin, wir spielten Märchen nach, wir spielten immer irgendetwas, und nie verließ uns die Fantasie. Wenn Ilse drohte, *heim*zugehen, war all dies in Gefahr, ich empfand das als beängstigend und unendlich traurig. Es schien wie der Untergang meiner gegenwärtigen Welt.

Detta verfolgte das immer wiederkehrende Drama aufmerksam, und es entging ihr nicht, dass ich unter Ilses Pimpfterror litt wie ein Hund. Das erregte ihr Missfallen, weil sie sehen konnte, dass ich, der ihr anvertraute kleine Mensch, immer die Verliererin war. Als ich wieder einmal geknickt und untröstlich war, weil Ilse mich verlassen hatte und nach nebenan, also *weg von mir*, gegangen war, mich im Stich gelassen hatte, nahm Detta mein Kinn, hob meinen Kopf zu sich an und sagte energisch zu mir: »Jetzt lass sie doch amal gehen!! Die kommt schon wieder!«

»Und wenn sie nimmer kommt??« Ich schniefte und schluckte.

»Freilich kommt die wieder, ganz sicher! Das nächste Mal sagst einfach zu ihr ganz laut und fest: *Dann geh halt!*«

Ich hörte aufmerksam, aber ratlos zu und war sicher, dass ich das nicht schaffen würde. Man muss dazu sagen, Ilse und ich waren fünf Jahre alt.

Eines schönen Tages waren wir wieder uneins und stritten, wessen Spiel gespielt werden solle. Ich wollte, dass wir das spielten, was ich vorschlug.

Da sagte Ilse ihren Drohsatz: »Dann geh ich eben heim!«

Sie sah mich listig an und erwartete, dass ich reagierte wie immer, also nachgab und ihren Vorschlag akzeptierte.

Diesmal jedoch nahm ich alle Kraft und Verstellungskunst zusammen, die mir in meinem Alter und unter den Umständen möglich waren, und sagte, den Tränen nahe, mit bibbernden Lippen, aber tapfer: »Gut, *dann geh halt heim!«*

Ilse sah mich überrascht und ungläubig an. Hatte sie sich verhört ...?

Sie stutzte einen kurzen Augenblick, dann drehte sie auf dem Absatz um und ging tatsächlich heim. Kaum war sie zur Tür hinaus, brach ich in Tränen aus und heulte Rotz und Wasser. Detta kam auf ihren kurzen Beinen atemlos und besorgt angelaufen.

»Was ist denn los, hast du dir wehgetan??«

»Die Ilse ist heimgegaaangen ... und jetzt ist sie weeeeeg! Buhuuuuu!«

Detta schnäuzte mir die Nase, wischte mir mit ihrer Schürze die Tränen ab und sagte trocken: »Jetzt wartst amal a bissel – die kommt scho wieder.«

»Neiiiiiin, die Ilse kommt nicht meeeehr, sie ist heimgegaaangen. Buäääh hh!«

Als der Heulanfall vorbei war, setzte ich mich auf das Sofa, verschränkte die Arme und wartete. Ich war sicher, dass Dettas Plan nicht aufging. Ilse war *heim*gegangen und würde bis morgen nicht mehr kommen. Und ich war alleine. Ich schniefte vor mich hin und litt scheußlich.

Es vergingen keine fünf Minuten, da sah ich Ilses kleines, rundes Koboldgesicht durch eine der Butzenscheiben des Hinterausgangs gucken, der von Dettas und meinem Zimmer in den Garten führte. Sie hatte die Hände um die Augen gelegt, um etwas erkennen zu können, klopfte vorsichtig an die Scheibe, grinste ein bisschen verlegen und rief: »Huhu … ich bin jetzt doch wieder da!«

Meine Freude war grenzenlos, und unser Spiel wurde fortgesetzt, als wäre nichts geschehen.

So. Nun könnte man meinen, ich hätte aus diesem Vorfall gelernt wie der Pawlow'sche Hund, dieser positive Lerneffekt hätte mich konditioniert. Mitnichten. Ich habe nichts gelernt, ich bin immer noch todtraurig, wenn jemand mich manipuliert und *heim*geht. Weil es mein Gerechtigkeitsempfinden verletzt und sich alles in mir dagegen aufbäumt. Ich habe dagegen keine Waffe.

Es ging anders weiter. Instinktiv fühlte ich wohl, dass ich eine verlässliche Freundin brauchte, eine, die nicht manipulierte, sondern, wenn schon, dann führte und sich zuweilen auch *führen ließ*, wenn ich etwas besser wusste.

So kam ich zu *Ursl-Uschi-Mona*. Aber erst im Gymnasium, wo wir zunächst so etwas wie eine unfreiwillige Gemeinschaft bildeten, weil Ursl als einzige Mitschülerin aus der Volksschule mit zum Gymnasium wechselte. Ilse blieb in der Volksschule.

Ursl war ein Jahr älter als ich, und ihr Wechsel zum Gymnasium erfolgte im angemessenen Alter. Ich war bereits beim Eintritt in die Volksschule zu früh dran gewesen, weil man schulischer- und elterlicherseits mutmaßte, das ginge schon in Ordnung. Ich wurde am 15. September – also erst nach Schuleintritt – sechs Jahre alt, und dieses eine Reifejahr sollte mir dann die ganze restliche Gymnasialzeit fehlen. Ich war überhaupt immer zu früh dran: einen Monat bei meiner Geburt, ein Jahr bei Volksschulbeginn, ein Jahr beim Eintritt ins Gymnasium.

Ursl war es gewohnt, mit ihrer kleinen Schwester Heidi ein Zimmer zu teilen, sie hatte gelassenere Eltern, die immer zu Hause waren und nicht ständig auf Tour, ihre Mutter war Hausfrau und stets ansprechbar, alles war bürgerlicher, kleiner, auch die Wohnung, kein Künstlerhaushalt, dafür stabiler und verlässlicher, auch die Liebe. Schon in der Volksschule war Ursl Klassenbeste, ohne eine Streberin zu sein, das Lernen fiel ihr leicht, sie war nicht abhängig von der Zuneigung der Lehrer, und sie führte, ohne dass sie einen Führungsanspruch erhob. Es war einfach so. Wer damals in der Grundschule von uns kleinen Pimpfen in ihrer Gunst stand, durfte ihre Schultasche tragen oder ihr Rad schieben. Das gibt mir heute noch Rätsel auf.

Ursl war als Kind rund, wohlproportioniert und knuffig. Ihre blonden Löckchen umspielten ihr weiches, freundliches Gesicht, und sie hatte ein gefälliges Aussehen. Ich war dünn, blass, nicht besonders schön, hatte Schnittlauchhaare und dünne Beine – und eine Königinmutter. Für eine spätere *Powerfrau* keine gute Ausgangsposition, alles sprach gegen mich. Ursl hatte noch einen Bonus: eine Oma, die gleich neben der Volksschule wohnte. Wem Ursls Huld zuteil wurde, der durfte mit zur Oma gehen und bekam Schokolade und Guttis. Und hier hatte ich eines meiner schlimmsten Erlebnisse: Eines schönen Sommertages verließen wir mittags die Schule. Angelika, ebenfalls Klassenbeste, an diesem Tag von Ursl auserwählt, schob ihr Rad. Ich trug Ursls Schultasche und hatte meinen Ranzen auf dem Rücken. *Ich hatte einen Schulranzen,* welche Demütigung – dünn, blass, mit Schulranzen auf dem Rücken. Detta predigte, das sei für den Rücken und die Haltung besser als dieses einseitige (moderne) Tragen mit der Hand. Wir erreichten Omas Haus. Ursl und Angelika stapften die Treppen hinauf in den ersten Stock, ich hampelte hinterher. Als sie fast oben waren und ich gerade in den Treppenflur ging, rief Ursl zu mir runter: »Du geh nur heim, dich brauch ma net.«

Es dauerte eine Weile, bis die Abweisung in mein Hirn sickerte und in meiner Wahrnehmung Platz fand. Ich war fassungslos. Ich stolperte hinaus und rannte den ganzen Weg wie von einem Nachtmahr in einem bösen Traum gejagt nach Hause, blind vor Tränen und Wut über diese Demütigung, Schmach und Ablehnung. Zu Hause angekommen, schleuderte ich den Schulranzen in die Ecke und schrie heulend: »ICH *GEHE NIE MEHR IN DIE SCHULE, NIE, NIE MEHR!!!«*

Gottlob war meine Mutter an diesem Tag zu Hause. Sie nahm mich in die Arme und sagte sanft: »Ach meine Lisi, ich versteh dich gut … Kinder können oft so böse sein.« Dieser Satz blieb in mein Gedächtnis gebrannt, und weil in allen Erwachsenen ein böses Kind steckt, half er mir mein Leben lang.

Nun könnte man meinen, die Dominanz von Ursl hätte mir nicht gutgetan. Aber auch hier entwickelte es sich anders. Die anderen Schulfreunde versanken in Vergessenheit, Ursl und ich blieben zusammen. Sie wurde reifer und zugänglicher für mich. Aus der anfänglichen Zwangsgemeinschaft zu Beginn der Gymnasialzeit entwickelte sich eine Freundschaft.

Ursl hieß nun *Uschi*, weil das zeitgemäßer und peppiger klang. Ihre Stärke und Treue imponierten mir. Wir gingen gemeinsam zum Konfirmationsunterricht, zu Baggerseefeten, fuhren gemeinsam zum evangelischen Zeltlager am Staffelsee, wir lernten Gitarre, wir traten gemeinsam auf. Wir wurden unzertrennlich wie das doppelte Lottchen.

Uschi stand zu mir, und ich förderte sie. Nicht, dass ich gewusst hätte, wie man als Teenager seine Freundin fördert, aber aus meinem Gefühl heraus musste sie einfach wie ein siamesischer Zwilling überallhin mit.

Die Uschi auch.

Ich bestand darauf, dass Uschi an allem teilnahm, was ich absolvieren sollte. Meine Mutter fand, dass mir Ballettunterricht guttäte. »Gut«, sagte ich, »mach ich, aber die Uschi muss mit.« – »Die *Uschi auch*« wurde ein geflügeltes Wort. Ballett? *Die Uschi auch.* Gedichte aufsagen lernen, Aussprache üben? *Die Uschi auch.* Irgendwann war meine Mutter von mir so gut vorkonditioniert, dass sie von selbst zu meinem Vater sagte:
»Walter, gib den beiden Mädeln doch Gitarrenunterricht. Wenn sie das gemeinsam lernen, die Uschi auch, dann geht's viel besser, und die Lisa ist motivierter.«

Sie finanzierte den Ballettunterricht für Uschi mit, weil sie wusste, das zahlte sich dann langfristig auch für ihre Tochter aus. Uschi dankte es, indem sie treu und zuverlässig an meiner

Seite blieb. Sie sagte nie: *Ich gehe heim.* Im Gegenteil, sie blieb über Nacht. Uschi wohnte oft tagelang bei uns, und wir konnten endlos spielen, zum Beispiel so pubertäre Spiele wie *Kastanickel tauchickel* – aus der Kindersprache übersetzt: *im Pool nach Kastanien tauchen und erst blau vor Kälte aufhören.* Wir teilten die ersten Erfahrungen mit dem anderen Geschlecht, erlebten gemeinsam die ersten Knutschereien bei Partys und die ersten Ausflüge in Tanzlokale, fuhren gemeinsam in die Skifreizeit der Schule und teilten Liebesfreud und -leid.

Im Alter von vierzehn, fünfzehn nahmen unsere Aktivitäten dann mehr und mehr eine künstlerisch-musikalische Richtung, wir hörten gemeinsam Schallplatten, übten Gitarre und Gesang, studierten unzählige Folksongs ein, komponierten selbst Songs und schrieben deutsche und englische, sogar französische Texte, nahmen uns auf dem alten Tonbandgerät auf, das uns mein Vater überließ.

Unseren ersten Auftritt hatten wir mit neun Jahren, im Garten der Elisenstraße. Als FITZETT stellten wir uns zu dritt – Ursl, Ilse und Lisa – unter das Wohnzimmerfenster, in dem mein Vater komponierte (und das darüber gelegene Speicherfenster, in dem meine Mutter meditierte).

Wir sangen ein Lied des FITZETTs und forderten danach, man solle uns nun doch bitte eine Gage runterwerfen, die auch prompt in Form einiger Münzen auf das Pflaster des Gartenwegs klingelte. Die Erwachsenen, auch Detta, fanden uns sehr unterhaltend und honorierten das auch gerne. Für uns das erste Erfolgserlebnis als Gesangskünstler. Ich glaube, das war meine Idee …

Meinen ersten Song komponierte ich mit dreizehn Jahren. Der Text handelte von (m)einem Paradies, in dem ein dicker Millionär uns bediente und uns alle Wünsche von den Augen ablas.

Mit fünfzehn studierten wir zweistimmige Lieder zur Gitarre ein, die wir zuerst nur am Lagerfeuer des Baggersees und bei Partys sangen. Nach und nach wurden wir professioneller und schrieben viele eigene Songs. Das machte uns beliebt, wir waren als Entertainer gern gesehene Gäste, nicht mehr nur als

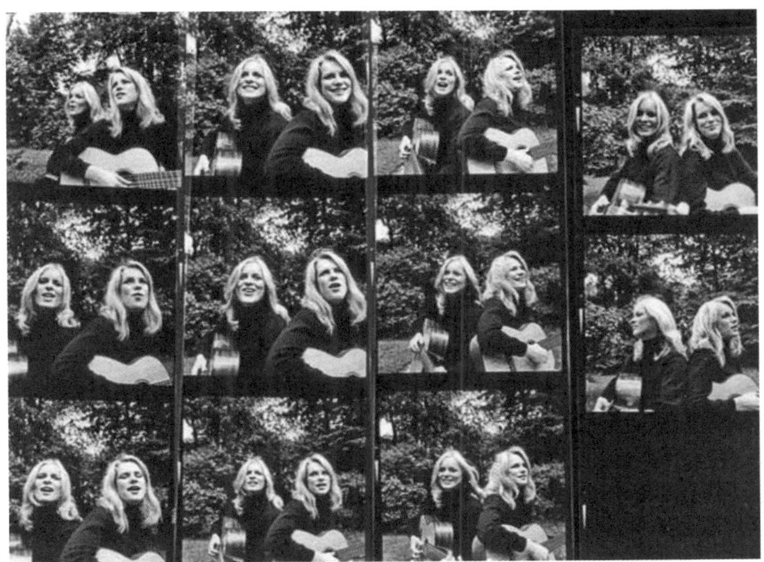

Bilder einer Freundschaft: Mona & Lisa

hübsche Mädchen, die man abschleppen wollte. Wir absolvierten erste gemeinsame Auftritte am Gymnasium mit eigenen Liedern und amerikanischen Folksongs. Die Vorträge bekamen ein Gesicht und wir eine Gage, klein, aber fein. Später schaltete sich mein Vater ein. Seine beiden Zöglinge schienen sowohl optisch als auch akustisch Erfolg versprechende Künstlerinnen und sogar vermarktbar zu werden. Auch uns war das sehr recht, wir traten gern auf und nahmen seine Tätigkeit als Produzent und Manager dankbar und gerne an.

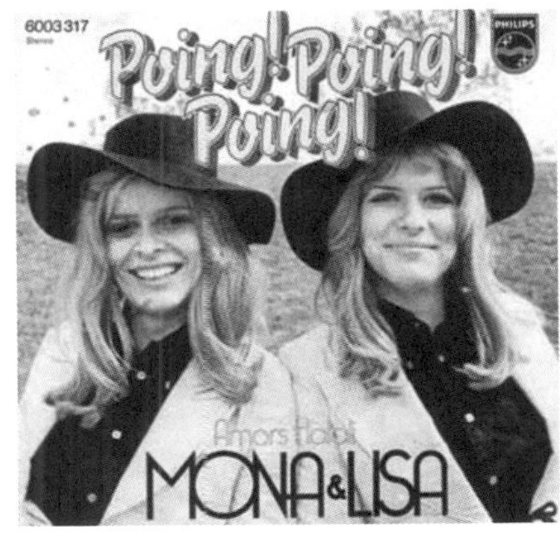

Das Cover der ersten Single »Poing! Poing! Poing!«

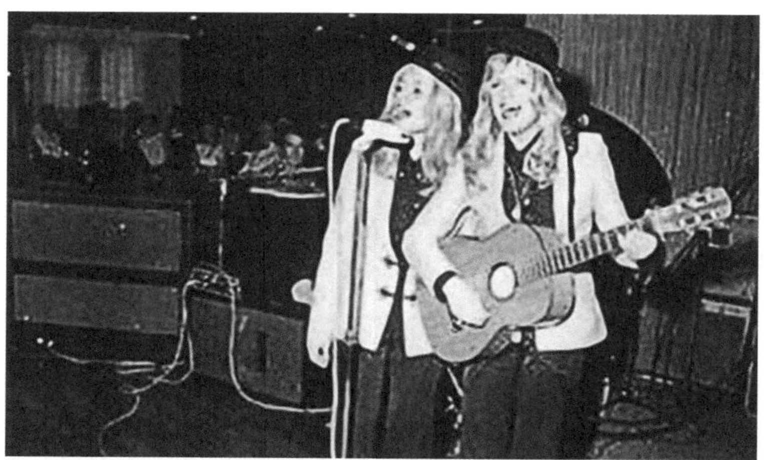

Mona & Lisa, Auftritt auf der »Hanseatic«

Unser Gesangsduo bekam Profiqualitäten. Wir unterschrieben einen Manager- und Produzentenvertrag mit ihm und nannten uns nun Mona & Lisa. Meine Eltern gaben uns Tipps, unterstützten und förderten uns in jeder Beziehung. Wir produzierten einige Schallplatten – Uschi nahm als Mona sogar einige Schlager als Solokünstlerin auf – und absolvierten viele gemeinsame Auftritte. Als Duo *Mona & Lisa* traten wir auch auf dem Kreuzfahrtschiff »Hanseatic« auf und fuhren bis zum Nordkap in die Mitternachtssonne. So langsam begannen sich nun auch die TV-Sender für uns zu interessieren, und wir bekamen einige Auftritte bei Fernsehshows. Unseren ersten TV-Auftritt hatten wir mit fünfzehn (Mona war sechzehn) beim 75. Geburtstag meines Großvaters, der mit einer Sendung des Bayerischen Rundfunks begangen wurde. Außerdem traten wir nun nicht mehr nur bei Schulfesten auf, sondern öfter auch bei Firmengalas, Betriebsfeiern, Jubiläen und bekamen Gagen dafür, was bedeutete, dass ich meine Eltern finanziell früh von Taschengeldpflichten entlasten konnte, ihnen ab Anfang zwanzig sogar Geld einbrachte.

Mona war bei unseren Bühnenauftritten sicherer als ich, sogar dann, wenn sie die Strophen der Lieder verwechselte. Ein denkwürdiger Auftritt im Gymnasium ist mir in Erinnerung.Wir sangen »The answer is blowing in the wind«. Der Song hat drei Strophen. Mona schmetterte die erste Strophe, im Anschluss den Refrain und dann anstelle der zweiten die dritte Strophe!

Ich erschrak und versuchte, mich irgendwie hineinzufinden, war aber verunsichert: Welche Strophe würde meine gute Uschi-Mona nun als dritte wählen – die vergessene zweite? Oder noch mal die dritte? Oder vielleicht die erste wiederholen? Sie hatte gar nicht bemerkt, dass sie die falsche Strophe sang. Beim zweistimmigen Gesang passt sich die zweite Stimme der ersten an, die erste Stimme muss führen. Mona führte also, aber in die falsche Strophe. Ich beschloss, mich mit Genuschel unauffällig in das Textchaos reinzufinden. Mona trällerte fröhlich und selbstsicher weiter, und irgendwie kamen wir durch. Nachher kamen die Zuschauer zu uns und sagten: »Toll, euer Auftritt, Mona – aber Lisa, mit dem Text warst net ganz sicher, gell ...?«

Auch in die Schauspielschule musste *die Uschi auch* – und ihre etwas verunsicherten Eltern, die gar nicht aus dieser Branche kamen, setzten, rückblickend gesehen, ein großes Vertrauen in meine Eltern und deren Vertrauen in Monas Talent.

Währenddessen traten wir weiterhin zusammen auf. Über mehr als fünfzehn Jahre waren wir unzertrennlich. Unsere Wege trennten sich erst später, als ich von einem Tag auf den anderen bundesweit populär wurde und Uschi, nunmehr ausschließlich *Mona*, mit vierundzwanzig ihren Bernd heiratete. Auch unsere künstlerischen Wege liefen irgendwann in unterschiedliche Richtungen – Mona machte Volkstheater und spielte Volksstücke, ich hatte (nach Verlassen der *Bayerischen Hitparade*) ein Volksmusiktrauma und lehnte alles ab, was mit »Volkstümlichkeit« zusammenhing. Über Jahre verloren wir uns aus den Augen und hatten wenig Kontakt.

Später dann, gereifter, fanden wir auf einer neuen Ebene wieder zusammen, auf der man Leistung respektieren kann, ohne sich selbst immer dazu ins Verhältnis setzen zu müssen, auf der man Loyalität und Integrität anerkennen und Dank empfinden kann, ohne werten oder vergleichen zu müssen. Und wo man rückblickend sagen kann: Es ist nicht jedem Menschen gegönnt, mit einer Freundin ab dem Volksschulalter verbunden zu bleiben, die treu zur Seite steht und noch im Erwachsenenalter an Sorgen und Nöten aufmerksam teilnimmt, wenn man das Ohr und den pragmatischen Verstand der Freundin braucht.

Wenn ich mich frage, was hat diese Freundschaft zu *Ursl-Uschi-Mona* für mich, für meine Entwicklung bedeutet, so erkenne ich heute: Sie gab mir über viele Jahre Stabilität und seelischen Halt, sie glich die tourneebedingte Abwesenheit und spätere Gemütslabilität meiner Mutter aus. Es stand ein Mensch, eine Frau an meiner Seite, die nicht wankte oder wich.

Mona blieb stets mit beiden Beinen fest auf der Erde (wenn ich abhob), sie hatte Grenzen, die sie nicht überschreiten wollte (aber ich!) – sie relativierte meine Hochs und Tiefs, die Himmel-hoch-jauchzend-und-zu-Tode-betrübt-Schwankungen, die ich hatte, erleben musste und auch suchte. Kurz – wir glichen uns aus. Einmal sagte sie zu mir: »Komisch, dein Leben geht immer irgendwie so ...« Dabei zeichnete sie in der Luft das spitze Gebirge eines wild auf- und abschwankenden Aktienkurses nach. »Und meins eher so ...« Sie ließ eine lange Linie mit kleinen Wellen verlaufen.

»Ja«, sagte ich, »da hast du wohl Recht.«

Ursl-Mona-Uschi sagte vor kurzem zu mir, sie fühle sich innerlich wie ein Baumstamm.

»Eine Eiche?«, fragte ich.

»Ja, so was.«

»Das ist mir zu immobil.«

»Was bist dann du?«

»Ich fühl mich als Blattl aufm Zweigerl aufm Asterl auf dem Stamm wohler, will sagen: mehr Bewegung, mehr Wind um die Nase und erst fallen, wenn ich welk bin.«

Wahre Freundschaft wurde mir von meiner Mona geschenkt. Es rebelliert sich doch wesentlich leichter, wenn man so eine Eiche zum Anlehnen hat.

Beatles, Sex & Pille

Meine Lebensjahre neun bis zwölf waren musikalisch unspannend, was Ursl und mir nicht weiter auffiel, da wir keine Alternativen kannten. Die Fünfzigerjahre mufften wirtschaftswundernd vor sich hin, die Frau lag beim Sex unten und machte das Haus sauber. Natürlich war sie auch nicht berufstätig, die Frau war Hausfrau und kümmerte sich um den Nachwuchs. Eine ehrenvolle, anstrengende Aufgabe, die aber auch weiterhin ausschloss, dass Frauen in der Politik mitredeten und die Gesellschaft gestalteten.

Welch unerhörte Ausnahme meine Mutter und meine Großmutter in diesem Punkt waren, wurde mir erst viel später klar, obwohl Bühnen- und Künstlerfrauen da seit jeher einen zwar skeptisch betrachteten, aber auch bewundernd anerkannten Sonderstatus hatten. Dass meine Eltern oft unterwegs waren und gut verdienten, bedeutete für mich auch viel Freiraum. Meine Freundinnen und ich tollten im Garten und ertrugen die Dominanz der Frauen – meiner Oma und der diversen von uns überforderten Kindermädchen. Bis zur Pubertät war ich, wie schon gesagt ein gutes Kind und fügte mich in die häufige Abwesenheit meiner Künstlereltern und den wechselnden Bezugspersonen. Abgesehen davon, dass Ursl und ich im Supermarkt klauten. Aus rein sportlichem Ehrgeiz, versteht sich – zum Beispiel kleine Gummischweine (zirka ein bis zwei Zentimeter lang), die wir dann auf den Schallplattenteller setzten und rotieren ließen. (Für die Lesergeneration 15+: Eine *Schallplatte* ist eine runde schwarze Scheibe, die als analoger Speicher für Schallsignale dient.) Bei *Langspielplatten (LPs)* mit 33 ⅓ Umdrehungen pro Minute blieben sie noch drauf; bei Singles mit 45 Umdrehungen pro Minute wurde es gefährlich, und bei Schellackplatten mit 78 haute es die Schweindl zu unserem Gaudium in großem Bogen raus.

Wir hätten uns die rosa Ferkel ohne weiteres kaufen können, der Preis lag pro Schwein bei einem Fünferl, also fünf Pfennig. Aber es war der Reiz des Verbotenen und die Spannung, erwischt zu werden. Es merkte nie jemand, wir waren recht geschickt zu zweit, und jeder »Schweineraubzug« endete in großem Gegacker. Als ich es dann das erste und einzige Mal allein probierte, ich Depp, genau da erwischten sie mich. Meine Mutter musste zu einem unangenehmen, für sie hochpeinlichen Treffen mit dem Filialleiter und konnte ihm das Versprechen abringen, den Schweinediebstahl nicht der Schule zu melden. Dieser Filialleiter verunglückte einige Monate später tödlich mit dem Auto, was in mir mulmige Empfindungen auslöste und widersprüchliche Gefühle weckte. Ich fand seinen Tod schrecklich und fürchtete, dass meine Gedanken ihn getötet haben könnten. (»Wenn der nur irgendwie verschwinden würde!«) Dennoch war ich erleichtert, weil er nun wegen der gemopsten Schweine nichts mehr sagen konnte. Gott möge seiner Seele gewogen sein. Geklaut habe ich nie wieder!

Waren meine Eltern auf Tournee, durften wir bei Regenwetter ab und zu ins Mehrzweckwohnzimmer, das heißt ab einem fortgeschrittenen, also etwas berechenbarerem Alter von zehn, und dort Schallplatten auflegen. Fast ausschließlich Singles. Die LPs mit den amerikanischen Songs und Big-Band-Nummern blieben versperrt und meinen Eltern vorbehalten. Unser Musikgenuss beschränkte sich also auf eine Bandbreite von Bill Ramsey mit seiner *Mimi*, die ohne Krimi nie ins Bett geht, und den *Kriminaltango* vom Hazy-Osterwald-Sextett. Die amerikanischen Songs waren uns vorpubertären Zwergen innerlich auch zu weit weg. Frankreich lag uns näher. Brigitte Bardot fanden wir anbetungswürdig und unerreichbar schön, wir kauften ihre Autogrammfotos im Schreibwarengeschäft um die Ecke. Meine Gelegenheitsfreundin Elisabeth, die Tochter unserer Näherin, lag bereits pubertierend im Elvis-Presley-Fieber, zu dem wir um drei, vier Jahre jüngeren Mädchen noch keinen Zugang fanden. Elisabeth schwärmte mit fernem, schmachtenden Blick und sehnsuchtsfeuchten Augen von ihm. Und in der Tat war Elvis ein fescher Kerl mit unverschämt guter Stimme und hochsexuellem Hüftschwung, aber er berührte uns irgendwie nicht. Es trifft immer nur die Musik ins emotionale Zentrum, die das sexuelle Erwachen einleitet, auslöst und begleitet.

An einem Wochenende im Jahre 1964, in dieser Zeit der musikalischen Ödnis – ich war zwölfeinhalb Jahre alt und hatte eben die Gummischweinsache hinter mich gebracht – besuchten wir, meine Mutter und ich, Tante Ingold in München. Sie war die Schwester meiner Mutter und lebte mit ihrem Mann Wolf und den drei Kindern etwas beengt in einer Wohnung. Dort eröffnete mir Weibi, die eigentlich Christiane hieß – die älteste und mir damals nahestehendste meiner Cousinen, fünfzehn Jahre alt –, die große Welt und eine neue musikalische Dimension – respektive *die* Dimension meines Lebens, die mich ab diesem Zeitpunkt für viele Jahre prägen und begleiten sollte.

Wie findest du eigentlich die Beatles?«, fragte mich Weibi und sah mich gespannt und prüfend an.

»Wen?«

»Na, die Beatles!!!«

»Was ist das?«

»Jetzt sag bloß, du kennst die Beatles nicht??? Das gibt's doch nicht!!«

Weibi schlug mit der flachen Hand auf den Tisch und starrte mich ungläubig, mitleidig und kopfschüttelnd an, und die kleine Lilo, von ihrer Schwester stets auf den neuesten Liverpooler und Londoner Stand gebracht, schüttelte den Kopf pflichtschuldig mit.

»Ja, ich kann doch auch nix dafür«, brummelte ich und kam mir hoffnungslos blöd und hintendran wie ein Landei vor, obwohl ich nur aus Krailling kam. »Jetzt sag halt, wer ist das??«

»Sie kennt die Beatles nicht – nicht zu glauben … Na, dann wird's aber jetzt höchste Zeit!«

Weibi erhob sich langsam, im sicheren Gefühl ihres Mehrwerts und Informationsvorsprungs, ging zum Plattenschrank und kam mit bedeutsamem Blick zurück, eine Single in der

Hand, die sie wie ein antiquarisches Fundstück von unschätzbarem Wert auf den Plattenteller legte. Vorsichtig senkte sie die Nadel auf die Platte. Dazu legte sie mir das Cover und ein Foto der Beatles auf den Tisch. *Love Me Do* ertönte. Danach die nächste Platte – *Please Please me* – und die nächste *I Saw Her Standing There – Twist and Shout – From Me to You* ... wow!

»Hier ... schau, so sehen sie aus. Sind die nicht der Wahnsinn!?? Das ist mein vergötterter John, der Beste! Und das ist Paul, und hier George!«

»Und der Kleine da ist Ringo ...!« Lilo sah mich erwartungsvoll an, sie stand auf Ringo Starr. In dieser Minute war es um mich geschehen ... PAUL MCCARTNEY!!! Gott, wie anbetungswürdig, so süüüüß und so schön ...

Ich glotzte wie paralysiert auf das Bild, verliebte mich noch am Tisch sitzend in Paul, und von diesem Nachmittag an war ich erklärter Beatles-Fan. Ich legte ein Beatles-Fotoalbum mit Zeitungsausschnitten an, eine Beatles-Schallplattensammlung von *Love Me Do* über *Yesterday* bis zuletzt *Yellow Submarine* und *Let It Be*. Ich klebte die Beatles in Lebensgröße als *BRAVO*-Starschnitt an die Wand, und natürlich wurde ich nun auch regelmäßige *BRAVO*-Leserin. Ursl – sie war ab dem ersten Augenblick George-Fan – und ich kauften uns Beatles-Kleider, auf denen die Porträts der Pilzköpfe aus Liverpool abgebildet waren, und wir schrieben unzählige Karten, um die Beatles bei den *Zehn der Woche* im Rundfunk auf die ersten Plätze zu bringen (heute würde man's in Sekundenschnelle im Web anklicken). Und natürlich träumte ich Tag und Nacht von PAUL! Wir schwänzten die Schule, gaben dort telefonisch vor, wir hätten eine Fischvergiftung, nur um Teil des Fankorsos zu sein, der am Bahnhof auf die Stretchlimousine wartete, in der die vier Jungs aus Liverpool am Morgen nach ihrem Münchner Konzert vom Hotel zum Hauptbahnhof gefahren wurden, und um mit anderen Hunderten weiblichen kreischenden Teenies den abfahrenden Zug hinauszuwinken. Natürlich fragte die Schulleitung am gleichen Tag bei mir zu Hause nach, und meine bestürzte Mutter hatte keine Ahnung von einer Fischvergiftung ...

Es war um mich geschehen, die Kinderzeit war vorbei und die Beatlemania läutete mit lautstarker Phonzahl meine wahnwitzige Pubertät ein.

Meine Großmutter und meine Mutter waren Energiebolzen unerhörten Ausmaßes. Ihre Temperamentseruptionen schrieben Familiengeschichte. Auf mein fassungsloses Kindergemüt donnerten die regelmäßigen Wutausbrüche bis zum Teeniealter wie schwere Sommergewitter ungefiltert herab, und ich hatte nicht den Hauch einer Chance zu einer Gegenwehr. Ich musste mich erst mal freitrinken, um rebellieren zu können.

Zwischen dreizehn und fünfzehn dümpelte ich noch halb gar und komplexbehaftet dahin und war pausenlos, mich in Sehnsucht verzehrend, in irgendwelche Jungs im Zug zur Schule oder beim Schlittschuhlaufen verliebt, mit und ohne deren positives oder negatives Feedback, gerne auch nur von weitem schmachtend – zunehmend dann Küssereien, Petting, Partys, das Übliche.

Ab Einsetzen der Heißphase der Pubertät jedoch formierte sich Widerstand in mir, innerlich, schleichend, versteht sich, und Alkohol war so ab sechzehn zunehmend meine Form der Rebellion. Wenn er meine Kehle hinunterfloss und sich in mir ein wärmendes Gefühl der Scheißegalstimmung breitmachte (das sich bis in den verkaterten nächsten Tag zog), dann wich meine seelische Verkrampfung einer wohligen Offenheit der ganzen Welt gegenüber. Nüchtern hätte ich

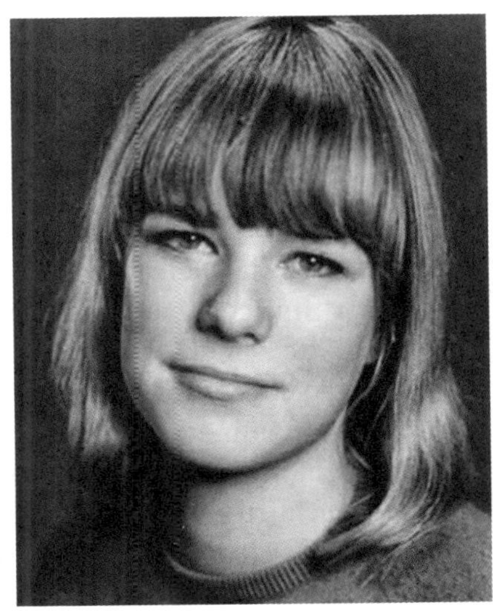

Beatlesfan Lisa (14)

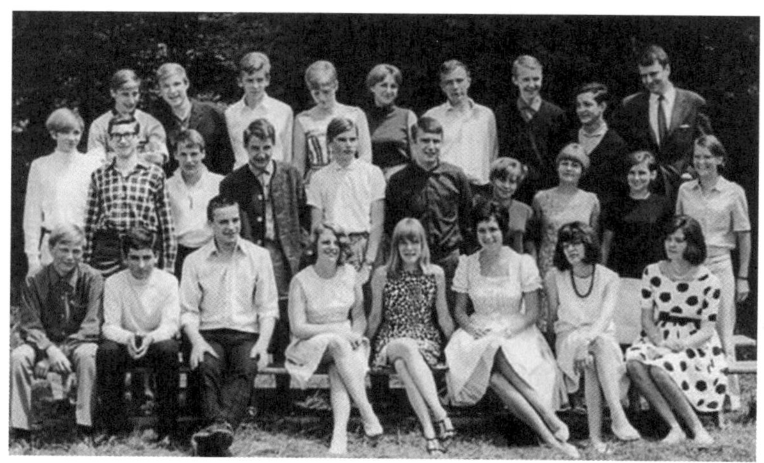

Klasse 9b des Kurt-Huber-Gymnasiums, Lisa vorne, Mitte (15)

das Leben und meine Teufelsritte weder umgesetzt noch ausgehalten, auch nicht mich selbst noch meine Sehnsüchte oder meine Eltern – und auch nicht den bacchantischen Rausch und die Lebensfülle der Hippie- und 68er-Zeit.

Alkohol war mein Befreier, aber nicht mein Gebieter.

Das Kurt-Huber-Gymnasium in Gräfelfing, auf das ich ging – auch »Party-Gymnasium« genannt – war süßes Gift für uns Mädels, weil die Feten in den Villen abwesender reicher Eltern zu den Hauptinteressen der Oberklassenschüler zählten und im Fokus ihrer Willensausrichtung lagen, das Lernen war eher zweitrangig. Die leicht lernenden Sieger unter uns focht das in schulischer Hinsicht nicht an, sie feierten, tranken und lernten. Die Feten hatte keinen Einfluss auf ihre Schulnoten, sie schafften alles. Ich gehörte nicht dazu. Ich behielt in der Schule wenig, weil ich unaufmerksam war, unruhig. Getrieben von dem Gefühl, überall dabei sein zu müssen, wo gefeiert wurde. Durfte ich nicht zu einer Party gehen, weil ich wieder mal eine Fünf in Mathe und deswegen Hausarrest bekommen hatte oder ähnlichen Elternsanktionen ausgesetzt war, brütete ich in meinem Zimmer in tiefster Verzweiflung misslaunig vor mich hin,

im niederschmetternden Gefühl, mit dieser einen Party alles zu versäumen, was die Essenz meines pubertären Lebensgefühls ausmachte – Musik, Feiern, Alkohol, Rumknutschen. Zum Beispiel mit Mike, dem Gitarristen, in den ich unsterblich verliebt war. Mike hatte schon 1968 eine Frisur wie Daniel Schuhmacher von DSDS 2009 und ebenso volle Lippen, die zum ständigen Küssen einluden. Was wir auch ausgiebig taten.
Meine Schulleistungen litten, selbstredend.

Mike ist heute Steuerberater, und vielleicht wäre ich seine Frau geworden, wenn meine Mutter nicht die Liaison verboten hätte. »Zu früh!«, sagte sie. »Zu früh!«

Was mir völlig fehlte, war innere Ruhe. Meine Eltern, vielmehr meine Mutter und mein Vater in deren moralaposteligem Kielwasser, reagierten mit Verboten – Ausgehverbot, Partyverbot, Hausarrest, keine Rockkonzerte, Strenge, Unnachsichtigkeit.

Ich verstehe es nachträglich gut, sie waren meine Umtriebigkeit und meine nachlassenden Schulleistungen leid. Ursl, nunmehr Uschi, war nach der vierten Gymnasialklasse zur Handelsschule gewechselt. Ihre Eltern dachten pragmatisch; sie sollte einen sicheren Abschluss haben, damit sie *was in der Hand hatte*, auch als Basis für die doch recht unsichere Kunstrichtung, in die wir beide drängten. *Abitur* war nichts in der Hand, danach wäre es erst richtig losgegangen, mit Studium und Ausbildung, das konnte man elterlicherseits nicht mehr finanzieren, es war auch nicht gewollt. Ich dagegen sollte Abitur machen. *Sollte …* Aber die Pläne der Eltern gehen ja eben oft nicht auf. Leider, sage ich jetzt mit fünfundvierzig Jahren mehr Erfahrung.

Uschi war also weg, ich war allein. Die Handelsschule fiel ihr leicht, sie lernte das nötige Rüstzeug schnell, ohne Komplikationen, sie konnte sich jeglichen Freizeitspaß leisten. Ich nicht. Ich hätte täglich stundenlang büffeln müssen, aber ich hatte keinen emotionalen Anker und keinen Hafen mehr. Meine Mutter hielt mich nicht mehr aus, sie bröselte seelisch und verlor ihre Autorität. Mich langweilten die Lehrer, die

Schule und der mich erdrückende Lernstoff; alles andere war interessanter.

Uschi und ich blieben weiterhin Freundinnen und teilten fast unsere gesamte Freizeit. Aber ihre Eltern waren liberaler, die Erziehung meiner Mutter blieb nach wie vor restriktiv. Mein Gefühl verstärkte sich: Draußen tobt das Leben, und ich bin nicht dabei. Ich bin eingesperrt mit Leuten (meinen Eltern, den Dienstmädchen, den Lehrern – allen!), die mich kleinhalten und auf eine Art und Weise behandeln wollen, die mir nicht angemessen ist. Die Rebellion begann, mein Stolz regte sich, mein Eigenwert, meine Gefühl für Freiheit. Wir fingen an, meine Eltern zu hintergehen – vielmehr ich, denn Uschi musste niemanden hintergehen, ihr war alles erlaubt.

Eine denkwürdige Nacht ist mir in Erinnerung geblieben. Wir waren fünfzehn und sechzehn. In den Ferien arbeiteten wir in einer Regenmantelfabrik in Planegg, um das Taschengeld aufzubessern. Wir mussten über mehrere Wochen acht Stunden am Tag Druckknöpfe in Plastik knipsen und hatten von da ein Herz für Fließbandarbeiterinnen. Am Abend sagten wir unserem Dienstmädchen, das die Verantwortung für uns hatte, wenn meine Eltern weg waren, wir seien todmüde von der Arbeit und gingen in unsere Zimmer. Dann sperrten wir die Tür ab und stahlen uns durch die Balkontür, die wir von außen nur zudrückten, aus dem Haus. Das Appartement des Dienstmädchens lag zur anderen Hausseite hinaus. Nachts gegen ein Uhr kamen wir dann meist wieder zurück.

Mit der Zeit wurden wir dabei recht leichtsinnig, weil das so gut klappte. Das Dienstmädchen Anni war froh, wenn es uns los war, weil wir »schliefen« – und wir hatten unsere Ruhe. Für die Türe des Partyraums im Keller, in dem wir auch oft nächtigten, gab es allerdings keine Schlüssel. Wir brachten also unsere *Fertig-von-der-Arbeit*-Nummer, gingen »zu Bett« und schoben dann (etwas naiv) eine schwere Kommode vor die Tür. Das funktionierte mehrere Male gut. Wir schlichen die hintere Kellertreppe hinauf und büxten zum Gartenausgang hinaus aus. Der war normalerweise immer von innen versperrt, also würde ihn nächtens auch niemand kontrollieren. Es dachte von den Erwachsenen ja auch niemand an so was.

Ein Rolling-Stones-Konzert besuchten wir auf diese Weise, statt lange zu fragen, diverse Festchen und den Beatclub in Pasing (damals gab es keine strengen Alterskontrollen) und diesmal wieder eine Party. Wir amüsierten uns prächtig, jede fand ihren Super-Knutschpartner, und sehr spät diesmal, gegen halb vier, kehrten wir angeschickert nach Hause zurück und schlichen kichernd und glucksend zum Kellereingang.

»Schschschschttt! Sei doch leise, Mensch, die Anni wacht auf!«

»Ah geh, die schlaft doch fest!«

»Trotzdem, sei leise … pschschscht!!!«

»He, was is'n das – der Schlüssel geht nicht rein! Die Tür geht nicht auf?!«

»Was is da los …??«

Die Kellertür war versperrt! Auch nach längerem Rumprobieren änderte sich daran nichts, und da alle anderen Eingänge ebenso verschlossen waren, blieb uns nichts übrig, als zu klingeln. Das war eine mittlere Katastrophe, denn wir sahen nun am Hauseingang, dass meine Eltern unerwartet nachts von ihrer Tournee heimgekommen waren, ihr Auto stand vor der Tür. Unsere Stimmung sackte auf minus zehn, aber es half nichts, wir mussten den Gang nach Canossa antreten.

Meine Mutter öffnete mit eisiger Miene die Tür und deutete wortlos in Richtung Wohnzimmer: antreten zum Anschiss. Im Wohnzimmer lag mein Vater schlafend im Fernsehschaukelstuhl, bleich, mit fast grüner Gesichtsfarbe. Ich erschrak und dachte einen Moment lang, er sei tot. Gut sah er nicht aus.

Meine Mutter weckte ihn auf, und das Verhör begann:

»WO WARST DU?!«

Wir drucksten herum und versuchten uns rauszureden. Uschi hielt sich zurück, sie war nicht sicher, was am geschicktesten war. Es handelte sich ja auch um meine Eltern, nicht um ihre.

»Wir waren nur auf einer Party …«

Die lautstarke Standpauke setzte nun ein.

»Seid ihr komplett verrückt geworden??? Hast du eine Vorstellung davon, was für Sorgen sich dein Vater gemacht hat??!«

Wieso mein Vater?, dachte ich. *Den hat sie doch nur aufgehetzt! Der hätte doch gar nix davon gemerkt, dass wir weg sind.*

»Wir wollten nach euch sehen, als wir heimkamen, total fertig von der Nachtfahrt! Aber die Tür im Keller ging nicht auf, weil etwas Schweres davor lag oder stand. Wir sind zu Tode erschrocken, weil wir im ersten Moment dachten, womöglich ist euch etwas passiert, und da liegt vielleicht ein lebloser Körper. Dann sahen wir, dass ihr weg wart!! Wie könnt ihr uns so in Angst versetzen?? WO WART IHR??«

Es ging ewig. Erneuter Hausarrest war die Folge. Für mich, nicht für Uschi, ihre Eltern versuchten zu vermitteln. »Aber Molly«, sagte Uschis Mutter, »die Mädels sind halt Teenager, da macht man solche Sachen, das ist doch nicht so schlimm …!« Es half nichts. Zwischen den Vorstellungen von Uschis Mutter und meiner lagen Welten.

Und in mir wuchs der Widerstand weiter. Ich sah nicht ein, wieso ein fast erwachsener Mensch (wie ich) dermaßen in seiner Freiheit beschnitten werden durfte, und ich konnte auch nicht sehen, dass ich etwas Verwerfliches tat. Ich fand es in Ordnung zu feiern, zu trinken und herumzuknutschen. Es machte mir viel Spaß, und ich fand es gut. Meine Eltern gingen mir höllisch auf den Keks. Auf dem Höhepunkt einer der vielen Auseinandersetzungen in dieser Zeit mit ihnen schleuderte ich ihnen aufgebracht entgegen: »IHR – MIT EUREM ALTMODISCHEN SCHEISSDRECK!!!«

Danach flüchtete ich mit Volldampf in mein Zimmer und verschloss in Windeseile die Tür. Gerade noch rechtzeitig, denn mein Vater war mir hinterhergehechtet und pumperte wie verrückt dagegen.

»Mach sofort auf!«, rief er und schlug aufgebracht gegen das Holz.

»Nein!«, entgegnete ich und blieb renitent. Gottlob kam da schon meine Mutter und holte ihn weg.

»Lass sie, das hat jetzt keinen Sinn!«

Schnaubend und vor sich hinschimpfend zog er ab. Ich hatte ihn so zur Weißglut gebracht, dass ich mir außer der bis dahin einzigen Ohrfeige (die ich mit zwölf bekam, weil ich ihm zum x-ten Mal Radiergummis und Spitzer vom Schreibtisch geklaut und nicht zurückgelegt, dafür aber eine freche Antwort gegeben hatte) diesmal sicher die zweite eingehandelt hätte. Jedenfalls sagte er mir das, als er sich beruhigt hatte. Er war außer sich vor Wut über meine Aufsässigkeit.

Der Rausch der Zeit, die Musik, die Partys, die sexuelle Lust – das alles riss mich fort wie eine große, prickelnde, warme Meereswoge in der Südsee. ICH WOLLTE DAS – UND ICH WOLLTE DIESEN TRIEB MIT ALLER MACHT DURCHSETZEN. Nur der Teufel weiß, warum. *Halb zog er mich, halb sank ich hin.* Es schien wirklich, als seien mir plötzlich Teufelshörnchen gewachsen, ich war wie ferngesteuert aus dem Inneren – und dem Unteren.

Ich hatte in dieser Zeit auch einen scharfen Traum vom Teufel. Ich träumte, dass ich alleine zu Hause war, als es klingelte. Vor der Tür stand ein attraktiver Mann mittleren Alters mit Hut, der aussah wie Anthony Quinn im Film *Alexis Sorbas*.

»Wer sind Sie?!«, fragte ich.

Und er sagte: »Gestatten – ich bin der Teufel.«

Er grinste frech und zog den Hut ab, darunter kamen seine dicken Hörner zwischen schwarzen festen Locken zum Vorschein. Er gefiel mir, ich ließ ihn in unser Haus, und er umwarb mich sofort und drängte auf sexuelle Vereinigung, bis ich innerlich schwach wurde und auch Lust bekam. Als er mich packen wollte, floh ich dennoch vor ihm. In einer wilden Jagd durchs Haus meiner Eltern holte er mich ein, warf mich zu Boden und fragte: »Gestatten Sie …?« Ich gestattete und gab mich ihm hin, voller Wollust. Dann aber, nachdem er gegangen war – nicht ohne sich zuvor höflich zu verabschieden –, zeigte ich ihn wegen Vergewaltigung an.

Er erschien zur Verhandlung, weigerte sich aber, seinen Hut abzunehmen (wegen der Hörnchen, ich verstand das), auch nicht vor der Würde des Gerichts. Man ließ ihn gewähren. Er hielt dann sein Plädoyer ohne Rechtsanwalt und argumentierte: Ja, er habe mich flachgelegt, er gebe das auch freiwillig zu, aber – und das sei der entscheidende Punkt – mit meinem eindeutigen Einverständnis. Er habe vor dem Koitus gefragt: *Gestatten Sie?* Und ich habe das bejaht. Ich konnte dies nicht abstreiten und das Gericht sprach ihn frei. Ein denkwürdiger, symbollastiger Schlüsseltraum, klar auch in der Erinnerung wie selten ein Traumgebilde. Vielleicht war das der Teufel in mir.

Auf jeden Fall war das damals auch ein KAMPF FÜR MEINE FREIHEIT!

Ich fühlte mich ungerecht behandelt. Für meine zunehmende Feierlaune und erotische Neugier gab es innerhalb der Familie kein Vorbild, das ich bis dahin *bewusst* wahrgenommen hätte – außer dem genetisch bedingt recht ordentlichen Sexualtrieb, der im männlichen Teil des Fitz-Clans schon des Öfteren zutage getreten war –, es gab keine Pro- oder Contra-Sexualerziehung (außer den lästigen Moralpredigten meiner Mutter). Bei ihr konnte ich jedoch ständig beobachten, dass ihr die Männer in Scharen nachliefen und zu Füßen lagen. Bis sie als erotische Königin von uns (meinem Vater und dem jungen Gemüse, Uschi und Lisa, den neuen Thronanwärterinnen) abgesetzt wurde. Die Jahre zuvor war sie immer schöner und attraktiver geworden, ihre Bühnenkleider und ihr Schmuck immer aufwendiger und raffinierter, aber ihre Erotik lebte dieses Teufelsweib nur auf der Bühne und in der Ehe aus. Sie sendete stets die verheißungsvolle Doppelbotschaft: *Ich bin die personifizierte Verführung, aber rühr mich nicht an!* Eine schöne Herrin und alle Männer die stiefelleckenden Sklaven. Heute denke ich: Sie lebte sich nicht aus. Und alles, was meine Mutter sich nicht gestattete, das setzte ich um. Kinder begreifen das nicht, aber sie erfühlen so was.

Bei mir war das vollkommen anders gelaufen, ich lebte alles aus, die Zeit kam mir zupass. Mit zwölf bekam ich die ersten Küsse und begann mich zu schminken; als ich dreizehn war, kamen die Beatles und ich hatte den ersten Orgasmus mit Hansi, einem Drummer, der sich (angezogen) auf mich gelegt hatte (wie spannend war das alles …!) – mit vierzehn bekam ich meine Tage. Ein Moment, der mir immer in Erinnerung bleiben wird. Erschrocken über das Blut in meiner Unterwäsche rief ich meine Mutter zu Hilfe. Die erkannte sogleich den großen Moment, klärte mich auf, legte dann den Arm um mich, führte mich ins Wohnzimmer und sagte pathetisch zu meinem Vater: »Walter – deine Tochter ist eine Frau geworden …!«

Mir war das hochnotpeinlich! Warum musste das von ihr so hochoffiziell im Wohnzimmer gegenüber einem Mann, auch wenn er mein Vater war, hinaustrompetet werden??!! Man hätte ihm das meiner Ansicht nach überhaupt nicht sagen müssen, es ging ihn gar nichts an, was *da unten* los war, alles mit Frau und Blut und Körper war meine Sache. Zu spät.

Meinem Vater war es vermutlich ebenso peinlich. »So, so«, brummelte er und nickte freundlich dazu, weil er nicht wusste, was er weiters dazu hätte sagen sollen. »Na dann …«

Puh. Ich war heilfroh, als ich aus dem Zimmer war und mich innerlich mit den neuen Umständen in meinem Körper befassen durfte. Meine fortschrittliche Mutter packte halt alles an – auch das, was mit Sexualität zu tun hatte: frühe Aufklärung, positive Einstellung zur Sexualität, aber: erst ab Volljährigkeit!

»Wie ist Sex, Mami?«

»Also … eigentlich … schön, sehr schön. Du wirst es schon sehen …«

Aber der Cocktail aus Partys, Baggerseefeten, Alkohol und die stampfende Beatmusik war ein explosives Gemisch. Zunehmend fühlte ich mich, als würde ich im wahrsten Sinne des Wortes die Sau rauslassen. Je kürzer die Röcke, desto weniger Moral, desto heißer die Luft. Ich brannte. Ich sammelte Erfahrungen und Männer.

»Weißt du das eigentlich noch, wie dich damals dieser Anton M. nach Hause gefahren hat?«, fragte mich meine Mutter.

»Nö.«

»Du warst sturzbetrunken. Er hat dich freundlicherweise hier abgeliefert«, erklärte sie. »Ich möchte dir nicht schildern, in welchem Zustand ...«

»Na ja, so was kommt halt vor ...«

»Mag sein, aber einen seiner Sätze werde ich nie vergessen: ›Mit so einer geht man vielleicht ins Bett, wissen Sie, aber heiraten tut man sie nicht.‹«

Das hat mich damals gekränkt. Später sah ich es klarer: a) hätte ich so einen Typ wie den lahmarschigen Anton M. nie geheiratet, nicht für viel Geld; b) war sein ödes Moralgeheuchel eine astreine, überholte Doppelmoral: Bei Männern nannte man es »Hörner abstoßen« – tat es die Frau, war sie eine Nutte und der heiligen Familienplanung nicht mehr würdig, das alte Lied. (PS: Vögeln darf man sie dennoch.) c) Diese Doppelmoral war mir schnurz, ich lehnte sie schon damals ab. d) Ich war sexuell hundertprozentig emanzipiert. Eine Diskussion mit mir zu diesem Thema konnte und kann mein Gegner unter keinen Umständen gewinnen.

Mein Dauerzustand zu dieser Zeit jedoch war – mit Ausnahme der Musik und meines Berufswunsches »Kasperl«, der sich mittlerweile zu »Schauspielerin« konkretisiert hatte – ein ständiges Getriebensein ohne Ziel. Ich war ein Blatt im frischen Wind der 68er. Trotz der jahrelangen Yogalektionen, zu denen mich meine Mutter genötigt hatte, blieb ich ein flatterhaftes, attraktives Hippiemädchen mit der Hauptleidenschaft, sich zu verlieben, kurz, hitzig, verzehrend und oft in die Falschen. Ekstase, Rausch, Verschmelzung – Dionysos und Bacchus in Personalunion waren meine Gottheiten. Udo Jürgens und ich – hier sind wir uns vermutlich nicht so fern.

Meine Mutter erinnert sich nur ungern an diese Zeit, sie verzweifelte mit mir, dem »Entenküken, das fröhlich davonschwamm«. *Fröhlich* war der falsche Ausdruck. Mich überforderte der Wahnsinn gemütsmäßig ebenso wie meine Mutter, nur dass unsere Auffassungen von Moral vollkommen divergierten, es gab keine Chance von Synergie. Sie hatte sich als Mädchen für die Ehe bewahrt. Ich wollte gezielt und so früh wie möglich eintauchen in alle lustvollen Höllenfahrten, die sich auftaten, ohne den Hauch eines schlechten Gewissens. Kleinbürgerliche Moral interessierte mich nicht die Bohne. Ich kam aus einer Familie mit liberaler Einstellung, und verstaubte Tabus griffen nicht. Der ganze Fitz-Clan stand erotischen Erfahrungen eher aufgeschlossen gegenüber – im Gegensatz zu meiner Mutter, die sich innerhalb des Familienverbunds mit ihrer Strenge und dem Wunsch, die einzige Tochter vor allem Übel zu behüten, allein auf weiter Flur fand.

Auch wenn ich nach zu viel Rotwein bei einer Baggerseefete einen fragwürdigen Jungen erwischt hatte, erlag ich selten einem moralischen Kater; ich fand alles geil und jeden einzelnen Mann interessant, zuweilen wie eine Insektenkundlerin, die seltene Exemplare studiert, eine Verhaltensforscherin, die eine ausgefallene Spezies beobachtet. Kam ich an einen Sexpartner, dessen physische Mängel erst nach seiner Entkleidung vollends zutage traten, konnte ich ihn dennoch ohne großes Zögern wohlwollend und neugierig betrachten und dem erotischen Ereignis beiwohnen wie eine Concierge in einem billigen Pariser Etablissement – und es vor allem mit Humor nehmen. Alles, was mit verführen und sich verführen lassen zu tun hatte, übte einen unwiderstehlichen Reiz auf mich aus – über viele Jahrzehnte, bis eine Herzensbindung den erotischen Karneval ablöste. Ich hatte nie ein Bedürfnis, *anständig* zu bleiben und mich aus moralischen Gründen irgendwem *zu versagen.*

FÜR WEN DENN AUCH???

Für einen öden, erotisch unbegabten Ehemann, der mich mit Besitzanspruch, Dominanzgebaren und Mundgeruch terrorisieren würde? Die monogame, lebenslange Einehe hat nie zu meinen Visionen gehört. Ich fände mein Frauenleben – und das sage ich voller Überzeugung – in der Tat zu schade dafür, mich nur drei mittelmäßigen Durchschnittsmännern hinzugeben. Das hieße ja, das ganze Abenteuerpotenzial zu verschenken an irgendeinen Heini und Perlen im Schließfach verstauben zu lassen. Ich wollte viel mehr vom Leben haben.

Weibliche Sexualität ist ein Politikum. Eine freche Frau lässt auch sonst unnötigen Respekt vermissen. Eine erfahrene Frau, die viele Pappenheimer kennt – samt ihren Macken, Schwächen und wunden Punkten –, wird im Umgang mit Männern selten von Duckmäuserei befallen werden. Nicht jede erfahrene Frau ist eine *Schlampe*, meine Herren der Schöpfung. Sie ist abgebrüht, man kann sie nicht mehr so leicht weichkochen, egal, auf welchem Terrain und welchem Parkett sie sich bewegt, in Konzernen, Ämtern, im Bundestag.

Bei aller freudigen Neugierde: Diese Zeit und das sexuelle Erwachen wollten ja bewältigt werden von meinem unreifen Gemüt. Schule, Partys, Jungs und pubertieren – das war alles andere als einfach, nach meinem Empfinden war es seelische Schwerstarbeit und zuweilen eine psychische Knochenmühle. Die Ära der sexuellen Libertinage Ende der Sechzigerjahre überrannte uns alle und speziell kollidierte sie mit dem Moralverständnis meiner Mutter. Sie war davon emotional überrollt worden.

Eines Tages wurde ich von meinen Eltern, das heißt von meiner Mutter, mein Vater im Schlepptau, wieder einmal ins Wohnzimmer zitiert. Anscheinend was Größeres ... Man hatte Uschi ausgefragt, ob sie Näheres über mich wisse. Es müsse irgendwas sehr Wichtiges los sein, hieß es, denn ich hätte mich so auffällig verändert, dass man nicht mehr verstehe, was da in mir vorginge. Ich sei nur mehr renitent, aufsässig und misslaunig, ganz zu schweigen von meinen Schulleistungen, die abstürzten.

Uschi aber ging nicht mehr mit mir zur Schule. Sie war auch nur ein Jahr älter als ich und konnte daher auch nicht pädagogisch korrekt analysieren: Das wird die Pubertät sein. Also hatte sie gemutmaßt, dass vielleicht wirklich was Schlimmes mit mir passiert sei. (Muttern hatte natürlich wieder aufgebauscht.) Aber Uschi hielt dicht und sagte, sie wisse nichts. Doch meine Mutter hatte das nur weiter aufgebracht. Also beschloss sie, mein Tagebuch zu lesen, der Klassiker des Vertrauensbruchs.

In diesem Tagebuch hatte ich den Verlust meiner Jungfernschaft backfischmäßig so beschrieben: *Na ja, was soll ich sagen, jetzt ist es halt passiert. Kam vom Lande der Kuseng – peng! Und nun bin ich keine Jungfrau mehr.*

Meine Mutter bestand mit bebender Stimme darauf zu erfahren, was das bedeuten solle – dieses »Peng«?!

»Das ist halt so ein blöder Vers aus dem Lied ›Die alten Ritterleut‹.«

»Was soll das heißen??«

»Na ja, der geht so:

›Und das Fräulein Edeltraud hatte noch die Jungfernhaut
kam vom Lande der Kuseng –
peng!‹«

Meine Mutter fand das überhaupt nicht lustig. Ich konnte sie immerhin noch beruhigend aufklären, dass das nicht mein Kuseng gewesen war, sondern ein ganz andrer.

»Was heißt das: *ein andrer*?? WER-IST-DIESER-MENSCH!!??«

»Den kennst du nicht … der ist sehr nett.«

»WIE-HEISST-DER-MANN-UND-WAS-MACHT-DER-WO-WOHNT-DER-UND-WER-SIND-SEINE-ELTERN??«

Es ist doch völlig egal, wie er heißt. Oder was er macht. Ihr kennt ihn eh nicht. Dachte ich und fand, dass meine Eltern das irgendwie nichts anginge, weil es schließlich meine Jungfernhaut und mein Liebhaber war!

Ich antwortete cool, denn die Sache war da eh schon Vergangenheit: »Er ist gerade bei der Bundeswehr – noch ein paar Monate. Er hat Abitur.« Vielleicht half das was. »Und er will dann studieren.«

Und so weiter. Ich fühlte mich wie der typische untreue Ehemann, der fremdgegangen war und dem seine Frau nun mit Verspätung draufkam. Er musste da irgendwie durch und so tun, als sei alles ganz tragisch und alles reumütig einsehen und Bedauern heucheln, was er Schlimmes getan hatte, wo's ihm doch so viel Spaß gebracht hatte und gar nicht so dramatisch war, wie man es nun darstellen wollte.

Der Vertrauensbruch war perfekt. Die Tochter hatte sich hinterrücks von einem Mann entjungfern lassen, den sie den Eltern nie vorgestellt hatte, die Eltern hatten das Tagebuch gelesen. Das Vertrauen der Tochter zur Mutter war dahin. Und die Mutter hatte das Vertrauen zur Tochter verloren, weil diese ihr wesentliche, existenzielle Vorgänge verheimlicht hatte. Schöne Scheiße.

Während sie moralpredigte, dachte ich an die erste und einzige Watschen meiner Mutter, die diesem Ereignis vorausgegangen war. Mona und ich waren wieder mal ausgebüxt, auf eine Party, wieder einmal kam die von meiner Mutter stets mit Stentorton gestellte Verhörfrage:

»WO WART IHR? ICH KOMME HEIM UND WEISS ALS ERZIEHUNGSBERECHTIGTE NICHT, WO SICH MEINE HALBWÜCHSIGE TOCHTER AUFHÄLT!!! WO WARST DU!!?? ANTWORTE GEFÄLLIGST, WENN ICH DICH ETWAS FRAGE!!! WO WARST DU?«

Ich fand ihre ganze Art und überhaupt alles zum Kotzen. Ich machte also eine Pause, lehnte mich zurück und sagte gedehnt:

»Na, vielleicht war ich auf der Landsberger Straße?«

PATSCH!

Da war sie: die einzige, die erste und letzte Watschen meiner Mutter. Und ich verstand sie sogar. Die Münchner wissen, dass selbige Straße diejenige ist, wo die Huren stehen und auf ihre Freier warten, der Straßenstrich. Meine Mutter funktionierte auf meinen Knopfdruck, sie schoss in die Höhe wie das HB-Männchen. Und ich fand damals, dass das die einzig passende Antwort auf ihre Hysterie war.

Nach diesem familiären Megacrash und der offiziellen Vorstellung des Entjungferers bei meinen Eltern, die erstaunlich glimpflich ablief, sprach meine Mutter reserviert, aber gefasst und tapfer: »Wenn du nun also keine Jungfrau mehr bist und ab jetzt Sex hast, dann gehen wir zum Frauenarzt. Er wird dir die Pille verschreiben. Du sollst dir nicht durch ein unerwünschtes Kind dein ganzes Leben verpatzen!«

Respekt! Sie hatte eine Barriere übersprungen und sich entwickelt.

So kam es dann auch. Unser Familiengynäkologe Dr. Hefner, der gute fünfzehn Jahre später meinen Sohn Nepo aus mir auf die Welt holte, verschrieb mir die Pille. Eine mutige, unkonventionelle Tat meiner Mutter, denn die Pille kam 1967 gerade erst auf den Markt. Hatte ich aber auch einen Massel! Welch göttliche Fügung.

Ich dachte an den Sommer zurück ...

1967 war das Jahr, in dem ich meine Jungfräulichkeit verlor oder besser: *vorsätzlich beendete*, ich wollte sie loswerden wie ein Schmetterling seine Puppenlarve, *wollte Frau werden*, in diesem Sommer am Staffelsee, im Zeltlager der evangelischen Jugend (die Protestanten waren seit jeher aufgeklärter als die katholischen Kollegen). Weil wir keine Konfirmanden mehr waren, sondern nur so am Zeltlager teilnehmen wollten, hatten wir vier Mädels – die Uschi, zwei Freundinnen und ich – ein Privatzelt, jeweils zwei in einem Zeltabteil. Damit waren wir nicht mehr im Massenlager der Konfirmanden untergebracht, also der kirchlichen Oberaufsicht entronnen. Dietmar Schreyegg, unser sportlicher Betreuer, späterer Verlobter meiner Freundin Uschi, Skifahrerkumpel, rechte Hand des Pfarrers beim Zelteauf- wie -abbau und der Küchenorganisation, passte auf uns auf. (Heute kümmert er sich um meine Versicherungen; die Beziehungen in meinem Leben sind auf individuelle Weise langfristig angelegt ...)

Nachdem es bei der Baggerseefete daheim im Würmtal mit dem feschen Halbitaliener Erwin nichts geworden war, weil der genauso viel Angst vor dem *ersten Mal* gehabt hatte wie ich (leider gestand er mir dies erst Monate danach), war ich nun meinem Gefühl nach überständig und wollte ES dringend wissen. Keine Hymne ans Hymen, nein. Ich war der Jungfernschaft überdrüssig – und reif.

Eines Morgens hörte ich am Staffelsee im Halbschlaf draußen eine tiefe, wohlklingende Männerstimme, die vor sich hin sang. *So schön ...* Vorgeburtlich emotional geprägt durch den Gesang meiner Mutter, krabbelte ich neugierig aus dem Zeltbauch, um zu sehen, wem diese Stimme gehörte, und beäugte den singenden Mann. Wir kamen schnell ins Gespräch, fühlten uns sofort einig und zueinander hingezogen. In einer Vollmondnacht machte er mich zur Frau (nicht ohne sich zuvor mehrfach meines Einverständnisses rückversichert zu haben). Danach liefen wir die taufeuchte Wiese hinunter und schwammen im warmen Staffelsee. Kann man sich dieses so bedeutsame Ereignis in romantischerer Kulisse vorstellen als in einer Vollmondnacht am See?

Wir blieben mehrere Monate zusammen, dann trennten sich unsere Wege in Freundschaft. Mein lieber Peter Dermühl – und gerne nenne ich ihn hier mit Namen – wurde später als Journalist in Funk und Fernsehen tätig und ist heute Autor von wunderbaren Büchern über Klöster in Bayern. Immer, wenn ich von ihm lese oder höre, denke ich mir mit Respekt: *Recht hast g'habt Lisa, des war genau der Richtige!* Es heißt ja immer, eine Frau wähle sich einen Mann binnen sieben Sekunden als ihren möglichen Sexpartner aus, und was der Auserwählte dann noch an verführerischen Balztänzchen aufführe, sei nett, aber im Grunde gar nicht mehr von Belang.

Schon damals hatte ich einen guten Sieben-Sekunden-Riecher. Noch heute bin ich ihm von Herzen dankbar, weil er mich als der bestmöglichste, gottlob nicht stümpernde, sondern einfühlsame Gentlemanräuber meiner Jungfernschaft Liebe und Sexualität lebenslang in bestem Lichte sehen ließ.

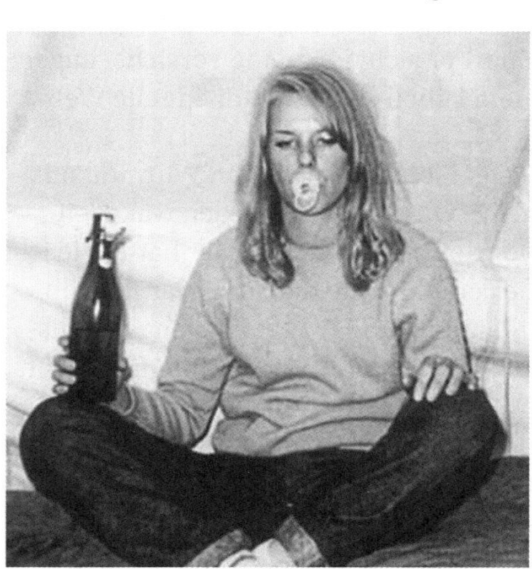

1967 am Staffelsee

Auf Kosten meiner Mutter allerdings. Der Zeitgeist

kam mir zupass. Er und mein Trieb überrannten mich, ich überrannte meine Mutter. Alkohol war, wie gesagt, neben der Musik mein Katalysator, Mittel zum Zweck, Rebellion. Im benebelnden, enthemmenden Rausch hatte ich den Mut, der nüchtern fehlte. Ich wurde unregierbar, unreitbar wie ein Wildpferd. Bedenkenlos, schrankenlos, getrieben, lustvoll. Wenn ich auf einem Fest einen süßen Jungen sah und er mich auch wollte, dann ging's dahin, nicht so fix, wie's hier die Sätze vermitteln mögen, aber regelmäßig und unmäßig. Meine Freundin Uschi blieb mehr bei sich. Sie war stets mit mir bei allen Partys und Festivitäten und kannte dieselben Menschen, respektive Männer, aber sie hielt sich bei allem mehr zurück, sie trank weniger, weil sich bei ihr nach dem zweiten Glas »alles im Kopf drehte«. Bei mir nicht, ich konnte jeden Typ unter den Tisch trinken. Mona hatte zeitlebens maßvolleren Sex mit wenigen Partnern, mit denen sie dann auch meist zusammenblieb. Sie war generell vernünftiger, sie hatte ein inneres Regulativ, vielleicht weil man elterlicherseits nie versucht hatte, sie über das Maß zu bevormunden. Ich *wollte* vorsätzlich unvernünftig sein, wollte hitzköpfig durch die Wand, den Kopf verlieren, wissen und erforschen, was in den dunklen Höhlen dieser Welt steckt.

Ich pubertierte also in diese rauschhaft verrückte Zeit hinein und wuchs ab sechzehn mit der Pille auf. Die selbstbestimmte Lebensplanung der Frau – ein historisches Novum, wurde mir zur Selbstverständlichkeit. Ich war eine der ersten Pillenkonsumentinnen der Geschichte und startete in ein lustvolles, von Tabus und Moralkorsetten befreites Sexualleben, unbelastet von Schwangerschaftsängsten wie unsere Mütter und Aids-Gefahren wie unsere Töchter.

Die 68er – eine Zeitgeistrevue

Lasst mich ein bisschen politisch werden, liebe Freunde.

Im Sommer 1968 saß ich auf dem Küchenboden der Villa von den Heldensteins, ein Glas Retsina in der Hand. Nebenan, im Wohnzimmer, war eine Riesenfete im Gang. Vor mir saß Hansi, der Drummer von den Dukes, mit einer Fünf-Liter-Flasche Lambrusco zwischen den Knien und philosophierte über Musik contra Krieg, neben ihm hockte Bärli, der Bassist, mit Frank, dem Keyboarder. Die Pärchen hatten sich zum »Mondscheinspaziergang« an den Baggersee davongestohlen. Ernie holte Getränkenachschub aus dem Keller. Ernies Eltern, denen das Haus gehörte, waren im Urlaub, der Sohn warf die Party.

Viele Söhne und höhere Töchter wohlhabender Eltern aus etablierten Familien, die wie ich auf das »Partygymnasium« in Gräfelfing gingen, saßen an diesem Abend vor billigem Wein und großen Joints. Die Zukunft war für uns weit weg, und die Gegenwart bestand aus bunten Träumen und Feten, die immer irgendwer schmiss. Die RAF war uns so fremd wie Kuba oder der Kalte Krieg, den die machtgeilen, militanten alten Männer etabliert hatten. Fremd waren uns auch die Probleme Israels und Palästinas. Wir verstanden nicht, warum man um die Heiligkeit einer Stadt Jerusalem so ein Aufhebens machen konnte. Eine Stadt, in der man unserer Ansicht nach *Jesus-Christ-Superstar*-Konzerte und riesige *Allah Open Airs* mit israelischen und palästinensischen Musikern hätte veranstalten können – und wegen der man weder einen Sechs-Tage- noch einen Sechzig-Jahre-Krieg vom Zaun brechen musste. *Love & Peace* hieß unsere Botschaft – *Love* überall greifbar, verfügbar, neuerdings auch und gerade für Frauen, *Peace* als angenehme Begleitbotschaft.

Ich hatte mit sechzehn den Film *Und Johnny zieht in den Krieg* gesehen, der mich wochenlang in Gedanken und noch im

Traum verfolgte. Ein junger Soldat wird von einer Granate zerfetzt und merkt beim Erwachen, dass er nur mehr ein Rumpf ohne Arme und Beine, ohne Kiefer, Augenlicht und Ohren ist und einzig durch Klopfzeichen mit seinem Kopf kommunizieren kann. Seit diesem Film bin ich überzeugte Pazifistin.

Einen Joint hatte ich da auf meinem Küchenboden *nicht* in der Hand. Erst viele Jahre später auf der Suche nach neuen mentalen Abenteuern testete ich die Tüte, aber auch da konnten mir Gras und Dope nichts bieten, was mich als Zustand interessiert hätte. Ich stand auf Musik, Liebe und Wein. Bekifft sein fand ich doof und langweilig, es behinderte mein Temperament. Meine Altersgenossen, ein Großteil der Gymnasiasten und viele andere Jugendliche dagegen favorisierten das Kraut. Bob Marley war ihr Prophet.

Viele der Jungs blieben Schwafler und Dampfplauderer. Das Gras hat sie nicht schlauer gemacht und auch nicht ihr Bewusstsein erweitert; es übersteigt ja kaum die Gefährlichkeit eines Feierabendbiers. Aber in einer Hinsicht ist der Joint für die freie Marktwirtschaft und den Kapitalismus ein Staatsfeind: Er macht lustig und friedlich, man verliert die Aggressionen und den Biss – und man versteht nicht mehr so ganz, wozu man sich im Alltagskampf oder für eine fragwürdige Karriere aufreiben sollte, bei der man unter Umständen als Herzinfarktkandidat oder Hartz-IVler endet.

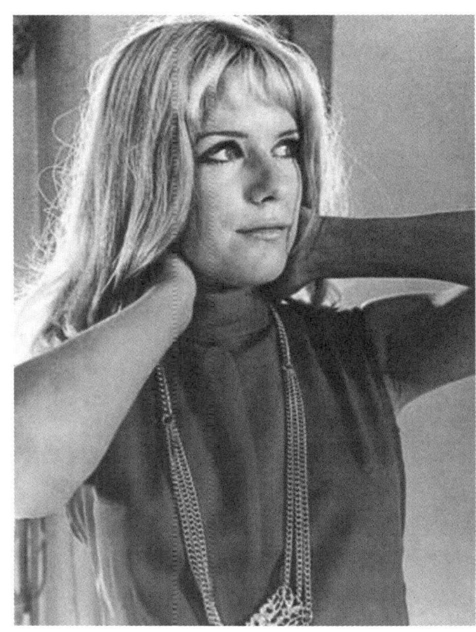

Fotoshooting mit 18

Warm anziehen mussten sich damals Konzernchefs und Banker. Industriebosse empfanden wir als gefühllose, profitgeile Zombies. Unsere Elterngeneration redete ständig von Disziplin und Regeln, Ordnung und Pflicht, von Geldverdienst und vom Frisör, *zu dem alle Langhaarigen geschickt werden sollten*. Manche der jugendlichen Widerständler hatten wohl auch *Das Kapital* von Karl Marx gelesen und wussten, wovon sie sprachen; einige wurden später tatsächlich Rechtsanwalt oder Gemeinderat und versuchten, für eine bessere Welt einzutreten und zu kämpfen.

Kultfiguren der 68er waren die schöne barbusige Uschi Obermaier, der wilde Rudi Dutschke, Janis Joplin, Jimi Hendrix, die Stones und natürlich Che Guevara. Diese Allianz von freier Lust, Ästhetik und politischer Revolte verbinden wir mit den 68ern. Für die meisten Jugendlichen jedoch war das Konterfei von Che Guevara auf dem T-Shirt schlicht ein Accessoire: Die Mädels liebten ihn als Sexsymbol, nicht wegen seiner rebellischen Botschaften, die sie oft gar nicht verstanden. Den Jungs sollte das zur Schau gestellte Revoluzzertum den Anschein einer sozial- und gesellschaftspolitischen Aktivität verleihen; man war wichtig, hatte das Gefühl, man bringt sich ein und verändert was. Aber die meisten, auch die ehrlich Engagierten, rieben sich ab den Siebzigern beim jahrzehntelangen »Marsch durch die Institutionen« auf, ihr Kampfgeist zerbröselte im Familien- und Berufsalltag.

Sie waren kein »Sand im Getriebe der Mächtigen und der Gesellschaft«, sondern weichten das rebellische Hirn mit unzähligen Feierabendbieren nach dem Acht-Stunden-Job vor der Glotze auf, bei Joachim Kulenkampff und Hänschen Rosenthal.

Also alles nur Show?

O nein.

68 widersetzte sich die Jugend – und zwar LAUT!

Man erkämpfte es sich das erste Mal als Jugendlicher, nicht nur mitzulaufen, sondern laut zu widersprechen – den Eltern, dem Staat, dem Chef. Als Individuum und in der geeinten Massenbewegung, nicht in Dutzenden von Splittergruppen, die sich gegenseitig verachteten. Man war eine echte Bedrohung für das System – und »reaktionäre« Lehrer, Politiker, Unternehmer, Banker begannen zu überdenken, was sie taten, sie mussten es überdenken, auch wenn sie uns Jugendliche und unsere Attacken bekämpften. *Sie waren gezwungen zu hinterfragen, wie sie handelten, dachten und lebten.*

Meine Freundin Gudrun sagt über die 68er: »Du setzt voraus, mit dem kurzen Abriss der Partykultur, die selbstverständlich ein Lebensgefühl war, wie du es sehr treffend beschreibst, es denen vermitteln zu können, die es nicht kennen. Tatsache war doch, man hat über alles diskutiert, auch über Politik und wie man es besser machen kann und nicht nur *Love gemacht* (zumindest bei mir war das so). Ich bin zwar fünf Jahre jünger als du, war aber so ab 1970 meist mit den Älteren zusammen, wann immer ich meinem Elternhaus entfliehen konnte.«

Ja, es gab das Gefühl, etwas bewegen zu können, wo heute meist bestenfalls Resignation herrscht. (*Die machen eh, was sie wollen,* womit die Politik gemeint ist, als wäre das Volk überhaupt nicht da.) Alles an uns war Rebellion, aber es gab ja auch genug, gegen das man rebellieren konnte. Die Beschwichtigung hat sich heute doch bis ins Kinderzimmer fortgesetzt. Gegen was sollen die rebellieren, wenn alles erlaubt ist? Lange Haare, Sex, Klamotten, Moden, Hasch, laute Musik, Alkohol – alles ist erlaubt und wirkt auf das tolerante Auge der heutigen Gesellschaft selbst in exzentrischster Ausführung nicht mehr provozierend. Zuschlagen, Gewalt – das ist Rebellion, weil es eines der wenigen Dinge ist, über das sich die Leute noch aufregen. Bei uns genügte der Parka und die langen Haare.

»1968 war die Zeit«, erzählte Gudrun weiter, »als man an der Uni noch Anzug und Krawatte oder Kostüm trug, die Obrigkeit respektvoll zu behandeln hatte und Ärzte, Lehrer, Polizisten, Politiker und Pastoren tatsächlich noch was zu sagen hatten, ohne infrage gestellt zu werden. Das haben dann die 68er getan. Man pilgerte zu Demos, da war was los. Woher soll eine heute Vierzigjährige das wissen, das ist doch in dieser Zeit nicht mehr vorstellbar.«

Ich diskutierte viel, schwamm mit in der Love&Peace-Suppe und hätte gerne abgerockt mit den Bands. Aber künstlerisch standen Mona und ich eher amerikanischen Folksongs nahe: Peter, Paul und Mary, Esther & Abi Ofarim und eben den Beatles. *Yesterday* … Ich kann es noch heute ad hoc auf der Gitarre spielen und den Text auswendig dazu singen.

Unser Kampfgefährte war keine Waffe – es war die *Musik.* Sie gab uns Kraft. Schwarzer Soul trieb das Tanzfieber in orgiastische Höhen – James Brown, Otis Redding, Wilson Pickett, Aretha Franklin, sie machten uns verdammt heißes Feuer unterm Hintern. Eine Stunde geiles Abtanzen, sich in Schweiß auflösen bei getanzten Sexmoves und wildem Bodytalk – das war schon ein halber Orgasmus, viel mehr als ein verstecktes Eckchen brauchte man dann nicht mehr. Ich glaube, die Soulmusik und mein sexuelles Erwachen, das war eins.

Uns traf diese Musik direkt in den Unterleib. Wir nahmen die Schwarzen mit Herz und Seele an wie ihre Musik, alle sollten eins sein – *One World – One People!*

Die Musik und ihre Botschaft wurden in dieser wunderbaren Zeit nicht aufgesogen und gefressen von einer profitgeilen Industrie, die den Künstler auspresst und dann wegwirft. Die Beatles, Jim Morrison, Janis Joplin, Bob Dylan, die Rolling Stones – damals verkaufte man mit ihren Songs dem Volk keine Volkswagen wie heute, damals trug diese Musik das junge Volk und machte es stark. Die Texte bedeuteten noch etwas, Musiker und Künstler hatten ein Anliegen. Bands waren in jahrelanger Zusammenarbeit gewachsen und wussten ohne einen Dieter Bohlen, was sie tun und sagen wollten. Auch der Fan versuchte sich an der Gitarre, viele blieben als Musiker sogar dabei, wurden Filmemacher oder ähnlich Kreatives. Hunderte von künstlerischen Potenzialen wollten und durften sich entfalten. Jeder konnte die Lieder mitsingen und wusste, was ihm sein Bob Dylan mitteilen und was Jimi Hendrix ausdrücken wollte. Man war voll von idealistischem Gedankengut und träumte von einer besseren Welt.

Nun, denkt jetzt vielleicht mancher selbstgerecht und lächelt, *das hatten wir alle mal in der Jugend.* Schon, schon … aber bei unseren Müttern und Vätern führten die Träume einer besseren Welt in eine große Katastrophe, mit Folgen für uns alle. Unsere Eltern sind dem Falschen nachgelaufen, sie haben den Traum eines anderen geträumt, der sich als Führer gab und als Verbrecher entpuppte. Sie träumten unwissend die Träume des Teufels. *Das kann passieren,* verteidigen sich einige, *wenn man Arbeit suchend und führerlos ist.* Doch seht euch vor, das ist die junge Generation heute auch. Aber heute ist vieles anders: Heute notiert man eure Namen und Adressen, wenn ihr demonstrieren wollt, heute sind eure Konten und Krankheiten transparent, heute kann man zu jeder Zeit euren Standort ausmachen via Handy oder RFID-Chip, der nicht nur im biometrischen Pass steckt.

Was an mir ziemlich vorbeiging und mir erst viel später bewusst wurde (weswegen ich die 68er auch nur mit Delay begriff), war dies: Man kämpfte vehement gegen diejenigen, die heute unsere Wirtschaft, unseren Lebensstandard und unsere Arbeitsplätze ruinieren: Spekulanten, Börsianer, Großkapitalisten, Wirtschaftskriminelle, Aldis und Telekoms. Gegen korrupte weltweite Siemensnetzwerke, Superbanker mit Superanlageangeboten und Super-Mega-Zins-Träumen in den aufgeblasenen kalten Köpfen, unter denen kein Herz mehr zu sitzen scheint. Auch kalte Männergewalt in den Kinos – selbst, wenn der »Gute« im Film sie ausübte – hatte keine Chance bei uns, und geistig unterbelichtete Kampfmaschinen wurden als Loser verspottet. In den Achtzigern noch, als ich politisches Bewusstsein entwickelte, saßen wir höhnisch lachend in den Kinos, wenn tumbe Action-Rambos hirnlose Kampfparolen stammelten und riefen *Buuuh!* und *Hahahaaa!* in den dunklen Kinosaal.

Und vielleicht ist hier ein guter Moment, um politisch zu bleiben, innezuhalten und – gerade als Frau! – immer und immer wieder über männliche Gewalt und unsere Gesellschaft nachzudenken.

Mit dem *Terminator* kam der technologisch aufgemotzte Action-Buhmann als Schwarzenegger-Update und Backflash und Flashback zurück, zehnmal todbringender und konsequenter als der brave Charlton Heston vormals als *Ben Hur* in seinem römischen Kampfwägelchen. Die Grausamkeit feierte in der Cineastik ein unvorstellbares Revival und erstand in den letzten beiden Jahrzehnten auf wie der Leibhaftige. In Videospielen ist es heute Ziel, in möglichst kurzer Zeit möglichst viele Menschen blutspritzend abzuknallen – und dann wundert man sich über jugendliche Amokläufer. In den Neunzigern gab es weit und breit keine Jugend mehr, die protestiert hätte; die Technik dieser neuen Filme war – im Gegensatz zu den filmischen Werken der Siebziger- und Achtzigerjahre – einfach zu geil und zu perfekt, die Werbung dafür auch.

Naiv waren die 68er nicht. Sie sahen voraus, was kommen würde – *und es kam*. Unsere Geldmacher sind heute durchtriebener als je zuvor, skrupellosschlau und doch so traumtänzerisch in ihrer Verdrängung der möglichen Langzeitfolgen. Heute lacht und provoziert keiner mehr – Politiker haben aus 1968 gelernt. Heute wird beschwichtigt. Die Droge der Beschwichtigung aber legt das Gehirn lahm. Nie wieder soll das Volk so eine Macht bekommen wie damals, sagt man sich, denn die Angst vorm Zorn des Volkes ist groß. Das letzte Mal hat es die Mauer überklettert. Jetzt sind wir wiedervereint, aber das war's auch. Und seitdem wird von Regierungsseite häufig die erste Protestwelle, das erste Unmutsaufbäumen des Volkes abgefangen, indem man ihm scheinbar nachgibt. Sind die Luft und der Zorn und die Kraft raus, und hat die Regierung in Erfahrung gebracht, was in der Volksseele gärt, dann kann sie den Unmut steuern und wegreden. Und schließlich führt sie doch immer – unbemerkt von der Öffentlichkeit und den Medien – all das ein, wogegen sich unser Protest richtet.

Und dann wird Gesetz, was uns auf Ewigkeit klein hält und mundtot macht. Angst ist dabei ein wesentliches Element. Die medial geschürten Ängste wechseln monatlich, Ängste, die uns in Schach halten und anderen Geld bringen. Unser Protest verpufft – er ist ein heißer Furz im kalten Weltwirtschaftsklima.

Ja, ich bin geprägt von den 68ern, und ja, ich bin älter geworden, und nein, ich bin nicht nostalgisch, ich habe immer gerne im JETZT gelebt. Aber ich habe viele Trends und Moden, Krisen und Kriege in aller Welt kommen, gehen und wiederkommen sehen und denke immer an meinen Großvater, der vor Hitler gewarnt hat, weil er im Ersten Weltkrieg war und mehr Erfahrung hatte als seine naiven Söhne. Der geldgeile Weizen- oder Ölspekulant und der Trash-TV-Produzent, sie lassen Warnungen im Wind verhallen, wie auch der Chef eines Konzerns, der Killerspiele vertreibt. Der Mahner bleibt immer der einsame Rufer in der Wüste, man nennt ihn dann *Verschwörungstheoretiker* oder *Hysteriker*. Bis man aufschaut und erschrocken bemerkt, dass man uns wieder einmal die Zukunft gestohlen hat.

Heute versucht man gern, den Sechzigerjahren ihre Bedeutung zu nehmen. Man stellt die 68er in den Medien als langhaarige Spinner dar. Systematisch wird eine langjährige, engagierte und einzigartige historische Jugend- und Gesellschaftsbewegung in einen Topf geworfen mit RAF, Mord und Terror, als wäre die ganze 68er-Bewegung nichts als eine gefährliche linke Keimstätte gewesen. *Das ist falsch!* Und was mich am meisten erstaunt: Kaum einer widerspricht. Und wenn jemand den Mund aufmacht, gibt man ihm in den Medien keine Stimme. Es endete damit, dass Rainer Langhans ins Dschungelcamp ging. Nun ist auch sein Mythos tot.

Anders ist es zum Glück für die Frauen gelaufen. Sie haben einen spektakulären Weg hinter sich. 2011 liegt die Frau nicht mehr beim Sex nur unten und macht das Haus sauber – heute ist sie Kanzlerin, Konzernchefin, Arbeitsministerin, Parteichefin. Will heißen: Die Frau hat einen Sprung in die Freiheit, in den Himmel gemacht und sich die Sterne gegriffen. Ich bin als eine der Ersten gesprungen. Ein bisschen zu hoch gegrätscht vielleicht und zuweilen unsanft gelandet – aber wer hoch hinaus will, muss auch hochspringen.

Seit 1964 gibt es die Pille. Dazu kam in den Sechzigerjahren umfassende Aufklärung und Oswalt Kolle. Ein Kind war nicht mehr *gottgewollt,* die Frau konnte nun ihre Zukunft und ihr Leben planen. Sie musste nicht mehr sagen: *Das ist mein Schicksal,* sondern sie konnte ihr Schicksal in die Hand nehmen, genauso wie ihre Lust, ihr Leben, ihren Beruf – selbstständig denkend und handelnd.

Die Frau wurde gleichberechtigter Teil der Gesellschaft oder sie machte sich zumindest ungehindert auf den Weg in die Gleichberechtigung. Meist sabotiert sie sich nun nur noch selbst aus einem tradierten Geschlechterrollenverständnis heraus, das in ihr gärt. Aber wenn sie heute ihren Mann und eine freudlose Ehe verlassen will, kann sie das tun, ohne Nachteile oder Sanktionen befürchten zu müssen, im Gegenteil, die Freiheit winkt ihr.

Zurück zu den Sechzigerjahren. Für die Männer, besonders die älteren, wurden wir jungen Mädchen, die nun die Pille nahmen, Freiwild. Aber wir begannen ja ebenfalls, uns alles zu nehmen, wie und wo es uns gefiel. Frauenmoral wie im heutigen Schweden. Sex musste nicht gleich Beziehung sein, auch für Frauen nicht, auch nicht der Traum davon, nur so – einfach zur Freude.

Die Sechziger, das war angstfreie Erotik, ohne Aids, ohne die kommerzialisierte Sexualität der Pornofilmindustrie und ohne Telefonsexbranche. Man konnte und durfte – auch und gerade als Frau – alles auf eigene Faust entdecken, aber ohne durch öffentliche Schweinereien und Genitalien in XXL-Format auf dem Handy vorbelastet zu werden.

Und nicht zu vergessen, die neue freie Sexualität war ein Politikum: *Make Love Not War.* Ich kann beim besten Willen nicht sehen, dass es jemandem schlecht bekommen wäre. Nur verkraften kann man die neue Freiheit als Frau nicht so ad hoc. Im Unterbewusstsein streiten sich noch heute *die alte* und *die neue Frau*: Reihenhaus und Kinderglück contra Freiheit und sexuelle Selbstbestimmung. Beides ist sehr schwer zu vereinen – schon gar nicht mit einem Partner. Aber wir sind auf einem guten Weg. Wir Frauen haben uns seit Ende der Sechzigerjahre Verbesserungen erkämpft, die man nicht hoch genug einschätzen kann. Wir haben die Zeit genutzt und ihre Errungenschaften weiterentwickelt, wir sind erstarkt und selbstbewusster in unsere Zukunft gegangen.

Der Mann dagegen setzt sich immer noch unter Heldendruck, es geht ihm immer noch darum, sich zu beweisen. (Eine nicht mehr zeitgemäße Haltung unter dem Aspekt der globalen Kooperation.) Weil er von klein auf gelernt hat, dass ihn die Frau (jede Frau) nur interessant findet, wenn er ein dickes Auto hat. Deswegen ist der deutsche Mann auch selten sexy – nur arbeitsam oder karrieresüchtig. Ohne seinen Posten und sein Auto bleibt er blass und langweilig; er hat es gelernt, sich auf Profit zu polen oder auf Fußballwahn, statt auf Charakteroptimierung. Ich fand denkende und künstlerische Männer immer schon interessanter als Spekulanten und uncharismatische Finanzgeier. Der Großteil der 68er-Männer hat seine pazifistischen Ideale verraten und verkauft an Profitdruck und Geldjagd. Und deswegen wird so ein Mann auch allzu oft von einer Frau geheiratet, die ihn als geldbringendes Nutztier sieht, weil sie *aus sich selbst zu wenig macht*. Sie liebt weniger ihn als vielmehr sein Geld. Und so muss er weiter schuften, im falschen Glauben, dass eine noch höhere Position, noch mehr Geld, ein noch größeres Auto irgendwas an ihm größer mache und dass ihn die nächste Frau, die er mit dem Auto kauft, öfter ranlasse, weil er so mächtig scheint. Und das Herz des Mannes, seine Seele stirbt dabei.

Ein naiver Traum, naiver als die 68er – und viel gefährlicher für die Welt.

Es wird wieder Zeit zur Veränderung – und, wie gesagt:
Es wird ein langer Weg zum Ungehorsam.

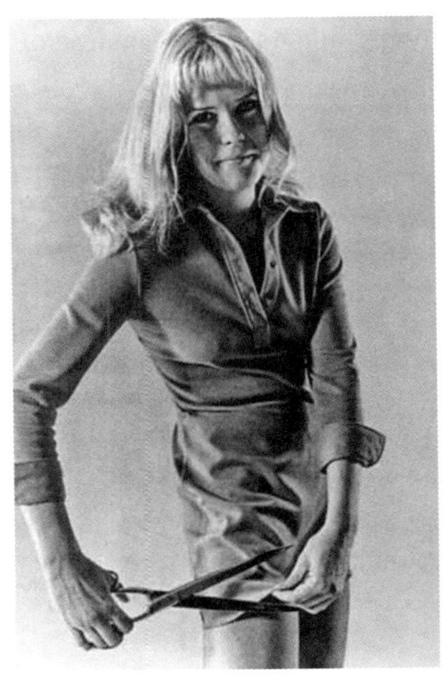

Alte Zöpfe und Röcke abschneiden – 68er im Mini

Meine schöne Mutter

Meine Mutter war mein Ein und Alles: mein Star, meine Göttin, meine böse Königin, meine Domina, meine Lehrerin, mein Coach, mein Orakel – alles!

In ihr, an ihr, unter ihr, auf ihr Huckepack, um sie herum hätte ich haften, mit ihr verwachsen bleiben mögen mein Leben lang und länger. Sie stillte mich neun Monate, sie saß an meinem Bett und sang mir Lieder zur Laute mit ihrer schönen Stimme, sie erzählte mir die Geschichte von Jimmy, dem Affenjungen, den seine Mutter Nana auf ein Seerosenblatt setzte, dessen Stängel ein großer Fisch unter Wasser abknabberte. Jimmy trieb weit, weit auf den See hinaus und hatte große Angst, alleine ohne Mama. Seine Mutter suchte ihn überall und

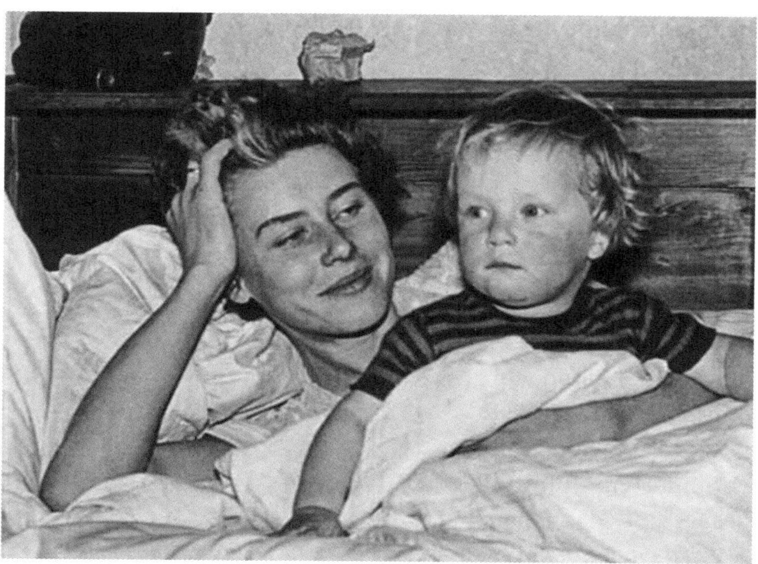

Mutter Molly & Lisa

rief vom entfernten Ufer aus immer und immer wieder: »Jimmy … Jimmy, wo bist du …? Jimmy !!!!« – »Hier, hier!«, antwortete er, aber sie hörte ihn nicht. Als es schon dunkel war, da hörte der große Fisch Jimmy jämmerlich weinen, nahm ihn Huckepack und brachte den Affenjungen sicher ans Ufer zu seiner Mutter Nana zurück. Und sie schloss ihn in ihre weichen Arme: »Jimmy, mein Jimmy, nun bist du wieder da, ich habe dich so vermisst und geweint um dich, mein süßer kleiner Affe, mein Baby, mein Jimmy!«

Die Geschichte von Jimmy, dem verlorenen Affenbaby, musste meine Mutter wieder und wieder erzählen, und immer lauschte ich mit großen Augen und hing an ihren Lippen, als würde ich dies zum ersten Mal hören. Meine Mutter hatte die schönste Stimme der Welt, mit einem weichen, warmen und tiefen Timbre. Sie brachte mir Gedichte bei und ließ sie mich früh auswendig lernen, die ersten Schauspielsprechübungen lernte ich bei ihr, gegen meine Knick-, Senk- und Spreizfüße ließ sie mich wie ein Storch durch den Garten staksen, und von

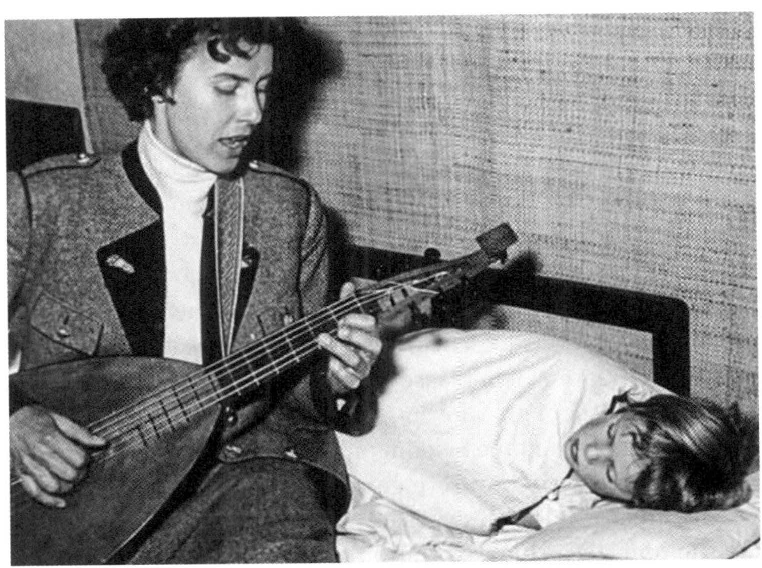

Mami singt – Lisa lauscht (im Hintergrund die besagte Bastmatte)

Zeit zu Zeit klebte auf meinem kleinen Vierjährigenkopf Eidotter unter einem Handtuchturban, damit meine flaumigblonden Haare fester würden.

Meine Mami war meine Sonne, mein Mittelpunkt, der Anfang und das Ende meines Denkens und Fühlens. Sie war mein Universum, die Urseele, die Ursuppe, aus der ich entwachsen musste in die kalte, feindliche Welt, dabei wäre ich so gerne eins mit ihr geblieben für alle Zeiten und Äonen. Wieso musste ich jemals aus diesem Mutterbauch heraus, fort von dieser weichen schönen Mutter, hinaus zu anderen, unvollkommenen Wesen, die dumm und roh waren und hässlich?

Eine geradezu libidinöse Sehnsucht nach ihr erfüllte mich viele Jahre, und das Wort *Abnabelung* blieb eine leere, intellektuelle Worthülse für etwas, das theoretisch akzeptiert, aber praktisch nie vollzogen wurde. Wenn ich sie auf der Bühne sah oder sie vor dem Auftritt im Bühnenoutfit vor mir stand, in den engen schimmernden Designer-Cocktailkleidern in Gold, Goldgrün und Silber, im kleinen Schwarzen mit den vielen Fransenreihen, die ihr schmeichelnd um Hüfte und Knie schwangen, mit dem glitzernden Prinzessinnenschmuck und einer perfekten Frisur, da war sie meine stolze, große Mutterfee, ein Fantasiegeschöpf, Melange aus Ingrid Bergman, Marylin Monroe und Doris Day, aus Hollywoodfilmen entsprungen und ich – *ich war gar nicht mehr,* nur ein in Bewunderung gegossener, glibbernder Pudding, der erzitterte vor ihrer Präsenz, Dominanz, Intelligenz und Schönheit.

Wie sollte ich jemals, jemals antreten können oder wollen gegen diese Riesin, diese göttliche Titanin, die meine Mutter und meine Herrin war? Ich, der dünne Mädchenbub mit den feinen Haaren, dem blassen Nichts-Gesicht, den blonden Augenbrauen, dem brustlosen schmalen Oberkörper? Wenn sie ihre jähzornigen Anfälle bekam und ihr Donnerwetter auf mich niederbrach wie ein Naturereignis, wurde ich klein wie ein Vergissmeinnicht ohne Wasser, es half mir nichts, dass sie bereits die sublimierte Form *ihrer* Mutter war, einer Lehrerin, hochfahrend und jähzornig, die ihre Töchter schlug und im Flur auf einem spitzen Holzscheit knien ließ. Diese von ihr ebenso wie sie von mir angebetete Mutter, die die Russen im KZ verhungern ließen. »Warum sie??!!«, hatte sie verzweifelt gehadert, als ihr Vater damals in der Tür stand und der Einundzwanzigjährigen die Todesnachricht ihrer Mutter brachte. »Warum sie – und nicht er??!!«

Aber der Vater hatte den Krieg überlebt, ein kleinbürgerlicher, penibler Bahninspektor, ein strenger Beamter ohne Charisma und Strahlkraft, den ich nur bei seltenen Besuchen als wortkargen, gefühllosen Gast, aber nie als einen Großvater wahrnahm. Er blieb mir fremd. Ich kannte auch nur seine zweite brave Frau, nicht jedoch meine Großmutter mütterlicherseits, die herrische, wilde, gebildete Frau, die meine Mutter so geliebt hatte und aus deren Wurzel ich als Enkelin entsprungen war. Meine Mutter erzählte mir oft von ihrer schweren Kindheit voller Misshandlungen, Schläge, Streite, Bevorzugungen der Schwester – deshalb hatte sie sich dereinst geschworen: »Ich werde mein Kind niemals schlagen!«

Sie durchbrach die Kette der Gewalt, sie hielt ihr Versprechen ein, wie jedes einzelne ihrer Versprechen – bis auf jene einzige Ohrfeige, die ich verstand und die ich nie vergessen werde.

Mein Vater war ein weicher, musischer Mensch, der, obwohl er als Marineoffizier im U-Boot vierundzwanzig Stunden beschossen worden war und ein »Held« sein musste, sein Ziel nicht immer so klar vor Augen hatte und lange Zeit aus dem Schatten seines starken Künstlervaters herauszuwachsen versuchte. Erst als er meine Mutter traf, bekam sein Leben inneren Glanz, Ausrichtung, Kraft und Ziel, so beschrieb er es in seinen Tagebüchern. Er muss meine Mutter über alles geliebt und verehrt haben.

In der Kriegsgefangenschaft in Kanada brachte er sich in Eigenregie Notenschrift, Harmonielehre und Komposition bei und gründete dort auch die Big Band *Walter Fitz & his Orchestra*.
Er spielte Klavier, Klarinette, Akkordeon und später Gitarre. Als er aus dem Krieg zurückkehrte, machte er sich auf die Suche

nach einer Sängerin für seine Band, und meine Mutter meldete sich bei ihm auf Empfehlung ihrer Gesangslehrerin Lies Kothe, der Mutter von Joachim Fuchsbergers Frau – schicksalhafte Fäden, die zusammenlaufen …

»Sind Sie alt?«, fragte mein Vater am Telefon.

»Wie bitte?!«, fragte meine Mutter zurück, pikiert über die unhöfliche Frage. »Ich bin fünfundzwanzig!«

»Nein«, erwiderte mein Vater und lachte vor sich hin, »ich meine nicht Ihr Alter, ich meine Ihre Stimmlage.«

»Ach so.«

»Wir suchen für die Band nämlich keinen Sopran, sondern einen Alt.«

»Ja, dann bin ich wohl alt …«, sagte sie – und die Liebe meiner Eltern nahm ihren Anfang.

Sie stieg in seine Band ein. Zuvor war sie solo aufgetreten und hatte in diversen Clubs der Amerikaner ihr Geld als Sängerin verdient und in der Kantine der Besatzer Zigaretten verkauft.

Meine Mutter – Molly Raffay war ihr Geburtsname – stammte aus der Stadt Mährisch-Ostrau im jetzigen Tschechien, damals Teil des Protektorats Böhmen und Mähren. Als ab 1945 der deutsche Bevölkerungsanteil der Stadt vertrieben wurde, landete meine Mutter in der späteren Bundesrepublik. Molly (die irische Form von Maria) war ein fleißiges, verantwortungsbewusstes Mädchen, dessen Vater ihm das Attribut »ritterlich« als vornehmliche Eigenschaft zuerkannte, sie war *loyal, integer, verlässlich, mutig und tapfer*.

Als gute und motivierte Schülerin machte sie ohne Probleme ihr Abitur und wollte Biologie studieren, was der Krieg aber verhinderte. Also wurde sie Sportlehrerin und drillte vor ihrer Einbürgerung in Bayern in Wien am Hochschulinstitut für Leibesübungen junge Burschen beim Sport, als die männlichen Sportlehrer alle im Krieg waren. Sie lernte früh, sich gegen ihren Bruder, gegen Schüler und Männer ganz allgemein durchzusetzen und so selbstbewusst aufzutreten, dass man ihre Autorität nicht infrage stellte.

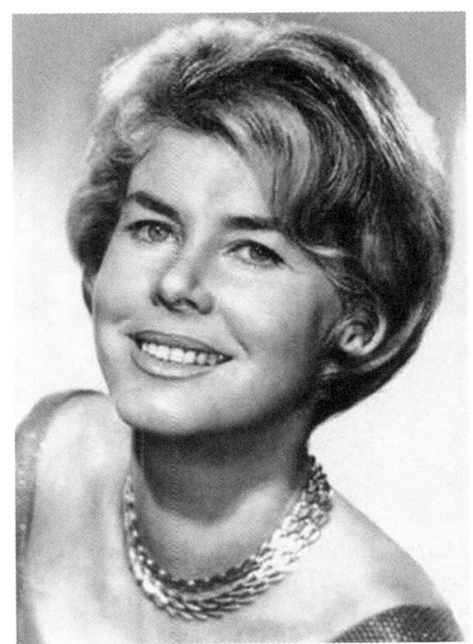

Molly Fitz (1962)

Ja, es kommt alles von den Eltern, was die Kinder auf- und annehmen und fortsetzen, ob es ihnen bewusst ist oder nicht, es kommt durch die Ahnen, durch deren Gene, durch die Erziehung und in Form von Lebensweisheiten – man erkennt es nur erst spät und lernt es noch später schätzen.

Ein Drill-Sergeant also, *my Sir Mom*, gewohnt, freche Jungs in Form zu bringen. Die Gitarre hatte ihr ihr deutsch-amerikanischer Verlobter zum Geburtstag geschenkt, mit dem es dann aber doch nichts wurde.
Sie nahm Gitarrestunden und lernte unzählige amerikanische Songs – die erste Sängerin in ihrer Beamten- und Lehrerfamilie, eine Pionierin.

Meine Mutter wurde innerhalb der Fitz-Familie *Energiebolzen* genannt, weil sie so kraftgeladen war. Sie trieb meinen Vater an, sie war sein (und mein) Motor, über viele Jahre. Ohne sie hätten wir – mein Vater und ich – nur einen Bruchteil dessen verwirklicht, was wir später wurden und was ich heute bin. Ohne sie hätte uns das Fitz'sche Phlegma eingeholt; ihr war dies fremd. Sie war das, was man heute einen Coach nennt, ein Katalysator für Talente.

Als ich in die Pubertät kam und mit fünfzehn, vom blassen Entchen zum feschen Schwan mutiert, im Minirock, attraktiv und frühreif in die Hippiezeit stolperte, änderte sich alles.

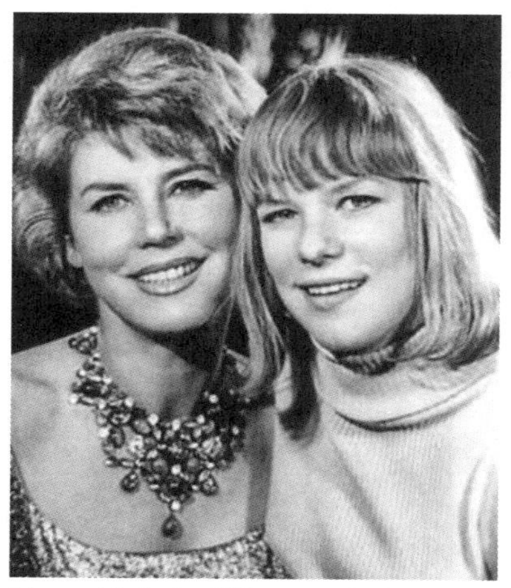

Mutter Molly im Bühnenoutfit & Tochter Lisa (14)

Ich entkam ihrer Aufsicht, entglitt ihrer Führung, ihrem strengen Einfluss und begann zu rauchen, auf Partys zu gehen und zu trinken. Die Elternhäuser meiner Freundinnen und Freunde im Würmtal südlich von München waren alle wesentlich liberaler. Meine Mutter konnte ihre Strenge und ihre überbehütende, unnachgiebige Pädagogik nicht mehr durchsetzen. Vor allem nicht gegen den Zeitgeist.

»Ich komme mir vor wie eine Henne, die ein Entenküken ausgebrütet hat!«, rief sie verzweifelt. »Das Entchen geht ins Wasser und schwimmt fröhlich davon – und die Henne rennt gackernd am Ufer auf und ab, voller Angst, das Entchen könne ertrinken.«

So sah sie es, und ich sah es auch so.

Die Fitz'sche Seite, auch mein Vater, versuchte, sie mit der freiheitlichen Zeit zu versöhnen: »Lass sie doch, die ist jung und tut halt ein bisschen rum.«

Meine Mutter verstand diese wilde Zeit nicht, sie akzeptierte die auf einmal so fröhlich und selbstverständlich propagierte sexuelle Freiheit nicht. Ihr Credo war gewesen: *Bis einundzwanzig gehöre ich meinen Eltern, danach kann ich machen, was ich will.*

Das Klischee, dass eine Sängerin, Künstlerin immer etwas am Rand des Bürgertums existierte, traf nicht auf sie zu, sie war wohl ein energievoller, starker und strahlender Mittelpunktsmensch, im Herzen jedoch konservativ. In allen Belangen, die mit Etikette, Tischsitten, Klasse, Moral und gesellschaftlichem Renommee zu tun hatten, war sie unnachsichtig, streng und vollkommen intolerant. Sie dachte, verhielt sich und stellte Ansprüche wie ein Mitglied einer Königsfamilie.

ABER ICH NICHT. NEVER!

Ich war der absolute Gegenpol, nicht aus Renitenz oder Opposition, sondern als hundertprozentiges Kind der Freiheit, Spross einer liberalen (Rest-)Familie. Die repressive mütterliche Erziehung griff nicht bei mir, trotz Hausarresten und cholerischen Schreianfällen. Ich fand das lästig und antiquiert. Ich war ein Produkt meiner Zeit, freiheitsliebend, sexuell neugierig, und meine Eltern hielt ich für rettungslos altmodisch. Die Zeitenläufte rieben sich aneinander, und es gab keinen Kompromiss und kein Verständnis mehr. Ich entfloh ihrer Fuchtel, ihrem strengen Regiment, ich setzte die Königin ab und ließ sie stehen. Meine Mutter knickte ein … Sie sagte sich: »Ich muss so werden wie meine Tochter, vielleicht verstehe ich sie dann besser …«

Die Wahrheit ist, dass ich kein Entchen war, sondern auch ein dummes Huhn, ein leichtfertiges Küken, das fast ertrunken wäre in den dunklen Strömungen der Süchte. Das war die Schattenseite der Lust an der Freiheit.

Nicht nur mich, auch meine Eltern riss die Zeit mit wie ein Strom. Wir waren in den Bungalow gezogen, den meine Eltern gebaut hatten, und wohnten nicht mehr mit Großmutter und Großvater in einem Haus. Meine Großmutter war gestorben, die kreative Flamme meines Großvaters war durch ihren Tod erloschen, die Familienhierarchie beschädigt. Mein Vater deutete meiner Mutter an, dass er keine Lust habe, in absehbarer Zeit als Seniorkasperl auf der Bühne zu stehen, vor allem nicht mit einer alternden Sängerin – er fand, das sei keine Zukunftsperspektive. Damals galt eine Frau ab Anfang vierzig als alt. Früher war das so; das hat sich erst mit Tina Turner geändert, die diese Grenzen sprengte und neue Maßstäbe setzte, als sie mit Mitte vierzig eine zweite Karriere, ein Solo-Comeback als Rockröhre startete. Irgendwann muss mein Vater das meiner Mutter so deutlich gesagt haben, dass er ihr mit diesen Sätzen das Genick brach, das künstlerische Rückgrat; er nahm ihr – ohne dass er sich das wirklich in vollem Umfang bewusst gemacht hätte – das Selbstbewusstsein und das Vertrauen, das man braucht, um alleine weiterzumachen. Er dachte wohl nicht, dass dies das künstlerische Aus für sie bedeuten könne, erwartete, dass ihr selbst irgendein neuer Solo-Weg einfiele, gründete mit seinem Freund und Kompagnon, dem Sänger Fred Bertelmann, die PROFI-Musikproduktion und wurde Produzent und Manager – auch, wie schon erzählt, von Mona und mir.

Mein Vater fand Gefallen an uns, den hübschen Künstlernachwuchstalenten, die von ihm gefördert werden sollten und wollten, vor allem an Mona. In ihr sah er meine Mutter, seine junge Frau von damals, und stolzierte ihr als alter Hahnrei ein bisschen nach – ein bisschen zu sehr, zu viel vor allem für meine stolze, schöne, ritterliche Mutter.

Mona war im Laufe unserer jahrelangen Freundschaft wie eine zweite Tochter für meine Mutter geworden, und meines Vaters gockelhaftes Verhalten sowie das der unzähligen Musiker- und Produzentenkollegen, die zu uns kamen – diese ganzen Männer Mitte vierzig, allesamt bacchantische Vieltrinker und chronische Dauerfeierer, die uns jungen Mädchen nachstiegen –, das raubte ihr langsam, aber sicher die Kraft. Im Grunde hatte meine tapfere, aber auch starrköpfige Mutter alle gegen sich – den im zweiten Frühling verjüngten Mann, die ausbrechende pubertierende Tochter, die allzu liberale Fitz-Familie, die freizügiger eingestellten Eltern meiner Schulkameraden – und auch die Zeit, weil sie mit ihrer rigiden Moralvorstellung sehr allein stand.

So gerne ich meinen Vater habe und so sehr ich ihm in Dankbarkeit verbunden bin und schätze, was er alles für mich getan hat – allerdings auf das Insistieren und Drängen meiner Mutter hin –, aber er hat ihr den Mut genommen, weiterhin auf der Bühne zu stehen. Sie trank nun mit – mit den Musikern, Produzenten und Toningenieuren, die ständig im Hause ein und aus gingen. Unser Bungalow wurde zum Gasthaus für die Geschäftspartner meines Vaters – und meine Mutter verlor sich. *Wines and Roses …*

Mein Vater war nie ein Geschäftsmann. Obwohl er mir alles beibrachte für die stürmische Seefahrt in diesem rauen Showgeschäft, blieb er im Herzen eine Künstlerseele, ein Musiker, der Geschäftsmann sein wollte: um mehr darzustellen, um zu glänzen, eine goldene Uhr zu tragen und auch im Lichte zu stehen – und nicht mehr im Schatten seines Vaters oder seiner schönen Frau. Das ging nicht gut. Es stieß meine Mutter in die Abgründe ihrer wehmütigen »ostischen« Seele, in der sich nun Verbitterung, Verzweiflung und Trauer zu einem unseligen Gebräu mischten.

Sie begann zu trinken und wurde depressiv. Sie wurde für mich zu Dr. Jekyll und Mr. Hyde – abwechselnd kaltherzige, fremde Domina oder wehklagendes Jammertal. Sie hatte sich soweit im Griff, dass sie nur quartalsmäßig abstürzte, aber dann total. Sie legte sich ins Bett, flüchtete in eine andere Welt, trank Hochprozentiges und stand nicht auf. Sie wurde weder ausfällig noch auffällig, ging dann auch nicht unter Leute – aber sie vertrank ihre Karriere, ihr Potenzial, ihre Möglichkeiten und unsere Freude am Feiern. Mein Stolz auf sie, meine Liebe zu ihr, alles versank in der ozeanischen Weite des Promillemeers.

Ich begann sie abzulehnen. Ich hasste ihre Flucht in die Sucht, ihre widerwärtigen Schnapsräusche, ihr Gelalle am Telefon; ihre Unbelehrbarkeit, ihre Selbstzerstörung widerte mich an und ebenso ihre Wehleidigkeit, ihre Schuldzuweisungen, ihre Opferhaltung, ihre Schwäche und Rachsucht, ihre Verweigerung, Verantwortung für sich und ihr Leben zu übernehmen.

Über Jahrzehnte verloren wir unsere Liebe und fanden nicht mehr zusammen. Wir beschuldigten uns gegenseitig und wiesen Schuld von uns, sie sah nichts ein, ich sah nichts ein, jede rechtfertigte sich nur für Verhalten und ihre Gedanken und wollte nichts verstehen – unser Verhältnis wurde wechselweise ein offener oder schwelender Dauerzwist voll unausgesprochener Abneigung.

Wir haderten mit dem Schicksal und dem Charakter der jeweils anderen und begannen uns zu missbilligen, wobei die

Missbilligung enttäuschte glühende Liebe war, die darunter brannte. Wir wollten uns gegenseitig verordnen, wie man das Leben zu sehen und zu leben hätte, und das funktionierte nicht.

Die Dissonanz gipfelte in einem großen Streit und einem Kontaktabbruch. Ende. Ich hielt sie nicht mehr aus. Kein Anruf von mir zum Geburtstag mehr, nicht einmal zu Weihnachten.

DIE NABELSCHNUR ZERRISS …

Die Abnabelung fand so spät statt, dass ich sie als solche erkennen konnte. Ich verweigerte mich einfach und stieß meine Mutter vollends von mir.

Verbannt aus meinem Herz, eingekerkert in die Vergangenheit, die glücklichen Kinderjahre, tiefe Trauer, Seligkeit weggesperrt, kein Zugang, nur resignative Verzweiflung, Kopfkino, Wehmut, vereiste Gefühle, ein Vulkan, erloschen nur im Krater, tief innen die Lava, die zu erkalten schien.

Vorbei.

Der Kontaktabbruch zu meiner Mutter dauerte eineinhalb Jahre.

Irgendwann kam am Tage X mit geringer Verspätung auf einer kleinen, schmalen Doppelkarte mit Blumen ein handgeschriebenes böhmisches Gedicht von ihr zu meinem Geburtstag.

Ich war gerade in Hamburg und kehrte müde von einem Vierzehn-Stunden-Dreh ins Appartement zurück. Ich war allein, als ich den Brief öffnete, und mein Herz klopfte dabei wie verrückt. Ich las das kleine Gedicht, mein ganzer Zorn zerstob wie eine Giftpilzwolke, und Tränen schossen mir in die Augen. Sofort wählte ich ihre Nummer, und wir begannen einen neuen Anlauf.

Irgendwann begriff sie, dass uns beide nur der Alkohol trennte, und in ihrem bereits sehr hohen Alter sagte sie zu mir: »Gut. Ich verspreche dir hiermit, nichts mehr zu trinken.«

Wenn meine Mutter etwas verspricht, hält sie es. Ich wagte dennoch nicht zu hoffen … Aber sie machte es wahr. Sie hörte so umgehend auf, wie sie begonnen hatte, und unsere Liebe begann wieder zu keimen, wenn auch auf andere Art. Nun bin ich die Mutter, und sie muss versorgt werden.

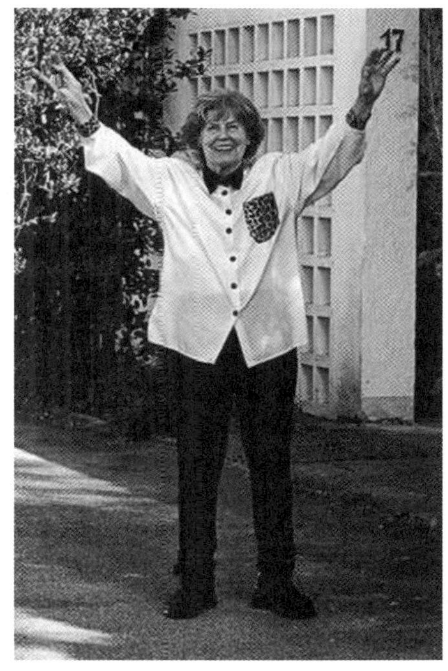

Mami (85) winkt vor dem Bungalow

Wir haben zueinander gefunden, spät, aber doch. Kein Happy End, aber ein Herzensfrieden. Allen Menschen, die unter einem Zerwürfnis mit ihren Eltern oder ihren Kindern leiden, möchte ich das gerne mitgeben: Es ist egal, wann die Aussöhnung kommt, und wenn es kurz vor dem Tod ist – sie ist ein Wunder, das alles verändert und alles gut werden lässt. Vergebung ist der Schlüssel dazu.

»Ich habe nur aus Rache getrunken«, sagte meine Mutter, »um euch zu zeigen, wie das ist – damit ihr versteht, wie man sich fühlt!«

»Aber Mami«, sagte ich und ächzte innerlich auf unter der seelischen Last der vergangenen Jahrzehnte, die nun endlich begann, brockenweise abzufallen, »dieser Schuss geht nach hinten raus, der tötet dich doch mit.«

»Ja«, sagte sie. »Ich habe mich dann eben auch zerstört, das war mir egal.«

Manche Menschen werden im hohen Alter noch böse, meine Mutter wurde bescheiden und demütig. ENDLICH! Was eine gewisse diebische Freude in mir erzeugte – kein Wunder nach all den schwierigen Jahren.

Inzwischen kann sie nicht mehr gut denken und sprechen, die Altersdemenz frisst ihren Geist, und das Urmeer holt sie sich zurück. Aber ich erlebe das ohne aufbäumendes Bedauern, weil ich fühle, meine Mutter hat das Recht, sich langsam von dieser hiesigen Welt zu verabschieden und in eine andere hinüberzugehen, ausgesöhnt mit mir. Und sie kann nicht mehr ständig dozieren, weil sie die Worte nicht mehr findet. Nun könnte ich ihr sagen, wie das Leben zu leben ist. Aber ich mache es nicht. (Ich sag ja nur: Ich könnte ... das Gefühl reicht mir schon.)

»Nehmen Se die Menschen, wie se sin«, sagte Konrad Adenauer, »andre jibt's nich!« Das gilt auch für die eigne Mutter. Ich könnte ihr noch viele Jahre irgendwas nachtragen, aber wozu? Wem nützt's?

Kasperl goes Schauspiel

Auch ein Kasperl braucht heutzutage eine richtige Ausbildung.

Ja, Mami, du hast Recht. Dennoch – mit dem Gymnasium musste es zu Ende gehen.

»Wenn wir sie jetzt durchfallen lassen«, gab Stratege, Schülerfreund und Studienrat Brüschwiler in der letzten Lehrerkonferenz vor den großen Ferien zu bedenken, »dann gibt sie auf und tut womöglich gar nichts mehr. Aber wenn wir sie jetzt weiterkommen lassen, und sie fällt nächstes Jahr durch – was nicht zu verhindern sein wird, wie ich sie kenne –, dann könnte sie motiviert genug sein, um wenigstens dieses eine Jahr für den Abschluss der mittleren Reife nachzuholen!«

Wie wahr. Ich fiel also in der neunten Klasse wie durch ein Wunder (das Brüschwiler-Wunder) nicht durch, aber in der zehnten, mit – ich sagte es schon – fünf Fünfern. *Krawumm!* Beatles, Stones, Baggerseefeten, Würmtal-Woodstock, Partys, Alkohol, erotische Exkursionen, Feiern, Juhu, Helau, alles flirrend, erregend, spannend – null lernen. Weil in der Nachfolgeklasse unter mir bereits ein anderer Lehrplan etabliert worden war, der mit Latein in der ersten Klasse begonnen hatte, beschloss man elterlicher- wie lehrerseits, mich die mittlere Reife im Mädchengymnasium Elsa Brandström in Pasing wiederholen zu lassen. Wie weise.

Es war so langweilig, dass selbst das Lernen spannender war als die Mitschülerinnen. Geschwätz und Witze entfielen somit, die Mädchen hatten auch gar kein Interesse daran, sie wollten lernen (!). Und einen gewissen Vorsprung hatte ich als Wiederholerin ja doch. Vom Kurt-Huber-Gymnasium kamen einige Mitschülerinnen mit rüber, sodass zwischenmenschliche Vertrautheit in Ansätzen vorhanden war, die restlichen Mädels waren aus meiner Sicht öde Streberinnen mit einem Charisma wie Schweizer Käse. Angeberinnen, die für mich zur Motivation wurden, *berühmt* zu werden.

Sie waren der Stachel in meinem Fleisch, adlige Nasehochtussen, überhebliche Arzttöchter, *gehobenes Gschwerl*, das sich für besser hielt und meine Anwesenheit mit herablassendem Blick zur Kenntnis nahm, so als wären Künstler immer noch minderwertiges *fahrendes Volk*. Man galt und war bei den Mitschülern etwas, wenn man *von und zu* hieß, Pferde hatte oder der Vater Arzt war. »Nehmt die Wäsche weg, die Künstler kommen«, hieß so ein Spruch, der uns aus Bürgersicht mit Zigeunern gleichsetzte, die damals auch keine gute Reputation hatten. Eine herbe, meinen wilden Widerstand erregende Demütigung, denn meine Eltern und Großeltern waren um einiges gebildeter und belesener als das hochnäsige Schülerpack und ein Großteil von deren Eltern. Meiner Mitschülerinnen Welt- und Berufssicht gipfelte in der Frage: »Schauspielerin? Verdient man da überhaupt was?«

Da Mona und ich am darauffolgenden Wochenende zu einem Auftritt nach Frankfurt fuhren, um dort bei einer Gala aufzutreten, musste ich nicht mal lügen, um schlagfertig kontern zu können: »Och, so tausend Mark am Abend ...«

Damit war ich die dämliche Fragerei nach dem Verdienst als Zirkuspferd für das letzte meiner Schuljahre los. Ich verschwieg selbstredend, dass von den tausend Mark die Managerprovision für meinen Vater abgezogen, der Restbetrag durch zwei geteilt werden musste, dass zudem Benzinkosten anfielen und vieles mehr. Egal. Die Antwort »tausend Mark« stopfte den Gänsen das Maul.

Und dann war's vorbei mit der Schule. Ich verließ das Institut und meine Schulkameradinnen ohne große Reue oder Trauer und machte mich bereit für eine neue Welt, in der ich zu Hause sein würde: die der Kunst.

Mein hochmotivierter Muttercoach klapperte mit mir gemeinsam alle infrage kommenden Schauspielschulen in München und Umgebung ab. Das war schnell getan, denn es gab vier, fünf Schulen, ernst zu nehmende nur zwei. Das war einmal die Otto-Falckenberg-Schule, die so ernsthaft war und ist, dass wir damals und heute wohl nicht zusammengepasst hätten.

Ich war eher Stones- als Tolstoi-Fan, eher Jerry-Lewis- als *Faust*-Liebhaberin (den man erst ab fünfzig wirklich verstehen lernt), und erst viel später begann ich die Weisheit Shakespeares, Goldonis und Dario Fos zu begreifen. Man ist recht dumm, wenn man jung ist. Und ich konnte mir damals selbst prima im Weg stehen, was Woody Allen für sich in seinem denkwürdigen Zitat bestätigte: »Das Einzige, das zwischen meinem Ziel und mir steht, bin ich selbst.«

Ich war faul, verspielt, leicht ablenkbar, genussorientiert, vergnügungssüchtig, unernst, unseriös, frivol, ohne Tabus, neugierig, mit starkem Hang zum Feiern inklusive übermäßigem Trinken. Kiffen fand ich doof, und Drogenerfahrungen mit Substanzen wie LSD beschränkten sich auf ein einziges spektakuläres, hochspirituelles, philosophisch nachhaltiges Erlebnis mit zwei meiner Cousins, das aber ausreichte, um es nicht wiederholen zu müssen.

Das waren also meine Voraussetzungen, um mit Schiller, Goethe, Lessing und Shakespeare konfrontiert und vertraut gemacht zu werden, sie zu lesen, zu ergründen, zu analysieren und darstellen zu wollen. Auf einer Musik- und Gesangsschule, einer Popakademie, wäre ich vermutlich besser aufgehoben gewesen, aber so was gab es damals ja nicht, Paul McCartney hat die erste erst viele Jahre später in Liverpool begründet.

Ich aber kam an die einzig richtige Schule mit der einzig richtigen Lehrerin: RUTH VON ZERBONI. Jurassic-Park ist ein Streichelzoo, das Ungeheuer von Loch Ness ein Seepferdchen im Vergleich zu meiner Lehrerin, des Teufels Großmutter eine harmlose Vogelscheuche und jeder Drache ein präpotenter Gecko neben dieser meiner bösen Königin, meiner wundervollen Mentorin und deren denkwürdig einzigartigem Temperament, ihrer feuerspeienden Dominanz, gegen die Bette Davis eine harmlose Mimikry-Mimin war. Diese Charaktergewalt traf nun nicht mehr auf ein kleines Mädchen, das sich vor den Ausbrüchen der Mutter und Großmutter fürchtete und gegen deren Bevormundung antrinken musste – stattdessen trat ihr ein widerspenstiges und teeniedoofes Partyluder entgegen, das nur Unsinn im Kopf hatte und keinen Hauch von Disziplin.

Ruth von Zerboni, eigentlich Zerboni di Sposetti – alter Adel aus dem ehemaligen Großherzogtum Posen mit italienischen Wurzeln –, kurz »RvZ« genannt, war damals ungefähr sechsundsechzig Jahre alt, einen Meter zweiundsechzig groß, hatte große meerblaue, wunderbar böse Augen und eine hell- bis weißblonde kinnlange klassische Pagenkopffrisur. Ihr Körper war birnenförmig, der Oberkörper zierlich und weiblich, nach unten hin verbreiterte er sich wie ein Rokokokleid. Im Vergleich zu meinen dünnen Beinchen stand sie auf ihren geradezu monströsen Schenkeln und Beinstempen wie ein Brückenpfeiler, ein Atlas, der die Weltkugel mühelos schultert. Und sie beherrschte diesen Körper wie ein Geiger sein Instrument: Er war zu jeder Tageszeit von den Haarspitzen bis zu den Zehen durchflutet mit ihrer wilden feurigen Widder-Energie, Frühlingskraft und natürlichen Autorität, die nicht mit sich spaßen ließ.

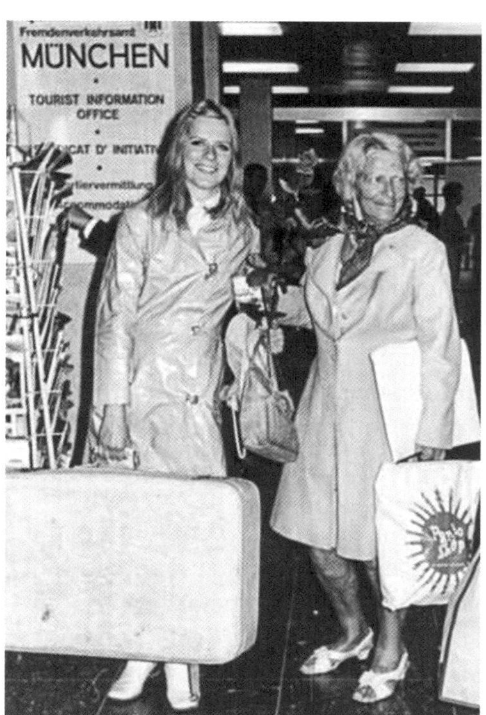

Lisa & Ruth von Zerboni am Flughafen München

Immer, wenn ich schauspiele, denke ich an die etwas antiquierte Standbein-Spielbein-Technik meiner alten unbezähmbaren Schauspiellehrerin, mit der sie uns in Atem hielt: »Wenn ihr's nicht fühlt, ihr werdet's nicht erjagen,/ Wenn es nicht aus der Seele dringt/Und mit urkräftigem Behagen/ Die Herzen aller Hörer zwingt!« *(Faust)* Ihr Schauspiel war griechisch-antik in seiner Dramatik, mit ausladenden Posen, Beinstellungen und großen Gesten, aber ich konnte das ohne Not in meine Zeit und deren Erfordernisse transferieren, zumal ich diese Dramatik als Gegengewicht zu meinem verklemmten Understatement gierig aufsog. Aufmüpfig wohl unter Gleichgesinnten und meinen Eltern gegenüber, ihren Zurechtweisungen und Mahnungen, an denen ich mich als Teenager rieb und sie als *voll hinter dem Mond* und total spießig empfand. Aber: Gegen eine feurige Autorität wie RvZ war ich ein Hühnchen, das naseweis vor einem Raubvogel herumgackert. Das fühlte ich, und deshalb hielt ich wohlweislich die Klappe.

In unserer Familie dominierte der dahingeworfene ironische Witz, die leichte Muse, der Esprit. RvZ dagegen war die Meisterin des klassischen Dramas. Ihre rubensartig auslaufende Gestalt hatte ihr selbst die große Karriere verbaut, weshalb sie sich im Alter von vierundvierzig Jahren zurückgezogen und die Schauspielschule eröffnet hatte – und hier war sie unschlagbar. Ihre Kritik, die viele Schülerinnen in Tränen ausbrechen und an sich und ihrem Weg (oft zu Recht) verzweifeln ließ, war so demütigend wie zielführend, vernichtend und unumstößlich, aber stets punktgenau und wahr. Und immer hatte ich das, was sie mir sagte, Sekunden zuvor, wenn auch schwammig und amateurhaft, aber genau so empfunden. Sie besetzte mich absichtlich gegen meinen gefühlten Typ mit der Schiller'schen Luise Millerin aus *Kabale und Liebe* (im Fokus des Dramas steht der Konflikt zwischen Bürgertum und Adel, bürgerlichem Standesstolz und adeligem Dünkel), weil sie die Luise von mir, in mir und mich als Luise sehen wollte, um bestimmte Emotionen bei mir hervorzukitzeln. Und wenn sie dann mitten in Luises Monolog, mitten im Satz »Du hast den Feuerbrand in mein junges, friedsames Herz geworfen, und er wird nimmer, nimmer gelöscht werden!!« ungeduldig aufsprang und zornig ausrief:

»Das ist schlecht, Lisa – ganz schlecht!!«, dann hatte ich fast zeitgleich gedacht: *Gott, was spiele ich da für eine Scheiße?!*

»Nun spiel doch mal ordentlich los, das ist ja nicht auszuhalten! Du kannst das viel besser!!«

Wir waren uns einig, ich liebte sie, ich betete sie an. Sie war genau das, was ich brauchte. Sie war die Fortsetzung meiner Mutter, die aufgegeben hatte, weil ich ihr zu unregierbar wurde. Ich zog in der Schauspielschule ein und übernahm den Job der *Haustochter*. Der Begriff kommt aus dem Schweizerischen und bedeutet so etwas wie ein Aupair, ein Edel-Hausmädchen, das sich stundenweise um den Haushalt und die Chefin kümmert. Ersteres war mir leichten Herzens möglich. Putzen hatte ich bereits als Ferientätigkeit mit großem Lob der jeweiligen Auftraggeber absolviert. Außerdem hatte ich darauf zu achten, dass alles im Haus in Ordnung war. Dafür durfte ich in einem großen Zimmer mit Gartenblick, Terrasse und Badbenutzung umsonst wohnen. Ich liebte das riesige alte Herrenhaus in Gauting, den wunderbar verwilderten, geheimnisumwitterten Garten mit seinen ausladenden Bäumen, das Innere der Villa, die vertäfelten, dunklen, kostbaren Holzwände, die antiken Möbel und roten Teppiche – eine veredelte Fortsetzung meines geliebten Hauses in der Elisenstraße.

Zur Arbeit gehörte neben dem Wischen und Bohnern der alten Parkettböden mit einer riesigen Bohnermaschine auch die Aufgabe, meiner Chefin – oder besser *Herrin* – das Frühstück zu bringen, wenn sie nicht in ihrer Privatwohnung in Pasing, sondern in den Gemächern im ersten Stock der Schauspielschule nächtigte oder vielmehr: *residierte*. Wenn sie aufgestanden war, drang ein langer, gellender Ruf mit geschulter Stimme durchs ganze Haus: »Liiiisaaaa!!« In Sekunden hatte ich oben bei ihr zu sein und nach ihren Wünschen zu fragen.

Ich fügte mich ihr gerne, denn sie stand wie eine Eins, sie war eine gute Führerin durch alle Dschungel des Selbstzweifels und jegliche Zukunftsängste. Sie gab nicht nach, sie knickte nicht ein, sie war nicht sauer oder beleidigt wie die Lehrer, wenn man faul war – nein, sie verpasste einem ein klassisches

Donnerwetter, wie ein junger Mensch es ab und zu braucht. Und sie gab mir vor allem nie die Schuld an etwaigen psychischen Talsohlen, wie meine Mutter es machte. Sie wusste, wo das Ziel war, wo vorne war – und da ging's lang, mit ihr als Kapitänin. Ich liebe theatralische, feurige, unterhaltsame Menschen, die Geschichten erzählen können, Menschen, die es verstehen, ihre Emotionen in unterhaltsamer Weise sichtbar zu machen – verschlossene, blutleere, verklemmte Langweiler öden mich an.

Die Schauspielschulzeit mit dem Studium der Literatur, Sprache, Kostümkunde und Schauspielkunst war die schönste, seligste und segensreichste Zeit meines Lebens. Meine Kunst- und Lebensempfindung wurden durch sie geprägt, auch wenn dies meine Kabarettprogramme vielleicht nicht immer vermitteln mögen.

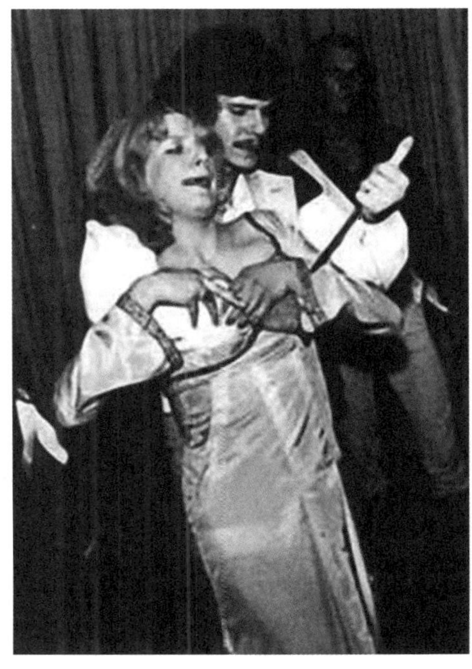

Nikolaus Tschopp & Lisa spielen »Claudine von Villa Bella«

Ich liebte die Theaterstücke und Gedichte des leidenschaftlichen Friedrich Schiller, die humorvollen, weisen Stücke eines William Shakespeare und die alchimistische und philosophische Vielschichtigkeit und Bildung des Lebemanns Johann Wolfgang von Goethe, mein Seelenverwandter, wie ich in jugendlicher Hybris fand – und eine Jungfrau im Sternbild wie ich. So gescheit war dieser Denker und Schriftsteller, und so steinalt war er mit seiner Schreiberei geworden. Wenn Denken und Schreiben so gesund alt werden lässt, dachte ich, dann möchte ich so einen Beruf auch.

RvZ stutzte allerdings meine Beatles- und Countrysong-Ambitionen als *oberflächlichen Unsinn* zurecht, verwies die musikalischen Aktivitäten meiner Eltern in den Bereich der ELTERN und verkündete, dass meine Begabung eindeutig beim ernsthaften Schauspiel liege. Sie erklärte mir, um Tiefe zu bekommen, müsse man auch in selbige gehen, viele Stücke lesen, sich mit Literatur befassen und eine fundierte Kenntnis dessen aneignen, was man vorhabe zu tun. Sonst bliebe man ein dummer Clown mit billigen Späßen.

Das erklärt meine Abneigung gegen die Pennälerwitze der Comedy-Chargen. Ich könnte kotzen, wenn ich das geistlose Geschwalle dieser Garderobenkomiker und Betriebsfeierclowns höre. Aber auch das bedeutungsschwangere seriöse Kammerschauspiel macht mich depressiv, es mangelt ihm an Humor, an Leichtigkeit, ich fühle mich dort ebenso wenig zu Hause wie bei den Kantinenwitzmaschinen der privaten Fernsehsender. Sie drücken den IQ der oft allzu anspruchslosen Zuschauer noch weiter nach unten, sie sind Massenverblödungswaffen. Gegen diese Proletenkomiker mit ihren *Dumm-dumm*-Geschossen, ihren hirnlosen Proll-Gag-Kalaschnikows sind Florian Silbereisen und Hansi Hinterseer geradezu charmante Feingeister.

Dass mich RvZ als ihre Begleiterin in ihren zeitweiligen Aufenthalt in die Tessiner Frühlingsblütenpracht nach Locarno mitnahm, war das Sahnehäubchen auf dem Eis. Wir residierten im ehrwürdigen Schlosshotel Locarno als gern gesehene Gäste der Hoteliersfamilie Helbling, wo RvZ mich eines Abends mit ihrem Nachdruck, dem zu entrinnen es keine Chance gab, dazu brachte – besser: freundlich nötigte –, meine Lieder und Eigenkompositionen alleine mit Gitarre vorzutragen (erstmalig ohne Mona-Uschi, mit höllischem Lampenfieber). Es waren nur einige Hotelgäste da und die freundliche Tessiner Familie Helbling, aber das spielt für eine Angsthäsin nicht die geringste Rolle.

Kurz vor dem drohenden Auftritt fand ich alles schlecht – meine Songtexte total albern und banal, meine Stimme (die gewohnt war, sich als zweite Stimme der ersten, nämlich Monas starker Stimme anzupassen – obwohl das eine höhere Musikalität erforderte, hielt ich es für unwesentlich) viel zu dünn und meinen Vortrag verklemmt. Mein Vater fiel mir just in diesem Moment ein, der sich mal zu dem bayerischen Kommentar verstiegen hatte: »Du stehst auf der Bühne wie a vollg'schiss'ner Strumpf!« Bohlen ist dagegen wohl ein feinfühliger Frauenversteher.

Das Vorsingen vor meinen Eltern fiel mir ein. Meine Mutter konnte immer Fragmentarisches erkennen und es loben, mein Vater verwarf einen Vortrag ad hoc, wenn er ihn nicht gut fand und sagte das auch, obwohl gerade er als Musiker hätte wissen müssen, wie das Schleifen am Text und das Üben einen Auftritt verbessern können. Mona hatte diese Probleme nie, ihr Selbstbewusstsein war größer, sie hinterfragte sich nie so stark. Sie war frecher und besser und lauter, dabei kam sie doch gar nicht aus einer Künstlerfamilie. Das war's! Vielleicht war mein Anspruch an mich zu hoch, die Vorbilder zu dominant? Verklemmtheit, Feigheit und Sperrigkeit überfielen mich also vor diesem kleinen Solo in Locarno wie wilde Tiere. Und bitte, liebe Leserinnen, versteht: Das hat rein gar nix damit

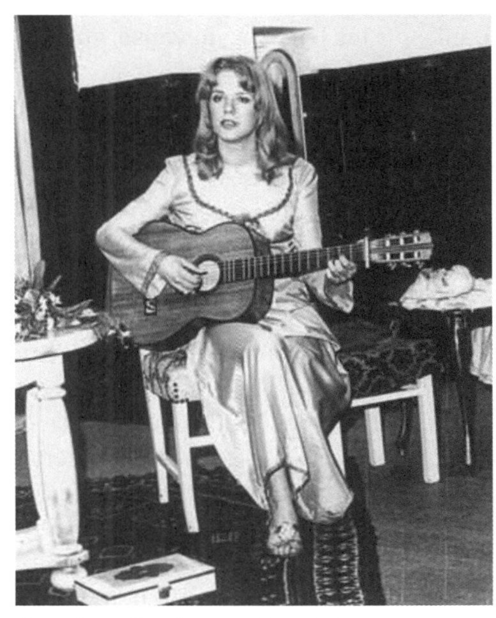

Lisa alias »Claudine von Villa Bella« singt selbstvertonte Goethe-Verse

zu tun, dass man gerne hemmungslos und angetrunken mit Männern ins Bett fällt, mitunter wilden Sex und viel Spaß dabei hat oder auch »gut im Bett« ist. Sexuelle Freizügigkeit befreit keineswegs von Lampenfieber. Kunst und Bühne erfordern eine immense Angstüberwindung.

Ein Solovortrag ist für einen Anfänger die reine Hölle, besonders, wenn das Publikum ein kleiner Kreis ist, der aus einigen Freunden oder Bekannten besteht, die zwei Meter vor einem sitzen. Schlimmer ist nur noch ein Auftritt vor Verwandten.

So, und nun trat der Fall X ein – und es lief gut: Das kleine illustre Publikum mochte mich, fand mich niedlich und applaudierte begeistert. Für die paar Leutchen eine nette charmante Abwechslung im Hotelalltag – für mich DAS EREIGNIS DER LETZTEN JAHRE, mein Comingout: Ich hatte mich getraut, alleine, solo, meine Lieder vorzutragen, auch wenn ich mich gefühlt hatte wie eine halbe Marionette ohne die Fäden der anderen Hälfte. Helau – Alaaf – Juhu!!! Mein persönlicher Durchbruch. Danke dir ins Jenseits, du weise, gute Ruth von Zerboni, du Supercoach! Und während ich das schreibe, wird mir nun erst klar, welch langer, langer Weg hinter mir liegt, bis ich zu der Lisa geworden bin, die ich jetzt bin.

Der Sohn des Hauses – wie ich damals knapp zwanzig, ein gerade zum Juniorchef erwachender Tessiner Beau mit unwiderstehlichem Charme und dem verführerischen Akzent der italienischen Schweiz – hieß Alex. Wir waren sofort unsterblich ineinander verliebt. Nachts schlichen wir über die Flure, um uns zu treffen und der strengen Aufsicht der Erwachsenen zu entkommen, denn volljährig war man damals erst mit einundzwanzig.

Die stürmische Romanze versprach eine rosige Zukunft, und vielleicht würde ich heute als Hoteliersgattin und Hobby-Diseuse im Tessin leben, wenn nicht beide Elternpaare ebenso wie RvZ es nach unserer Rückkehr nach Bayern vehement zu verhindern gewusst hätten, dass sowohl Alex' unzählige romantische Postkarten mit stürmischen Liebeserklärungen als auch meine Sehnsuchtsrufe nach ihm je ihr Ziel erreichten. Doch Romantik überdauert in seltenen kostbaren Fällen manchmal

die Jahrzehnte und besteht im Wandel der Zeiten:
Heute noch schreiben Alex und ich uns E-Mails und stehen uns in Notzeiten mit Zuspruch bei. Auf eine zarte virtuelle Art halten wir uns immer noch die Treue.

Ruth von Zerboni wünschte sich sehnlichst für mich, ich möge mich der tiefsinnigen und anspruchsvollen Kunst verschreiben und jegliche Oberflächlichkeit fahren lassen. Leider gelang ihr dies nicht zufriedenstellend, weil Tiefsinn und Oberflächlichkeit in dieser Lebensphase, im Alter von zwanzig Jahren, in mir unentwirrbar verschlungen waren.
Ich war gerade dabei, das Parkett zu bohnern. James Browns *Sexmashine* dröhnte durchs alte Schulhaus, die ehrwürdigen holzvertäfelten Wände im Treppenhaus wummerten, ich hatte ein buntes Kopftuch als Turban um die gewaschenen Haare gebunden, war alleine im Haus und sang laut zur Musik.

»Like a sexmashi-i-i-ne…hh!…hh! *uh! Yeah!*«

Da klingelte das Telefon.

Eine Filmproduktion war dran. Man suche Schauspielschülerinnen für ein Filmprojekt, hieß es. Man plane einen *Erziehungsfilm*, der den Eltern als Aufklärung und pädagogische Unterstützung dienen solle. Man wolle in diesen schwierigen Zeiten – 1971 – den Erziehungsberechtigten schildern, wie ihre Kinder, speziell ihre Töchter, wirklich fühlten und vor allem handelten – in Abwesenheit der Eltern. Schon damals log man wie gedruckt. Aber für einen Drehtag (nur einer sollte es sein) bot man 400 Mark. Das war eine hohe Summe für eine Schauspielschülerin, so viel wie heute etwa 4000 Euro für einen Tag. Der Film hieß *Der Schulmädchenreport*.

Ruth von Zerboni bekam davon nichts mit, leider – ich war ja alleine im Haus.

»Wissen Sie vielleicht, ob das jemand von der Schule machen könnte?«

»Ja, ich!«, sagte ich munter, heiß auf meinen ersten Drehtag. Man schilderte mir die Szene: Ich sollte in der Kabine einer Boutique Bikinis anprobieren und mich dafür ausziehen.

»Nö«, sagte ich, »das will ich nicht, mich ausziehen.«

»Sie können alternativ auch eine Szene mit dem Nachhilfelehrer spielen«, hieß es sofort (man gab sich sehr flexibel), »unter einem Baum, am See, im Bikini. Der Nachhilfelehrer wird zudringlich, und Sie sagen dann zu ihm: ›Nein, ich möchte das nicht.‹«

Meine Schauspiellehrerin hätte mich vor diesem Unsinn, der noch heute durch Internet und Medien geistert, sicher bewahrt. Aber ich nahm das Angebot an und ließ, da ich noch nicht volljährig war, meinen Vater unterschreiben – der fragte nicht so genau nach. Meiner Mutter sagte ich nichts – ihrem Adlerauge wäre nichts entgangen, sie hätte ein Veto eingelegt.

Ich dachte mir nicht viel dabei. Meine Figur war in Ordnung und die Moral in dieser Zeit liberalisiert. Dass während der Szene das Bikinioberteil verrutschen und die Brüste freigeben sollte, wurde mir erst während des Drehs der Szene mitgeteilt. Ich war in dieser Situation viel zu eingeschüchtert vom Regisseur und der Filmcrew, als dass ich gewagt hätte, mich dagegen zu wehren (und so schlimm fand ich es auch nicht). Ich war das einzige Mädchen im Film, das *Nein* sagte und den Sex verweigerte – immerhin. Meine Kolleginnen Gundi Ellert, Jutta Speidel und Konstantin Wecker hatten wesentlich Schärferes zu spielen und mögen heute nicht mehr so gerne dran erinnert werden. Mit Recht.

Fatal ist in dieser Branche, dass nichts verschwindet oder verloren geht. Sämtliche Jugendsünden werden wieder und wieder aus der Mottenkiste hervorgeholt und medial ausgebreitet. Du kannst keinen Fehler machen, ohne dass er dich jahrzehntelang verfolgt. Und in Zeiten des Internet hat sich das potenziert: Du wirst im Web mit deinen Fehlern verewigt.

Einen Sieg allerdings habe ich errungen. Im Internet wies der Ausschnitt aus dem *Schulmädchenreport* mit Lisa Fitz 274 000 Zugriffe auf, mehr als jede meiner Kabarettnummern. Er war harmlos, und man konnte da nicht viel Frivoles sehen, aber er schien die Neugier der User allein durch den Titel zu wecken. Und so blieb es weiterhin im Bewusstsein der Menschen, dass ich in diesem Film mitgewirkt hatte. Schließlich machte ich einen der Kanaleigner auf YouTube darauf aufmerksam, dass der damalige Filmvertrag keine Internetrechte beinhaltete. Wie auch? 1971 gab es noch kein Internet, das leuchtet jedem schnell ein. Jegliches Überprüfen konnte hier entfallen. Meine Agentur und ich erklärten, wenn es nicht zu einer gerichtlichen Auseinandersetzung kommen solle, möge bitte dieses Video sofort entfernt werden. Dies geschah.

Anders in meinem Wikipedia-Eintrag: Dort führe ich einen Dauerkampf mit Unbekannt. Immer wieder entferne ich den Eintrag *Schulmädchenreport* unter *Karrierebeginn*. (Ich war ja in der Ausbildung und eine Karriere noch nicht in Sicht.) Und immer wieder setzt ihn ein plumper Spaßvogel, der nicht zu greifen ist, wieder hinein. Was ihn daran so befriedigt, bleibt unklar.

Abgesehen von meinem unaustilgbaren Dialekt – es kursierte an der Schule der Satz: »Bevor die Lisa Hochdeutsch lernt, lernt die ganze Schule Bayerisch« – war RvZ mit meiner schauspielerischen Entwicklung im Großen und Ganzen zufrieden. Ich auch so weit.

Doch am Ende der Ausbildung verweigerte ich die Abschlussprüfung. Ich hatte keine Lust, mich von den nicht immer selbst unbedingt erfolgreichen Schauspielern, die oft in einer Prüfungskommission sitzen, in überheblicher, herablassender Weise bewerten zu lassen und mir vielleicht sogar anhören zu müssen:
»Leider sind Sie durchgefallen, junges Fräulein, aus Ihnen wird nie eine Schauspielerin!«, um dann mit einem lebenslangen Komplex rumlaufen zu müssen. Ich wusste, dass mich nie jemand nach einem Zeugnis fragen würde, also pfiff ich drauf und verließ die Schauspielschule ohne Zertifikat. Meine Eltern waren ja schon von meiner Gymnasialzeit Kummer gewohnt.

Was in mir blieb, war das eigentlich Wesentliche dieser Zeit, auch wenn es erst viel später Früchte trug: Die Klassiker und vor allem deren Kunst und Weisheit prägten mein Kunstverständnis und meine Lebensphilosophie, meine feurige Schauspiellehrerin und ihre Lehren, ihr Mut zu sich selbst und großen Emotionen wurden ein Teil von mir, ohne dass ich es zu jener Zeit bewusst erlebt hätte. Die Fähigkeit, mir Ausbrüche sowohl zu gestatten als sie auch künstlerisch darzustellen und bei Bedarf in jede Rolle schlüpfen zu können, ist ein wichtiges Instrument, auf der Bühne und privat. (Dieser Keim allerdings musste noch viele Jahre bis zur Blüte reifen.)

Ich hatte eine Ausbildung bekommen, die mir große innere Sicherheit gab und mich über die nächsten Jahrzehnte trug. Ich hatte (m)eine Kunst und meinen Beruf erlernt.

Die Bayerische Hitparade

»Ah, mei Tochter hab i ganz vergessen!« Mein Vater lachte. »Wart.«

Er holte eine Schallplatte aus seinem Büro nebenan, kehrte zur rustikalen Sitzecke zurück und legte die Platte auf den Tisch.

Mein Vater war nun seit einigen Jahren Monas und mein Manager, mit professionellem Vertrag und allen nötigen Paragrafen. An eine Solokarriere von mir hatte er dabei gar nicht gedacht. In seiner Sicht waren wir so was wie seine Geschöpfe, er genoss das Managersein. Unter seiner Ägide und mithilfe seiner langjährigen Erfahrung navigierte er uns sicher in die stürmische See des Showgeschäfts und schloss unsere Auftritte für uns ab.

»Die Lisa ist grad mit der Schauspielschule fertig – und die Single haben wir mit unserer Produktionsfirma aufgenommen, den Titel find ich recht originell: ›I bin blöd!‹«

»Wer? Du?«

»Nein, so heißt das Lied!«

»Ja, so was … ha, ha – aber die Lisa ist nicht blöd, oder?«

»Ah wo, die ist recht g'scheit. Nur in der Schul war's zu faul. Das Lied ist eine Persiflage auf Besserwisser und Gschaftlhuber.«

»Wer hat des geschrieben?«

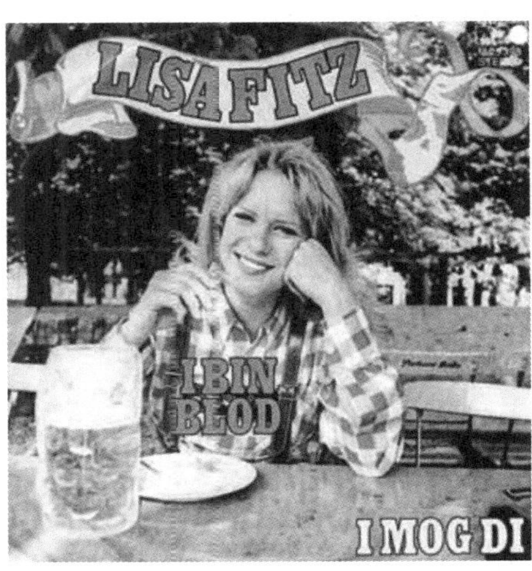

Lisas erste Single »I bin blöd« & »I mog di«

»Sie selber. Das ist halt selbstironisch gemeint ...«

»Ja, die Fitzens, gell. Der Humor vererbt sich halt doch. Und wer ist der Komponist?«

»Auch die Lisa«, sagte mein Vater und schaute ein bisschen stolz. »Die zwei Mädels singen ja zusammen, die Lisa und ihre Freundin, als Duo Mona & Lisa. Und ich manage die beiden!«

»Schreibt die Mona auch Songs?«

»Ja, auch in Englisch und Französisch.«

»Aha. So, so. Weißt, wir bräuchten beim BR da jemand, der für die Ruth Kappelsberger einspringt.«

»Warum, ist die Ruth krank?«

»Nein, aber altersmäßig a bissel über die Grenze raus, die wir gern hätten. Mir ham uns ein junges Mädel vorgestellt. Aber bis jetzt haben wir keine gefunden, die natürlich, frisch und bayerisch ist. Kann die Lisa des ...? Die ist doch aus dem Fitz-Clan, da wird's doch moderieren können, oder?«

»Ich weiß net ... frag ma's halt. Moment, i hol's her.

Lisaaa! Komm amal rüber. Schau, das ist der Franz Pavlicek vom Bayerischen Rundfunk, also vom Fernsehen.«

Ich hatte seinen Ruf vernommen und tigerte ins Wohnzimmer.

»Grüß Gott, Herr Pavlicek.«

Der freundlich dreinschauende Mann, kaum einen Meter fünfundsechzig groß, mit dunklem Haarschopf, musterte mich interessiert durch seine dicke Brille.

»Grüß dich, Lisa – ja, ein fesches Madl bist du worn, sauber, sag i – und schon so groß. Wie alt bist du denn?«

»Einundzwanzig werd ich im September.«

»Weißt, der Herr Pavlicek sucht wen, der moderiert, für eine bayerische Musiksendung«, sagte mein Vater.

»Aha.« Ich stand neben mir.

»Sag amal, Lisa ... tätst du dich trauen zu moderieren?«, fragte Franz Pavlicek.

»Moderieren? Ich?? Keine Ahnung, ob ich des kann.« Mir war mulmig zumute.

»Ah freili«, meinte mein Vater. »Des kannst du schon. Des machst einfach!«

Und dann handelten die beiden Herren den Vertrag für mich aus, der mich als Moderatorin der *Bayerischen Hitparade* als Senkrechtstarterin zuerst in den bayerischen und dann in den bundesdeutschen Fernsehhimmel katapultieren sollte.

Eigentlich war es ein Klassiker, das berühmte große Los: Ein TV-Produzent fragt ein junges Mädchen, ob es eine große Sendung moderieren will … Nur dass es in diesem Fall ein Umfeld des Grauens war, mit dem ich nichts am Hut hatte. Aber ich kam frisch von der Schauspielschule und sah dieses TV-Angebot wie eine erste Rolle – eine von vielen, die sicher noch kommen würden –, es schien mir Testfeld und Herausforderung, aber eben ein Angebot, eine Aufgabe, von der mein Vater der Meinung war, dass ich sie schaffen könne.

Mit diesem väterlichen Vertrauen im Rücken traut man sich als Künstlerküken mutiger in den rauen Wind des Showgeschäfts hinein. Mein Vater hatte mich sicher durch alle Anfangsstürme geleitet, und nun öffnete sich vor mir das Tor zur Haifischbranche weit, ganz weit.

Die *Bayerische Hitparade* war eine volkstümliche Sendung mit Jodlern, Trachten, Kuhglocken und Volkssängern, das hundertprozentige Klischee des bayerischen Frohsinns – und mit mir als Moderatorin schlug sie ein wie der Blitz. Ähnlich wie heute die *Lustigen Musikanten* oder die *Hansi-Hinterseer-Shows* brach sie damals alle Zuschauerrekorde mit bis zu sagenhaften siebzig Prozent Einschaltquote.

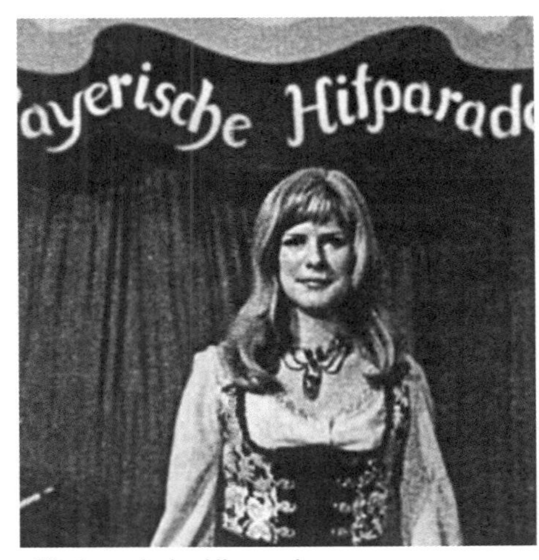

»Die bayerische Hitparade« – mit 70 Prozent Einschaltquote (1972)

Gut, in den Siebzigern gab es bei weitem nicht so viele TV-Sender wie heute, aber der BR, das Bayerische Fernsehen, war in heller Aufruhr. Sogar die Wochenzeitschrift *Die Zeit* druckte einen ganzseitigen Artikel über das Phänomen Lisa Fitz und titelte sinngemäß: *Das Erfolgsgeheimnis der Bayerischen Hitparade* (das war ich). BR-Produzent Pavlicek stürmte nach der ersten Ausstrahlung aufgeregt in unser Kraillinger Haus: »Mädl, du hast eine Resonanz, das ist schier unglaublich! Gigantisch! Wir kriegen waschkörbeweise Fanpost in die Redaktion, *waschkörbeweise!!* Mädl, Mädl, ich glaub, du weißt gar nicht, was das bedeutet ... Du hast einen riesigen Erfolg!!«

Der kleine Franz Pavlicek sah mich aufgeregt durch seine dicke Brille an. Er hatte Recht, ich konnte diese »Bedeutung« nicht nachvollziehen. Ich fand das alles eher seltsam. Hätte man das Wort »cool« in der Jugendsprache damals schon gekannt, es wäre dies genau meine Gemütsverfassung gewesen. Ich verstand das Aufhebens um meine Person nicht, und es bedeutete mir auch nicht so viel, als dass ich emotional in die Begeisterung der anderen hätte einsteigen können. Ich sah das Theater als übertrieben an, und die Sendung fand ich insgeheim bescheuert. Ohne Bier konnte ich die geforderte Fröhlichkeit bei den Aufzeichnungen nicht erzeugen, mit der ich die Volksmusikanten ansagen sollte, die mir musikalisch und inhaltlich auf den Keks gingen. Aber auszusteigen traute ich mich auch

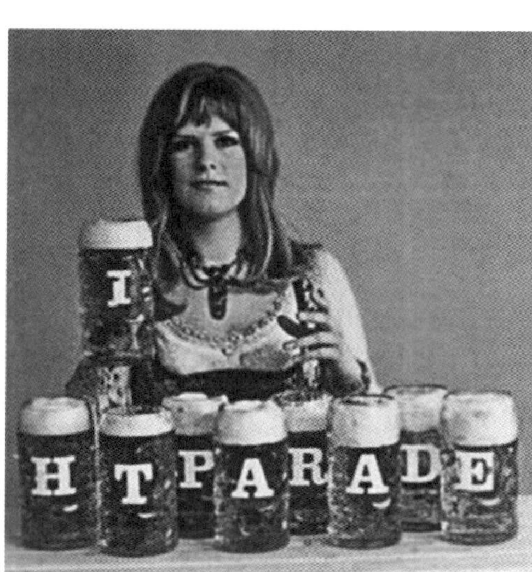

Mit Bier geht alles ...

nicht. Wir hatten ja gerade erst ein paar Sendungen gemacht. Ich verachtete das Genre innerlich als geistlos; daran hat sich bis heute nichts geändert. Nur, dass ich heute zugeben muss, dass unter den Volksmusikanten die nettesten, höflichsten, freundlichsten und fröhlichsten Menschen der Branche und einige meiner guten Freunde zu finden sind. Vielleicht bewirkt das die leichte Musik mit den Lyrics vom blauen Himmel, den grünen Wiesen und sauberen Seen und Bacherl und Brückerl und Herzerl, die immer zueinanderfinden? Selten benehmen sich Volksmusikanten und Volksliederinterpreten so eingebildet wie mancher Kabarettkollege, so dünkelhaft wie viele Schauspieler oder egomanisch selbstverliebt wie die Comedians.

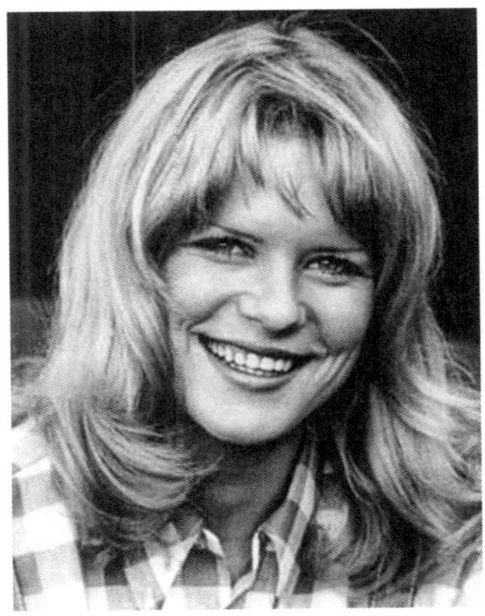

Das fröhliche Zugpferd einer volkstümlichen Sendung

So, nun war ich also bekannt.

In jeder Sendung durfte ich eines meiner Lieder singen – »I bin blöd«, »I mag di«, »Wer ko, der ko«. Mein Vater produzierte die erste LP mit mir und gemeinsam schrieben wir weitere Songs – »Der Kaugummi«, »I sag's, wie's is«, »Wia a Lawina«, »Das Kamel«. Noch heute gibt es Liebhaber dieser alten humorigen Songs, die fragen, wo man CDs oder die Texte bekommt. Einige der Stücke nehme ich zuweilen auch jetzt noch ins Programm zur Erheiterung der Zuschauer bei speziellen Gelegenheiten. Meines Vaters skurriler Humor, die Ähnlichkeit seiner Lieder und Gedichte mit denen von Eugen Roth oder Christian Morgenstern mischte sich aufs Allerbeste mit dem meinen, und ich konnte seine Texte gut interpretieren.

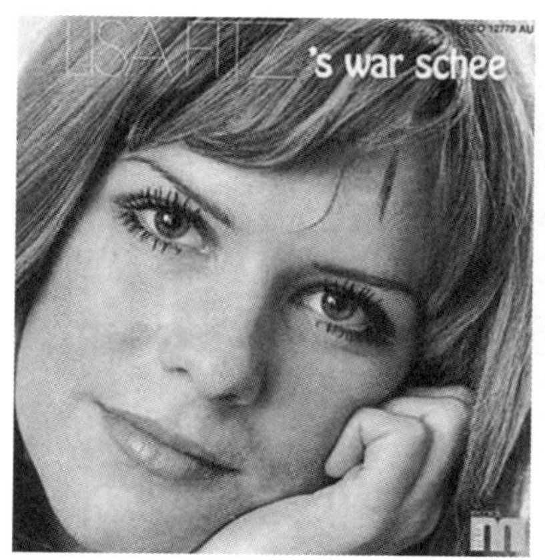

Noch eine Single, »'s war schee«

Es hätte dieser Weg ein gemachtes Flussbett bleiben können, »a gmahte Wiesn«, eine *gemähte Wiese*, ein bestelltes Feld. Ich hätte leichten Fußes und fröhlichen Herzens und mit prallem Säckel in die Fußstapfen von Caroline Reiber oder Maria Hellwig treten können und wäre wie Marianne & Michael, Andy Borg oder Hansi Hinterseer über dreißig Jahre dabeigeblieben, und meine Fans wären begeistert und treu mit mir gealtert. Ich besäße Häuser auf Mallorca und in Florida, und bei gutem Wirtschaften und weiterem Kastrieren meiner Songtexte hin zum Mainstream-Gusto wäre nach kurzer Zeit die erste Million auf dem Konto gewesen. Man erkannte mich auf der Straße, im Supermarkt sprachen mich die Kunden an, alle wollten Autogramme. Ich war so was wie eine Kombi aus einer jungen Carmen Nebel und einer gehobenen Katzenberger der Seventies. Man kann damit zufrieden und glücklich leben.

Aber mein Charakter wies und weist bedauerlicherweise keine Massenkompatibilität auf. Ich empfand sowohl die Sendung als auch die Zuschauer dieser Sendung als unterbelichtet. Rex Gildo und Roy Black soll es ähnlich gegangen sein. Sie gingen den Weg des geringsten Widerstandes und zerbrachen an ihrer künstlerischen Schizophrenie. Roy Black schaffte es nicht, als Sänger seine geliebte Rockmusik durchzusetzen, Rex Gildo verachtete die Songs, die er sang. (Er gestand mir das bei einer Gala.)

Wenn der Riss zwischen Image und Privatperson zu groß wird, stürzt das Gemüt in diesen Spalt und verreckt in Alkohol oder Depressionen.

Peter Maffay dagegen schaffte es, er legte mit »Du« einen Topseller hin, einen Megahit, und hatte den Mut, danach Songs gegen die Erwartung des Publikums zu produzieren, rockigere Popmusik mit Texten, die ihm entsprachen. Er ging seinen Weg gegen alle Widerstände und Verführungen – und seine Fans zogen mit. Man muss gegen den Strom zu den Quellen seiner Persönlichkeit schwimmen, oder die Wasser reißen einen fort wie ein kleines Kanu auf dem Amazonas ...

Ich fühlte mich in der *Bayerischen Hitparade* zunehmend unwohl, wie in einem eisernen Korsett, einer Rüstung, in die man mich gezwängt hatte. Meine Emotionen konnte ich mit Bier ruhigstellen, aber mein Intellekt rebellierte, und meine Seele wurde fiebrig in diesem Umfeld. Ich verstand jedoch nicht ganz, warum ich mich so unglücklich fühlte. »Woher soll ein Vogel wissen, dass er fliegen kann, wenn er nur mit Mäus' zamm kommt?«, lässt Franz Xaver Kroetz die Ehefrau Martha im Film *Das Nest* zu ihrem Mann sagen, der nicht an sich glaubt. Ich fühlte, dass die Jodler nicht meine künstlerische Heimat sein konnten, aber ich hatte auch keine wirkliche Alternative und mit Anfang zwanzig keine Ahnung, wohin die kreative Reise die folgenden Jahre gehen sollte. Ich ließ mir die Haare kurz schneiden, sabotierte meine Putzigkeit und unterwanderte meine Gefälligkeit so lange, bis alle unzufrieden wurden und ich irgendwann den Absprung schaffte, ohne dass es allzu viel Protest gab. *Good bye Hitparade.*

Danach folgten Jahre der künstlerischen Orientierungslosigkeit. Ich trat in Bierzelten auf, bei Firmengalas von Siemens und IBM und bekam für einen Auftritt so viel Geld, dass ich in meinem kleinen Häuschen in Oberpfaffenhofen am Wesslinger See, in das ich inzwischen gezogen war, einen Monat sehr gut davon leben konnte. Aber ein Auftritt pro Monat fördert nicht die Bühnenpräsenz und die Professionalität. Ich hatte mich nach fast fünf Jahren von meinem Freund, sogar Verlobten (!), getrennt, dem vitalen, lebensfreudigen Schweizer Nikolaus Tschopp, der mit mir auf der Schauspielschule gewesen war und aussah wie ein junger Charles Bronson. Dieser Umstand

wie auch seine Eigenwilligkeit gegenüber Regisseuren sabotierte seine Karriere als TV-Star und Bühnenschauspieler, und mein plötzlicher Ruhm bekam uns wohl beiden nicht. Vielleicht habe ich ihn durch meine Popularität verloren. Er vertrug das nicht gut, und mir wurde die Beziehung zu eng. Aus für uns beide, Liebe im Abseits. Ich saß dann in dieser Zeit viel zu oft mit mehreren Bierflaschen in meinem Häuschen, verschleppte (zeitgemäß und im Trend liegend) hübsche und verluderte Männer, darunter ebenfalls viel Flaschen, und machte Schreibübungen in Form von Tagebuch und Songfragmenten. Irgendwie ging nix weiter. Plötzlicher großer Ruhm kann einen Menschen unter Umständen auch zerstören.
»Lieber fünf Leute in einer Kleinkunstbühne als noch weiter diesen Scheiß!«, sagte ich eines Tages zu meinem Vater, der das nicht verstehen konnte.

Lieber fünf Leute in einer Kleinkunstbühne als noch weiter diesen Scheiß!
Das war einer der Kernsätze in meinem Leben, die eine der großen Wenden einleiteten.

»Wir wären nach dem Krieg froh gewesen, wenn wir so viel verdient hätten!«, hielt mein Vater mir entgegen, verständnislos den Kopf schüttelnd über meinen vermeintlichen Hochmut.

Ein Schlüsselerlebnis brachte den Schlusspunkt. Es war Oktoberfestzeit. Mein Vater war ein begeisterter Wies'ngänger, ich damals auch noch. Etwas angeschickert saßen wir mit Familie und Freunden im riesigen Bierzelt. Auf einmal dröhnte die Stimme des Dirigenten der Blaskapelle durchs Mikro, und ich hörte ihn laut ins Zelt zu den annähernd 5000 (größtenteils betrunkenen) Menschen rufen: »Verehrtes Publikum, mir hamma heute einen ganz berühmten Gast unter uns. Unsere LISA FITZ is da unten, da vorn sitz's! Griaß de, Lisa!! Und mir freuen uns ganz narrisch!« *Tätää!* Tusch!

Ach du Schande ... wieso ausgerechnet ich?? Ist kein andrer Promi da? Lasst mich doch in Ruhe auf die Wies'n gehen und mein Bier trinken!

»Lisa, jetzt kommst rauf zu uns und dirigierst uns ein Liedl, ha?« Tusch – *tätäää, tätäää, tätäää!*

My personal nightmare. Am liebsten wäre ich unter den Tisch gekrochen. Noch heute will ich mich nicht ans Angestarrtwerden gewöhnen, als wäre ich eine grüne Kuh oder Knut und Flocke in Personalunion. Ich dirigierte misslaunig, mit eingefrorenem Grinsen die Oktoberfestband und dachte während der vier höllischen Minuten ständig: *Lieber Gott, lass es aufhören, lass mich bitte aus dieser Bier- und Deppenhölle entkommen – für alle Zeiten!*

Ich werde nie den verletzten Blick meines Vaters vergessen, mit dem er mich ansah, als ich ihm mit achtundzwanzig eröffnete, dass ich mich von ihm als meinem Manager und Produzenten trennen möchte. Ich brauchte mehr als eine Flasche Rotwein, bis ich den Mut fand, mit diesem Ansinnen unter seine Augen zu treten. Mein Vater schaute mich mit seinen guten tiefbraunen Augen an wie ein waidwunder Rehbock. Er hatte gedacht, er und ich, wir zwei würden künstlerisch zusammengehören, für immer, und noch jahrelang so weiterarbeiten. Das sagte mir meine Mutter später im Vertrauen. Unsere nächtelangen Diskussionen, die meinen Geist so schärften, die vielen Jahre des Unterrichts und der Unterstützung, unsere philosophischen Gespräche bis nachts um vier Uhr, die hundert gemeinsamen Abende mit Musikern und Produzenten … *Vergangenheit.*

Er verstand nicht, dass ich diesen bisher so erfolgreichen und weiterhin viel Erfolg versprechenden Weg nicht gehen wollte.

Das Kapitel *Bayerische Hitparade* und die Volkstümlichkeit waren damit beendet.

Franz Josef Strauß

Das Telefon klingelte schrill und schreckte mich aus meinem bierdumpfen Schlaf. Am Vortag hatte ich gelumpt, und es war spät geworden. Ich sah auf die Uhr: kurz nach acht. Mein Kopf tat weh. Verkatert fragte ich mich, welcher Idiot mich um diese Zeit anrief. Auf meiner Privatnummer! Die kannten nur die Familie und engste Freunde, und die riefen mich nicht so früh morgens an. Vielleicht war was passiert? Ich saß zersaust und orientierungslos im Bett, halb aufgerichtet, den Hörer am Ohr.

»Ja bitte?« Meine Stimme klang wie ein Reibeisen.

»Ist da die Lisa ... die Fitz?«

»Ja. Wer ist denn dran, bitte?«

»Der Strauß.«

»Welcher Strauß?«, fragte ich patzig. »Ich kenn keinen Strauß!«

»Ja, der Franz.«

Mir fiel nur der »Tango-Franz« ein, aus dem gleichnamigen Song, den mein Vater für mich geschrieben hatte.

»Der Franz Josef!«

Ich hatte immer noch keinen blassen Schimmer und stand begriffsstutzig auf der Leitung.

»Welcher Franz Josef??«

Die tiefe bayerische Stimme war mir vage vertraut, aber sie gehörte keinem Bekannten oder Verwandten und wirkte so nah an meinem Ohr irgendwie fehl am Platz. Und im gleichen Moment wusste ich, welcher Franz Josef das war.

Und da dröhnte auch schon die Antwort aus dem Hörer: »Ja, der Franz Josef Strauß!!«

Stille. Pause.

Ich saß schlagartig hellwach und aufrecht wie eine Kerze im Bett.

»Was?!? Aber ... wieso ... ich meine ... äh ... warum ... äh«

Mir fehlten alle Worte.

Er half mir heraus aus meiner Not: »Ihr Vater hat mir Ihre Schallplatte geschickt mit einer netten Widmung von Ihnen drauf. Er hat mir auch Ihre Telefonnummer gegeben, weil ich ihn gefragt habe, ob ich Sie zum Essen einladen darf. Und dann hat er gesagt: ›Da müssen Sie sie schon selber fragen, die Lisa.‹ Und das tu ich hiermit. Wollen Sie mit mir zum Essen gehen?«

»Ah so, ah ja, ach genau, stimmt ... ja freilich, ich weiß schon.«

Nun fiel mir alles ein.

Zusammen mit seinem Bruder Gerd Fitz als Dietrich-Genscher-Parodist war mein Vater der bekannteste Strauß-Imitator beim berühmten Politiker-Derblecken am Nockherberg, mit großem Erfolg beim Publikum. Wenn er aus der Maske kam und die Kostümbildnerin seinen Bauch ausstopft hatte, sah er aus wie der bayerische Ministerpräsident. Nicht so aufgedunsen, aber vom Typ her verblüffend ähnlich. Den Rest schaffte die Maskenbildnerin. Natürlich hatte ihm das eine lose freundschaftliche Beziehung zu FJS beschert, auf die mein Vater stolz war.

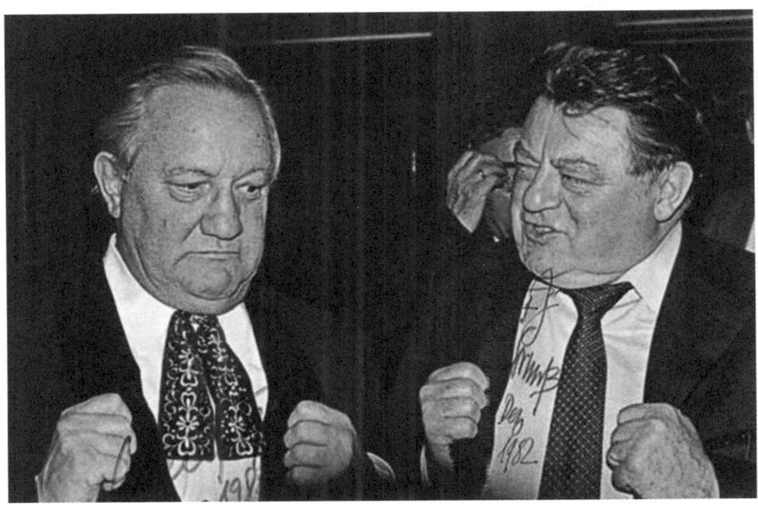

Walter Fitz übt Franz Josef Strauß

Meine gesamte Kernfamilie bestand aus CSU-Wählern, ich habe bis heute ein CSU-Trauma. Erst mit Ende zwanzig fand ich zu beständigen eigenen Sichtweisen und Einstellungen. Als ich mit einundzwanzig das erste Mal wählen durfte, kam unser Nachbar S., der damalige Bürgermeister von Krailling und bester Freund meines Vaters, zu einem Bier rüber, nahm mich ins Gebet und sagte: »Gell, Lisa, i bin doch a guter Bürgermeister, oder? Bist einverstanden? Genau, und deswegen wählst du mi, des is ja klar, oder?« Klar, Helmut. Und ich Greenhorn ohne politisches Bewusstsein setzte Familie und deren Freunde vor die eigene Meinung, die zu diesem Zeitpunkt ja auch noch gar nicht vorhanden war.

Mein Vater hatte mir vor kurzem meine erste, von ihm produzierte Langspielplatte mit dem Titel *I mag di* auf den Küchentisch gelegt und gesagt: »Die schenk ich morgen dem Franz Josef Strauß – und da schreibst jetzt was für ihn drauf!«

»Aber ich kenn den Strauß doch gar net!«

»Des ist doch wurscht, schreibst halt irgendwas Nettes … *mit herzlichen Grüßen* oder so.«

Ich war Mitte zwanzig und kein Strauß-Fan, wollte aber meinen Vater nicht enttäuschen. Also schrieb ich direkt unter den Titel *I mag di* – »… net immer, aber oft«.

Ich dachte, das sei der beste Kompromiss, ohne meine Einstellung verraten zu müssen. Dass diese Formulierung unter Umständen falsch interpretiert werden könnte, darauf kam ich beim Schreiben nicht. Bene.

Nun also hatte ich den Landesvater am Telefon und saß halb bekleidet und quasi neben mir in meinem Bett, verkatert. Was tun? Ich konnte so einem mächtigen Mann doch keine Abfuhr erteilen und sagen: »Naa, des mag i net.« Außerdem hatte ich Lust dazu. Eine persönliche Einladung zu einem privaten Essen mit Franz Josef Strauß! Das wollte ich mir nicht entgehen lassen. Und er hatte nicht seine Sekretärin anrufen lassen oder so, er hatte sich höchstselbst ans Telefon bemüht. Für mich! Sakrament!

»Ähm, ja also, äh, danke. Also, ich bin jetzt etwas überrascht …«

»Des macht nix. Also wann? Am Mittwoch?«

»Ja, Mittwoch geht – halt, Moment, ich muss erst nachschauen … ja, geht. Und wo?«

»Um einundzwanzig Uhr in der Osteria Romana in Schwabing!«

»Okay. Also dann … äh …«

Wie verabschiedet man einen Spitzenpolitiker? *Pfiad Eana, Herr Strauß?*

»Freut mich, bis dann, Wiederschaun!«, sagte er knapp und legte auf.

Es waren die Siebzigerjahre. Unser erotischer Leitsatz hieß: »Wer zweimal mit demselben pennt, gehört schon zum Establishment.« Das galt für Frauen wie Männer, und ich lebte das voll aus. Ich war ein flippiges Mädchen meiner Zeit und hatte alles, was nicht bei drei auf dem Baum war, wie man so schön sagt, flachgelegt, respektive mich auch (gerne!) flachlegen lassen – aber ein bayerischer Ministerpräsident, der mich persönlich um acht Uhr in der Früh zum Essen einlädt, war mir bislang nicht untergekommen. Ich saß verdattert im Bett und glotzte schlaftrunken und ratlos vor mich hin.

Die Osteria Romana war Franz Josef Strauß' Stammlokal, dort kannte man ihn und reservierte ihm eine durch zwei dunkle Sperrholzwände geschützte Ecke, die nicht so einsehbar war wie die restlichen Sitzgruppen. Ein kleiner quadratischer Tisch mit vier Stühlen. Wir waren zu viert – er, ich und ein von ihm als »Exfaschingsprinz« vorgestellter Mann mittleren Alters mit einer Freundin – ein schräges Quartett. Wir gaben die Bestellung auf, das Essen wurde schnell gebracht. FJS schaufelte die Nudeln in sich hinein, würdigte mich kaum eines Blickes und beteiligte sich so gut wie nicht am Tischgespräch. Wir mühten uns redlich ab angesichts der Spannung, die ein Kaliber wie Strauß als Beisitzer erzeugt.

Der Faschingsprinz war wohl als Pausenkasper geladen, er erzählte Anekdoten und Witze und versuchte, Frohsinn zu verbreiten. Vielleicht war er ein persönlicher Freund von FJS, aber er wirkte nicht so. Das Gespräch verlief gestelzt und wenig inhaltsreich, ein etwas mühsamer Small Talk, was man halt so redet beim Essen, damit es nicht still bleibt. Ich fragte mich, was ich da verloren hatte.

Auf einmal, wir hatten den Hauptgang gerade hinter uns, spürte ich unter dem Tisch einen Druck an meinem Bein. Ich sah hinab und dachte: Mensch, wer ist denn da so tölpelig?

Es war das Knie vom Strauß.

Mir schoss das Adrenalin in die Adern. Vielleicht hat er mich mit dem Tischbein verwechselt, dachte ich noch und wollte schon was sagen, da ließ der Druck nach und kam nach einigen Sekunden wieder, etwas stärker – er drückte sein Knie unter der Tischdecke an meines ohne irgendeine Vorwarnung.

So sieht also der Flirt eines bayerischen Ministerpräsidenten aus, dachte ich. Das Knie zog sich zurück. Auf einmal standen alle drei auf und teilten mir mit, wir würden jetzt noch woanders hingehen, ich hatte nicht genau zugehört: Sagten sie »zum Faschingsprinzen«? Wie auch immer, es war gegen Viertel nach zehn, wir hatten schnell gegessen, ich konnte mich unmöglich jetzt schon verabschieden und gehen, das wäre extrem unhöflich gewesen. *Danke fürs Essen und Tschüs.* Geht nicht. *Mitgefangen, mitgehangen* – und neugierig war ich auch. Nach einer weiteren halben Stunde fand ich mich in einer fremden Wohnung wieder, die nicht sehr bewohnt wirkte. Sie war großräumig und schien gehoben, wohl auch teuer, aber unbelebt, selten aufgesucht – so was wie eine *private Absteige*, schoss es mir mit dem Adrenalin durch den Kopf.

Die fröhliche Dame um die vierzig, die mit uns war, entschuldigte sich kurz – ihr sei so *wahnsinnig* heiß, sie müsse was anderes anziehen – und verschwand. Ich holte mir die Erlaubnis, mich umsehen zu dürfen und stieg über eine Art Nobel-Leiter in einen abgetrennten Bereich hoch, der aus einem riesigen Bett bestand, fast alles war da oben *Bett*. Ich stieg wieder hinunter. Mir war mulmig. Was lief hier ab – und vor allem, was war geplant? Ein flotter Vierer? Wir saßen auf der Sitzgruppe in den tiefen Sesseln, FJS hatte sich auf der Zweiercouch niedergelassen.

»Jetzt komm amal her da zu mir, ha, Lisa?«

Er duzte mich seit geraumer Weile, und ich dachte, na gut, kannst du haben, Franz Josef. Ich hob mein Glas und sagte:

»Also, wenn Sie mich jetzt immer so duzen, dann sag ich auch du, oder?«

»Ja, freili. Komm rüber zu mir, na trink ma Bruderschaft!«

Ich setzte mich zu ihm auf die Couch. Ein seltsames Gefühl ergriff von mir Besitz. Hier saß ich nun, neben diesem mächtigen, voluminösen und dubiosen Mann, der so gescheit war und Politpoker spielte, auch international, und Geschichte geschrieben hatte.

Ein Mann muss nicht schön sein, um sexuelle Ausstrahlung zu haben. Und die hatte FJS. Er dampfte wie ein Stier in der Brunft, es war kaum möglich, sich dagegen zu wehren. Auf mich hat Macht keine erotisierende Wirkung, das hatte sie noch nie, aber vielleicht haben die Mächtigen etwas an sich, das sie an die Spitze führt und das eben auch strahlt, eine Aura, ein Charisma, das körperlich spürbar ist. Er gefiel mir als Mann überhaupt nicht, wie auch – er war so dick und nicht schön.

Aber er war auch blitzgescheit und gerissen und gebildet, ein alter, böser, faszinierender Wolf, der alle – alle! – Tricks kannte, und seine Männlichkeit brodelte wie durch ein Pheromonüberdruckventil aus ihm heraus in den Raum und vernebelte mir das Hirn.

Er drückte mir den feuchten Duz-Kuss mitten auf den Mund. Unsere Dame war nun wieder erschienen in einer Art Negligé, einem hellblauen Schleiergewand, mit dem sie kokettierend herumwedelte.

»Hach, jetzt ist es schon besser …«, flötete sie und ließ sich aufreizend in den großen Sessel fallen.

Mir gingen die ganzen Geschichten über Politiker durch den Kopf, was man über sie hinter vorgehaltener Hand flüsterte … dass sie auf Reisen in ihren eigenen Zugabteilen (und Sonderzügen) reihenweise diverse Damen kommen ließen, die ihnen willig waren, bezahlt oder freiwillig, für ihre Vergnügungen. *Mann o Mann,* dachte ich, und Panik ergriff mich, wie komm ich nur hier wieder raus? In meinem Kopf ging alles durcheinander. Wenn ich jetzt eine Nummer mit ihm schöbe (oder mit allen dreien wechselweise?), würde ich dann Franz Josefs Liebchen werden, zöge ich dann vielleicht das große Los, bekäme ich Einblick in die Politik? Dann müsste ich aber noch öfter herhalten und »Augen zu und durch« spielen, ein rein taktisches Vögeln mit einem Machtmenschen, um hinter die Macht zu blicken …

Meine Überlegungen waren müßig, reine Gedankenspiele, denn es war mir gar nicht möglich. Ich war a) nicht so korrumpierbar, b) zu stolz und c) ging's nicht. Ich hätte mich dazu nicht überwinden können, Charisma hin oder her. Also musste ich raus, und zwar sofort. Die zweite Schampusflasche wurde geköpft. Aber *wie* um Gottes Willen, wie nur? Es musste irgendeine Ausrede her. Aber welche, nachts um halb zwölf? Es musste was sein, was man nicht vom Tisch fegen oder wegreden konnte, wo man auch nicht anrufen und absagen konnte … Es könnte mir schlecht werden. Nein! *Dann schlagen sie vor: Leg dich doch oben ein bisschen hin …* Kreislaufkollaps? Quatsch, so bin ich nicht.

»Ich muss jetzt dann leider gehen«, sagte ich und setzte mein harmlosestes Gesicht auf, das mir unter den Umständen möglich war.

Die drei sahen mich verdutzt an.

»Wieso?«, fragte mein neuer Duzfreund Franz Josef und sah mich mit seinen Wolfsaugen durchdringend an.

Auf den Grund meiner Seele schaut der, dachte ich, *er weiß alles!* Und gleich springt er mich an und beißt mich!

»Ja … äh … weil der Bayerische Rundfunk hat heute eine … äh … ganz wichtige Feier, und das hab ich nicht absagen können, aus beruflichen Gründen, wisst ihr. Ich habe denen gesagt, ich komme dann später noch, aber ich … äh … ich hab das fest versprochen. Also, äh, die rechnen fest mit meinem Erscheinen.«

Sie schwiegen.

Vielleicht durchschauten sie meine Flunkerei, vielleicht hatten sie auch den Wink mit dem Zaunpfahl verstanden, vielleicht glaubten sie mir auch und waren nur etwas enttäuscht, dass

Politparty zur bayerischen Landtagswahl

Sehr geehrte Frau Fitz!

Ich schätze, Sie haben sich gestern abend viele Sympathien verscherzt. Was mich anbetrifft, so muß ich Ihnen gestehen, daß ich betroffen bin über die absolut unmögliche und unqualifizierte Art und Weise, in der Sie meinten, sich zu Franz Josef Strauß äußern zu müssen - den wenn nicht intelligentesten, so doch zu den intelligentesten zählenden Spitzenpolitiker der Bundesrepublik. Sie können ja denken und wählen wie Sie wollen, aber für diesen "Auftritt" gebührt Ihnen - bei aller bisherigen Sympathie und treuen "Anhängerschaft" - nur kalte Verachtung. Sie haben sich ein bisserl übernommen.

Ich habe Ihre Platten gesammelt: alle, soweit ich weiß. Damit ist jetzt Schlußß: tut mir leid, aber ich kann Sie nicht mehr hören. Vielleicht schenke ich die Platten ein paar Linksradikalen, die ja gern mit Vokabular ähnlichen Niveaus umgehen wie Sie am Wahlabend.

Verbindliche Grüße,

Brief eines Zuschauers

es das war mit dem feuchtfröhlichen Abend. Ich stand auf und wollte mich verabschieden. Vermutlich wollten die drei noch weiterfeiern, auf welche Weise auch immer. Aber wie auf einen heimlichen Befehl hin sprangen alle drei auf und sagten: »Ja, gut, schade, dann geh ma halt jetzt auch, macht ja nix.«

Aber alle drei mit diesem typischen WWN-Gesichtsausdruck *(War Wohl Nix)*. Sie packten innerhalb von zwei Minuten ihre Sachen zusammen und gingen ins Treppenhaus zum Lift und fuhren runter. Wir verabschiedeten uns voneinander: Bussi-Bussi und auf Wiederschaun, bis irgendwann mal, gell? Mein Duzfreund Franz Josef verschwand mit den beiden anderen in der Dunkelheit.

Bussi, Franz – den Abend mit dir werde ich nie vergessen.

Und noch heute frage ich mich zuweilen, ob ich nicht vielleicht doch …

Einige Zeit später begegnete ich ihm auf einem Event, zu dem Promis und Politiker geladen waren. Er steuerte mit seinem Gefolge auf mich zu, schüttelte mir grinsend die Hand und sagte laut und fröhlich: »Na, Lisa, alte bayerische Bergziege … alles klar?!«

Die seltsame Begrüßung klang dennoch nach Lob und Respekt. So wie man halt zu einem langjährigen Freund sagt: »Na, Sepp, wie geht's, oide Wurschthaut« – oder so. Ich überlegte, ob ich mich beleidigt oder geehrt fühlen sollte und kam zu keinem Ergebnis.

Das *Du* behielt er jedenfalls bei und seine gute Laune mir gegenüber auch. Eben doch ein Mann von Welt.

Wenn ich heute in den Gazetten über die sexuellen Übergriffe und Verfehlungen männlicher Promis und Spitzenmännern aus Politik und Wirtschaft lese, denke ich: Es war noch nie anders, es erfuhr nur niemand so schnell. Es schreckt mich auch nicht besonders. Macho-Drängen macht mir keine Angst. Schwarzenegger beharrte bei einem Event penetrant darauf, mein Brusttattoo zur Gänze begutachten zu wollen, deutsche Toppolitiker starrten schwer angetrunken in meinen Ausschnitt, und ein reiferer Konzernchef drängte mich zu einem Quickie after Brunchtime. Er hat das ganz mannhaft und ordentlich durchgestanden, Respekt. Ich halte es mehr mit Shirley McLaine. Sie haben Sexangebote auch nie erschreckt, eher erheitert, vor allem im Rückblick. In der Quantität dürften wir ähnlich liegen. Eine erfahrene Frau geht seelisch nicht so leicht in die Knie – außer mit Absicht.

Auf der Reeperbahn

»Ich will nicht nur lesen, dass die 68er ›wild waren‹, oder dass ›*Sex, Drugs & Rock 'n' Roll* dein Leben waren‹. Ich will deine Geschichten lesen – was hast du erlebt, getan, was ist da genau Wildes passiert?? Erzähl doch aus dem Eingemachten, Mami! Wir haben so eine wilde Zeit doch nie erlebt!«

Ach Nepomücke, mein Söhnchen … das schreib ich nicht auf, denn als Erstes würde sich die große deutsche Boulevardzeitung drauf stürzen wie ein Geier auf die Maus, Textversatzstücke und prominente Namen aus dem Zusammenhang reißen und dem Pöbel zum Fraß vorwerfen, und deine Mutti wäre für einige Wochen das *Ex-Fickluder der Nation*. Außerdem hätte dieses Buch dann 900 Seiten, 600 davon nur für die Schilderung der wilden Geschichten. Soll ich wie Nina H. oder der schwule Regisseur R. v. P. beschreiben, mit wem ich in der Sauna gevögelt und mit wem ich in der Bordtoilette eines Flugzeugs sonst was habe (ich sagte: *wie*, nicht *dass*!) oder dass ich in Singapur … – egal. Eine Kabarettlady, deine Mutter, die sogar als Kabarett-Ikone tituliert wird und nun einen runden Geburtstag feiert – den ich »den Unaussprechlichen« nenne –, tritt ihre wahnwitzigen, international besetzten Schnackselorgien aus fünfundvierzig Lebensjahren breit. Bist du sicher, das kommt gut? Ich nicht. Obwohl, Shirley McLaine hat sogar Zahlen genannt …

Okay, ich könnte dir als Appetithäppchen ein paar Namen nennen, die aber bereits dir kaum mehr was bedeuten, Künstler, Promis, Politiker, Topmanager, mit denen es fast oder tatsächlich zum Äußersten kam, wobei dieses Äußerste, wenn es stattfand, von echt spektakulär bis total banal war und das damalige Alter der Herren von extrem jugendlich bis Mitte sechzig reichte; die mir Anträge machten, die ich annahm oder ablehnte, mit denen mich eine Liebe, eine Affäre oder eine Liebschaft verband – aber wozu?

Eine Geschichte will ich dir erzählen, weil sie Seltenheitswert hat. Nein, nicht die vom Rotlichtviertel in Amsterdam, wo man als Novum in einem der Schaufenster *männliche Dienste für Frauen* anbieten wollte und die Frauen damit für immer vertrieb, weil bereits am Tag der Eröffnung ein Fernsehteam mit gleißendem TV-Licht vor der Tür lauerte. Wie blöd von denen. Auch nicht die Geschichte, wie Jan, mein Tourleiter, und ich in Amsterdam nach einer Showproduktion dieses Rotlichtviertel besichtigten und Jan dort auf einmal mit einer Dame in deren Etablissement hinter dem Schaufenster verschwand – schwupps! – und mich die Männer, als ich allein auf der Straße stand, nach dem Preis fragten. Wo mich später die Darsteller einer Livepornoshow (wir wollten so was einfach mal sehen) aus dem Zuschauerraum auf die Bühne holten und orale Aktivitäten beim schwarzen Tänzer von mir einforderten. (Nein, ich sag dir auch nicht, wie's ausging!) Auch nicht die Story von den zwei kleinen Italienern.

Ich erzähle dir die Geschichte von der Reeperbahn in Hamburg.

Wir waren zur Party einer großen Record Company eingeladen. Im Anschluss wollte die Firma einigen Künstlern was Besonderes bieten und lud sie auf deren Wunsch ins *Salambo* auf der Reeperbahn ein. Wir gehörten auch dazu. Das *Salambo* war ein Nachtlokal auf der Großen Freiheit in Hamburg-St. Pauli.

Es bezeichnete sich selbst als Sex-Theater und war für äußerst freizügige Bühnenshows bekannt, in denen Geschlechtsverkehr in allen Variationen gezeigt wurde. *Das* wollten unsere Musiker natürlich sehen! Das Lokal wurde – was ich erst jetzt erfuhr und damals nicht wusste – mehrmals wegen Förderung der Prostitution geschlossen und von seinem Betreiber wieder eröffnet. 1997 kam die endgültige Schließung. Insgesamt existierte das *Salambo* für rund dreißig Jahre. Heute befindet sich in den Räumen des *Salambo* der *Tabledance-Club Dollhouse* mit vergleichsweise braven Darbietungen.

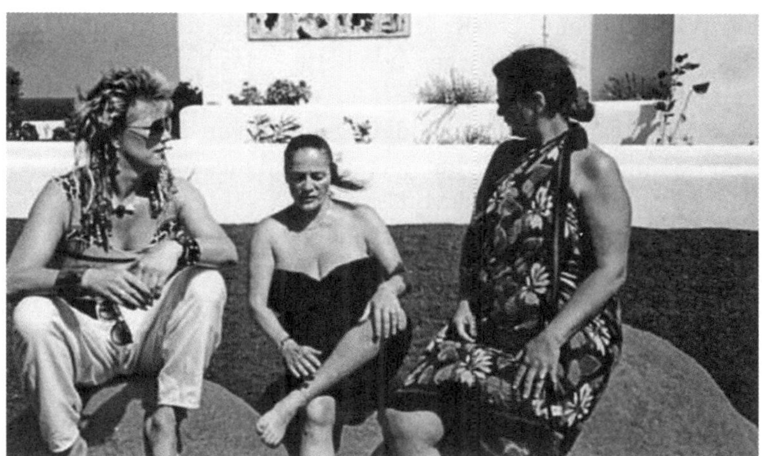

Lisa, Domenica & eine Freundin auf Lanzarote

Wir sahen also damals tanzenden Afrikanern mit nackten Oberkörpern in Lederhosen zu, die den Hosenlatz nach vorne aufklappten und exhibitionistisch ihr Glied entblößten, das beim Hüpfen traurig herumschlenkerte – und fanden das eher erheiternd als anheizend. Nach einigen Gläsern Schampus, die uns dauernd spendiert wurden, sah ich wieder mal nach rechts, um gemeinsam mit meinen Musikern zu lachen – und *da waren sie auf einmal weg*!

Mir wurde mulmig zumute. Ich quetschte mich aus der nicht voll besetzten Reihe und begann, die dunklen Wege des Etablissements zu erkundschaften.

»Halloooo, huhuuu – wo seid ihr??«, rief ich halblaut in die halb erleuchteten Gänge.

Ich wusste nicht, dass das Lokal nicht nur ein Showroom war, und tigerte ahnungslos in den ersten Stock. *Irgendwo werden sie schon sein,* dachte ich und öffnete die erste Tür. Dort bot sich mir ein beeindruckendes Bild: eine riesige Badewanne, gefüllt bis zum Rand mit hohem Schaum, darin eine nackte schwarze Schönheit mit glänzenden Ohrringen, knallroten Lippen und aufgebauschter Haarpracht, die dem Mann, der ihr in der Wanne gegenübersaß – einer der Manager, die ich im Laufe des Abends bei der Party gesehen hatte –, das beste Stück bearbeitete.

»Wow!«, sagte ich und stand da, gebannt von diesem Anblick. Roter Samt, weiche Felle auf dem Bett und diese Wanne! Ich konnte kaum die Augen davon lösen.

»Komm rein«, raunte die Schwarze lächelnd unter halb geschlossenen Lidern und endlos langen Wimpern hervor und blitzte mich mit aufreizendem Augenaufschlag an.

»Wir haben immer ein Plätzchen frei. Willst du bisschen mitmachen? Zu dritt ist es auch schön …«

Ich setzte mich, nicht mehr nüchtern, auf den Rand der Wanne und bestaunte die Ausstattung. »Toll«, sagte ich und muss recht naiv gewirkt haben. »Wie das hier aussieht … Mann, ihr habt ja goldene Wasserhähne!«, staunte ich und lachte.

Dabei lehnte ich mich zu weit nach hinten und dann geschah es: Ich verlor das Gleichgewicht und plumpste in die Wanne, der Schaum spritzte durchs Zimmer, das Wasser schwappte aus der Wanne auf den Teppich, die Lady kreischte, der Manager sprang erschreckt auf und stand nackt in der Badewanne. Die fürsorglichen Nutten liefen herbei, brachten mir trockene Kleider und föhnten mir die Haare. Als ich einigermaßen wiederhergestellt war, kam der Chef des Etablissements und wollte wissen, was los sei. Er sagte, es sei ihm egal, was sich im Detail ereignet hätte, aber mein Besuch hier im Haus müsse bezahlt werden. Der Manager erwiderte etwas großkotzig, keine Sorge, das würde dann schon die Plattenfirma erledigen, man solle es einfach mit auf die Rechnung schreiben – *aber bitte ohne Namen*! Also fragte man noch höflich, ob – da ja nun für mich bezahlt worden sei – ich noch bei irgendwas mitmachen wolle, aber ich zog das Taxi zum Hotel vor. Die Plattenfirma ließ was springen, und die Damen waren es zufrieden. Es kann also auch ganz anders ausgehen, wenn man im Puff ist – als Frau.

Das Rotlicht faszinierte mich seit jeher, mit all seinen sexuellen Spiel- und Abarten. Also, mein Söhnchen, darum noch eine Anekdote für dich.

Irgendwann hatte ich das Glück, eine etwas reifere, erfahrene Domina aus der Herbertstraße kennenzulernen. Ich ging mit ihr in das kleine berüchtigte Eckcafé, in dem die Damen des horizontalen Gewerbes gerne ihren Kaffee oder Drink nehmen, und fragte sie alles Mögliche: Wie sie denn zu ihrem Job gekommen war, wie sie sich so dabei fühlte, wie viel sie verdiente und wie lang sie es noch machen wolle, wie die Männer denn so seien und worauf sie vorwiegend stünden? Meine Domina, ich nenne sie Madame Lola, gab bereitwillig Auskunft, weil sich ja auch nicht jeden Tag eine Prominente, mit der man sich nett unterhalten konnte, für die Belange der Prostituierten interessierte. Damals lief so etwas nicht als Doku zur besten Sendezeit auf VOX oder RTL2. Es war hochgradig geheim und sehr spannend.

»Ich kenne die berühmte Hure Domenica«, sagte ich. »Ich hab sie mal erlebt, wie sie Anekdoten und Erlebnisse aus dem echten Leben erzählte.«

»War bestimmend spannend, oder?«

»Ja. Das war ein Treffen auf Lanzarote, wo man über freie Liebe und ihre praktische Umsetzung diskutierte. Der Sexualforscher Ernest Bornemann hielt einen Vortrag sowie einige andere – und eben auch Domenica. Die Zuhörerschaft bestand aus Männern und Frauen, die sich für frei von Zwängen und Moralhemmnissen hielten, zumindest im Denken.«

»Okay, verstehe. Und ...?« Madame Lola zündete sich eine Zigarette an, eine von vielen während des Gesprächs, und hustete kurz und trocken auf.

»Als Domenica dann loslegte und aus dem Nähkästchen plauderte, da hättest du die Luft schneiden können, so dick war sie. Die Männer saßen mit hochroten Köpfen da und wussten nicht, wo hinsehen vor lauter Verlegenheit.«

»Jaja, die Männer«, schmunzelte Lola. »Ziemlich verklemmtes Pack, die meisten.«

Sie machte eine Pause und zog an der Zigarette. »Willst du mal mitkommen?«

»Wie ... *mitkommen*? Was meinst du?«

»Na ja, mit zu mir in die Herbertstraße. Ich stülp dir 'ne dunkle Perücke auf, und du setzt dich zu mir ins Fenster.«

Oh Gott.

»Ja, und dann??«

»Nix: und dann. Du schaust zu und hörst dir an, was ich so rede mit denen.«

Ich hatte Schiss, aber ich wollte es wissen. So eine Gelegenheit bekommt man nicht zweimal: diese Branche von innen kennenzulernen, ohne eine Insiderin zu sein.

Gesagt, getan, ich kam zum vereinbarten Termin in heißen Klamotten zu ihr, kurzer Lederrock, schwarze Strümpfe, ausgeschnittenes Top und schwarze Perücke. Wir schlüpften ungesehen durch den Seiteneingang. Im Hinterzimmer räumte eine dicke, gemütliche Frau auf.

»Na, Lola, alles klar? Oh – nicht allein heute?«

»Nee, Besuch!«, sagte Lola. »Unser Gast, du weißt schon …«

»Ah ja. Moin, moin. Magst du einen Tee?«, fragte sie mich.

»Ja gerne, danke.«

Es war wie in einer Pension.

»Noch früh am Tage«, meinte Lola. »Na, dann woll'n wa mal.« Sie begann sich umzuziehen und zu schminken, Lederklamotten, Strapse, Stiefel, Korsett, Peitsche – die dezente, reife Dame im schicken braunen Pulli wurde zur heißen Domina.

»So, gehen wir's an.« Sie öffnete das Fenster von innen, wies mir ein Stühlchen in der rot ausgekleideten Auslage zu und setzte sich auf ihren thronartigen Sessel.

»Ich muss hier sitzen, das ist immer so.«

»Jaja, klar«, sagte ich und hatte dabei einen etwas trockenen Mund. »Ich bin froh, wenn ich mich hinter dir verstecken kann.«

»Siehst du alles?«, fragte sie.

»Ja, passt schon.«

Eine ganze Weile passierte nichts, ich bibberte innerlich vor mich hin. Dann kam der Erste, ein Mann um die fünfzig. Er blieb vor Lola stehen und betrachtete sie eingehend. Dann fragte er ruppig: »Was kostet's bei dir?«

»300 Mark die Behandlung.«

»Das ist aber ganz schön viel … Die Jüngste biste ja nich mehr.«

»Qualität hat eben ihren Preis.«

»Du bist aber 'n älteres Semester. Da musste schon 'nen besseren Preis machen.«

»Dafür bin ich sehr gut.«

»Ja, das sagen se alle.«

Er sah an ihr vorbei, zu mir. »Was is'n mit der da hinten …?«

Oh Gott.

Er begutachtete mich abschätzend. Mir wurde es heiß unter meiner Perücke.

»Die sitzt heute nur so mit im Fenster. Die lernt.«

»Die gefällt mir. Was kostet die?«

Um Gottes willen, gleich würde er mich erkennen und ausrufen: Ja, das ist ja die Lisa Fitz! Ist die jetzt Nutte geworden??!! Und morgen würde in der

Bild-Zeitung stehen: LISA FITZ ARBEITET JETZT ALS DOMINA IN DER HERBERTSTRASSE …

»Die steht nicht zur Verfügung heute!«

Nun wurde er störrisch: »Was heißt das – nicht zur Verfügung?! Wieso nich?? Ich will die aber, die gefällt mir.«

»Das geht nicht, nu glaub's mir doch. Die hat ihre Tage.« Pause. Der Mann dachte nach – dann gab er auf.

»So, so. Na, mal sehen, ich schau mich noch um. Du bist mir eh zu alt.«

Er trollte sich.

Lola tat mir leid. Am liebsten hätte ich diesem Typ nachgerufen: *He, du alter Sack! Hast du schon mal in den Spiegel geschaut, du hässliches, faltiges Arschloch? Lola ist eine fesche, geile Frau! Du müsstest froh sein, wenn du die kriegen kannst.*

Viel war an diesem Tag nicht mehr los. Mehrere Männer sahen neugierig ins Fenster, gingen aber vorbei.

»Vielen Dank, Lola«, sagte ich nach ein paar Stunden, »das war sehr … interessant. Ich geh dann mal wieder.«

Sie drehte sich zu mir um.

»Willst du schon weg?«

»Ja, ich … äh … das ist mir zu gefährlich, wenn mich da einer trotz Perücke erkennt …«

»Wie du meinst«, sagte sie. »Ich geh dann auch, nix los heute, schlechter Tag.«

Sie zog ihre rote Perücke vom Kopf, schminkte sich ab, zog die Lederklamotten aus und die Privatkleidung an und setzte ihre Brille auf. Nun sah sie aus wie eine Lehrerin, schick, dezent und harmlos.

Auch nicht anders als bei mir backstage, in meiner Bühnengarderobe, dachte ich. *There's no business like showbusiness …*

»Tschüs, Rosi«, sagte sie zu ihrer dicken Helferin. »Bis morgen dann!«

»Jou!«, rief Roswitha. »Und schlaf dich gut aus, damit de hübsch bleibst!«

»Tschüs, Lisa«, sagte Lola. »Das war nett mit dir – und meld dich mal wieder, wenn du Lust hast.«

»Okay. Und mach's gut – danke für alles!«

Ja, das war eine wertvolle Erfahrung – wie man sich fühlt, wenn man da so als williges, billiges Fleisch im Metzgerladen hängt. Die stolzen, herrischen Dominas, hatte ich damals gedacht, sicher behandelten die den Mann schon beim Vorgespräch von oben herab, wie Königinnen ihre Diener. Von wegen! Wieder ein Klischee. Der Kunde ist König. Und wenn die Domina älter wird und Geld braucht, muss sie sich genau die gleichen Unflätigkeiten von hässlichen Typen anhören wie die »normalen« Rotlichtladys. Der kleine Event trieb mir auch die alte weibliche Koketterie mit dem Gedankenspiel aus, dass das Leben als Dirne in irgendeiner Weise reizvoll oder scharf sein könne. Hetäre eines reichen Mannes ginge vielleicht eher …

Madame Lola, das erfuhr ich zehn Jahre später, wurde schwer krank und starb einsam an Krebs, recht und schlecht versorgt von Sozialhilfe, in einem schäbigen kleinen Zimmer – nach guten vierzig Jahren im Milieu und vielen willigen devoten Männern, die dankbar ihre Dienste als Domina in Anspruch genommen hatten. Solange Lola funktionierte, war sie willkommen, am Ende war sie nur mehr Abfall der Gesellschaft.

Ali Khan – ein Macho als Emanzencoach

Meine künstlerische und persönliche Entwicklung – als Frau, Kabarettistin und Songwriterin – ist bis zum heutigen Tag undenkbar ohne Ali Khan, meinen ersten und einzigen Ehemann, der es verdient, so genannt zu werden. Immer noch bezeichne ich unser Zusammentreffen und unsere Heirat als etwas Metaphysisches – von vielen als gesellschaftliche Unmöglichkeit empfunden und dennoch von beiden mutig und das einzig Richtige, Wegweisende, was zu tun war. Wir hatten für uns – jeder für den anderen – damals durchaus lebensrettende Funktionen, und dass ich dies seinerzeit in der Geschwindigkeit von acht Tagen erkennen konnte, muss einer der wenigen hochintuitiven, spirituellen Augenblicke meines Lebens gewesen sein, in denen ich auf meine innere Stimme hörte. Denn auf den ersten Blick deutete nichts daraufhin, dass diese Heirat passend oder sinnvoll sein könnte. Der tiefere Sinn erschloss sich mit den Jahren und Jahrzehnten und war in der ersten Zeit für niemand außer für uns beide zu erahnen.

Unsere Geschichte ist in etwa die von »Susi & Strolch«. Meine Versuche, Ali von einem wilden Straßenkämpferhund zu einem Schoßhündchen der Gesellschaft zu machen, haben nicht funktioniert. Weder ließ er sich frisieren, noch eine Schleife umbinden, schon gar nicht lieb streicheln. Unsere Ehe war ein acht Jahre währendes Diskussionsgewitter, ein Debattierclub um alles und nichts, immer mit Bezugnahme auf die jeweilige philosophische, gesellschaftspsychologische Metaebene – tägliche Katharsis und Neugeburt, was auch im Nachhinein mein Nahtoderlebnis erklärte, das mich zu Beginn unserer Beziehung bei unserem ersten Ausflug in die Natur aus den Angeln hob.

Wir fuhren damals mit meinem grünen BMW ins Grüne, als ich Ali bereits das verrückte Jawort per Telefon gegeben hatte.

Auf einmal bekam ich im Auto – aus dem Nichts heraus – einen psychotischen Angstschub, der verbal nicht mitteilbar war. Ich bat Ali, sofort anzuhalten, mir sei nicht gut, sprang aus dem Auto und stapfte von ihm weg auf eine Wiese neben einer Kuhweide. Er kam verunsichert hinterher und fragte mit für ihn ungewöhnlicher Sanftheit, was in mir umginge, ich sollte bitte versuchen, es auszudrücken.

»Ich weiß nicht … ich weiß es nicht …«

»Jetzt geh weiter, sag's!«

»Oh Gott … ich habe das Gefühl, ich sterbe …«

Jeder andere Mann hätte erschreckt gefragt: »Hast du was Schlechtes gegessen oder eingenommen?«, und mich ins Krankenhaus gebracht.

Ali blieb ruhig: »Okay. Dann erzähl mal, was geht um?«

»Ich habe das Gefühl, ich muss sterben. Mir ist schlecht.«

»Aha, versteh ich. Aber du stirbst ja jetzt nicht. Oder?«

»Nein, aber ich habe das Gefühl. Ich habe Angst, nur Angst.«

»Des macht nix. Vielleicht stirbt tatsächlich was – in dir. Horch mal rein.«

»Ah … ja, kann sein. Aber was?«

»Atme tief. Besser?«

»Ja … komisch … ja, jetzt wird's besser … jetzt ist es weg.«

Wir gingen zurück zum Auto und fuhren weiter.

Bis heute weiß ich nicht wirklich, was das war, es ging, wie es kam. Ich hatte so etwas nie zuvor erlebt, und es wiederholte sich dieser Zustand auch nie wieder während unserer Ehe.

Auch wenn Alis wirtschaftliche Situation und mein damaliger Status in der Gesellschaft es auf den ersten Blick nicht vermuten ließen: Er *führte* – und ich *folgte* ihm, mich mit Wortgefechten aufs Heftigste wehrend und meine Standpunkte verteidigend. Aber die Crux war: Ich nahm Farbe von ihm an, er blieb sein Mittelpunkt.

Ali war nicht dressierbar oder erziehbar und weder maulfaul, emotional verklemmt oder generell gehemmt wie die meisten Männer, die ich kannte. Er konnte weinen, jammern, schreien, drohen, anordnen und dramatisch auf großer Gefühlsklaviatur spielen, hochintellektuell und zutiefst proletarisch agieren, es war ein unerschöpflicher Ausdrucks- und Gedankenreichtum mit vielen Facetten, den er da anbot. Und mich – aus einem Schauspielerclan – faszinierte dieses sizilianisch anmutende Furioso über alle Maßen.

Als Beispiel für unsere Beziehung mag ein Klassiker aus der Theaterliteratur dienen, Shakespeares Stück *Der Widerspenstigen Zähmung*: Petruchio, ein Edelmann aus Verona, zeigt Interesse an Katharina. Vor dieser fliehen jedoch alle Männer, da sie ebenso kratzbürstig wie energisch ist. Für Petruchio hingegen ist es geradezu eine Aufgabe, Katharina, die vor der jüngeren Bianca verheiratet werden muss, »aus einem wilden Kätzchen zu 'nem Käthchen zu wandeln«. Indem er ihr noch derber kommt, als sie ihm gibt, und alles, was sie sagt und tut, sofort mit doppelter Münze zurückzahlt, erzwingt er in stürmischer Werbung binnen kürzester Zeit eine Heirat mit ihr. Zu dieser erscheint er verspätet und in ruppigem Aufzug, reißt die Braut mit sich auf sein ärmliches Landhaus, wo er sie hungern und nicht zum Schlafen kommen lässt. Auch am Kleiderputz nimmt er ihr alle Freude, indem er alles hässlich findet, was für sie schön ist und umgekehrt. Auf diesem Wege erreicht er es, dass sie langsam weich wird. Zum Schluss finden sich alle Familien zum Bankett, wo Katharina, die einst als die »Widerspenstigste« galt, mit beredten Worten zu erklären weiß, dass der Ehemann »Herr, Erhalter, Licht, Haupt und Fürst« der Frauen ist, dem sie sich in schuldigem Respekt in allem zu fügen haben.

Diesen Schluss hielt ich seit jeher für vollkommen unspielbar – vor allem für eine Frau – und fand es dringend nötig, ihn zeitgemäß umzuschreiben oder bei jeder Inszenierung neu zu interpretieren.

Unsere Ehe funktionierte etwas anders als das Shakespeare-Stück. Ich wurde nicht weicher, sondern selbstbewusster, nicht nachgiebiger, sondern frecher.

Als ich Ali kennenlernte, war ich nicht kratzbürstig, aber widerspenstig, zu Recht, wie ich fand. Ich diskutierte über alles und jedes, aber ich musste zum Mut provoziert und zur Kratzbürstigkeit, zur lauten, ausdrücklichen Gegenwehr, trainiert werden, weil ich mit meinen fast dreißig Jahren wohl literarisch versiert, gut ausgebildet, gut situiert und prominent war – aber beheimatet im Reich des Dionysos und mit Wein, Mann und Gesang ständig in irgendwelchen Partyorgien versank. Renitent und ungehorsam, aber das nur angetrunken – es konnte, wenn ich nüchtern war, nicht heraus, da überlagerte alles die gutbürgerliche Erziehung, die ein Korsett wie auch eine Fessel sein kann. Ich hatte charakterlich keine rechte Kontur, kam künstlerisch und mit all meinen nebulösen Visionen nicht auf taffe Beine, ein typisch weibliches, Love-and-peace-versautes Weichei!

Ali war mein Petruchio, mein »böser« Eroberer, der als Mister Hunderttausend Volt nicht mein Schandmaul zähmte, sondern es wach ärgerte, der meine nobel-verschlafene Kraillinger Vorortbeschaulichkeit und gesellschaftlich selbstgefällige Überheblichkeit (»Wir sind was Bessres!«) der dort ansässigen wohlhabenden Bourgeoisie (meine Eltern eingeschlossen) nachhaltig attackierte – vom ersten Tag an. MUTIGER WERDEN. Ich lernte, deutlich, laut und böse zu werden, Unmut zu artikulieren, mich zu wehren, meine läppischen, pubertär-aufständischen Alkoholrevolten gegen Mutti auszutrocknen und das Flüchten in Räusche hinter mir zu lassen, das Weichei hart zu kochen, nüchtern (!) meine Frau zu stehen und in der Öffentlichkeit das Maul aufzureißen und *die* Kunst zu machen, die meine eigentliche Berufung war – ohne dass ich mir dessen damals auch nur im Ansatz bewusst gewesen wäre.

Meiner Ehe mit Ali voran ging ein Techtelmechtel mit einem attraktiven Bassisten, das in einer Ménage à trois endete, weil seine Exfreundin ihn nicht lassen wollte und er sie nicht. So endeten wir zu dritt im Bett, was ihr gefiel, mir auch – ihm nicht. Er zertrümmerte fast mein Klavier in einem tobsüchtigen Anfall von Eifersucht, und das Ding lief sich leer.

Leer war auch ich.

Ich verbrachte meine Singleabende, soweit nicht von Auftritten oder einem der häufigen One-or-two-Night-Stands unterbrochen, in meinem Drei-Zimmer-Häuschen in Oberpfaffenhofen am Wesslinger See und versuchte – bei vielen Gläsern Muskateller, Tokajer, Málaga und zypriotischem Commandaria, dem ältesten Markenwein der Welt, Prost! – das Schreiben zu lernen. Einsame Tränen vergoss ich oft, weil ich mich und mein ausuferndes, undiszipliniertes Leben nicht mehr aushielt –Lacrimae Christi, süß, passt zum Weihnachtsfest, kommt aus der Gegend von Neapel. Manche Weine sind so dickflüssig wie Öl, auch der süße Rotwein beim Griechen, nach dem zweiten Glas liegst du unter dem Tisch. Eine Alternative ist der Lambrusco aus Italien, den mochte ich als junges Mädchen gerne, am Baggersee. Wenn er für dich unvorstellbar wird, wirst du alt, heißt es. Nun ja. Trunkene, rotweinselige, nikotinangereicherte, literarische Fingerübungen also. Ich schrieb Tagebücher, Erkenntnisse, Weltsichten, eine endlose Nabelschau, die keine rechte artifizielle Form fand, und manchmal ein Lied. Und so formte sich meine Sehnsucht zu einem immer dringlicheren inneren Gebet ans Universum: *Lieber Gott, lass mich eine Form finden – schicke mir jemand, der mir eine Form gibt!*

Ich fühlte mich wie Wasser ohne Gefäß. Energie ohne Richtung, Kraft ohne Ziel, Weisheit ohne Niederschlag, kurz: *Ich wusste nicht, wohin mit mir.* Von meinem Vater hatte ich mich ein Jahr zuvor künstlerisch getrennt, meine Mutter hatte keine Energie mehr und stand sich selbst im Weg. Da sprach mein fescher Bassist vom flotten Dreier eines Tages zu mir: »Du musst unbedingt den Ali kennenlernen!«

»Wer soll das sein?«

»Der Schlagzeuger von unserer Band!«

»Aha. Und warum muss ich den kennenlernen?«

»Der ist der Hammer, alles, was er so sagt, auch übers Musikbusiness und so – das ist alles so anders. Genau wie du, ihr passt zusammen, ihr müsst euch kennenlernen, ich hab das irgendwie im Gefühl!!«

Seltsam, wie er das ahnen konnte …

Also lud mich der Bassist zu dieser Party ein, die für mein Leben von historischer Bedeutung werden sollte. Schon von weitem hörte ich Alis Trommeln wie ein Voodoo-Ritual durch die stille noble Gräfelfinger Villengegend schallen, als ich mit meinem BMW die Straße suchte, ich musste nur dem

Trommelsound nachfahren – in der Erinnerung ein magischer Moment.

Auf dem Fest war nichts Besonderes ... außer Ali. Ich sah ihm beim Spielen zu, wie er mit geschlossenen Augen trommelte – ein Schamane –, und versank in diesem Anblick. Es hatte nichts mit Geschlechterfaszination und der üblichen Mann-Frau-Attraktion zu tun. *Es war mehr als das.* Ali war dünn damals, struppig; heute sieht er viel besser aus. Es war das, was er ausstrahlte, aussandte, seine innere Kraft, seine seelische Stärke, spürbar vielleicht auch nur für mich. Er verlor einen Schlagzeugstick, den ich aufsammelte und ihm reichte. In der Pause nahm ich ihn an der Hand, obschon ich ihn nicht kannte und sagte: »Komm mal mit, ich muss dir was sagen.«

Im Garten im Gras sitzend sagte ich: »Deine Musik ist schön, aber da fehlt irgendwie was ...«

»Was?«

»Ich weiß noch nicht, ich muss nachdenken.«

Das war der Anfang einer acht Jahre dauernden künstlerischen Fruchtbarkeit, die nie nachließ. Ali und ich verbrachten eine eher unspektakuläre Nacht miteinander, das war nicht der berühmte Funke. Dazu hatte ich zu viel erlebt und war nicht leicht zu beeindrucken. Der Funke sprang am nächsten Tag, als Ali im großen Partywohnzimmer zwischen Alkoholleichen und verkaterten Frühstückern ein großes Plädoyer für die Familie hielt. Schon sein bayerischer Einstiegssatz »Du kannst ja aa genauso gut a Verkäuferin beim Tengelmann sei, aber du hast halt was aus dir g'macht!« ließ mich aufhorchen. Verkäuferin, Tengelmann, ICH?? Wer wagte das?

Und mitten in einer Zeit, 1980, in der Heirat und Ehe als spießig galten und Monogamie unter Freigeistern immer noch verpönt war, kniete ein abgefahrener Rockmusiker neben mir auf dem Boden und trat mit Verve für Familie und Zusammenhalt ein. Es war völlig schräg, ich fühlte mich wie ein Einsteiger bei einem Guru, als hörte ich etwas lang Vergessenes, Geliebtes, Ersehntes, etwas, das die eigentliche Sehnsucht meiner unspießigen, aber innersten Künstlerfamilienseele war – Zusammenhalt, Treue, Familie, füreinander einstehen ... ALTE WERTE, kein inhaltsleeres, konsequenzloses, entscheidungsschwaches, feiges 68er-Männergeschwätz –, sondern starke MANNESWORTE, die ein Ziel hatten, eine Richtung, Inhalt – und Prinzipien.

Ali verstand nicht, dass ich ihn am Nachmittag verlassen wollte, um zu einem lange zuvor gebuchten Yogakurs in die Schweiz zu fahren, jetzt, wo ich *ihn* kennengelernt hatte. Er setzte sich auf die Rückbank von meinem BMW, nur »um zu sehen, wie man sich da drin so fühlt«. Mein noch ahnungsloser Kuppler-Bassist trat zum Auto: »Hey Lisa, geht's euch gut? Komm gut heim. Ach ja, das ist übrigens mein kleiner Bruder.«

Ein gut aussehender Junge kam heran und gab mir die Hand, Ali entging nicht der gefällige Blick, mit dem ich den Bub betrachtete. Als die beiden zum Haus zurückkehrten, hörte ich Ali mit Nachdruck aus dem Fond sagen: »Du brauchst an Mann – und einen Sohn! Dann hört si des Buamvernaschen glei auf.«

Bingo. Der Satz für die nächsten Jahre. Bevor Empörung aufsteigen konnte, wusste ich um die Treffsicherheit dieser Aussage. Im Yogakurs in Boldern in der Schweiz erreichte mich nach einigen Tagen ein Telegramm: »EINE KURZE WAHNSINNIGE FRAGE IN DIE STILLE: MAGST DU GRIECHISCHES ESSEN ZUR HOCHZEIT? – ALI«.

Das war nicht nur originell, das war ein Schock für mich und brachte mein gesamtes Seelenleben in höllische Aufruhr. Ich betrank mich umgehend sinnlos, fiel in einen Weiher und musste von blassen Yoga-Kurslern trockengeföhnt werden (wieder mal, wie auf der Reeperbahn ...), die mir, mich umsorgend und ständig nickend, beipflichteten: »Nee, nee, das geht ja wohl gar nicht! Wer glaubt denn der, dass er ist?« – »Was ist der ... ein Perser??« – »Der spinnt ja wohl, da könnte ja jeder kommen! So ein Unfug!« – »Genau, der spinnt!!«

Ich fiel in traumlosen Tiefschlaf. Am nächsten Morgen rief ich verkatert Alis Nummer an. Ein WG-Kumpel sagte, er sei nicht da, aber er könne ihm gern was ausrichten. Ich fühlte mich posthypnotisch und vom Universum angetriggert und sagte:

»Okay. Dann richte ihm aus: JA.«

»Wie … *JA*? Was soll das heißen?«

»Sag einfach: Schönen Gruß von der Lisa und: JA. Er weiß dann schon, was gemeint ist.«

Vierzehn Tage später heirateten wir. Unser Nachbar und Bürgermeister hatte mir mal leichtfertig versprochen: »Wenn's brennt, Lisa, dann trau ich dich innerhalb von einer Woche.« Sollte heißen: unter Umgehung des Aufgebotes und der damals üblichen gesetzlichen Wartefrist von einigen Wochen. Alles fügte sich ineinander. Allerdings hatte er nicht mit einem Typen wie Ali gerechnet, dem guten Bürgermeister fiel die Kinnlade bei Alis Anblick wie einem Nussknackerfigürchen herunter. Ein Rocker! Meine Eltern kamen nicht zur Hochzeit, sie waren sauer, fühlten sich übergangen, ignoriert, überrannt. Ich glaube, die Heirat erfüllte auch meine letzten Ambitionen von kindlicher Rache, spätpubertärer Ge-

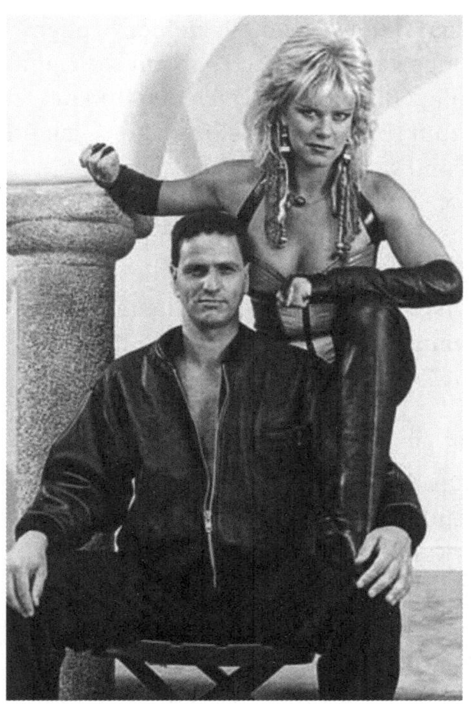

Ali Khan & Lisa – Fotoshooting für »Heil«

genwehr und Einzelkind-Opposition. Ich wollte ihnen ihre ständige Doppelbevormundung eines chancenlosen Zwerges (ich) heimzahlen. Irgend so etwas Naives, das gottlob gut ausging.

Ich konnte das mit Ali niemandem schlüssig erklären, das war müßig. Ich weiß nicht, welcher Teufel mich (uns) geritten hat, aber wenn ich mir das Fazit ansehe, muss es wohl ein durchgeknallter Erzengel gewesen sein, der gesagt hat: »Kommt, wir rocken das Ding ohne den Chef, das dauert auf dem Amtsweg zu lang!« Und Gott hat's im Nachhinein abgesegnet mit den Worten: »Gut, ich will mal nicht so sein, wenn hinten was Gutes rauskommt – aber offiziell läuft das Ganze als göttliche Fügung!«

Die Ereignisse überschlugen sich, einen Monat nach der Hochzeit wurde ich schwanger, zuvor, trotz jahrelangen Absetzens der Pille, nicht. Mein Vater sagte lakonisch: »Du bist halt doch konservativ, gell. In den Königshäusern ist das auch so – da wird man erst nach der Hochzeit schwanger.«

Er hatte sich ausgesöhnt und mochte meinen neuen Ehemann und Vater seines zukünftigen Enkels ganz gerne, obwohl er sich eher einen Hansi Hinterseer für mich gewünscht hätte, keinen Ali Halmatoglu. Ich verstand das, aber Hansi Hinterseer ging gar nicht für mich. Meine Mutter blieb contra, sie wurde mit Ali nie richtig warm.

Zur Hochzeit – über die auch *Bild* berichtete – bekam ich Schmähbriefe und war, im Gegensatz zu Ali, der das seit Kindesbeinen an aushalten musste, erstmalig mit Häme und Ablehnung konfrontiert. Anonyme Verfasser schrieben: »Jag deinen Teppichhändler zum Teufel, du Schlampe!« Und als ich schwanger war, kam die Steigerung: »Die Gebärmutter soll dir aus dem Leib faulen!«

Ein Ereignis zu Beginn meiner Ehe war typisch für Alis Feuer und Kampfgeist. Wir saßen beim Essen in einer Pizzeria. Hinter mir, in Alis Blickfeld, eine Männerrunde beim Wein. Auf einmal, ohne dass ich mitbekommen hatte warum und wieso, flog ein Glas knapp an meinem Ohr vorbei und zerbarst klirrend an der Wand hinter den Männern. Die Scherben verteilten sich in tausend kleinen Splittern auf dem Boden. Alle sprangen erschrocken auf und sahen fassungslos auf uns. Die zwei Pächter des Lokals eilten aufgeregt herbei, um zu sehen, was passiert war, und zu schlichten. Ein Mann aus der Runde zog sich den Hosenbund zurecht, kam drohend mit aufgepumpter Brust auf uns zu und baute sich vor Ali auf.

»Du wirst dir in Zukunft überlegen, wie du über Ausländer sprichst«, sagte Ali völlig ruhig und sah den Mann kalt an, bevor der seine Aggression in Worte umsetzen konnte. Und zu den anderen: »Das gilt auch für euch!«

»Was ... äh ... war denn los?«, fragte ich.

»Die wissen schon, was los war!«

Die Männer packten hastig ihre Sachen zusammen und verlangten die Rechnung. Sie wollten keinen Ärger. Die beiden italienischen Pächter waren in der Zwickmühle, sie waren ja auch Ausländer, aber es war ihr Lokal und sowohl die Männer als auch wir waren Gäste. Sie konnten und wollten nicht Partei für irgendwen ergreifen.

»Bitte«, sagten sie zu Ali, »macht das draußen aus! Versteh dich schon, hast ja Recht, aber besser, wenn ihr geht.« Sie sahen uns mit flehendem Blick an.

Nach und nach setzte ich das Puzzle zusammen: Einer der Männer musste sich abfällig über *Kanaken* geäußert haben, danach folgte ein böser Witz, hämische Blicke zu uns. Ich hatte nichts davon mitbekommen – bis das Glas flog. Die Männer verzogen sich schnell. Ich fand diese Begebenheit unmöglich, beängstigend, peinlich – aber auch ungemein faszinierend. Ich würde nie so werden (wollen) wie Ali, aber mich ein bisschen in seine Richtung zu entwickeln, konnte nichts schaden.

Alis Mutter Maria war gebürtige Münchnerin, ihr Mädchenname lautete Pinggera. Sie stammte aus der Tiroler Bergführerfamilie Pinggera, deren Männer schon Luis Trenker durch felsiges Gestein gelotst hatten. Hans Rohm hieß Alis Stiefvater. Sein leiblicher Vater jedoch war Abdulgafir Halmatsadat aus Tadschikistan. Dieses zentralasiatische Land war abwechselnd unter der Herrschaft der Perser und der Hunnen, im 4. Jahrhundert vor Christus auch unter Alexander des Großen. Im 8. Jahrhundert erreichte der Islam die Region. Während des Mittelalters gehörte Tadschikistan zum Kaiserreich Persien. 1868 wurde es Kolonie Russlands, später Sowjetrepublik. Seine Geschichte ist so konfus wie bei allen zentralasiatischen Staaten. 1991 erklärte Tadschikistan seine Unabhängigkeit. Im Land brach zwischen Kommunisten und Muslimen ein Streit um die Macht aus, der zum Bürgerkrieg führte, der bis zum Juni 1997 dauerte.

Ali erzählte: »Abdulgafir Halmatsadats Ahnen wurden 1917 im Zuge russischer Imperialbestrebungen auf einem jahrhundertealten, riesigen Familienareal besetzt und grausam unterjocht. Papa, als Nachfahr, musste dann im Zweiten Weltkrieg für Russland gegen die deutsche Wehrmacht kämpfen. Als er in Gefangenschaft geriet und flüchten konnte, verpfiff man ihn, weil er kein wirklicher Russe, sondern jetzt auf einmal Widerstandskämpfer für sein Heimatland sein sollte. Man ließ ihn von seinen eigenen Kameraden mit Heugabeln suchen, und der Bauer, der ihn versteckte, wollte ihn irgendwann sogar umbringen, weil er wahnsinnige Angstanfälle wegen einer möglichen Entdeckung bekam. Das Kriegsende rettete meinen Vater, und er lernte Maria, meine Mutter, kennen. Eigentlich, sagte sie uns Kindern immer, sei Papa an Heimweh gestorben.« Abdulgafir Halmatsadat war ein studierter Lehrer mit adligen Vorfahren gewesen, der nach Deutschland kam und hier nichts als ein geschmähter, ungeliebter Ausländer blieb. Da es in Deutschland nur türkische Konsulate gab, musste er sich mit der türkischen Version seines Namens »Halmatoglu« (türkisch: »Sohn vom Halmat«) begnügen.

Für Alis Identität war diese konfuse Entwicklung so prägend wie die verwickelte Historie des Landes seiner väterlichen Ahnen. Der Vater, der den Sohn verehrte wie dieser ihn, starb, als Ali sechs Jahre alt war. Er ließ den Bub mit der Häme der Klassen-»freunde« gegenüber einem kleinen Ausländer alleine, sein Selbstwertgefühl machte Berg- und Talfahrten durch.

Seine Mutter hieß in der zweiten Ehe *Rohm*, seinen wirklichen Familiennamen durfte Ali nicht führen. In Deutschland blieb er tief im Inneren unbeheimatet und wurzellos und der allzu deutschen Mentalität gegenüber, die, geborgen in der sicheren Heimat, satt in sich selbst ruht, fremd und distanziert. Den unaussprechlichen Namen legte Ali später ab und nannte sich fortan Ali Khan, also wieder eine neue Identität.

Alis Mutter, die nach heftigen Ehezwisten durchgesetzt hatte, dass Ali und seine Schwester Sylvia im christlichen Glauben getauft und großgezogen wurden, betrieb nach dem Todes ihres Mannes einen kleinen, gut laufenden Kiosk. Ali machte seine Hausaufgaben nach der Schule hinten im Laden, auf einem Haufen wertvoller Teppiche, die der treusorgende Familienvater hinterlassen hatte und die sich die Mutter dann für eine günstige Eigentumswohnung unter Preis abschwatzen ließ. Die wiederum verkaufte sie später und hatte dann irgendwann drei Reihenhäuser in Pasing. Sie wäre damit wohl Millionärin geworden, wenn ihre Gutgläubigkeit ihrem zweiten (deutschen) Ehemann gegenüber sie nicht hätte misswirtschaften lassen. So mussten sich Sylvia, spätere Studienrätin mit dem damals besten Abitur Bayerns, und Ali, der die Rolle des Revoluzzers in der kleinen Familie einnahm, allein durchschlagen. Ali wurde Rockmusiker, genauer gesagt Schlagzeuger, und von vielen Musikerkollegen wurde er als einer der besten Drummer Münchens gehandelt, der seine Fähigkeiten wohl nur deshalb nicht zu Gold machte, weil er sich nie anpassen wollte. An nichts, an niemanden. Tadschikisches Bergvolk, altpersisches Kämpfertum, das gibt (sich) nie auf. Ali war nur weise, wenn er wollte, ansonsten – wenn ihm danach war – unfair, ungerecht, er kannte keine Grenzen, schlug im Streit verbal und rhetorisch unter die Gürtellinie, die war bei ihm weit unter Normalnull, irgendwo im Bodenlosen.

»Wenn du einen Streit gut führen willst«, sagte er mal, »dann verrat ich dir einen Trick: Du musst innerlich vollkommen kalt bleiben.«

Er verhielt sich wie ein Mafiosi, auch im Nahkampf zu zweit.

Ohne körperlich zuzuschlagen – das war dann eher ich. Ich lief heiß wie eine Flugzeugturbine. Ich trat Türen ein, schubste Schränke um und warf Bierkrüge, weil er es verstand, mich aufs Blut zu reizen. Nach einem unserer Wortgefechte schloss er sich ins Bad ein und ließ mich davor stehen.

»Komm sofort da raus und rede mit mir!!«, brüllte ich durch die Tür. Ich hörte ihn drinnen plätschern und – pfeifen! Das war der Gipfel der Provokation, und meine ungarischen Vorfahrengene ließen mich in Sekundenschnelle hochgehen.

»MACH SOFORT AUF!!!«

Ali pfiff und plätscherte weiter. Ich rastete aus und trat mit dem Fuß gegen die Tür. Die dünne, nicht massive Neubautür zersplitterte krachend, und mein Fuß steckte fest. Ihn aus dem nach innen gedrückten Holz rauszuziehen war nicht möglich.

Ali sperrte gemächlich auf, sah überrascht auf meinen Fuß, dem ich einbeinig auf dem anderen Fuß nachhüpfen musste, je weiter er die Tür aufzog – und fing an zu lachen. Der Streit fand damit sein Ende, die Tür musste repariert werden.

An einem anderen Tag stritten wir wieder bis zur Weißglut, bis mir die Worte fehlten (und das wollte was heißen!). Mein Zorn fand von einer Sekunde auf die andere keinen verbalen Ausdruck mehr, er

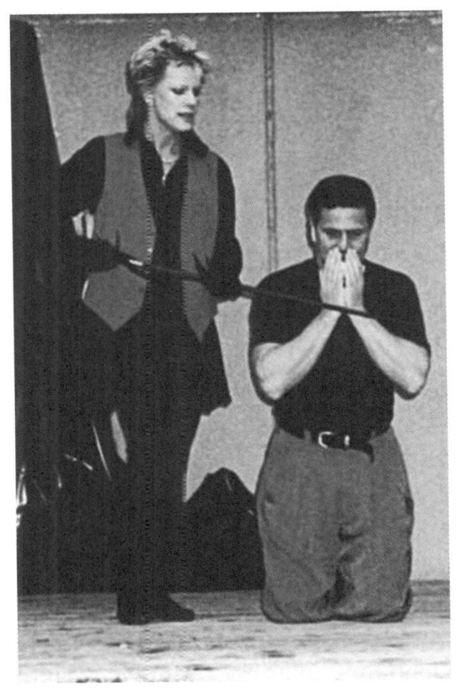

Lisa & Ali – Proben zum Rockkabarett »Kruzifix«

entlud sich körperlich. Ich packte den Kassettenrekorder und warf ihn aufschreiend auf den Boden. Es krachte, die Teile flogen durch den Flur. Stille. Aus dem Bad (wieder mal) rief mein damals sechsjähriger Sohn altklug:
»Jetzt zieh dich aus, Mami, und komm in die Wanne!«

Unsere Streite waren für Nepo eher so was wie ein dramatisches Tennismatch. Er blickte von einem zum andern, gespannt auf den Ausgang, und war froh, dass er nicht betroffen war oder ins Feuer der Kritik geriet. Ich glaube, er fasste die Wortgefechte eher als Theaterstück auf, wohl weil er das darunter liegende Einverständnis und die Entwicklungsspannung spürte.

Unser Hauptstreitpunkt war Alis fehlender Support in finanzieller und in haushälterischer Hinsicht. Sein bester Spruch: »Ich bin Rockmusiker und kein Tellerwäscher.« Das ist Satire der feinsten Art – allerdings nur für den Zuhörer, nicht für die Partnerin. Mein kabarettistischer Bodensatz daraus lautete:

»Ich habe immer gesagt, einen Mann, der nicht abspült, den schmeiß ich raus! Und was habe ich jetzt ...? Berge von Männern vor der Haustür liegen!!«

Intellektuell und künstlerisch jedoch war Ali für mich – wie ich für ihn in anderer Weise – mein partnerschaftlicher Mentor – auch für Familiensinn, Berufsmoral, Gesundheit.

»Du musst mit dir selbst monogam werden«, sagte er.

Ist das nicht ein wunderbarer Satz?

Inmitten der größten Verzweiflungsphase meines Lebens zehn Jahre später sagte er: »Das wird schon. Vertrau auf die Gesetze der freien Marktwirtschaft.« Ich verstand lange nicht, was er damit meinte, und ich will beide Sätze hier als meditativen Zenspruch so stehen lassen.

Die Crux war: Ich nahm seine Nacherziehung an, weil ich fühlte, dass sie meinen Bedürfnissen für meine weitere Entwicklung entsprach; Ali lehnte meine Coachingversuche bedauerlicherweise ab – oder wenn er sie annahm, dann um gefühlte Lichtjahre langsamer. Mein Verständnis von Partnerschaft war und ist Hochgeschwindigkeit, in jeder Beziehung: Man sagt etwas, wie ein Regisseur, wie eine Lehrerin in der Schauspielschule (oder meine Mutter) –, der Partner versteht es, erkennt es als schlüssig an und setzt es – zeitnah – um. Oder er lehnt es mit einem intelligenten, durchdachten Argument ab – wofür hat man sein Hirn? Oder er sagt: *Ich werde darüber nachdenken* – schnell, klar, transparent. Nichts als graue Theorie war mein Anspruch, vor allem als Frau mit ungarischen Genen, gegen einen Mann mit Vätern aus Tadschikistan und Ahnen-Islam im mentalen Gepäck.

Ich habe Ali oft mit Diogenes, dem griechischen Philosophen, verglichen. Völlige Unabhängigkeit des Menschen von der Außenwelt und allen konventionellen Verhältnissen war ihm Bedingung der wahren Tugend. Diogenes bezeichnete sich als »Weltbürger« statt als Bürger einer Stadt, eines Landes oder eines Staates. Durch sein Leben erwarb er sich den Beinamen Kyon (Hund), den er zu seinem Vorteil uminterpretierte und als Ehrentitel auffasste. Die Philosophenschule der Kyniker sowie die Begriffe *zynisch* und Zynismus werden davon abgeleitet. Zu den Erkennungszeichen gehörten *Wanderstab, Rucksack und Essensschale*, die die Grundprinzipien des Kynismus – Kosmopolitismus, *Autarkie, Bedürfnislosigkeit und freie Rede* – symbolisieren. Als Alexander der Große zu Diogenes trat und ihm einen Wunsch freistellte, antwortete der: »Geh mir ein wenig aus der Sonne« – worauf Alexander entgegnete: »Wäre ich nicht Alexander, wollte ich Diogenes sein.« Tagsüber ging Diogenes mit einer Laterne über den Marktplatz von Athen und erklärte: »Ich suche einen Menschen.« Auf dem Marktplatz rief er dann laut: »Kommt herbei, Menschen!« Die Leute aber, die dann kamen, verscheuchte er mit den Worten: »Menschen habe ich zu mir gerufen, nicht Abschaum!«

Ich könnte meinen Exmann Ali kaum besser beschreiben: Unabhängigkeit von konventionellen Verhältnissen, Kosmopolitismus, Autarkie, Bedürfnislosigkeit und freie Rede, höchst unterhaltsamer Zynismus und die Suche nach wahrer Menschlichkeit (im Grunde wahrscheinlich auch bei sich selbst). Was Sozial- und Gesellschaftspolitik betraf, waren wir uns weitgehend einig, und ich höre ihm noch heute aufmerksam zu, wenn er Stellung dazu nimmt. Aus seinen Aussagen bei einem Telefonat kann ich zwei Kabarettnummern basteln. Wir waren uns jedoch völlig uneins, was die Wortwahl bei Diskussionen, Niveau und Lautstärke bei Streitereien, Benehmen – eigentlich die gesamte Art des Umgangs miteinander – betraf. Strolchi ließ sich von Susi nicht striegeln und keine Schleife umbinden, an Support im Haushalt war sowieso nicht zu denken. Eine Freundin nannte ihn einen *intellektuellen Proll*.

Ich schwor mir bei der Trennung, nie wieder mit einem Mann zusammenzuziehen, bei dem ich mit Grundkurs eins des emanzipierten Zusammenlebens von Mann und Frau beginnen musste (freiwillige Mithilfe im Haushalt, selbstständiges Sehen und Erledigen von nötigen Arbeiten ohne Aufforderung, Ordnungssinn und Sauberkeit und so weiter – der olle Kram eben). Aber rückblickend kann ich sagen, dass durch Ali mein Kabarett seine Form und sein Profil bekam (und damit auch ich), indem er mich stets ermunterte, die Spitzen in meinen Texten zu belassen, die Stellen, die mein Vater zu glätten versucht hät-

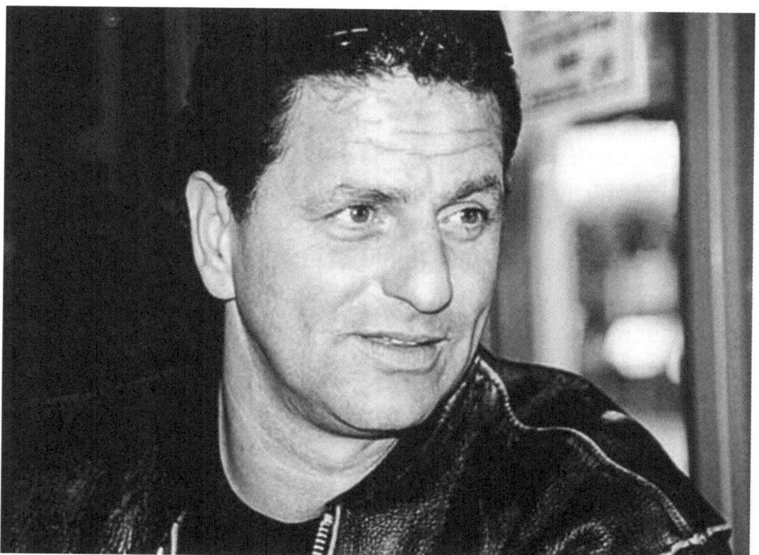

Ali Khan – Ehemann Nr. 1

te (um sie versöhnlicher und angepasster zu machen). Ali bestärkte mich als Kabarettistin zur Provokation, auch indem er selbst Provokation vorlebte, laut und wortstark war – und vor allem eines: FRECH!

Ali war unerträglich und unersetzlich.

Immer noch besteht zwischen ihm und mir ein spirituelles Band, das unzerstörbar ist, auch wenn wir wie Katz und Hund sind. Er hält meine Besserwisserei nicht aus und ich seine Arroganz nicht; ebenso wenig mag ich sein Macho-Benehmen und seine mangelnde Hilfsbereitschaft in Alltagsdingen, er wiederum verhöhnt meine oft umständliche Liebe zum Detail und mag meine Argumentation nicht hören (oder nur in sanft vorgetragenem Tone, wie Frauchen es halt tun sollen). Ich bezeichne seine bürokratische Nachlässigkeit als kriminell und reagiere zudem cholerisch, wenn er meinen Intellekt nicht akzeptiert oder mich herabsetzt – er wiederum denkt von mir, ich schätze seine Leistungen nicht. Wir empfinden jede zweite Äußerung des anderen als versteckten Angriff oder Provokation, werden uns nicht einig – obwohl wir uns in vielen Sichtweisen so nah sind – und schütteln dann verständnislos den Kopf. *Two chiefs, no Indians.* Dennoch liegt die grundsätzliche Wertschätzung der Person des anderen darunter.

Ich führe all das so akribisch an, weil es ausdrückt, was ich von meinem Lehrmeister Ali angenommen habe, was mich auch mit zu dem gemacht hat, was ich bin.

Ich habe meine Mutter einmal gefragt: »Warum zupfst du die arme Katze dauernd am Schwanz? Sie ist doch noch so klein. Willst du sie ärgern?«

»Ja«, antwortete meine Mutter. »Siehst du, wie sie jetzt tapfer faucht und mutig ausholt? Sie lernt, sich gegen den großen Hund zu wehren.«

Katze am Schwanz zupfen … Ali war quasi meine Mutter, der mich, die kleine Katze, am Schwanz zupfte, damit ich lernte, Widerstand zu leisten, anstatt die Rebellion im Vino zu ertränken, aus dem dann oft die Veritas zu später Stunde herausgeisterte, sich aber nicht manifestieren konnte. Man lernt nur nüchtern.

Im Nahkampf trainierter und praktisch angewendeter Kampfgeist, in Auseinandersetzung mit einem Macho gestählt; aufkeimende, stetig wachsende, gelebte und in der Folge bewusst gemachte Emanzipation aus Notwehr. Nicht flüchten, nicht einknicken – streitbar werden und standhalten! Mut zu beruflicher Neuorientierung und zu provokanten Aussagen.

LAUT SAGEN, WAS MAN DENKT, STREITBAR SEIN, WIDERSPRECHEN. UNGEHORSAM SEIN. Die Kämpferin in sich wecken.

Nun wird mir klar, was bei diesem denkwürdigen Nahtoderlebnis in mir gestorben ist: die Feigheit.

Der Spruch »Kein Mensch ist dein Feind, kein Mensch ist dein Freund – aber jeder Mensch ist dein Lehrer« drückt das Grundprinzip aus, das meine Mutter mir mitgab. Ich bin der Überzeugung, dass ich von jedem Menschen etwas lernen kann – ich beobachte Menschen, ich sauge Denk- und Verhaltensweisen auf, verwerte das Brauchbare, versuche, es mir anzueignen für den Fall, dass ich es nutzen kann.

Das geht nur mit Lust am Lernen und Vertrauen in sich selbst und ins Leben. Mein Selbstvertrauen war nicht groß als Kind und Jugendliche (bei wem ist es das schon?), aber meine Lebenslust und (außerschulische) Lernfreude waren immer da. Ich habe Urvertrauen ins Leben mitgebracht und es gestärkt durch Yoga (Mutter) und die philosophisch-spirituellen Unterbauten (Vater, Mutter, Bücher) – und viele Erfahrungen (auch die mit vielen Männern). Ich habe vor nichts Angst, auch der Tod schreckt mich nicht. Nur mehr aus Licht und Energie zu bestehen, hat für mich eine faszinierende Anziehungskraft.

Das Entscheidende ist, was man aus einer Beziehung für sich selbst macht, wie man sie einordnet, wertet und verwertet – was man als inneren Baustein für sich und seine Entwicklung mitnimmt, auch und gerade nach der Trennung, liebe Freundinnen. *Entscheidend ist, was hinten rauskommt,* möchte ich hier Helmut Kohl zitieren. Bei Ali und mir waren das: eine Ehe über acht Jahre, ein liebenswerter Sohn, eine wunderbare

Großmutter, die uns viele Jahre Liebe und ihre Unterstützung schenkte, vier Bühnenprogramme und viele Songs, an erster Stelle der Kultsong »Mein Mann ist Perser« (in Zusammenarbeit mit dem kongenialen Musiker und Komponisten Robert Adé, mit dem ich später viele Songs produzierte) – der Song, den nicht wenige Menschen nicht als Satire verstehen wollten, sondern als meine wahrhaftige Eins-zu-eins-Aussage.

Das ist das Los der Satire, sie wird gerne missverstanden.

Mein Mann ist Perser

Text: Lisa Fitz, Musik: Robert Adé

Ich habe vor kurzem geheiratet. Mein Mann ist Perser – mit einer bayerischen Mutter – ein bayerischer Perser aus Pasing.
Nicht nur die Freunde haben mir zur Hochzeit gratuliert, sondern auch wildfremde Menschen.

Chor: Die Typen aus dem Morgenland bescheißen uns, das ist bekannt. Und es wer'n immer mehr. Solche muss man überwachen, weil's illegale Sachen machen. Polizei muss her!

»Also – *mit Misstrauen hat des nichts zu tun, aber bei de Perser muss ma halt a bissel vorsichtiger sein, gell, ma weiß ja net … der will dann nix arbeiten und tät sie nur ausnehmen. Man hat ja eigentlich nichts gegen ihn, aber also ehrlich, a bissel anders sind's schon … scho von der Mentalität her, wissen S' … So ist er ja ganz nett, gell, aber … also, für des Madl hätt man sich schon was anderes vorgestellt. Mehr Format, net so an … Kanakencharakter.«*

Mein Mann ist Perser – ein ganz perverser,
Teppichhändler, Frauenvernascher, Fixer, Wichser, Dealer, Hascher.
Chauvinistisch, drogensüchtig, schreiben kann er auch nicht richtig. Arbeitsscheu und schwul und schlägt mich täglich mit dem Stuhl. Jawuhl!
Alle meinen's, dass ich spinne, und mein Trieb hätt' sich verirrt,

dabei ist das Leben herrlich, wenn man so verdroschen wird!
Wenn die Männer schlagen wollen, lasst sie eben schlagen. Gegen ein paar g'sunde Watschen ist doch wirklich nichts zu sagen.

Maso maso ma soll machen, was man will.
Maso maso ma soll machen, was man will.

Mein Mann ist Perser – ein ganz perverser,
Kümmeltürke, Knoblauchfresser, in der Tasche ein offenes Messer,
dauernd geil auf deutsche Weiber, wie alle die Kameletreiber.
Dreckert san's und faul, kein Hirn und großes Maul.

Alle rundherum halten's mich für dumm.
Das Klarste von der Welt, der wollt mich wegam Geld. Mein Mann ist schlank und nett und ein Ass im Bett. Er hat mich nur gekriegt, weil er mich so gut **ckt!
Jaja, unsere Ehe ist eine Lokomotive –
ich hab die Kohlen und er die Pfeife. Hahahahaha!!!

Mein Mann ist Perser – ein ganz perverser,
die Ahnen machten Menschenraub, er Rockmusik und wird bald taub und krank vielleicht, na, nicht verkehrt, weil er sich dann hier nicht vermehrt, vielleicht schon vorher stirbt und nicht das deutsche Blut verdirbt.
Was, wenn die Fangemeinde wüsst, dass meine Oma jüdisch ist?
Sie ist es nicht – sie ist viel schlimmer, a sudetendeutsches Frauenzimmer! Ja, jaa ...
Die Mutter von meinem Mann ist bayerisch, also kann man sagen, dass unser Kind viel Einflüsse gewinnt. Tschechisch, persisch, ungarisch und bayerisches fließt ein – es wird ein nur aus Liebe,
es wird ein nur aus Liebe, es wird ein nur aus Liebe geborener ...
Bastard sein.

Nepo

Mein Söhnchen ... Nepo ist der Mensch, den ich am meisten liebe – mal abgesehen von der schicksalhaften Affenliebe zu meiner Mutter, die sich aufgrund der mütterlichen Biografie und Gemütsdisposition, meiner Popularitätswehen und Ausschweifungen sowie der Moral im Wandel der Zeiten nicht in ganzer Innigkeit und in vollem Glanze hatte entfalten können und zeitlebens belastet war. Die jetzige Liebe zu meinem Wiener Maler, meinem Lebenspartner, ist auch groß, aber zwischen erwachsenen, gleichberechtigten Partnern will und muss sie sich mehr distanzieren, es redet stets die Vernunft mit, die mir nach meinem wechselhaften Liebesleben über mehrere Jahrzehnte gerne zuflüstert: »Häng dich nicht zu tief rein, irgendwann ist es vorbei ...« Männer sind naiv und romantisch, sie blenden die Vernunft aus, sie gehen fremd, aber selten ganz weg, außer man wirft sie raus. Sie finden, alles könnte für die Ewigkeit so bleiben, egal, wie es läuft. Ich sehe voraus, was passieren kann. Und ich will nicht, dass ein Status quo erhalten wird, wenn er Entwicklung hemmt oder sich das beiderseitige Wohlwollen verflüchtigt hat. Dann will ich gehen. Der Sohn jedoch bleibt immer der Sohn, er kann nie der Exsohn werden – Wohlwollen oder nicht.

Nepo hatte, im Gegensatz zu mir, bei seiner Geburt eine exzellente Poleposition: *Ich wollte ein Kind, ich wollte einen Sohn, ich war bereit.*

Ich wollte von Herzen ein Kind, weil ich das zu keiner Zeit infrage gestellt hatte. Ich wollte dies als wichtige Dimension einer Frau leben, die fehlt, wenn sie nicht gelebt wird, als Fortsetzung meines Lebens in der Nachwelt und als verantwortungsvolle Aufgabe, die ich anzunehmen bereit war.

Haus bauen, Baum pflanzen, Kind bekommen.

Ich setzte mit sechsundzwanzig die Pille ab, weil ich die Fremdhormone im Körper leid und bereit für ein Kind war – egal, zu welcher Zeit und durch wen es kommen würde, es war mir willkommen. Und ich wünschte mir einen Sohn, weil ich nicht die gleichen Probleme haben wollte wie meine Mutter mit mir. Ich wurde trotz Pillenstopp jahrelang nicht schwanger. Ich hatte auch keine Eile, keine »Uhr tickte«. Der potenzielle Vater war mir relativ unwichtig (pardon, aber so war es) – ich brauchte keine Ehe dafür, belastete das Kommen eines Kindes mit keinerlei inneren und äußeren Bedingungen oder Voraussetzungen und hatte keine Ängste vor dem Alleinerziehen, im Gegenteil.

Und es war für mich auch klar, dass ich für ein Kind niemals meinen Beruf aufgeben würde, das musste zu vereinbaren sein. So hatte ich es bei meinen Eltern und bei meinen Großeltern mit deren fünf Kindern auch gesehen.

Nun trat der Optimalfall ein: Ich hatte mir so weit die Hörner abgestoßen, und Ali – als hätte er meinen Ruf ans Universum gehört – erschien als Erfüller meiner Wünsche und Sehnsüchte. Nepo war ein Sohn, ein Sonntagskind, und Ali, das muss man sagen, steuerte nicht nur die Bereitschaft, sondern auch extrem gute Gene bei und nahm die Vateraufgabe sofort an. Er freute sich wie

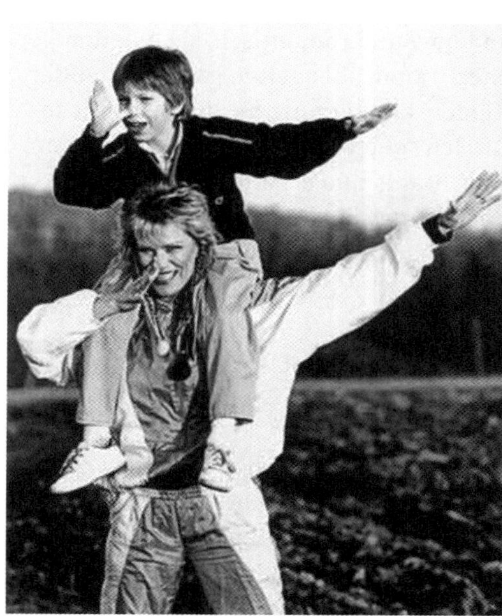

Lisa & Söhnchen Nepo

ein Schneekönig und war außer sich vor Glücksgefühl, als ich ihm einen Monat nach unserer Hochzeit im Bad den Schwangerschaftstest mit dem positiven Ergebnis zeigte. Er wurde rot vor Freude, sein Gesicht blühte auf, er küsste mich und drückte mich so fest, dass ich kaum noch Luft bekam. Das ist ein wunderbares Gefühl für eine Frau! Den entscheidungsschwachen Typen, denen bei der Schwangerschaftsnachricht ihrer Freundin oder Frau die Farbe aus dem Gesicht weicht, die mit feigen, furchtsamen, langen Gesichtern dahocken und Freude heucheln (oder nicht mal das) und den Mund in ihrer Schockstarre nicht aufbringen, weil sie hadern, dass nun ihr Leben zu Ende und die Freiheit verloren sei, denen gebührt meine ganze Verachtung.

Männer! Plant und organisiert eure Ejakulationen besser, denkt voraus, verhütet gefälligst und macht euch VORHER Gedanken über die Person, in die ihr eure Fruchtbarkeitsrute versenkt – egal, wie alt ihr seid! Wir machen das mit der Pille auch. Ab sechzehn weiß jeder Bursche, dass beim Verkehr ein Kind rauskommen kann. Nachher jammern oder abhauen, nicht zahlen wollen, sich aus der Verantwortung schleichen ist extrem unfähig und feig.

Ali umarmte und küsste auch voller Glücksgefühl den Arzt, Dr. Hefner, der Nepo dann später zur Welt brachte. Der, weil er so etwas noch nie erlebt hatte, lief rot an und stand recht verdattert da. Auch für unseren wackeren Doktor war das ein Glücksgefühl.

Nepo kam nach neun Monaten mit Standardgewicht auf die Welt, die Geburt verlief ohne große Besonderheiten – abgesehen davon, dass eine Geburt für jede Frau *das besondere Ereignis* schlechthin ist. Und sehr schmerzhaft. Ich setzte mich damals in der Klinik auf die Toilette des Krankenzimmers und wollte nicht mehr von da weg. Ich fand, es sei der beste Ort, um zum Gebären so zu sitzen. Das ließ man nicht zu, und ein Gebärstuhl war nicht geplant, also zurück ins Bett.

Alle nervten. Ali wollte als Beschützer zärtlich meine Hand halten, weil er sich in Gedanken vorgestellt hatte, seine zerbrechliche Frau brauche seine Unterstützung.

»Geh weg!«, stieß ich aggressiv hervor. »Ich kann das nicht haben!«

Armer Ali … Einsam tigerte er im Krankenhausflur auf und ab und kam sich nutzlos vor. Drinnen lag seine Frau wie ein Stück Vieh auf der Schlachtbank, ein kleines Blutrinnsal rann aus ihr hervor, und sie stieß dumpfe Schmerzenslaute aus. Wehen fühlen sich an wie eine hundertfache Extremblähung, wie überdimensionale, nicht auszuhaltende Bauchkrämpfe – und es gibt kein Entrinnen. Es kann ja keine Luft entweichen, sondern das die Öffnung schier sprengende Kind muss raus! Kurz vor dem Finale bat ich den Arzt um einen Wehenblock.

»Ich kann nicht mehr – gebt mir irgendwas!«, flehte ich.

Gut, Wehenblock. Der war aber etwas zu früh gesetzt, sodass die Wehen zu kraftlos wurden, Dr. Hefner musste jetzt ein wehentreibendes Mittel spritzen, ein Hin und Her.

Um meine Kraft zu provozieren, herrschte mich der Arzt an: »Das ist kein Urlaub, Lisa, das ist ARBEIT, HARTE ARBEIT!!«

»Kruzifix nomoi nei!!!«, entfuhr es mir, und ich fluchte wie ein Fuhrknecht laut vor mich hin. Mit so viel Schmerz und solch übermenschlicher Anstrengung hatte ich nicht gerechnet. Ich drückte und presste, was das Zeug hielt.

Irgendwann riefen sie: »Der Kopf, der Kopf … es kommt!!«

Nach fünf Stunden war Nepo da, und ich betete, der liebe Gott möge mir meine Kraftausdrücke nachsehen.

»Wollen Sie ihn baden?«, fragte die Hebamme Ali, und der hatte schreckliche Angst, ihn fallen zu lassen.

Die Entscheidung zwischen *Benedikt*, *Dominik* und *Nepomuk* fiel auf Nepomuk. Ein altbayerischer Name. Er geht zurück auf einen Heiligen aus dem 14. Jahrhundert: Johannes von Nepomuk, entstanden aus »Johannes ne Pomuk« – das bedeutet »aus Pomuk«, einem Ort im tschechischen Böhmen. Womit wir wieder beim Herkunftsland meiner Mutter wären.

Nepos Kopf hatte nach der Geburt eine seltsam längliche Form, die sich über Tage hielt, sodass Ali und ich, jeder heimlich für sich, befürchteten, Nepo könne vielleicht einen Dachschaden haben. Ich hatte noch dazu ein fürchterlich schlechtes Gewissen, weil ich während der Schwangerschaft doch einige Male geraucht und des Öfteren ein paar Gläser Wein getrunken hatte. Die Befürchtungen erwiesen sich gottlob als haltlos, die längliche Form war durch das Pressen des Babys durch den Geburtskanal verursacht worden, weil der Kopf eines Neugeborenen weich und zäh zugleich und durch Druckeinflüsse verformbar ist.

Nepo wurde ein fideles, gut gelauntes, waches Kerlchen mit sonnigem, heiterem Gemüt. Oma Maria, die Mutter meines Mannes, entpuppte sich als Glücksfall und wahres Goldstück. Sie liebte ihren (ersten) Enkel und »Thronfolger« nicht nur über alle Maßen, sondern betreute ihn aufopfernd und nahm ihn zu sich, wenn ich auf Tour musste. Natürlich verwöhnte ihn die Oma mehr als die Mama, das musste ich akzeptieren. Wenn sie ihn zur Schule brachte und abholte, wartete sie auch an kältesten Wintertagen geduldig, bis der ständig verspätete Juniorprinz endlich in ihr Auto stieg, da nutzten all meine Moralpredigten nichts. Und nach dem letzten unserer zahlreichen Umzüge chauffierte sie ihn eineinhalb Jahre täglich in seine fünfundzwanzig Minuten entfernte Volksschule und holte ihn mittags wieder ab, weil die Lehrkräfte dort fürsorglicher mit den Schülern umgingen und einfühlsamer waren als die Lehrer der näher gelegenen Volksschule. So konnte er auch bei seinen Spezln bleiben und wurde nicht aus seinem Umfeld gerissen. Erst mit dem Eintritt ins Gymnasium musste er die Schule wechseln. Die Unruhe unseres etwas unsteten Künstlerlebens mit wechselnden Au-pair-Mädchen und liebenswerten Nachbarn wurde also durch die herzensgute Oma Maria als fester Bezugsperson aufgefangen.

Im Gegensatz zu mir und Ali war Nepo all die Schuljahre ein fleißiger Schüler mit sehr guten Noten. Er lernte bis zum Abitur ohne Probleme, leicht und *freiwillig*, was uns große Rätsel aufgab.

»Von mir kann er das nicht haben«, sagte Ali, »von dir auch nicht. Nur von den Großeltern!«

Nepo kam mittags nach Hause, legte Wert darauf, dass man ihn *nie nebenbei*, sondern *aufmerksam* begrüßte, umarmte und willkommen hieß (täglich) und ihn nicht übersah. Wir aßen zusammen zu Mittag, dann stand er auf und sagte: »So, ich mach jetzt meine Hausaufgaben.« Immer wieder saß ich verblüfft da und guckte ihm verständnislos nach. Kein Anmahnen, kein Antreiben, nichts. Wäre ich nicht die Mutter gewesen, hätte ich ihn für ein Kuckucksei gehalten, so fremd war uns sein strebsames Verhalten und leichtes Lernen. *Nur nicht dran rühren,* dachte ich immer, *sag nix Falsches, Lisa, sonst ist das vielleicht weg.*

Man könnte nach meinen Schilderungen meiner Jugend und meines wilden Lebens vermuten, ich sei eine flippige oder gar nachlässige Mutter gewesen, die gerne die Verantwortung abschob. Das war nicht der Fall, im Gegenteil.

Ich habe ein Faible für Psychologie (mein Wunschstudium Nummer zwei nach der Schauspielschule) und Pädagogik, hatte meinen Erich Fromm, alle Philosophen und sämtliche Standardwerke über Erziehung und Entwicklungspsychologie gelesen und eine gute Vorbildung durch meine Mutter. Ich war gewappnet und gut vorbereitet. Es machte mir Spaß, mit einem Kind umzugehen, es zu fördern, es zu erziehen. Als er noch ein Baby war, hängte ich ihm täglich wechselnde große Buchstaben über seine Wiege, damit er früh ein Verhältnis zu Schrift und Sprache entwickeln konnte, las ihm viele Geschichten vor und spielte ab und zu auch *Löwe und Hase*, wobei ich immer der Hase sein musste, den der Löwe jagte und dann fraß. (Im echten Leben war eher ich die Löwin, die ihr Junges bis aufs Blut verteidigt hätte!) Ali rangelte und raufte viel mit ihm und war für den Spaß zuständig. Nepo wuchs also mit seinen täglich mehrstündig heftig diskutierenden und musizierenden Künstlereltern auf, die einige Male umzogen, und hatte acht Jahre lang eine turbulente, aber funktionierende Familie. Und es beruhigt mich, dass die Prägung hinsichtlich Familie laut gängigen psychologischen Erkenntnissen mit acht Jahren zum Großteil abgeschlossen sein soll. Dennoch plagte mich zuweilen ein schlechtes Gewissen wegen meiner tourbedingten, häufigen Abwesenheit, und bei einem Spaziergang durch unser Wäldchen fragte ich meinen damals siebenjährigen Nepo:

»Wenn die Mami nicht so oft weg wär, gell, das wär schön?«

Er schwieg und stapfte klein vor sich hin. Dann sagte er mit philosophischer Weisheit: »Aber dann gäb's ja gar keine Sehnsucht mehr ...« Und sah mich verschmitzt an. Die Mutter schmolz dahin.

Dann ließen Ali und ich uns scheiden.

Ich versuchte Nepo in vielen Gesprächen, mich rechtfertigend, zu erklären, warum die Trennung sein musste, dass ich seinen Vater liebte und schätzte, ihn auch nicht schlechtreden wolle, dass aber ein Zusammenleben nicht mehr möglich sei und, und, und ... Bis Nepo irgendwann sagte: »Ich hab's schon lang begriffen, Mami, hör jetzt auf damit.« Er sah vor sich hin. »Wenn du dauernd weiter drüber redest, tut das nur weh.«

Ich musste das akzeptieren, und mir tat es weh, ihm das zumuten zu müssen. Wir unternahmen alles, um seinen Kontakt zum Vater lebendig und konstant zu halten. Nepo hatte nach einer Übergangszeit nun eben zwei Familien – oder drei, wenn man die Großeltern väterlicherseits, Opa Hans und Oma Maria, dazuzählte. Einfach war es trotzdem nicht für ihn, auch wenn alle ihn liebten. Und für uns auch nicht. Seine Schulzeit und Pubertät verlief ohne Zwischenfälle, einmal schlug er sich zwei Zähne im rutschigen Bad aus (ein Drama!), die überkront werden mussten, ansonsten war die See im Kinderland ruhig.

Wir machten viele Reisen mit ihm, die erste Bergwanderung, als er zwei Monate alt war, in Korfu tuckerten wir auf einem Motorrad zwischen Rosmarin und Salbei, Thymian und Oregano die Serpentinen der Olivenhaine hoch, er als Fünfjähriger auf meinem Rücksitz, in Venedig brachte ich ihm zwischen den Gondeln der Rialto-Brücke und den Vaporetti im Canal Grande bei, wie man Tickets löst, sich nicht übers Ohr hauen lässt, wie man die Organisation des Reisegepäcks bewältigt und wie man als Zehnjähriger ein guter Reisebegleiter ist und kein nölender Sohn, und mit dreizehn durfte er das erste Mal im Wohnmobil mit mir die USA erkunden.

Seine Pubertät zeigte sich vorwiegend im Wechsel von Frisuren und Haarfarben. Als ich mich endlich an den feuerroten

Irokesen gewöhnt hatte, kam er in Stahlblau, und ich sagte seufzend zu ihm: »Eigentlich war das Rot doch ganz schön …«

Nach zwei Wochen war dann ein frisches Grasgrün dran. Wir ließen das vorüberziehen, und ich hielt es aus. Ich erklärte ihm nur: »Du musst wissen, dass die Mitmenschen auf dein Outfit und deinen Style reagieren. Wenn du also befremdliche Blicke wegen deines roten Iros bekommst, musst du es aushalten, auch, dass die Leute an der Tankstelle nicht so nett sind wie früher.«

Er verstand das und war den Leuten nicht gram – und irgendwann waren die wilden Farben verschwunden. Ich fand Alleinerziehen zu jeder Zeit schön und stressfrei. Meiner Meinung nach gibt es in einer Ehegemeinschaft mehr Streitigkeiten wegen der Erziehung als Probleme beim Alleinerziehen. Als Nepo elf Jahre alt war, sprachen wir lange über das Rauchen: »Du wirst es *nur mal ausprobieren* wollen – und dann wirst du es nie mehr los. Es bringt nichts. Deine Kumpel werden wieder und wieder versuchen, dich rumzukriegen und dauernd sagen, dass du ein fader Spielverderber bist. Lass dich nicht von dem Geschwätz beeindrucken.«

Ich machte sie nach und führte vor, wie sie argumentieren würden. Sie sagten später genau das Gleiche, und somit war ich, die ich es zwei Jahre vorher vorausgesagt hatte, für Nepo eine Art stimmiges Orakel. Er vertraute mir weiterhin und spaltete sich unter Gruppendruck nicht von mir ab. Bis heute raucht er nicht.

»Es gibt in unserer Familie eine gewisse Disposition für den Rausch«, erklärte ich ihm. »Die Fitzens feiern gern. Und die Raffays haben eine ostische Seele, urgroßmütterlicherseits gibt es eine Disposition zur Gemütsschwere … Einige sind suchtanfällig. Ich weiß nicht, wie sich das bei dir auswirkt und wie dein Körper auf Genussgifte reagiert. Besser, du bleibst wachsam.«

Nepo hörte sich das alles aufmerksam an.

Mit zehn bekam er Klavierunterricht, der ihn in der Klassik und in seinem spielerischen Können erst einige Jahre später bei Lehrerin Evelyn Köszegy künstlerisch explodieren ließ. Christopher Rockyngham, mein Musikerkollege, animierte ihn dann zum Rock 'n' Roll und eröffnete ihm damit neue Musikwelten.

»Klassik ist okay«, meinte er, »aber mit Rock 'n' Roll kriegst du die Mädels.«

Das genügte. Nepos Lernerfolge waren spektakulär.

Mit fünfzehn wollte er unbedingt in den Schüleraustausch.

Die USA bedeuteten für ihn Wohnmobil, Abenteuer, Roadmovie, Sonnenaufgang und Spiegeleier am Grand Canyon, Blues-Kneipen in L. A., Yosemite Park und Steine werfen am Lake Tahoe, dem tiefblausten See der Welt, unter dem die Indianer magische Naturkräfte vermuten und in dem ein kryptozoologisches Seeungeheuer namens Tessie leben soll. Doch beim Schüleraustausch in die USA bekam er – nach der Scheidung seiner Eltern – den zweiten Riss in seiner jungen Seele. Er geriet in eine amerikanische Familie, die sehr streng, lieblos und unnachsichtig war und die orakelte, wenn man fluche, komme man in die Hölle. Als Sohn einer Kabarettistin für solche Unsinnigkeiten zu aufgeklärt, fühlte er sich dort sehr einsam, und in der Highschool nahmen die Schüler Deutsche nicht sehr herzlich in die Gemeinschaft auf.

Der USA-Aufenthalt war für ihn letztendlich lehrreich und ein wichtiges Kapitel, von großem Wert für seine Zukunft, aber doch eine herbe Enttäuschung für das noch zarte, beeindruckbare Gemüt eines fünfzehnjährigen Buben, der am Piano den Blues lernen wollte und ihn in der Seele bekam.

»Du kannst sofort alles abbrechen, wenn du willst – und heimkommen!«, rief ich geschockt ins Telefon über den Atlantik, als er mich aus den USA anrief und mir mitteilte: »Ich bin jetzt gerade bei meinem Betreuer. Die Familie hat mich gestern rausgeschmissen, weil der blöde Betreuer ihnen gepetzt hat, dass ich sie völlig unmöglich finde. Ich weiß jetzt auch nicht, wo ich hin kann und ...« Er redete und redete, und mein Herz stand dabei fast still.

MEIN SOHN TAUSENDE VON KILOMETERN ALLEIN IN DEN USA – UNGLÜCKLICH UND OHNE FAMILIE! Ich wollte sofort rüberfliegen.

»Nein, lass mal, wir bekommen das schon hin ...«, murmelte er.

Es regelte sich Gott sei Dank innerhalb weniger Tage. Er bekam eine neue Familie zugeteilt, die allerdings nicht auf einen Austauschschüler vorbereitet war und in der es allerdings nicht wesentlich liebevoller zuging.

»Du kannst jederzeit heimkommen«, sagte ich noch einmal und nun etwas ruhiger. »Aber ... du musst dir überlegen, ob du dann mit dem Gefühl weiterleben willst, du hast das nicht geschafft.«

Er blieb. Und als ich ihn nach einem halben Jahr um die Weihnachtszeit herum besuchte, fand ich einen aufgelösten Nepo vor. Zwischen Tränen, Freude und allen nur denkbaren emotionalen Berg- und Talfahrten gab er nur mehr unartikulierte Laute von sich wie ein ausgesetztes Hündchen, das nach langer Zeit wiedergefunden wird. Er saß während der ganzen Taxifahrt zu den Gasteltern eng an mich gedrückt und wollte meine Hand nicht mehr loslassen. Ein Augenblick, der eingebrannt in meine Seele bleibt.

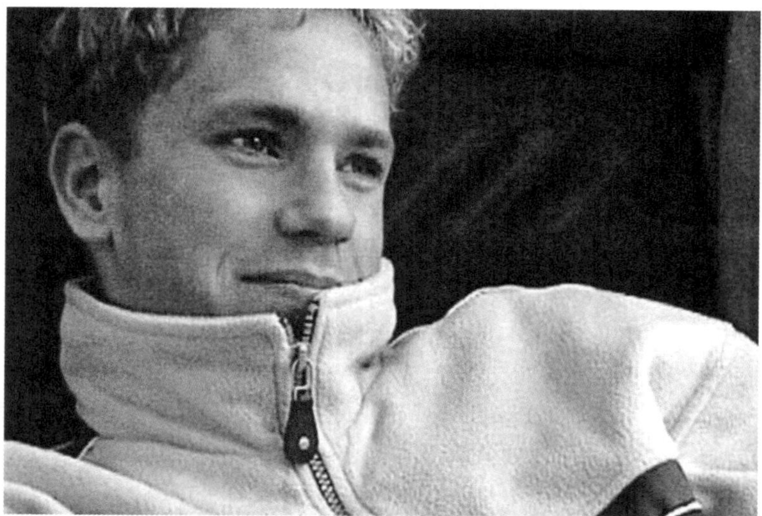

Nepo Fitz

Ich glaube, der Schüleraustausch war sein erster großer Schritt zur Mannwerdung – eine Enttäuschung, gemessen an seinem großen Amerikatraum, aber er hat sie mannhaft gemeistert. Er hat nicht aufgegeben, sondern das Unternehmen mit Erfolg abgeschlossen. Und irgendwie brachte er seine Pubertät im Austauschjahr hinter sich, ich jedenfalls bekam davon all die Jahre nichts mit.

Nach seiner Rückkehr aus den USA wusste er jedoch lange Zeit nichts mit sich anzufangen. Er machte das Abitur mit einem guten Notendurchschnitt, danach war Flaute. Er wollte sich zu keinem Studium entschließen, nicht mal eine Richtung einschlagen, keinem klaren Weg folgen, er hatte kein Ziel.

Nepo entfaltet sich bestens, wenn er eine Aufgabe und eine Gemeinschaft hat, er ist kein einsamer Wanderer wie ich, er ist ein Teamplayer. Konkurrenzdruck ist für ihn eine Herausforderung.

»Vielleicht ist es ja meine Bestimmung, nicht zu wissen, was ich will …«, philosophierte er dann eines Tages seltsam verschraubt vor sich hin.

»Aber nicht auf meine Kosten«, entgegnete ich energisch. »Du kannst nicht hier im bäuerlichen Anwesen in Niederbayern rumsitzen und jahrelang *nicht wissen, was du willst.*«

Es ist nicht leicht, als kleines Bäumchen unter einem großen Baum aufzuwachsen, der lange Schatten wirft. *Lisa Fitz* hier, *Lisa Fitz* dort, schräge Medienberichte, erfolgreiche Powerfrau, Alleinstellung als Kabarettistin … Es gibt viele Fälle, in denen sich ein Promi-Kind nicht gut entwickelt, vor allem, wenn die tägliche Anwesenheit und das Regulativ einer männlichen Identifikationsfigur fehlen. Aber was sollte ich tun – es war nun mal so.

Ich machte ihm ein Angebot, das nächste Kabarettprogramm mit mir gemeinsam zu spielen, als gleichwertiger Partner. Er überlegte sich das lange und gut, dann sagte er zu. Wir setzten einen rechtmäßigen Vertrag auf, und er bekam eine Gage, die sich während der Laufzeit kontinuierlich steigerte. Das Programm hieß »Alles Schlampen außer Mutti« und wurde ein voller Erfolg. Die Zuschauer liebten uns. Sie fanden es geradezu

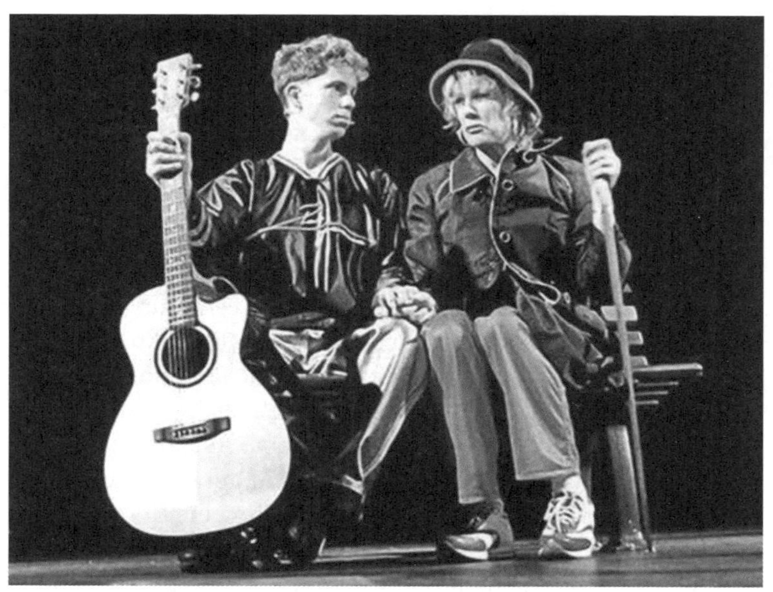

»Alles Schlampen außer Mutti!« – Nepo & Lisa (als Omi)

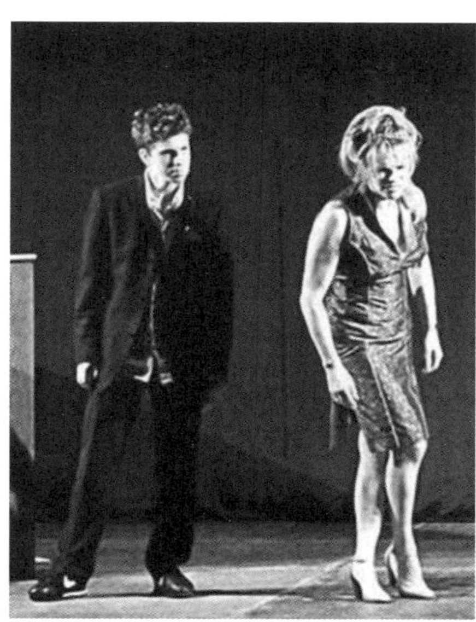

Nepo & Lisa on Stage

hinreißend, Mutter und Sohn so kreativ und so einig, aber doch kritisch gemeinsam agieren zu sehen. Sie fühlten sich angesprochen und ausgesprochen, verstanden. Der provokative Titel basierte auf einem alten Männerspruch, einer Zote, und das Programm beschrieb mit witzigen und tiefsinnigen Texten und Songs Freud und Leid des Mutter- und Sohn-Daseins sowie das Verhältnis untereinander.

Nepo meisterte das wirklich grandios, und ich zog den Hut vor ihm. Nun ernteten wir – er und ich – die Früchte der vergangenen Jahre, als er so oft meine Texte abhören musste. Er hatte das Procedere intus, wie ein Text sich entwickelt, wie er gesprochen wird, wie er Teil des Vortragenden wird und irgendwann authentisch klingt, nicht wie eingelernt und aufgesagt, sondern wie im Augenblick des Vortrags erdacht. Nepo lernte den ellenlangen Kabaretttext zuverlässig auswendig wie eine Maschine, als hätte er das Textlernen seit Geburt im Blut, spielte drei Jahre so gut wie fehlerfrei und stemmte diese verantwortungsvolle Aufgabe wie ein Atlas. Wenn man ihm ein Ziel vorgab, erreichte er es. Schon bei meinem Programm »Kruzifix« hatte er eine Rolle als Erzengel und Musiker übernommen, das war sein Einstand gewesen. Muttern hatte damals mehr Angst als der Sohn, der mit hochroten Backen wie im Fieber als Erster auf der Bühne das Intro solo intonieren musste – auch ein Bild, das mir für immer in Erinnerung bleibt.

Aber die Gefahr ist, dass die Kritiker schreiben: *Na ja, jetzt muss der Sohn halt auch protegiert werden, aber an die Mutter kommt er nicht hin.* Doch Nepo war ein gleichwertiger Partner. Bald spielte er besser Klavier als ich Gitarre, verlor seine etwas hölzerne Interpretation und physische Sperrigkeit, die er anfangs auf der Bühne hatte. Er spielte sich frei, erntete großen Applaus und entlastete mich zudem auch noch bei der »Arbeit«.

Nepo die »Rampensau« war geboren.

Allerdings änderte sich viel in dieser Zeit. Im Herbst 2002, dem Jahr der Premiere von »Alles Schlampen außer Mutti«, zog Peter, bis dato Verkaufsleiter bei Harley Davidson in Wien, dazu noch Illustrator, Comiczeichner und Maler, bei mir ein und wurde mein neuer Lebenspartner. Gleichzeitig hatte mich Nepo als Coach, Texterin, Regisseurin, Bühnenpartnerin, Tourkollegin und last, not least Mutter zu verdauen. Ein bisschen viel Mami Lisa.

Auszug aus »Alles Schlampen außer Mutti!«

Die Mama ist Alpha und das Omega im Leben eines Menschen. Natürlich nicht nur positiv. Der Satz *Du bist wie deine Mutter!* kann eine monatelange Ehekrise auslösen. Mütter sind ja auch Kontrollmonster, Dominas, Jammerlappen, böse Königinnen oder Superglucken! Und Mutterliebe ist oft so, wie wenn sich ein Riesenhuhn auf ein Küken setzt. Weil es nicht gecheckt hat, dass das kein Ei mehr ist. Aber gibt es etwas Existenzielleres als Mutterliebe? Schon das Wort »Mama« ... – Welche Gefühle löst das aus! L'amore de la mamma!

Es gibt nur eine Mutter, eine Mama... auch wenn sie nervt wie Sau!

Und woran denkt man bei »Mama«? An Liebe, Wärme in warmen Armen, Wurstbrote, Happi-Happi, Geborgensein, Gute-Nacht-Geschichten von kleinen weichen Tieren, etwas, das nie wiederkommt in der kalten, harten Welt der Erwachsenen, in dieser frostigen, einsamen Welt, wo der eisige Wind des Geldes und des Krieges weht, etwas, das verloren ist für alle Zeiten und nur hier drinnen weiterlebt – die Kindheit.

Die Zeit war reif, dass der Vogel das Nest verließ. Ein Disput im VW-Bus ist mir in Erinnerung. Die Diskussion mit meinem nunmehr einundzwanzigjährigen Sohn hatte sich heißgelaufen, der Kulminationspunkt nahte:

Nepo *(schreit)*: Ich muss weg von dir, ich muss hier raus! Ich denke nur mehr, was *du* denkst, ich sage, was *du* sagst, alle meine Gedanken im Kopf sind deine!!

Lisa: Aber wieso schreist du denn so?

Nepo: Weil ich jetzt schreien muss! Ich muss ausziehen, ich muss weg von dir!!

Lisa: Himmel noch mal, dann mach's doch, dazu musst du mich doch nicht so anschreien!

Nepo: DOCH!! ICH MUSS DICH ANSCHREIEN, SONST MACHE ICH ES NICHT!

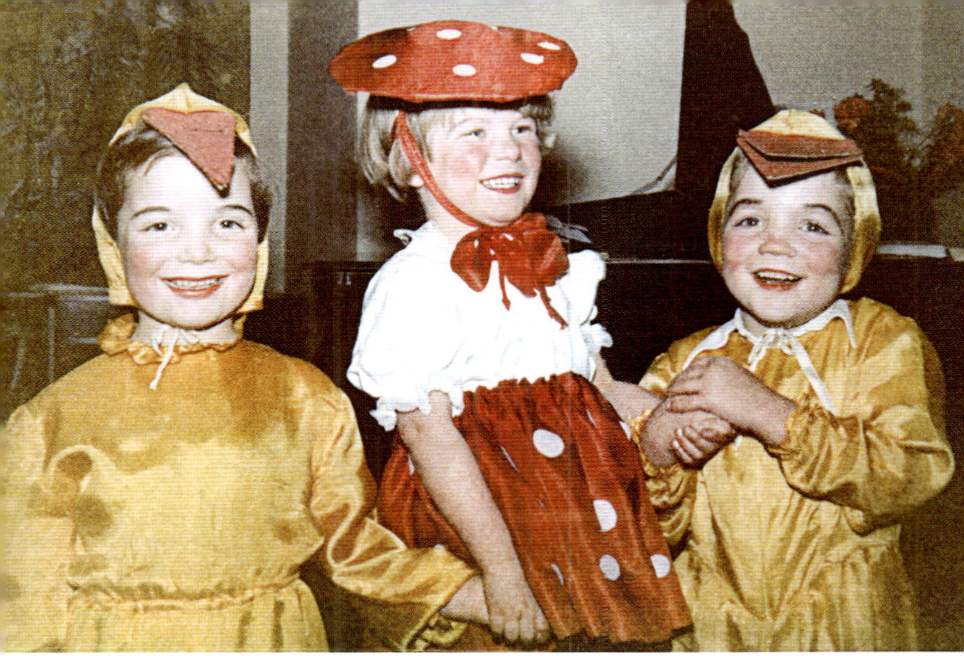

Cousine Petra
Lisa & Cousin Thomas
im Fasching

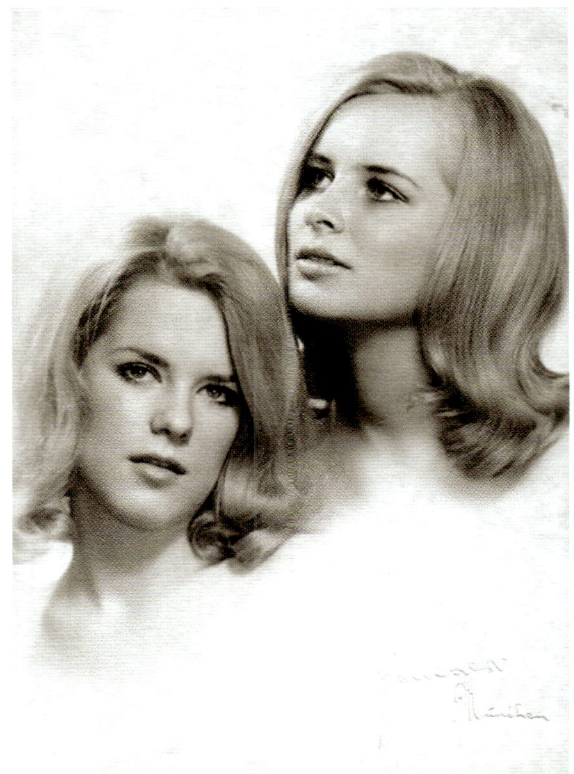

Mona & Lisa
im 16 Jahren

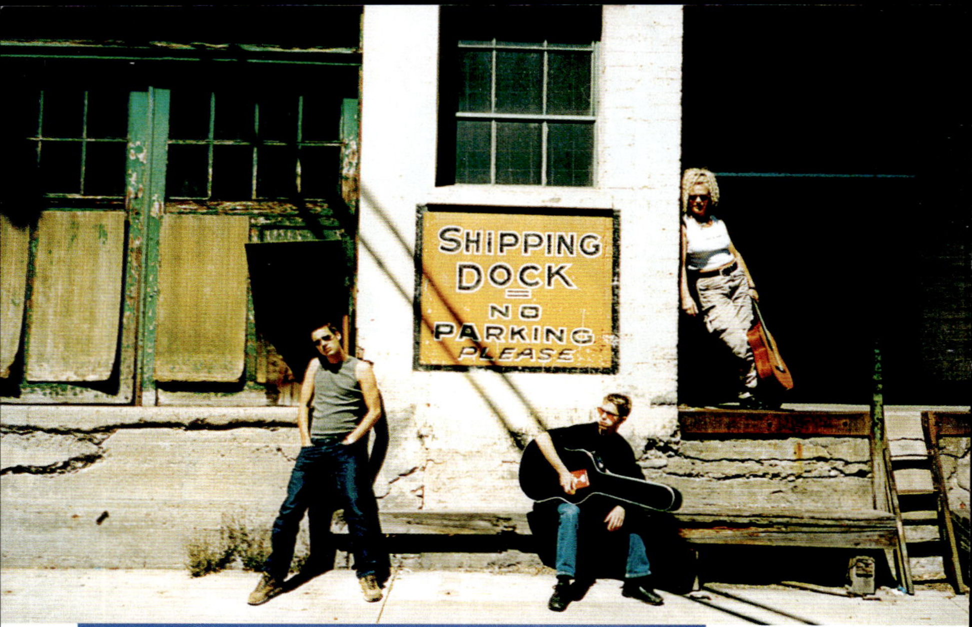

*Florian,
Nepo & Lisa
in den USA*

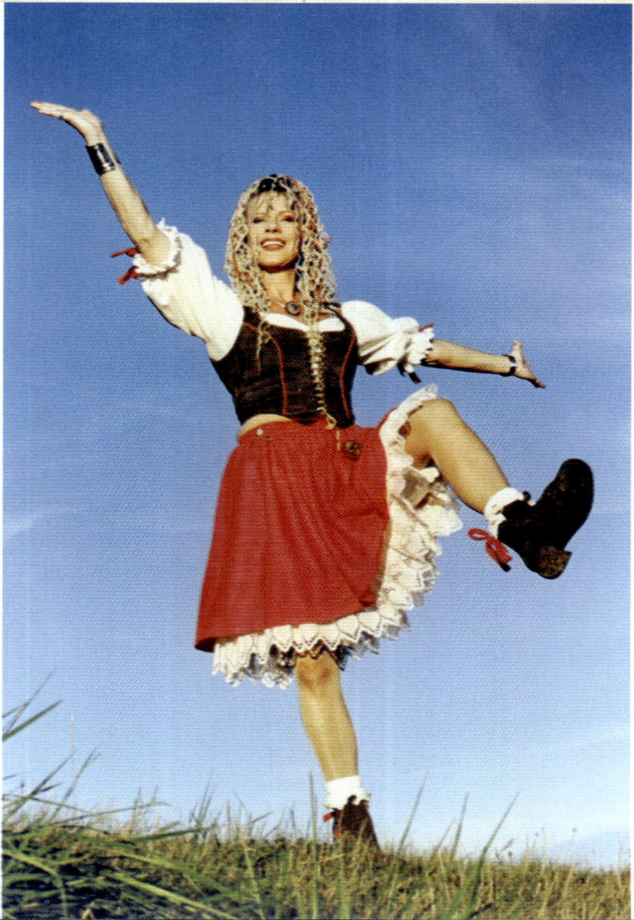

*»Herzilein«
(Bühnenstück,
1997)*

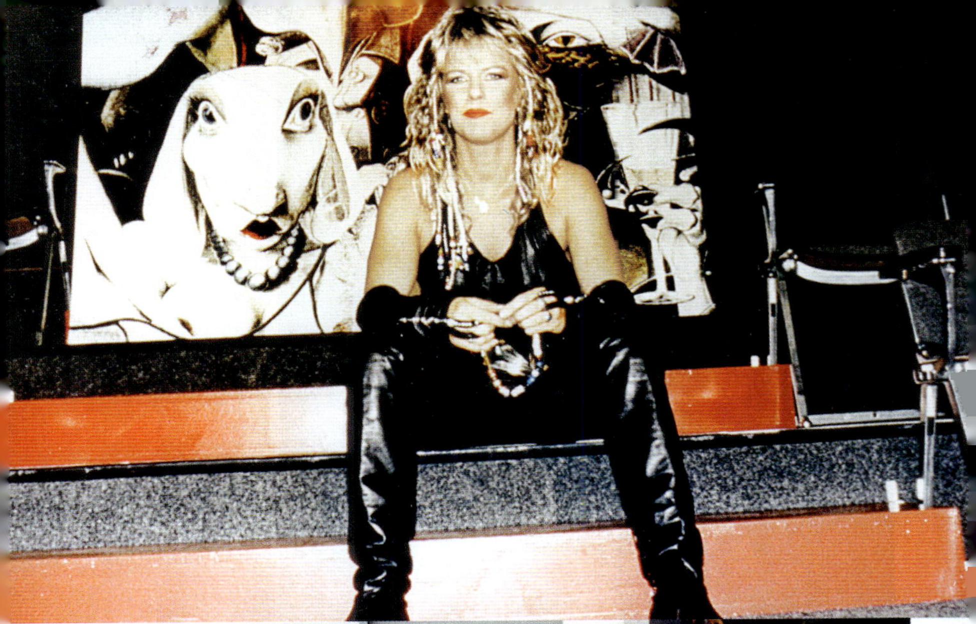

»Ladyboss«
(1987)

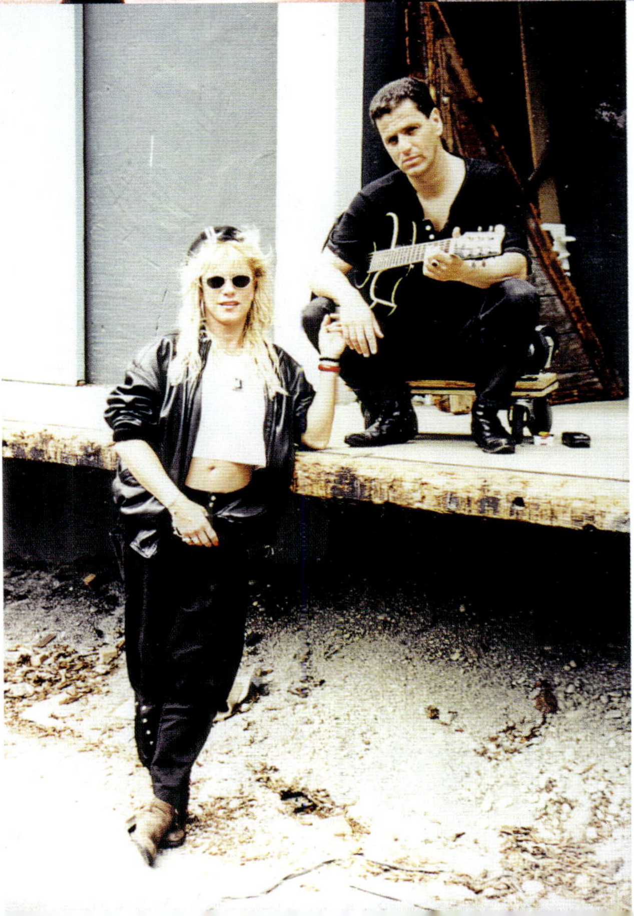

Lisa & Ali
(1992)

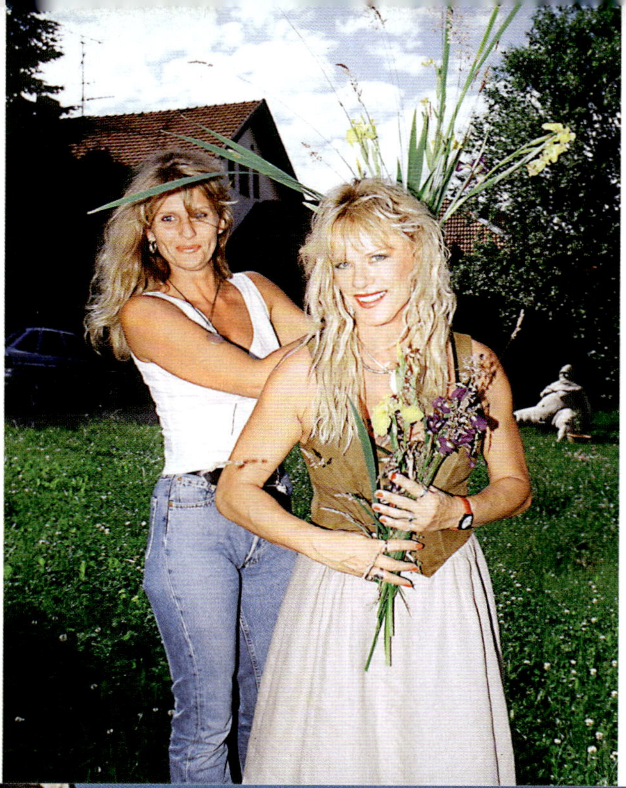

Lisa & Karin Winkhart (1990)

Berggipfel mit Musiker Werni & Ali (1993)

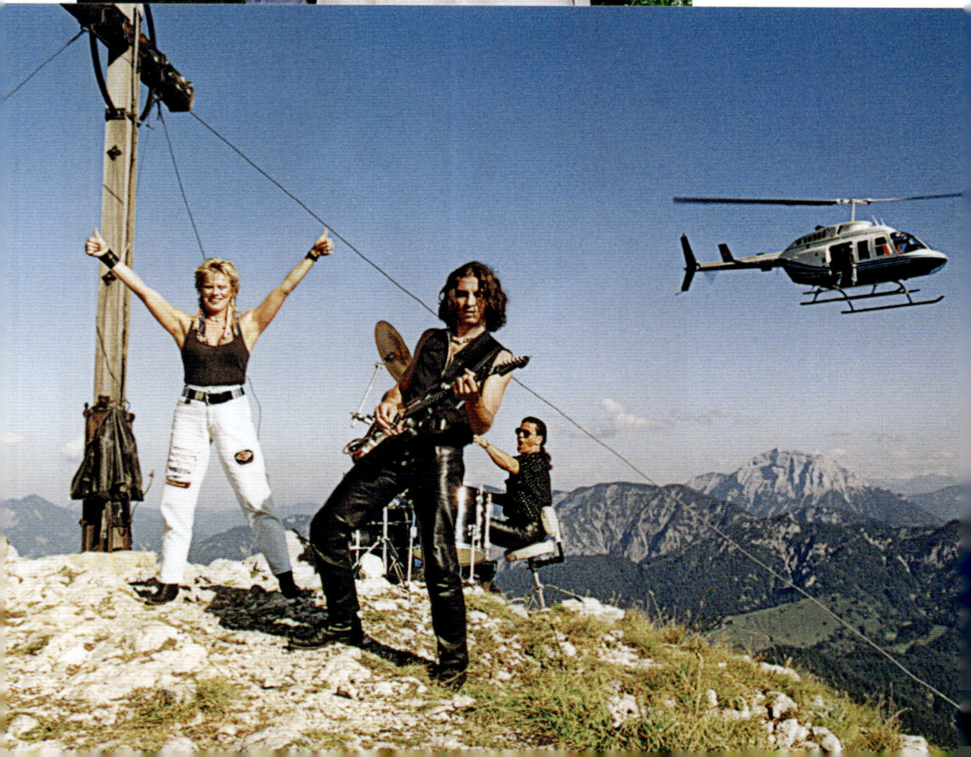

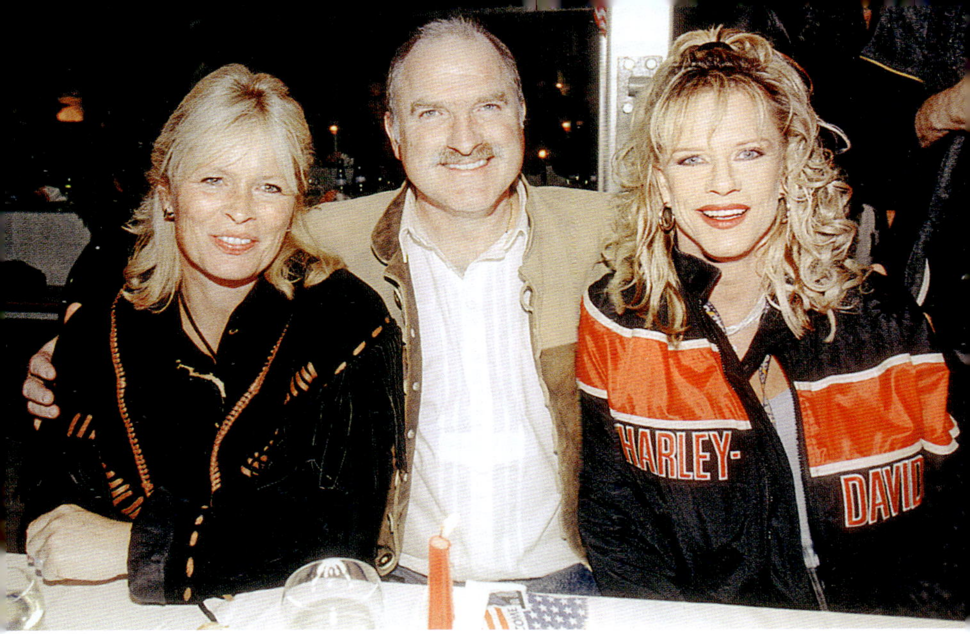

Mona & Bernd Helfrich, Lisa

Lisa mit Harley (2000)

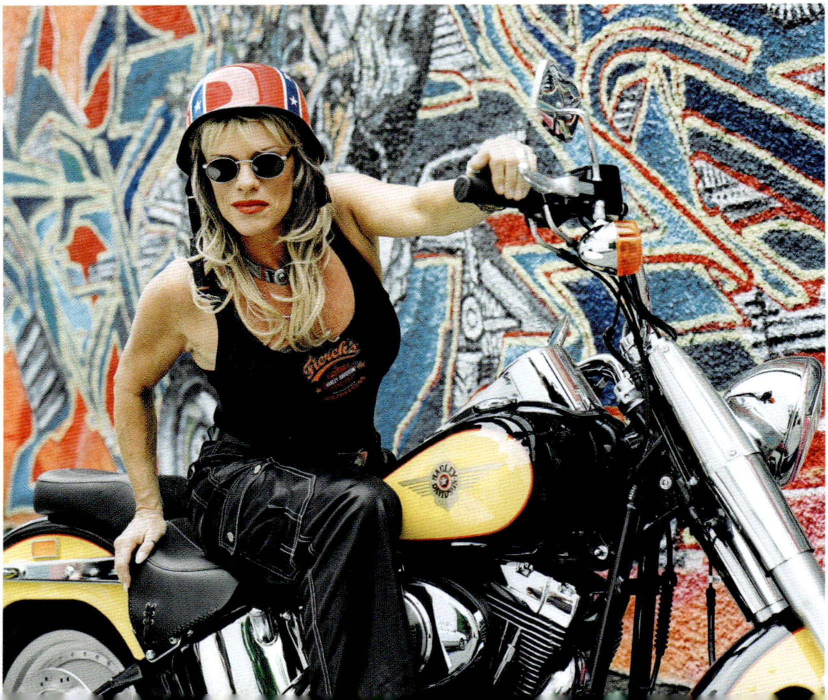

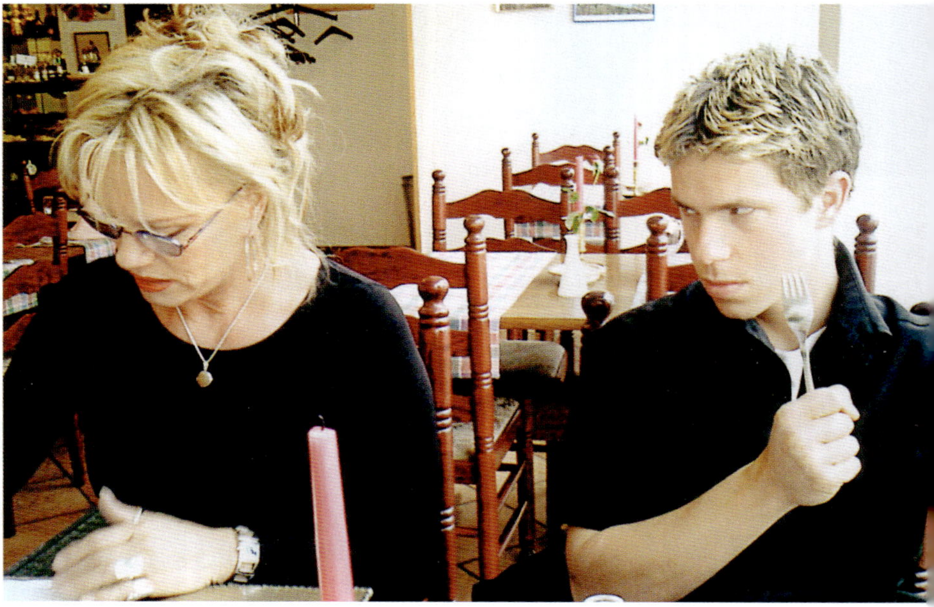

Mutti & Sohn on Tour: Textprobe beim Frühstück (2002)

Mamis 80. Geburtstag: Ali Khan, Oma Maria, Molly Fitz, Lisa, Nepo (2003)

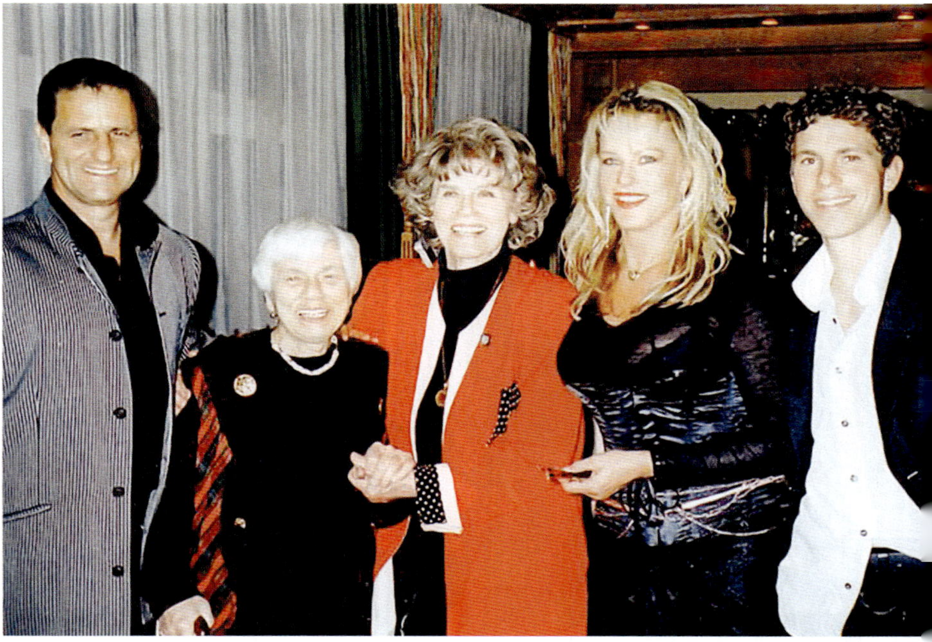

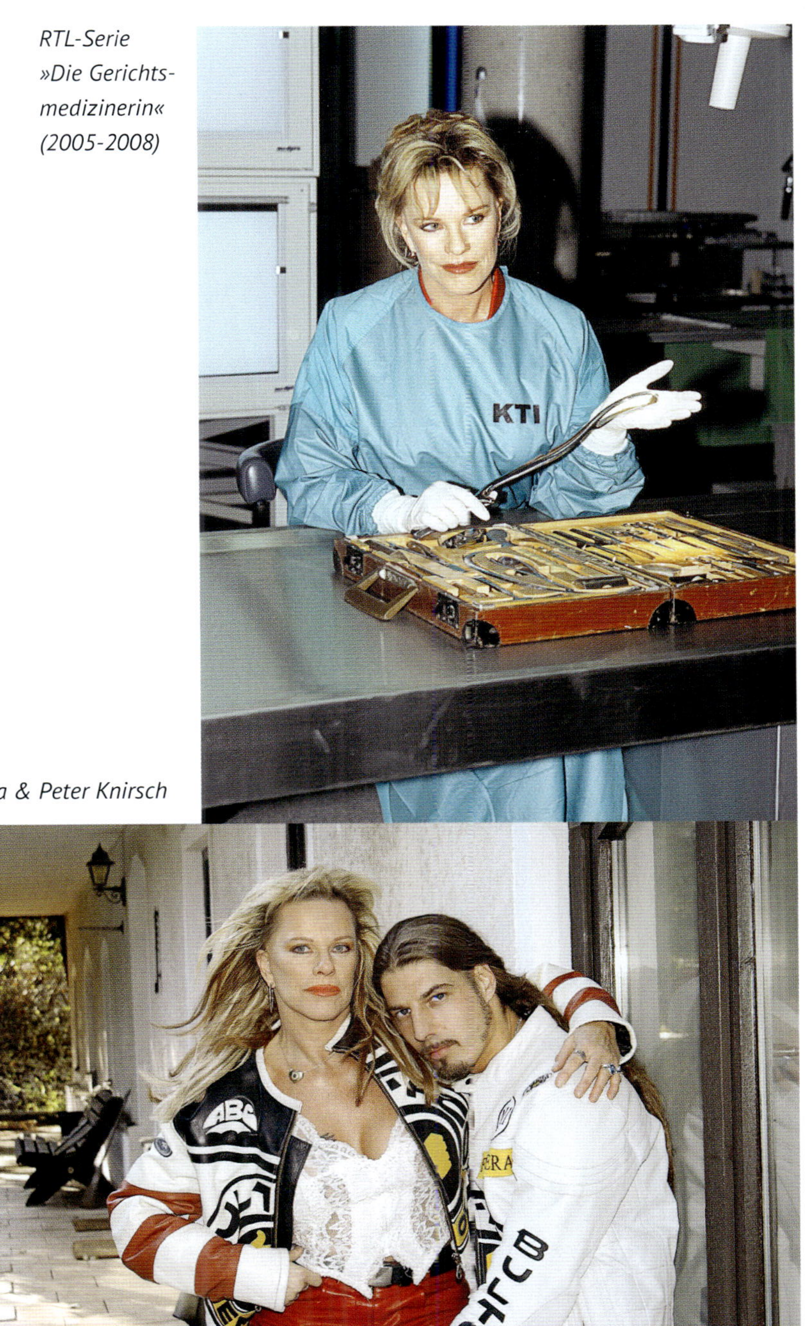

RTL-Serie »Die Gerichts-medizinerin« (2005-2008)

Lisa & Peter Knirsch

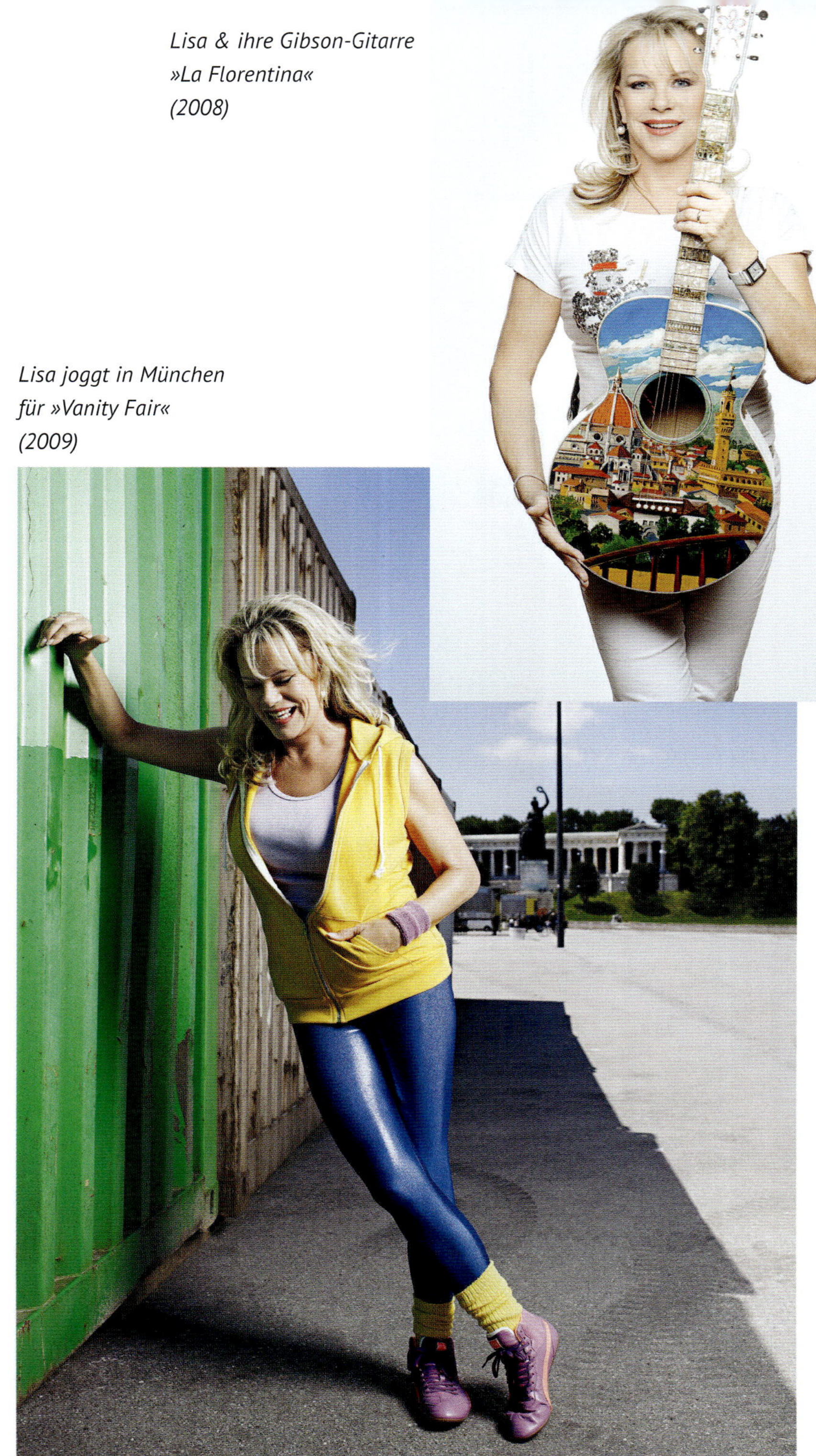

Lisa & ihre Gibson-Gitarre
»La Florentina«
(2008)

Lisa joggt in München
für »Vanity Fair«
(2009)

Die Auseinandersetzung und sein Auszug waren so etwas wie eine verspätete Pubertät. Es war heftig, schmerzvoll, es tat weh. Ich liebte ihn so und wusste, dass er genau das tun musste, was er tat: sich aufbäumen, gehen, mich verlassen. Er zog nach München. Zuerst wohnte er bei seinem Vater, Männer allein zu Haus, und führte mit ihm ein Rock-'n'-Roll-Leben, das sich in Bergen von leeren Pizzaschachteln, Staubpatina und leeren Heizöltanks manifestierte.

Der Bub zieht aus (Musik und Text: Lisa Fitz)

Der Bub zieht aus, er weiß, was er will,
er will in die Stadt – und daheim ist es still.
Der Bub zieht aus – okay, alles cool.
Sie hockt vor der Glotze, allein auf dem Stuhl.

Muss nicht mehr mahnen, nicht schimpfen, erzieh'n –
Sie kann wieder lesen – und der Tag zieht sich hin.
Ja, sie ist happy – hat mehr Zeit, auch für sich –
Trotzdem fehlt ihr der Bub oft ganz fürchterlich.

Der Bub zieht aus und keiner mehr nervt.
Der Blues und die Sinnfrage geistern verschärft
durch Räume, die nie so endlos waren –
und so verdammt ruhig, seit gut 20 Jahren.

Kein Schulbus-Indianer, der Schuhe nicht putzt
Und Taschentücher nur selten benutzt.
Kein Nutella am Mund & Wrighley's am Stuhl,
Mom, take it easy – Mami, keep cool.

Der Bub zieht aus, er weiß, was er will,
weg von daheim – und daheim isses still.
Zum Nachdenken hat sie jetzt viel zu viel Zeit
und manches heftige Wort tut ihr leid.

Er sagt zu ihr: »Mami – ich bin jetzt ein Mann!«
Sie schaut ihn nur einfach ganz lange an.
Alles normal, sie weiß, es muss sein.
Der Lauf des Lebens – und auch, dass sie weint.

Mami, keep cool, bald geht's wieder los.
In a paar Jahr sitzen die Enkerl am Schoß.
Dann is' nimmer still, sondern wieder sehr laut,
Und du fährst wieder täglich zehnmal aus der Haut.

Knallende Türen, Gläser, die fallen,
Dreckige Turnschuh und – Wäsche vor allem!
Nutella am Mund & Wrighley's am Stuhl,
Mom, take it easy – Mami, keep cool.

Die Pizzakartonphase war natürlich Muttersicht. Nepo selbst schildert es so: »Du denkst immer, ich hab da in München nur so rumgesandelt, Mami! In der Zeit, als ich mit dir auf Tour war, habe ich parallel dazu mit Ali die Rock- und Hip-Hop-Band ›XXX‹ gegründet. Aus dem Experimentieren mit Sounds und Coversongs entwickelte sich unsere Musikshow ›Rock 'n' Hip 'n' Roll‹, mit der wir später im P1, im Nachtcafé und im Nightclub Bayerischer Hof auftraten. Ich kam aus den 800er-Sälen mit dir am nächsten Tag in kleine Musikclubs mit hundert Leuten – aber das Durchhalten hat sich gelohnt, finde ich. Wir haben einige große Firmen als Sponsoren gewinnen können – und bekommen Galaauftritte bei ihnen. In der damaligen Rock-'n'-Roll-Phase habe ich gelernt, in einer Band zu spielen, Tonanlagen anzuschließen, zu mischen und mit Musikprogrammen zu arbeiten.«

Ich fand das alles eher zweitrangig, weil ich einen anderen Weg für ihn sah. Doch es stellte sich heraus: Mir stand das Wort näher, ihm die Musik.

Irgendwann war die Harte-Männer-Phase beendet, und Nepo zog in ein schmuckes, kleines Appartement. Dorthin wurde ich eingeladen, und mein Sohn führte mir eine blitzende Wohnung mit strammen Balkonpflanzen vor. Ob es dort vor und nach meinem Besuch auch so aussah, entzieht sich meiner Kenntnis.

Musikalisch arbeitete er stetig an sich weiter, in Bereichen, die mir eher fremd blieben, trotz meines Musiker- und Bandleader-Vaters.

Mit Mädels allerdings war er so schlimm wie ich in seinem Alter (und länger) mit Männern. »Stell mir erst wieder eine vor, wenn's was Ernstes ist«, sagte ich irgendwann. »Die Zwischenlösungen will ich nicht alle kennenlernen.« Hier fiel der Apfel direkt neben den mütterlichen Stamm.

Ich habe mich bei Nepo sogar für diverse Verrücktheiten entschuldigt, die mir im Nachhinein abstrus erschienen. Wohl war ich zuverlässig, habe immer gehalten, was ich versprach und ihm viel Liebe gegeben, Gespräche und gute Pädagogik, habe ihm Reisen geboten, berufliche Unterstützung, Wertschätzung, Respekt ... dennoch, in Liebesangelegenheiten zu abgedreht für einen Sohn?

Mutti ging in sich.

Nepo ist ein liberaler, sehr integrer, aber subversiver Typ. Ich sagte also: »Nepo, es tut mir leid, was sich deine verrückte Mutti so alles in coram publico geleistet hat!«

Er sah vor sich hin und fragte mich dann listig: »Ja, aber war das nicht auch irgendwie schön ...?« – und schaute mich gespannt an.

Da dachte ich: Ich glaube, es gefällt ihm, dass ich so war.

Er zog dann viel später, mit neunundzwanzig, doch todesmutig in ein Reihenhaus mit einer süßen Freundin. Vielleicht, weil ich gesagt hatte: »Du musst das schräge Zeugs deiner unkonventionellen Mutter nicht nachäffen. Wenn du herausfindest, dass du lieber eine Familie gründen und mit einer lieben Frau deinen Kindern und Enkeln beim Großwerden zusehen möchtest – wenn dich das erfüllt und glücklich macht, so ist das in Ordnung.« Er probierte es, kurze Zeit drauf bat er die Freundin wieder hinaus, weil er die Enge nicht aushielt mit ihr.

Kein Wunder, bei der Mutter ... Aber es gibt klassische Mütter, die stets zu Hause und ganz brav sind und deren Kinder vollkommen missraten. Alles gibt es.

Er wechselte mit Anfang zwanzig aber nicht nur häufig die Frauen, sondern absolvierte mehrere Musik- und Harmonielehrekurse und verstieg sich sogar zu einem BWL-Studium, von dem jeder außer ihm ahnte, dass es ihm nicht entsprechen würde. Egal, Nepo wollte – und will – alles selbst erfahren, richtig so. Nach einem halben Jahr war auch diese Erfahrung beendet. Er nahm Jobs im Callcenter und als Fensterputzer an, um sich sein Leben zu finanzieren, spielte mit seinem Vater in der Band, las und lernte viel – allerdings immer noch ohne klare Konturen und Ausrichtung.

»Du machst jetzt die Schauspielschule«, entschied ich. In unserer Künstlerfamilie stand das für: »Damit du was in der Hand hast.« Revoluzzertum bei Fitzens hieß BWL studieren. »Wenn du die Schauspielschule auch abbrichst, bekommst du keine finanzielle Unterstützung mehr von mir.«

Nepo schloss sie ab, machte die Prüfung – nicht auf der Otto-Falckenberg-Schule, die ihm (auch als Musiker) zu streng und zeitintensiv war wie damals mir, sondern bei Ulrike von Zerboni, der Tochter meiner Schauspiellehrerin Ruth von Zerboni, die die Schule fortgeführt hatte. Der Generationenkreis schloss sich. Aber so richtig faszinierend fand er es nicht. Er machte das, damit er halt irgendwas abschloss, aber seine Leidenschaft war die Schauspielkunst nicht. Es schien, als warte er auf eine Vorgabe, eine Ansage, einen Wegweiser.

Und irgendwann sagte ich: »Deine Parodien sind klasse! Du bist wirklich witzig. Was wäre, wenn du sie nicht nur am Mittagstisch vorführst, sondern ein eigenes Programm schreibst?«

Nepo sah mich mit großen Augen an. »Ich??? Ein Kabarettprogramm? Ich hab doch noch nie einen Text geschrieben!«

Bisher hatte er nur Texte von mir vorgetragen.

»Ja, dann schreibst halt jetzt einen.«

Er atmete tief durch und überlegte lange. Dann sagte er: »Gut, aber du musst mir helfen! Du musst mir zeigen, wie das geht.«

Die folgenden Jahre vertraute er mir zu hundert Prozent. Ich ließ ihn die Geschichte seiner Mannwerdung aufschreiben und nannte das Programm »Pimpftown – wie werde ich ein Mann?«. Er schrieb seine gesamten Erfahrungen auf, die er in Niederbayern, in den USA und in München gemacht hatte. Dann brachte ich ihm bei, wie man aus einem Erlebnisaufsatz Kabarett macht. Nepo war unfassbar schnell, hochaufmerksam und sog meine Lehren auf wie ein Schwamm. In kürzester Zeit war das Programm fertig. Doch wir hatten keinen Druck von außen. Es stand kein Termin fest, wir mussten nichts auf die Bühne bringen, niemand wartete. Nur wir beide.

»Wir nehmen das jetzt in einem Studio beim Georg Ochsenbauer auf. Ich spendier dir das. Und dann hörst du es dir an. Okay?«

Nepo machte alles willig und begeistert mit. Die Texte klangen anfangs etwas hölzern, er sprach gespreizt wie ein Sozialkundelehrer und war nicht glücklich damit. Und er war sehr unsicher. Wenn ich ein einziges Mal gesagt hätte, das wird nix, hätte er es sein lassen. *Mut, Vertrauen, Fleiß, Zuversicht* hießen unsere Schlüsselwörter. Diese Phase war traumhaft und meine allerschönste Zeit mit Nepo. Er wurde im Laufe der Zeit dann immer sicherer, und als er bei einer Gala für die Landesbausparkasse das erste Mal einen eigenen Text vortrug, war das sein persönlicher Durchbruch.

Die konservativen Banker lachten sich schlapp. Und als ich ihn ansah, strahlte mein Söhnchen wie ein Rotbäckchenkind, fassungslos vor Staunen, wie seine eigene, von ihm geschriebene Kabarettnummer über automatische Telefonansagen einschlug. Auch dieses Bild bleibt als Abdruck in meiner Seele.

Das Programm »Pimpftown« wurde ein durchschlagender Erfolg, und Nepo heimste unzählige Nachwuchs- und Förderpreise ein, mehr als ich in meinem ganzen Leben. Ich war unendlich stolz auf meinen Sohn – und auch auf meine Arbeit mit ihm. Meine Vision war Realität geworden, und Nepo war der lebende Beweis dafür, dass ich richtig gelegen hatte.

Nach diesem Höhenflug, der zwei Jahre andauerte und ihm die Herzen der Zuschauer, der Kritiker und vieler, vieler Mädchen entgegenschlagen ließ, wurde es schwierig. Nepo verlor auf einmal den Spaß. Er wollte nicht immer und immer wieder denselben Text aufsagen, die Routine war ihm zuwider. Er rief mich nachts nach Vorstellungen an, sagte, er hätte es satt, immer alleine zu reisen und aufzutreten, das sei ganz furchtbar, er wolle nicht Kabarettist sein, er hätte gar keine politische Meinung und so weiter, und so weiter. Ich versuchte, ihm klarzumachen, dass das Kabarettisten-Dasein kein Ponyhof sei (»A Tour is koa Kur!«), dass jeder Beruf anstrengend und mitunter fade sei. Dann starteten wir die Arbeit zum zweiten Programm. Ich dachte mir, das würde ihn auf neue Fährten lenken und seinen Spaß reaktivieren. Das zweite Programm – wie der zweite Roman, der zweite Film – ist weitaus schwieriger als das erste. Man ist auf einmal wer, steht im Zentrum der Aufmerksamkeit, bekommt viel Lob, viel Ehr und muss den Erfolg rechtfertigen, an selbigen anschließen und beweisen, dass der Erstlingserfolg nicht nur reiner Zufall war. Mein Plan war, Nepo noch bis zur Premiere des zweiten Programms als Coach zu begleiten, um ihn fortan dann alleine durchs Künstlerleben marschieren zu lassen.

Aber mein Plan ging nicht auf.

Der Vogel wurde flügge – diesmal künstlerisch. Während der Arbeit brach er immer wieder aus und flatterte auf und davon. Jede Woche kam er mit neuen Ideen und warf alles um, was wir festgelegt hatten – Titel, Inhalt, Form, Texte. Er überbewertete meine Kritik und zog sich gekränkt mit seinen Vorschlägen zurück oder nahm meine nicht an. Er wollte jede Woche eine neue künstlerische Identität etablieren – Musiker werden, böser Kabarettist werden, kein Kabarettist werden, mit Band auftreten, solo auftreten und vieles mehr – und verschloss sich zunehmend meiner Beratung. Wohl auch, weil er nun zeitgleich Ali befragte und sich dessen Einfluss öffnete. Ali, der als Musiker notabene eine andere Meinung hatte als ich. Vielleicht auch, weil Nepo nun viele Freunde nach ihrer Meinung befragte. Oder weil er eine eigene (neue) künstlerische Identität finden wollte. Jedenfalls empfand ich es so, dass die vielen Köche den Brei verdarben.

Schmerzlich wurde mir (Gott sei Dank) bewusst, dass Nepo, der mir nie so was wie eine Pubertät und deren Probleme zugemutet hatte, nun aufs Heftigste einen Prozess künstlerischer Abnabelung und Verselbstständigung durchlief, der mit einem ständigen »Geh weg, aber bleib da – hilf mir, aber lass mich in Ruhe« verbunden war. Ich wurde fast verrückt mit ihm, und Nepo konnte es nicht benennen, er konnte seine Reaktionen und sein Verhalten nicht begreifen oder gar erklären, weil etwas mit ihm geschah, was ihm fremd war. Es warf ihn hin und her zwischen Anhänglichkeit und dem unbedingten, aber ihm nicht bewussten Willen zur Abnabelung. Eine künstlerische Pubertät mit neunundzwanzig, *selbst was schaffen!*

Er zog sich mit allen Textentwürfen zurück.

»Ich muss das selbst machen. Ich habe noch keine Texte, die ich dir vorlegen kann und will. Ich muss da alleine durch.«

Monate vergingen. Irgendwann kam er dann verzweifelt an und sagte: »So, jetzt habe ich hundertzwanzig Texte – ein einziges Chaos.«

Ich redigierte alle hundertzwanzig Texte und sortierte aus in vielen Sessions, jeweils über sechs Stunden lang. Irgendwann sagte ich: »Nepo, das kostet jetzt Zeit und somit auch Geld. Ich habe bisher nie was von dir verlangt. Aber du hast von mir immer eine Gage bekommen. Wir müssen jetzt über ein Honorar reden.«

Das war neu für ihn. Er sah mich perplex an. Mutti hatte vorher immer gratis funktioniert. Es gingen kleinere Beträge auf meinem Konto ein. Nun kam die Phase: »Wer zahlt, schafft an« (gibt also den Ton an). Phasen, Phasen, Phasen! – was nun wiederum ich nicht akzeptieren wollte. Er stellte meine textfilternden Entscheidungen infrage und erkundigte sich dann noch, was ich da »eigentlich genau mache und was denn daran so viel Arbeit sei«.

Das kränkte mich, ich hatte Stunden um Stunden mit dem Lektorat seiner Texte verbracht und mich mit Entscheidungen rumgequält, was wohl die richtige Auswahl für ein neues Programm sein könnte – die Guten ins Töpfchen, die Schlechten ins Kröpfchen –, streichen, kürzen, ausarbeiten, Aussagen überdenken, kombinieren, auf vier Ordner Stapel verteilen: a) »sicher«, b) »ausarbeiten«, c) »besprechen« d) »sicher nicht«. Ich hatte mich verantwortlich für seine Zukunft und seinen Erfolg gefühlt – und nun spürte ich, dass er mir diese Verantwortung nicht mehr zugestand, er entzog sie mir. Wir fanden keine gemeinsame Linie, es gab keine unhinterfragte Einigkeit mehr, kein absolutes Vertrauen wie beim ersten Programm. Die Ziele divergierten, die Diskussionen häuften sich, Nepo ignorierte meine Ratschläge, es lief so etwas wie ein Störsender im Hintergrund ab. Ich machte Ali für diesen Einfluss verantwortlich. Ich musste realisieren: Mein Sohn war dabei, seinen ureigenen Weg zu suchen und hoffentlich zu finden. Und wenn dieser näher beim Rock 'n' Roll als beim Kabarett lag, dann war das eben so, ganz gleich, wie die Mutter das wirtschaftlich einschätzte. Es kam der Punkt, an dem ich sagte: »Nepo, ich lege die Arbeit nieder, das geht so nicht mehr. Du musst da allein durch.« Er stellte sein zweites Programm mit allen Anlauf- und Umsetzungsschwierigkeiten selbst fertig, brachte es auf die Bühne und spielte die Premiere mit Vater Ali Khan an den Drums und Sascha Schreiner am Bass und Markus Schiegl an der Gitarre. Der Titel hieß – bewusst gewählt: »Nepo Fitz ist Nepo Fitz. Über Identitätsfindung zwischen Frauen, Ego und Facebook«.

Es ist klar, dass das so sein musste, und ich akzeptierte es. Und natürlich hatten wir zum fertigen Programm auch unterschiedliche Meinungen. Aber mein Söhnchen war mein Projekt gewesen, er war mein großes Werk, das ich in Jahrzehnten mit Liebe und Mühe und viel Einsatz (in jeder Beziehung) geschaffen und gestaltet hatte, in seinem Sinne. Mein ganzes Herzblut lag da drin. Ich dachte an meinen Vater, an seinen wehmütigen, verletzten Blick, seine gutmütigen, traurigen, braunen Augen, als ich ihm mit achtundzwanzig sagte, dass ich nicht mehr mit ihm arbeiten und unseren Vertrag auflösen wolle. Nun verstand ich ihn. Es ist der Lauf der Dinge.

Nepo war neunundzwanzig.

Ein Rucksack voller Geld

»Willst du ihn nicht doch lieber auf dem Schoß behalten ...?«, fragte Karin und legte die Stirn in Sorgenfalten. »Immerhin sind da 95.000 D-Mark drin.«

»Unterm Tisch sieht ihn niemand. Ich hab ihn im Auge.« Ich klemmte den Rucksack zwischen Tisch- und Stuhlbein und zog die Schnur um die Öffnung fest durch die Ösen und verknotete sie neu.

Wir grinsten. Uns war ein Schelmenstück gelungen, fand ich, etwas Verrücktes, das man selten macht, es sei denn, man wäre Milliardär.

Ich war mit Karin nach Korfu geflogen, um dort zehn Tage Kurzurlaub zu verbringen. Karin war meine Nachfolgerin bei meinem Exmann Ali. Nach einem kurzen Zwischenspiel mit einer Österreicherin, die für die erotische Wiederbelebung seiner nach unserer in Dauerstreiten vertrockneten Libido zuständig gewesen war, wollte er sich wieder fest binden und lebte nun mit Karin zusammen.

Karin war Stewardess, hatte ebenfalls eine Ehe hinter sich und brachte ihre kleine Tochter Steffi in die neue Lebensgemeinschaft mit. Mit Ali hatte sie eine weitere Tochter bekommen, Lana. Ali hatte nun also eine Frau und zwei Kinder. Karin hatte erfolgreich ihr Revier abgesteckt und mich vom Platz verwiesen, als ich meine Seelen- und Kunstverwandtschaft mit Ali allzu intensiv weiterpflegen und ständig seine Ratschläge in Krisenzeiten einholen wollte. In so einer Krise stagnierte mein Leben seit unserer Trennung 1988. Ich hatte die Bedeutung meines Exmannes für mein künstlerisches Schaffen schlicht unterschätzt, als ich darauf bestand, dass er ausziehen sollte.

Ich wollte die Trennung. Ich ging deshalb fremd, ich hatte die ständigen Streitereien satt.

Und dann war er weg. Es war ein Gefühl, als zöge man mir meine Innereien aus dem Leib. Man unterschätzt Trennungen grundsätzlich.

Ich kam nicht mehr auf die Beine. Ich ging auf Tour, trat auf, ohne fünf Minuten vorher in der Garderobe zu wissen, wie ich das schaffen sollte. Irgendwie stand ich jedes Jahr an die hundertfünfzig bis zweihundert Soloabende durch. Mein Privatleben war eine Katastrophe.

Unsere Beziehung war eine konfliktreiche Ehe mit Kämpfen und Reibungen gewesen, ein kommunikativer Desastermarathon, aber künstlerisch eine äußerst fruchtbare Konstellation für meine Songs und Kabarettprogramme. Nun dümpelte ich dahin, voller Angst, ohne den Biss meines intellektuellen Haudegens und Coachs Ali Khan mit seinem bösen, treffenden Witz und seiner radikal-unbestechlichen Weltsicht nie mehr Wesentliches zu Papier bringen zu können.

Ich rief täglich bei ihm an. Irgendwann bestand Karin darauf, sich mit mir alleine zu treffen, und sagte in unmissverständlicher Deutlichkeit zu mir: »Er ist jetzt *mein* Mann, Lisa – und ich bitte dich, das zu respektieren.«

Wamm! Um die Ohren gehauen.

Ich zog mich beleidigt aus dem Revier zurück, das nach vielen Jahren nun nicht mehr meines zu sein hatte.

Diese Jahre waren die dunkelste Phase meines Lebens, meine Katharsis, eine Metamorphose, ohne dass mir dies bewusst gewesen wäre. Erst viele Jahre später erkannte ich das in der Rückschau. Aber damals tappte ich im Dunkeln herum, suchte nach einem Weg und fand ihn nicht. Wieder Alkohol, wieder Zigaretten.

Karins Beziehung zu Ali war ähnlich konfliktreich wie meine Ehe mit ihm, aber sie konnte ihn irgendwie besser *schultern*, sie teilte besser aus. Sie war keine hypersensible Künstlerseele, sondern handfester und konterte seine egomanischen

Auswüchse mit schlagfertiger Münchner Normalität. Zuweilen explodierte sie auch in »sizilianischen« Wutanfällen, meiner Großmutter ähnlich, vielleicht hielt ihn das in Schach. Ich hatte versucht, ihn in langen Diskussionen auf rationalem Wege zu überzeugen. Das funktioniert bei keinem Mann, die sizilianische Wutnummer ist besser.

Ali arbeitete Karin als seine rechte Hand ein und ließ sie zunehmend selbstständig agieren. Was ich bei unserer Trennung als reine Gutmütigkeit von mir empfunden hatte, nämlich meinem Ehemann nach der Scheidung das Booking für meine Auftritte zu übergeben, erwies sich als blühendes Geschäft. Ali und Karin schmissen den Laden professionell und gewinnbringend, unser Business expandierte. Für Karin war die Situation nicht leicht. Sie musste ständig mit meinem Namen und meinem Bild leben und arbeiten und Alis Exfrau (ihre Vorgängerin) hochmotiviert als Kabarettistin verkaufen. Ihr Leben bestand täglich aus Lisa Fitz, Lisa Fitz, Lisa Fitz. Lisa Fitz wurde für Auftritte angefragt, Lisa Fitz bitte für ein Interview, Gagen für Lisa Fitz aushandeln, mit Lisa Fitz telefonieren. Lisa Fitz, beruflich höchst erfolgreich – und Lisa Fitz privat im Jammertal. Es war fast eine Schizophrenie.

Karin kümmerte sich fürsorglich darum, dass Alis Kontakt zu seinem Sohn Nepo intensiv blieb. Durch den frühen Tod seines Vaters und damit dem Wegfall von Rollenmodellen ließen Alis Vaterqualitäten eher zu wünschen übrig, und nach der Trennung fehlte ihm vorübergehend vollkommen der Bezug zu seinem Sohn. Er hatte das *Kind mit dem Bade ausgeschüttet*, sprich mit der Trennung von der Mutter auch den Sohn verlassen. Karin blieb am Ball. Sie lud Nepo in die gemeinsamen Familienurlaube ein, holte ihn regelmäßig tageweise zum Spielen in die neue Familie und nahm ihn wie ihren Sohn auf. Sie war ihm eine zweite Mutter, wenn ich unterwegs auf Tour war, und leistete gute Erziehungsarbeit, wofür ich ihr von Herzen dankbar war und bin.

Und nun hatten wir beide also beschlossen, uns einen Urlaub zu gönnen.

Wir saßen in dem kleinen Café in Korfu-Stadt und tranken Rotwein, unter uns der Rucksack mit fast hunderttausend Mark.

»Abgefahrene Sache …«, sagte ich. »Etwas irr.«

»Aber das war schon immer dein Traum, deine Vision.«

»Ja, aber nicht so hopp-hopp. Wenn du nicht so energisch gesagt hättest ›Mach's halt‹, dann hätt ich's nicht getan.«

»Okay, aber du brauchst ab und zu jemanden, der dir einen Tritt in den Hintern gibt. Sonst denkst du noch zehn Jahre nach.«

»Ja, wahrscheinlich hast du Recht.«

Wir schwiegen eine Weile, schon etwas dösig vom Rotwein.

Am Abend vorher hatten wir uns auch zwei Flaschen Rotwein genehmigt – Ferien vom Ich. Oder waren's drei gewesen? Nach Lammkoteletts mit Zaziki spazierten wir, mit Decken bepackt, an den Strand und ließen uns dort nieder, wie Teenager, mit Rotwein und meiner Gitarre im Gepäck. Wir glotzten dumm in die griechische Nacht, sangen unsinnige Lieder, bestaunten den Vollmond, führten weinselige Gespräche und betranken uns – Ferien vom Mann. Ich kuschelte mich an Karins weichen Körper, lehnte den Kopf an ihre Schulter, sie legte den Arm um mich und hörte sich zum hundertdreißigsten Mal meine monotone Klage über den entscheidungsschwachen Geschäftsmann an, an den mich damals eine Amour fou kettete. Und ich war heilfroh, dass sie meinem Scheiß geduldig lauschte.

Frauen betrinken sich nicht so oft gemeinsam, aber in dieser Nacht war ich sicher, dass genau dies und nur dies die Lösung aller Probleme sein konnte. Beim Essen hatte ich ihr, nicht mehr so ganz nüchtern, gesagt: »Karin, jetzt pass mal auf … schau, dass du dir das Booking drauf schaffst. Vielleicht gehst du ja mal weg von Ali. Der hat jetzt eh genug zu tun mit seinen TV-Shows. Schaff dir das drauf und übernimm es!«

»Ich mach ja eh schon fast alles alleine«, seufzte sie. »Er kommt am späten Vormittag rein mit 'ner Tasse Kaffee, fragt, ob alles okay ist, dann geht er wieder.«

»Okay. Aber du weißt, was ich m-meine, ne??« Meine Aussprache war nicht mehr so klar.

»Und jetzt muss ich dir auch mal w-was sagen … ich mag dich nämlich furchtbar gerne!!«

»Ich dich auch, liebe Lise«, sagte sie.

Irgendwann schliefen wir in unseren Decken am Strand ein, und der Korfu-Vollmond hüllte uns in sein mildes Licht.

Am nächsten Tag besichtigten wir ein Grundstück. Spiros, der Lehrer, den ich seit 1985 kannte, hatte es mir empfohlen. Es lag in zweiter Strandlinie, keine fünfzig Meter vom Meer, neunhundertachtzig Quadratmeter. Man konnte mit einem Kauf nicht wirklich etwas falsch machen.

»Ich will ein Haus auf Korfu bauen, irgendwie, irgendwann … aufs Meer schauen, Rotwein trinken und Lieder schreiben.«

»Für 95.000 kriegst du es«, erwiderte Spiros. »Ich kann dir Termin bei Notar für Montagnachmittag klarmachen, in drei Tagen, er hat viele Termine. Morgen ist Wochenende – aber Montag möglich nur mit Barzahlung. Musst du heute Geld besorgen, Montag wird zu knapp von Deutschland! Dann heute zu Anwalt, und Montag zum Notar.«

Fast hunderttausend Mark in bar, wie sollte ich das um Gottes willen hinbekommen?

In meinem verkaterten Blödkopf lief an diesem Vormittag alles eindimensional ab, dafür ohne Ängste. Auch der Entschluss nach Niederbayern zu ziehen, hatte damals nach diesem Muster funktioniert: Kater, blödes Hirn, nicht nachdenken, machen. Intuition übernimmt – und handelt. Ich wickelte wie eine Maschine automatisch einen Schritt nach dem anderen ab.

»Hallo, Herr Lehner«, sagte ich am Telefon zu meinem Bankberater, »Können Sie eine Blitzüberweisung nach Korfu machen? Ich will ein Grundstück kaufen … Ja, ein *Grundstück* … Nein, normal überweisen geht nicht, dauert zu lang. Wie viel hab ich auf meinem Konto?«

Die Geschäfte liefen damals glänzend.

»80.000 sind möglich? Okay, dann schicken Sie das per Blitzüberweisung an die CORFU BANK. Ich geb Ihnen jetzt den zuständigen Herren, der nennt Ihnen die Bankleitzahl und so, und ich schick Ihnen gleich ein Fax, das Sie autorisiert. 20.000 überzieh ich ... Wie, nur zehn ...? Jetzt hören Sie mal, ich bin seit zwanzig Jahren bei Ihnen Kunde, und das ist eine Ausnahmesituation!! ... Da werden Sie doch in Gottes Namen – wie ...? Sie machen es? Okay, gut. Wann ist es da? In einer Stunde. Wunderbar!«

Ich legte auf und drehte mich zu Karin um, die wartend im Hintergrund stand.

»Die machen das tatsächlich!«, grinste ich.

»Wir schließen jetzt«, verkündete der griechische Bankangestellte.

»Wie, *Sie schließen*??«

»Es ist Freitag.«

»Geh, das können Sie doch nicht machen, jetzt, wo ich alles durchgekriegt habe. So ein Mist. Ich bekomm hier gleich hunderttausend Mark!! Und am Nachmittag ist der Anwaltstermin!!«

Der Bankmensch zierte sich eine ganze Weile, doch schließlich gab er nach: »Okay, ich mache eine Ausnahme für Sie. Ihre Geldanweisung kommt so oder so erst in einer Stunde.

Gehen Sie einen Kaffee trinken, meine Damen, dort drüben im Café – und kommen Sie in einer Stunde wieder, dann ist das Geld da. Ich warte so lange.«

Wir gingen in das Café. Nach einer Stunde kamen wir wieder und holten 95 000 D-Mark in Drachmen ab und stopften sie in den Rucksack. Ein prall gefüllter Rucksack voller Geld.

»Auf Wiedersehen, Kalimera oder Kalimari – was auch immer – vielen Dank!«

Der Bankbeamte verzog keine Miene. Wie Drogendealerinnen sahen wir nicht aus, wie Businessladys allerdings auch nicht, aber es schien alles in Ordnung zu sein mit dem Transfer. Zwei schräge Frauen, Lisa mit Rastazöpfchen, zerschlissenen Jeans und knappem Top, Karin mit weißblondem Schopf und luftigem Minikleid, mit mehreren Millionen Drachmen in einem kleinen schwarzen Rucksack. Das war eine neue Erfahrung für den eher konservativen jungen Griechen. Er sah uns lange nach. Er schüttelte aber nicht den Kopf. Wir winkten ihm noch mal zu und stapften lachend davon.

Wir hatten nun ausgetrunken, zahlten unsere Zeche, packten zusammen und verließen das Café, im Kopf ein bisschen rotweinschwammig.

»Stadtplan, Karin, Stadtplaaan ...«

Sie faltete bedächtig den etwas zerknautschten Plan auf und strich ihn glatt.

»Hier müssen wir rechts, bei den Pferdekutschen – und die nächste Straße bei der Kirche da vorne links ...«

»Genau. Und dann sind wir schon da. Wie heißt der Typ?«

»Der Rechtsanwalt? Kopidianis.«

»Kopi... was?«

»...di-a-nis!«

»Mann, diese Griechen mit ihren komischen Namen!«

»Wieso – *Zitzelsberger* ist auch nicht gerade unkompliziert.«

Wir gingen zügig die belebte Hauptstraße entlang.

»Ach, ist das schön in Korfu, was? Hier fühl ich mich wie zu Hause!«, rief ich aus.

»Mein Gott, hab ich einen Kopf von gestern ...«, stöhnte Karin.

»Und ich erst! So, hier geht's jetzt links ...«

»Aber lustig war's.«

»Macht man ja auch nicht jeden Tag so was.«

»Genau.«

»So, jetzt sind wir gleich da ... da vorn ist das Haus.«

»Der Gesprächstermin ist in zehn Minuten.«

»Ja. Das muss alles seine Ordnung haben, besonders in Griechenland: Rechtsanwalt, Notar, dann Geld, dann Grundstück. Alles schriftlich, sonst guckst du mit Ofenrohr in Gebirge!«

»Hast du alles? Pass, Geld ...«, fragte Karin. »He, wo hast du den Rucksack??«

DER RUCKSACK!!!!

»Um Gottes willen! Der ist im Café!!!«

»Ach, du Scheiße … 95 000 Mark!!«

Wir machten kehrten und rannten, so schnell wir konnten, die Straße in Richtung Café zurück.

»Was, wenn ihn wer genommen hat?«, keuchte Karin.

»Anzeige gegen unbekannt? In Korfu?? Vergiss es!«

In meinem Kopf drehte sich alles, wirre Gedanken wirbelten durcheinander. Was, wenn der Rucksack tatsächlich weg war? Was tun? Kein Gegenwert! Hundert Mille Verlust. Niedergang, Pleite …

»Scheiße, Scheiße, Scheiße!« Karin fluchte vor sich hin, rennend.

»Mein ganzer Lebenstraum ist in diesem Rucksack!!« Ich bekam kaum mehr Luft.

»Du bist ein Vollschussel!!«, rief sie. »Das ist typisch für dich! Wie kannst du nur so viel Geld …«

»Hör auf! Ich fühl mich eh schon wie der letzte Depp.«

Wir schlitterten die letzten Meter um die Ecke und standen vor dem kleinen, fast voll besetzten Café. Zwei junge griechische Burschen wollten sich eben an dem leeren Tisch niederlassen, an dem wir vorher gesessen hatten, und hatten schon die Stuhllehnen in der Hand.

»HALT!!«, rief ich laut. »HALT!!! NICHT HINSETZEN!!« Die beiden erschraken und zuckten zusammen. Sie sahen uns verunsichert an.

»PARDON – einen Moment, darf ich kurz …?«

Ich stolperte die letzten fünf Meter hastig zum Tisch und fiel zu Boden. Die Gäste drehten sich nun irritiert zu uns um, die Kellnerin blieb mit dem Tablett in der Hand vor uns stehen.

»Alles gut, alles gut, keine Panik. Wir wollen nur GELD!« Die Gäste gaben erschreckte Laute von sich.

»αστυνομία!«, rief die Kellnerin, was mir später als »Polizei!« übersetzt wurde, vereinzelte Gäste sprangen auf.

»Nein – UNSER Geld! Warten Sie doch, Moment!«

Bäuchlings robbte ich zum Tisch vor, mein verzweifelt suchender Blick arbeitete sich durch das Stuhlgewirr. Von der anderen Seite sah ich Karin heranrobben. Unsere Blicke trafen sich unter dem Tisch. Und dort stand – unschuldig, wie ich ihn hatte stehen lassen – der kleine pralle Rucksack mit den 95.000 Mark in Drachmen …

Der Termin beim Rechtsanwalt verlief ohne Probleme. Alles wurde schriftlich niedergelegt – nur den Preis ließ man offen. (Immobilienkäufe in Griechenland haben ihre eigenen Gesetze.) Das Wochenende bis zum Notartermin am Montagnachmittag saß ich wie ein Legehuhn auf dem Rucksack. Ich umklammerte ihn, ich schlief auf ihm, ich hatte ihn wie ein Baby fest im Arm, vierundzwanzig Stunden im Dauerclinch. Wenn Karin und ich zum Baden fuhren, blieb ich am Strand auf dem Rucksack hocken, wenn wir auf unseren Motorrädern die Serpentinenstraßen durch die Olivenbäume in die griechischen Berge hinaufjagten, hatte ich Albträume, der fünffach verknotete Rucksack könne einen Riss bekommen oder sich von selbst öffnen, und alle Scheine würden über Hunderte von silbergrau schimmernden Olivenbäumen hinweg auf Nimmerwiedersehen durch die lauen Lüfte Korfus entflattern. Aber nichts dergleichen geschah, wir nahmen den Termin mit dem Verkäufer am Montagnachmittag beim korfiotischen Notar wahr, sehr griechisch, sehr eigene Praktiken, sehr speziell … Ich kaufte tausend Quadratmeter Grund in zweiter Meerlinie und träumte über viele Jahre meinen Traum von einem kleinen Haus auf Korfu.

Das Problem dabei war, dass ich zwar eine Baugenehmigung für das Grundstück besaß, aber keine Zufahrt, die breit genug für die Lastwagen und Baufahrzeuge gewesen wäre – nur einen schmalen Weg gab es, der von der Straße am Grund entlang zur geplanten Stelle des Hausbaus führte. Die linke Nachbarin wollte keinen Meter ihres Grundstücks bereitstellen, auch nicht vorübergehend für die Bauphase, sie hätte dazu ihre Mauer einreißen müssen, das wollte sie nicht. Und der Nachbar auf der rechten Seite schien nicht auffindbar zu sein. Auf der Suche nach Lösungen stellte sich bei Befragungen der Umlieger und Fachkundigen heraus, dass alle, die damit zu tun hatten, auf irgendeine – wenn auch weitverzweigte – Weise miteinander verwandt waren und großenteils sogar den gleichen Nachnamen führten, einschließlich des Beamten im Grundbuchamt und dem Beamten in der Gemeinde. Ich bekam ein Angebot vom hinteren Nachbarn, einem Architekten mit ebenfalls gleichem Namen: »Also, Sie könnten meine Straße als Zufahrt benutzen, wenn …«

»Oh, wie schön!«

»Moment – *wenn* Sie mir den Bauauftrag geben.«

»Aha. Okay, dann machen Sie mir ein Angebot.«

Wir entwarfen in groben Zügen das Haus, und er überreichte mir einen zu hundert Prozent überteuerten Kostenvoranschlag.

»Aber das ist zu viel … So viel habe ich nicht für ein Ferienhaus, ich hab doch schon das Grundstück bezahlen müssen!«

»Tja«, sagte er, grinste, und sein Gebiss mit den zwei fehlenden Schneidezähnen wurde sichtbar, »das tut mir sehr leid, aber so viel müssen Sie mindestens dafür einplanen.«

Aus der Traum. Damit war das Projekt Korfu-Ferienhaus bis auf weiteres vom Tisch. 2006 kaufte dann ein Bauunternehmer das Grundstück vor mir, errichtete drei Ferienhäuser und verbaute mir den Meerblick. Aber ich hatte Glück im Unglück. Ich konnte mein Grundstück an eben diesen Bauunternehmer verkaufen und machte nach den vielen Jahren, in denen ich mein Haus nicht gebaut hatte, mit dem Verkauf immerhin fast hundert Prozent Gewinn. Aber mein griechischer Traum … der wartet immer noch auf seine Verwirklichung.

Harley-Lady

»Ja, fahr halt zua, bläde Kuh!«

Ein dissonantes Hupkonzert dröhnt mir in den Ohren unter dem schicken, schwarz glänzenden Helm, in dem sich der Fahrschulwagen spiegelt. Der Fahrlehrer rollt langsam vor und hält neben mir.

»Abgestorben, Mist!«, nuschle ich, mein Gesicht wird heiß. Der schicke Helm drückt. Der schwarz-weiße Hosenanzug ist auch schick. Ende der Siebzigerjahre, weiße Stiefeletten, adrettes Mädchen mitten auf der Kreuzung mit einem Roller, der nicht mehr anspringen will und seinen Geist aufgegeben hat.

»Langsam kommen lassen ...«, doziert der Fahrlehrer von rechts mit schnarrender Stimme aus dem heruntergelassenen Fenster. Von links ruft ein dicker Glatzkopf: »Frauen und Technik ... na Servus!«

Das Erlebnis gräbt sich in mein Gemüt wie eine in Stein gemeißelte Inschrift: HIER VERSAGTE LISA FITZ – AUF DIESER KREUZUNG!

Nach gefühlten hundert Minuten – in echt um die zwei – springt das Gefährt an, ich tuckere zerknirscht weiter und schäme mich. Wie man sich nur so deppert anstellen kann!

Meine Motorradkarriere war, wie alles in meinem Leben, ein langer Weg.

1985, sechzehn Jahre später: Engagement in Wunsiedel, Festspiele, *Ein Sommernachtstraum* von William Shakespeare, Freilichtbühne, Theatercafé.

Frau Fitz seit drei Tagen stolze Besitzerin einer 450er Kawasaki, Chopper, ebenfalls ein kurz entschlossen realisierter Sommernachtstraum, entdrosselt und aufgemotzt auf doppelte PS-Zahl, echt schweres Gerät – mein erstes Motorrad. Sechzehn

Jahre hatte ich mir Zeit gelassen für diesen Traum vom eigenen Motorrad – abgesehen von Ferienfahrten auf geliehenen Bikes – UND NUN WAR ES DA!!!

»Pass auf den Rollsplitt auf!«, hatte Ali immer wie eine Gebetsmühle wiederholt. »Pass höllisch auf – auf den Rollsplitt!«

Okay, eingespeichert: ROLLSPLITT, OBACHT!

Ich war abgestiegen und schob die Kawasaki über den Platz vor der Felsenbühne. Das Café war mit über hundert Leuten voll besetzt. Ein älteres Ehepaar kam mir entgegen. »Na, is das nich' 'n bisschen schwer für Sie, junge Dame?«, fragte die alte Dame und lächelte mich nachsichtig-milde und etwas besorgt an.

Frechheit! Was will die Oma? Hält die mich für blöd oder was?

»Dann würd ich sie ja nicht fahren, oda??«, antwortete ich sehr cool und etwas patzig. Fünf Sekunden später hatte ich die Kawa einen Hauch zu weit nach rechts gleiten lassen, das Gleichgewicht nicht beachtet, sie bekam Übergewicht und plumpste langsam und schwer nach rechts um. KRONK!

Ich versuchte noch, sie abzufangen und zu halten, was in Schräglage bei zweihundert Kilo eine unmögliche Sache ist – und plumpste ebenfalls wie ein Sack quer darüber. Unter mir das Bike, ich obenauf wie ein Frosch auf allen vieren.

BEIM SCHIEBEN!!! VOR ALLEN LEUTEN!!! VOR DEM VOLL BESETZTEN TOURISTENCAFÉ. ICH DUMMER PROMI!

Mannomannomann. Lieber Gott, lass mich aus dieser Situation rauskommen, schnell, bitte! HILFE!

Ich versuchte, mich hochzurappeln, unelegant und unbeholfen, ich lag ja bäuchlings auf dem Motorrad … Just in diesem Moment sprang mein Kollege Michael Boettge (Gott hab ihn selig), der den Puck im Sommernachtstraum spielte, aus dem Nichts herzu, reichte mir die Hand, zog mich hoch, Retter aus emotionaler Sturmesnot und mentaler Feuersbrunst, zu zweit hievten wir die schwere Kawa in die Senkrechte und schoben sie, so schnell es uns möglich war außer Sichtweite. In diesem Augenblick war er mein Märchenprinz und der Mann meiner Träume. Den Cafébesuchern rechne ich hoch an, dass sie nicht applaudierten – sie saßen nur da und schauten uns beiden schweigend zu.

Als ich zwei Stunden später die Elfenkönigin Titania im perfekten Make-up und hautengen Lederdress spielte (eine moderne Inszenierung von Dietrich Haugk) – unter den zweitausend Zuschauern saßen auch die Cafébesucher –, fühlte ich mich eher wie der zum Esel verzauberte Tölpel Zettel und nur bedingt als erotische Elfenkönigin.

Irgendwann verkaufte ich die Kawa. Ich fuhr zu wenig und wurde unsicher. Ich hatte einen inzwischen sechsjährigen Sohn – was, wenn ich mein Bike aufgrund ungenügender Fahrpraxis in den Straßengraben setzte und zur behinderten oder gar toten Mutter würde? Schweren Herzens gab ich sie weg und schwor mir: *Wenn jemals wieder ein Motorrad, dann eine Harley Davidson!*

Meine Harley kam fünfzehn Jahre später zu mir, im Jahr 2000, da war ich neunundvierzig, im besten Harley-Alter. Verantwortungsbewusst, dauernüchtern, rauchfrei, trainiert.

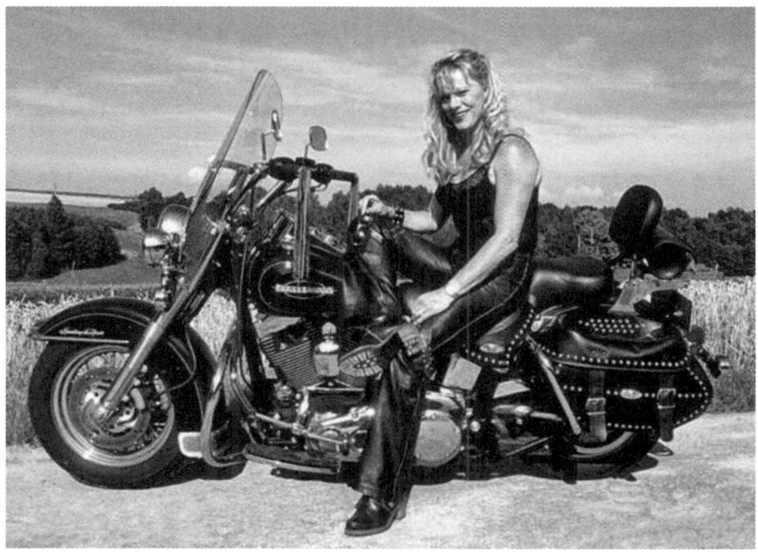

Die Harley Heritage Softail – schweres Gerät

Wir standen vor Konrad »Konny« Rehs Harley-Laden in Niederreisbach. Neben mir Landrat Peter Erl, der mich als fachkundiger Begleiter beim Erstkauf beriet. Ich befand mich in einem Zustand völliger innerer Aufruhr.

»Und du meinst, ich soll diese Harley jetzt alleine nach Hause fahren … ich???«

»Ja klar«, sagte Konny. »Des schaffst du scho, Lisa.«

»Äh … ja … wenn du meinst.« Gott, hatte ich Schiss!

»Aber willst du mir die Harley nicht lieber nach Hause bringen … lassen, dann kann ich in Ruhe …«

»Na naa!«

»Aber ich muss mich doch erst …«

»Geh Schmarrn, nix muasst. Die Harley hoamfahren muasst!«

… einfahren, hatte ich sagen wollen.

»Da ham si scho ganz andere g'fürcht«, meinte Konny ruhig und zwirbelte seinen großen Schnauzer. »Naa, net Frauen – ausg'wachsne Mannsbuider, woaßt, richtige Prackl. I hob's eana genau ogseng, wie se si g'fürcht und innerlich zittert ham – aber zuageben hams es natürli net. Des schaffst du scho, Madl!«

»Des *schaffst du scho, Madl« – das erinnerte mich an meinen Vater: Bayerische Hitparade,* 1972. »Des schaffst du scho, Lisa«, hatte er gesagt.

Angst, Mut, kaltes Wasser.

Ich will mich jetzt hier nicht blamieren! Harley kaufen und dann hasenfüßig vor der Heimfahrt kneifen. Seine Harley muss man alleine heimbewegen, einsam wie ein Cowgirl sein Pferd … Ogottogott.

MUT!!!

Also, aufgebockt, Frau Fitz, rauf auf die Maschine, anlassen …

RRRRRRMMMMMBBBRRRR!

Geiler Sound, das! Mein Gott, ist das geil, wow. Und die soll ich …

»So, ich verabschied mich, liebe Lisa, erzählst ma dann, wie's war auf der Heimfahrt, ob's d' guat okemma bist, Madl, gell! Pfiad de und: guade Fahrt!«

Mann, wo nimmt der das Vertrauen in mich her? Das schaff ich nie, nie, nie!

»Der Peter Erl fahrt hinter dir her auf seiner Harley, da fühlst di sicherer.«

»M-hm, okeee. Also dann ...«

Kupplung kommen lassen, ganz wenig Gas ...

»Net soo wenig, sonst stirbt's da ab!«

Genau, wie mitten auf der Kreuzung damals mit dem blöden Fahrschulroller, wo alle hupten ...

»Bissel mehra – genau, guat, jawoi, passt scho. Und aufs Schalten net vergessen, mit'm Fuaß, gell, Madl?«

Konny sprach zu mir mit sanfter tiefer Stimme wie zu einem Pferd, das nicht durchgehen soll.

Oh Gott ... oh Gott ... mein Gott, sie fährt, sie fährt, sie bewegt sich, wow, nicht so schnell, ja, jetzt geht's, sie fährt, schneller, Gas geben, schalten, der Wind ins Gesicht, Geruch von Heu und Sommer, sie bewegt sich, ich fahre auf der Landstraße in Niederbayern durch die Felder, allein ... auf meiner Harley – OH MEIN GOTT, IST DAS GEIL!!!!!

Ich hatte nicht der Angst, sondern dem Mut nachgegeben, und es hatte sich wieder einmal – wie immer in meinem Leben – ausgezahlt. Grenzen überschreiten, sich überwinden, Neuland erobern.

Rhodos fiel mir ein. Am Ende meiner Ehe mit Ali fand ich einen hochintelligenten Liebhaber, professoral in Sprache, Schrift und Erotik, ein Geist hoher Qualität, der meinen Ausstieg aus der Ehe einleitete. Die Verbindung trug jedoch nicht auf Dauer, weil unsere Temperamente und Hirne sich nicht beflügelten, sondern gegenseitig lahmlegten – aber wir fuhren doch in einen kurzen, gemeinsamen Urlaub, den einzigen, auf die steinige Insel Rhodos. Dort mieteten wir zwei Bikes – griechische Bikes, deren Technik nur zu fünfundsiebzig Prozent zuverlässig war. Ich fühlte mich stark und als Leitstute. Mein Begleiter hatte keinen Motorradführerschein und war nur in seiner Jugend ein paarmal gefahren, was wir dem Verleiher natürlich nicht sagten. Dem reichte es, dass die Frau ihren Schein vorlegte, dem Mann traute er das Fahren selbstredend zu.

»Meinst du, du schaffst das? Fühlst du dich sicher?«, fragte ich ihn und bemühte mich, nicht herablassend zu klingen.

»Ja, ja«, sagte er. »Das wird schon gehen. Und du?«

»Na ja, ich hab ja den Schein, seitdem ich achtzehn bin, und ich hatte ’ne große Kawasaki.«

Wir fuhren los. Es war herrlich blauer Himmel, siebenundzwanzig Grad Celsius, blaues Meer, griechisches Flair, kurvige Landstraße am Meer entlang. Am höchsten Punkt mit der besten Sicht parkten wir die Bikes in Richtung Abgrund. Kurze Pause, weiter ging’s. Nächster Halt: ein kleiner, idyllischer, verträumter Hafen mit heimeligen Cafés. Die Bikes parken in Richtung Wasser, kurzer Spaziergang, Kaffeepause. Aufsitzen, Moped anlassen.

Das grüne Licht, das den Leerlauf anzeigt, war defekt. Ich hatte keinen Gang drin ... und drehte den Gashahn voll auf. *Der Gang war doch drin gewesen!* Das Bike machte einen riesigen Satz – ich ritt durch die Luft auf dem Bike ins Meer – PLATSCH! In der Luft hatte ich das Bike gottlob sofort geistesgegenwärtig losgelassen – es fiel schneller als ich, und ich versank einen Meter hinter dem Bike im drei bis vier Meter tiefen Hafenwasser. Während des Auftauchens sah ich noch, wie meine Tasche, die an den Gepäckträger gebunden war mit einem Seil, das jetzt wie eine Schlange im Wasser waberte, zwei Meter über dem Bike im Wasser schwebte. Ich tauchte auf und schnappte geschockt nach Luft. An Land stand mein Freund und lachte sich halb tot.

Er konnte sich gar nicht wieder fangen. Ich war stocksauer.

»Was lachst du denn so blöd!? Ich hätte tot sein können!«, japste ich.

»Aber nein, das hat man doch gesehen, dass dir nichts passiert ... Du bist so schön durch den blauen Himmel geflogen, wie in einem Werbespot – unter dir das fliegende Bike, darüber du mit blonden wehenden Haaren – und das hochspritzende

Meerwasser mit der Gischt gegen die Sonne und die weißen Wolken ... traumhaft!! Wann sieht man so was schon live?« Er lachte und lachte.

Ich stieg aus dem Wasser und stand tropfend am Kai, mit gemischten Gefühlen. Einerseits war das eben ein irrer Stunt gewesen, wenn auch unfreiwillig, aber ein unglaubliches Abenteuer, das ich erlebt hatte, andererseits ließ mich der Gedanke erstarren, dass das auch etwas früher am Berg hätte passieren können, dann läge ich vermutlich nun mit kaputt geschlagenen Knochen im felsigen Abgrund.

»Was machen wir jetzt??«, fragte ich etwas eingerastet und überlegte, wie ich mich trockenlegen könnte. Mein Badehandtuch war in der Tasche unter Wasser. Ich watschelte tropfend in Richtung Hafenpolizei.

»Na ja, den Vermieter anrufen«, antwortete mein Freund. »Der soll sein defektes Bike hier abholen.«

»Aber wenn es so lang im Wasser liegt, ist es hinüber, dann müssen wir das noch zahlen!«

»Fünf Minuten oder eine Stunde macht da auch keinen Unterschied mehr. Außerdem – die Kontrollleuchte war doch defekt!«

»Gut, und wie sollen wir das beweisen, dass da schon vorher was kaputt war??«

Der weiß gekleidete Hafenpolizist hatte uns bereits gesehen und schritt bedeutungsvoll wie im Film auf uns zu und entschied, dass er persönlich versuchen werde, das Motorrad zu bergen. Er zog sich langsam aus, nicht ohne Posing, sprang mit schönem Körper ins Wasser und versuchte in einer Heldennummer, das Bike hochzuziehen, was leider nicht gelang. Dies war ihm peinlich, weil er sich als Versager fühlte, aber das Bike war eindeutig zu schwer für ihn alleine – auch im Wasser. Zumindest die Tasche konnte er vom Seil abschneiden und uns als Beute vorlegen.

Sieben Schwaben (Schwaben, wieder mal ...!) machten sich dann an die unmögliche Nummer. Im Restaurant gabelte ich sie auf und konnte sie tatsächlich überreden, den Versuch zu wagen. Es waren junge Männer, die die Aktion als Ferienspaß und Herausforderung sahen. Sie warfen, ohne lange nachzudenken, ihre Kleider auf die Stühle und sprangen ins Meer. Und tatsächlich schafften sie es, das Moped aus dem Wasser in den Hafen zu ziehen.

Der Bikeverleiher traf eine Stunde später mit finsterer Miene ein, lud schweigend sein nasses Bike auf einen alten rostigen Pick-up und war für alle Argumente taub.

»Blöde Deutsche … nix könne fahren Motorrad, keine Ahnung!«, grummelte er abwinkend vor sich hin, als wir den Defekt der Kontrollleuchte mit ihm besprechen wollten, und dampfte schimpfend und fluchend ab. Das zweite Bike lieferten wir später nach, erledigten die restlichen Formalitäten und wiederholten unser Anliegen wegen der kaputten Lampe. Er wollte kein Geld, hatte auch keinen Bock auf Versicherungszoff und war stinkig. Er sprach einfach nicht mehr mit uns, und die Angelegenheit war damit auf griechische Art vom Tisch.

Ich muss ehrlich und respektvoll zugeben, dass zu einem Leben, wie ich es geführt habe, samt Motorrad und Männern, eine ganze Portion Glück gehört, damit's immer gut ausgeht. Ich beanspruche das irgendwie auch für mich. Mein Schutzengel muss ein narrischer Vollgas-Beppi sein, ein meschuggener Rennfahrer, anders hätte er bei diesem Tempo und den vielen unsinnigen Abenteuern keinen Personenschutz garantieren können.

Mit meiner lieben Freundin Anette habe ich über mehrere Jahre viele wunderbare Harley-Fahrten nach Südtirol unternommen. Die weit auslaufenden Kurven über den traumhaften Großglockner mit gigantischer Sicht sind mir in Erinnerung, auch die gefährliche Fahrt über den Jauffenpass, wo wir zwei Damen von einem Jahrhundertwolkenbruch überrascht wurden und patschnass die unzähligen Haarnadelkurven raufeierten – das war unsere Motorradtaufe. Seitdem sind wir keine doofen Schönwetter-Motorradtussen mehr, sondern echte, wasserfeste Harley-Ladys. Und mein Stahlross brachte mir in

Faack am See in Österreich den besten Mann meines Lebens. Ich habe mit ihm, meinem Wiener Maler, der wie eine gesengte Sau fährt – schnell, geil, sicher und gut –, seinem Tod ins Auge gesehen, als er eine Spitzkurve übersah und fast ins felsige Nichts gerast wäre. *Bremse erst, wenn du Gott siehst!* Sein Freund Heinzi aus Wien wurde frontal von einem angetrunkenen Disco-Heimfahrer in zwei Teile zerfetzt. Danach verkauften wir unsere Motorräder und sagten: Wir wollen das Schicksal nicht herausfordern.
Ich fahre zu selten, und er fährt zu gut und zu schnell, beides Gefahrenquellen.

Sagen wir mal so: Es war eine geile Zeit! Und immer wird mir die tattrige Heimfahrt mit meiner ersten Harley in Erinnerung bleiben, als Symbol für Angstüberwindung. Herausforderungen annehmen und bestehen, Angst besiegen, Sehnsüchte erfüllen und nicht nur von ihnen träumen: *Don't dream it – do it!*

PS: Und es ist mit der Harley ja noch nicht aller Tage Abend. Jedes Jahr kommt ein neuer Sommer, und viele schöne Bikes warten auf Ausritte …

Ladyboss

Meine erste Theaterrolle war ein Waldschrat auf der Fitz-Kinderbühne meiner Großmutter. Ich trug ein viel zu warmes Kostüm mit Hörnchen aus Samt, und mein Gesicht war schwarz wie das eines Kaminkehrers. Meine Freundin Uschi war der zweite Waldschrat. Wir waren zehn und elf Jahre alt. In dieser Zeit bekam ich meine erste Watschen von meiner Großmutter fürs Schwätzen hinter dem Vorhang. Das Zirkuspferd wurde zugeritten. Habe ich ihr aber nie übelgenommen, backstage hält man die Klappe und schwätzt nicht.

Meine weiblichen Coaches Oma und Mami waren kompetent, aber recht streng. Ein bisschen mehr liebevolle Anerkennung wäre nicht schlecht gewesen, besonders von meiner Mutter. »Ich habe großen Respekt vor deiner Leistung«, sagte sie zweimal in meinem Leben, nachdem sie jeweils eins meiner Soloprogramme angesehen hatte. *Wie ihr Vater,* dachte ich.

Sie sagte nie von Herzen: »Mensch, warst du toll! Das hat mir gut gefallen!« Und sie drückte mich danach auch nicht an ihr Herz, sie blieb kühl. Man kann nicht alles haben. Meine Mutter war ein Coach, keine italienische Mamma. Vielleicht war es Eifersucht, dass ich Erfolge feierte, die ihr versagt blieben. Auch eine Mutter ist kein Übermensch. Heute verstehe ich das.

Das sind sie halt, die Wunden, die man als Kind und als Erwachsener mit sich herumschleppt. Große Erfolge basieren oft auf einfachen Motiven: *Glanz in die Augen der Mutter zu zaubern* oder den Vater zu widerlegen, der sagt: »Du *wirst noch in der Gosse enden!«* Darauf gründen sich ganze Managerkarrieren. Aber irgendwann muss man das Gejammere, was Mami und Papi alles falsch gemacht haben, ablegen, der neurotischen Verpuppung entwachsen und Schmetterling werden, seinen Eltern freundlich danken, auch für ihre Fehler, scheiß drauf, und sie loslassen. Ich bin heilfroh, dass mir das – spät – gelungen ist.

Meine Mutter konnte mit dem Kabarett nicht so viel anfangen, doch sie mochte meine Lieder sehr und mahnte von Zeit zu Zeit leise: »Lisa, vergiss deine Gitarre nicht … denk an die Lieder.«

Sie lehnte das Laute, Rockige ab, sie liebte meine leisen Töne. Die waren mir selbst aber oft zu fad. Mir war nicht nach leise, es schläferte mich ein. Wenn ich eine der bei den Zuschauern recht beliebten Balladen sang, bemerkte ich zuweilen, dass meine Gedanken davonschwebten, zum Beispiel so: *Wann ist das Lied endlich fertig?* Das passiert mitunter auf der Bühne, dann bildet sich diese Parallelwelt im Kopf, während der Mund singt und spricht und die Finger Gitarre spielen – man schaut irgendwen an und denkt sich: *Mein Gott, wieso schaut diese eine Zuschauerin so angeödet?* Später stellt sich oft heraus, man hat den Blick ganz falsch gedeutet. Ich erschrecke dann immer und hole mich schnell zurück ins Lied.

Mir gefiel es besser, wenn's rumste mit der Rockband, wenn ich politische oder emanzipatorische Frechheiten rausballern konnte, bei denen das Publikum lachend und nach Luft schnappend aufjapste.

Ich liebe es auch heute, wenn die Menschen lachen, wenn ängstliche Frauen Einsichten gewinnen, die sie dann ein bisschen mutiger machen, wenn Menschen kleine Aha-Erlebnisse haben, wenn meine Texte etwas bewirken – weniger, wenn Frauen in Emotionen schwelgen und verträumt dreinschauen, das tun sie auch ohne mich, oft ihr Leben lang. Selbst einige meiner Cousinen merkten unter sich an – ich erfuhr davon, weil eine petzte –, es mangele mir ihrer Meinung nach an gefühlvollem Ausdruck, sie hätten mich gerne sensibler.

Aber mich interessieren Gefühle nicht mehr so. Sie sind das Pferd, auf dem man reitet wie auf einer temperamentvollen Araberstute, auf der man zuweilen auch wild galoppiert – *aber der Reiter muss das Pferd reiten, nicht umgekehrt*. So hab ich das im Yoga gelernt. Frauen und Gefühl, das ist wie Eulen nach

Athen tragen, es ist ein Klischee, das mich langweilt. Gefühle haben sich seit Jahrtausenden nicht verändert, es ist bei allen Menschen doch seit jeher das Gleiche, was sie bewegt – Liebe, Eifersucht, Aggression, Hochmut, Zorn und so weiter. Selbsterhaltung, Arterhaltung, Flucht, Angriff, sich tot stellen – das ganze archaische Zeug. Etwas unoriginell auf Dauer.

Aber die Kunst, die macht ein Individuum einzigartig und unverwechselbar.

Eine künstlerische Entwicklung ist ein langer Weg, der oft schon bei den Ahnen beginnt, sich über die Prägung als Kind fortsetzt und bis zum Tod nicht aufhört. Hier trifft der Satz: *Der Weg ist das Ziel.* Ich war oft so ungeduldig mit anderen Menschen, besonders Partnern, ich verstand nicht, dass sie so lange brauchten, um etwas umzusetzen, weil ich vergaß, welch lange und mühselige, anstrengende Entwicklung hinter mir lag. Blicke ich zurück, bin ich ganz zufrieden, aber gleichzeitig werd ich bereits beim Drandenken müde ob des ungeheuren Ausmaßes. Und sähe ich diese Entwicklung als Weg *vor* mir liegen, ich würde schon bei ihrem Anblick aufgeben.

Angefangen mit den pränatalen Erfahrungen im Bauch meiner Gitarre spielenden Mutter auf der Bühne und meinen Reisen als Baby im Tourbus (mit Windeleimer), den Unterweisungen meiner Mutter beim Lernen und Rezitieren von Klassikergedichten (Schiller, Goethe, Heine – »Leier das nicht so runter, mehr Ausdruck!«) und Yoga ab dem siebten Lebensjahr beim Schweizer Lehrer Hildebrand. Dann ab zwölf Ballett (Bohnenstange versucht Tanzschritte) bei Margit Oswald in Gräfelfing und Gitarrenunterricht bei meinem Vater und später beim Virtuosen Ales Andryczak in München sowie die Gitarrenstunden, die ich ab sechzehn meinen Schülern gab (Taschengeld aufbessern), Gesangsunterricht bei Lies Kothe, Blacky Fuchsbergers Schwiegermutter, das jahrelange Aufsaugen der musikalischen Proben und Auftritte meiner Eltern, Galas und TV-Auftritte mit ihnen – und last, not least eben auch die grandiosen Großeltern, die als Beispiel und Vorbild dienten. Ab vierzehn Auftritte im Duo mit Mona, ab achtzehn die Schauspielschule – später der Schauspielunterricht, den ich dann den Zerboni-Schülern gab. Anfang zwanzig dann über Nacht bundesweite Popularität und die Herausforderung, sie verarbeiten zu müssen und dabei psychisch-physisch gesund und auf dem bayerischen Boden zu bleiben, unzählige Tourneen mit der Anforderung, die Energie auf Toplevel zu halten – und dabei mein Anspruch an mich im Gepäck, bei alledem fit und langfristig ansehnlich zu bleiben. Die TV-Auftritte (auch die versemmelten) kann ich nicht zählen, Musik- und Unterhaltungsshows, Talkrunden, Kabarettsendungen, TV- und Kinofilme (mit Herbert Achternbusch und Franz Xaver Kroetz), Serien *(Die Gerichtsmedizinerin)*, Bühnenengagements (Kammerspiele München, Luisenburg-Festspiele Wunsiedel) und vieles mehr.

Und natürlich meine zwölf Kabarettprogramme (jedes auch eine Entwicklungsstufe), von denen ich zehn alleine geschrieben habe (beim zweiten kulminierten meine Verzweiflungsfälle und Selbstzweifel in einer Art seelischer Auflösung) inklusive Rockshows mit Musikern. Man muss sich das klarmachen: Jedes Programm hat neun Monate Vorlaufzeit: Thema wählen, Eindrücke und Notizen sammeln, Texte/Songs schreiben/ komponieren, Endfassung – und drei Monate lernen, lernen, lernen, jedes Mal fünfundzwanzig DIN-A4-Seiten und die Songs üben, dann erst geht es auf die Bühne! Und ab der Premiere braucht es gut dreißig Vorstellungen, bis ein neues Programm laufen lernt. Oh – und die zwei Romane, die ich veröffentlicht habe, fünf Satirebücher – und diese Biografie.

An meinem zehnten Geburtstag begann ich Tagebuch zu schreiben, mit dreizehn schrieb ich Songtexte und komponierte Lieder. Wenn ich schreibe, bin ich glücklich, dann fühle ich mich. Meine Songs belaufen sich auf die stattliche Zahl von hundertachtzig bei der GEMA angemeldeten Texten und Melodien, weitere vierzig, die unangemeldet im Computer stecken, und dreißig, die auf ihre Fertigstellung warten. Trotzdem blieb der Bezug zum Text immer stärker als der zur Musik. Ich bin aufgewachsen mit Musik – Musik, Musik, Musik … Warum also bin ich nicht nur Songwriterin? Warum keine Liedermacherin?

Warum Kabarettistin?

»Glauben Sie, dass Sie etwas bewirken?«, ist die Standardfrage von Journalisten. *Ja klar,* möchte ich dann sagen. *Wozu, glaubst du, schreib ich solche Texte und stell mich damit vor die Leute?* Man will die Welt verbessern, deswegen schreibt man. Lustig, versteht sich, pointiert. Dann lachen alle, und wenn später jemand fragt: »Was hat sie denn so alles gesagt?«, heißt's: »Des weiß ich nimmer genau, aber g'lacht hamma.«

Da denkt die Kabarettistin dann oft bei sich: Eine Arie ist doch auch schön oder ein klassisches Musikstück, es erfreut einen Augenblick lang das Herz und klärt das Gemüt. Danach sagt der Künstler leise *Servus,* nimmt sein Geld und geht. Vielleicht hätt ich so was machen sollen? Warum eigentlich immer kritisieren?

»Lass doch die Welt, wie sie ist, nimm's hin, kannst es eh nicht ändern.«

Aber der Kabarettist *kann* nicht anders, er *muss* das tun. *Es ist seine Berufung.*

Vielleicht nehmen Sie im Publikum vom ganzen Abend nur *einen* Satz mit, *einen* Satz, den Sie sich merken und sagen: »Stimmt! So hab ich's noch nicht gesehen.« Dann bin ich schon zufrieden, das ist ein kleiner Stein. Ein großes Haus baut sich auch nicht aus einem Stein; es sind viele, viele einzelne kleine Steine, und man muss als Kabarettist wissen, dass man nur kleine Steine verteilt – aber ohne den einzelnen kleinen Stein, wissen Sie, ohne den wird's halt auch mit dem Haus nix. Und so baut sich auch ein Meinungshaus, ein Persönlichkeitshaus – aus vielen Steinen.

Wenn ich schreibe, fühle ich mich ausgefüllt und nützlich und wesentlich. Ich will keine Wege zum Glück empfehlen. So glücklich bin ich nicht, dass ich anderen sagen könnte, wie das geht. *Der Mensch lernt durch Denken oder durch Leiden,* heißt es im Buddhismus. Ich möchte Wege aufzeigen, wie man lernen kann zu sehen, zu unterscheiden, zu erkennen, zu beobachten, hinter den schönen Schein und hinter die Lügen zu schauen. Ich möchte aufklären, aufdecken, bewusst machen.

Nach der *Bayerischen Hitparade*, in den Siebzigern, also in der Mitte meiner Zwanziger, begann eine für mich lehrreiche Zeit mit Menschen, die mich prägten und förderten. Ohne Förderer gibt es kaum Karrieren – und, man muss es ehrlicherweise sagen, es hilft, wenn man ein hübsches Mädchen ist, das von Männern gemocht wird (und auch die Männer mag …).

Einige der Männer spielten eine wesentliche Rolle in meinem Leben, und in meinen Gedanken tun sie dies immer noch. Als erster Förderer ist hier – nach meiner Mutter und meiner Schauspiellehrerin – mein Vater zu nennen, der seinerseits einen Künstler ins Haus brachte, den er als Produzent bei der Polydor und zuständig für junge Talente für zukunftsträchtig hielt und mit dem er eine LP produzierte: Konstantin Wecker.

Im Grunde war mein Vater Konstantins erster Förderer und Fürsprecher, der Erste, der sein großes Potenzial erkannte und von ihm so begeistert war, dass er ihn der Plattenfirma ausdrücklich empfahl und eine LP mit seinen damals sehr schrägen Songs aufnahm. Darunter denkwürdige Songs wie »Mein linker Arm«.

Ich sah Konstantin zum ersten Mal, als ich knapp zwanzig und er um die vierundzwanzig Jahre alt war, und ich verliebte mich sofort unsterblich in ihn. Er war höllisch attraktiv, hatte lange Haare und einen wunderschönen trainierten, muskulösen Körper, ein Mann wie aus dem Bilderbuch, aber – und das war der Unterschied zu den diversen Adonissen aller Zeiten – er war hochintelligent, hochmusikalisch, hochkreativ: Er war also gescheit *und* geil. Das war damals so selten wie heute. Ich war hin und weg, und meine Begeisterung für ihn und seine Lieder überdauerte viele Jahre. Die Texte hatten Poesie, waren stilistisch und formal auf hohem Niveau und radikal in ihren Erkenntnissen und Aussagen, voller politischer Sprengsätze und musikalisch anspruchsvoll.

Wir trafen uns und landeten sofort da, wo Konstantin damals und während weiterer Jahrzehnte mit allen jungen Mädchen landete: im Bett. Mangels sturmfreier Bude wahlweise auch im Auto oder an anderen Orten. Immer aber irgendwie behindert durch Launen des Schicksals, von denen ich eine noch heute im Kopf habe. Mein Welpe Schnüffi, ein braunes Jagdhund-Spitz-Zamperl aus dem Starnberger Tierheim, war gerade einige Monate alt, machte alle verrückt und klebte fortwährend an meinen Fersen, wohin ich auch ging und was ich machte. Meine Mutter bestand darauf, dass ich mich weitgehend selbst um ihn kümmerte und ihn auch in Zeiten auflodernder Verzweiflung nicht ins Tierheim zurückbrachte, wenn er erziehungsresistent immer wieder auf Badvorleger kackte oder aufsässig in den Flur pinkelte. »Das wird durchgestanden, liebe Lisa«, sagte sie energisch. »Du kannst das Tier nicht einfach so zurückgeben, das tut man nicht! Du hast ihn geholt, und jetzt behältst du ihn auch!« Diese Haltung hat sich irgendwie in meinen Kopf gebrannt, ich hatte sie dann später oft auch Männern gegenüber.

Konstantin kam damals zum erotischen Treffen in mein Jungmädchenzimmer (ein kleines Appartement im neuen Bungalow mit eigenem Eingang), und unsere Vorfreude war groß. Die Schäferstunde wurde jedoch zum Desaster, weil sie ständig durch meinen nervenden Welpen unterbrochen wurde. Schnüffi war durch den fremden Besucher, der sein Fraule »traktierte«, schwer verunsichert und ließ sich nicht um alles auf der Welt auf seinen Platz schicken, abgesehen davon, dass er zu klein und zu dumm war, um Anweisungen Folge leisten zu können (und zu wollen). Nach spätestens dreißig Sekunden kam er immer wieder angewackelt, jaulte und wollte mit aufs Bett, »mitspielen«, zupfte an der Decke und winselte und heulte so lange, bis wir unsere erotischen Pläne entnervt aufgaben und Konstantin aufstand und sich anzog.

»So kann ich nicht«, sagte er, »wenn dein Hund dauernd am Bett zupft und so jault. Tut mir leid.« Ich glaube, keiner hätte das gekonnt.

Konstantin fuhr mit Bedauern heim. Das tut mir heute noch leid, und ich war meinem Schnüffi, der dann fünfzehn Jahre mein Wegbegleiter wurde, Gott hab ihn selig, und sicher treuer war als Konstantin es je hätte sein wollen – ich war dem Schnüffi echt böse. Ich glaube, das war dann – abgesehen von einem akrobatischen Sexversuch im VW-Käfer, der auch nichts rechtes wurde – das Ende unserer kurzen Liaison. Konstantin suchte sich Mädchen ohne Welpen mit komfortablerem Ambiente und ich Männer mit sturmfreien Buden. Vielweiberei und Vielmännerei sind auch keine besonders stabile Ausgangsbasis für eine monogame Beziehung. Wecker sagte später oft: »Die Lisa ist ein weiblicher Konstantin …«

Man sieht, der Zeitgeist war – und ist immer noch – so, dass man das weibliche, selbstbestimmte Sexualverhalten, wenn es freiheitsliebend ist, als neurotisch gesteuertes oder als Plagiat des männlichen Verhaltens deuten will.

Was allerdings blieb, als Keim in meinem Kopf, waren Konstantin Weckers Aussagen, seine gesellschaftspolitischen Gedanken und seine Songtexte.

»Die Lisa ist ein Sozi«, sagte er häufig zu Kollegen, »sie weiß es nur noch nicht.«

Ich war in meiner Kraillinger Heimat umzingelt von der CSU. Eine Alternative gab es kaum: die Eltern CSU-Mitglieder, mein Vater CSU-Gemeinderat, die Mutter brachte es bis zur CSU-Kreisrätin, der Großvater war CSU-nah, die Onkel CSU, der Nachbar war unser Kraillinger CSU-Bürgermeister und der beste Freund meines Vaters. Wie sollte ich da als Mädchen und Greenhorn eine Chance haben, anders oder eigenständig zu denken und mich zu emanzipieren? Sehr liberal waren alle und auch recht sozial eingestellt, aber halt CSU-treu. Einzig meine verbal revoluzzende Tante Veronika war ein rotes Licht im schwarzen CSU-Dunkel. Ich brauchte sehr lange, um mir eine unabhängige politische Meinung zu bilden.

Dazu trug neben Konstantin Wecker mit seiner politischen Meinung auch Franz Xaver Kroetz bei. Ihn lernte ich 1975 kennen, als ich vierundzwanzig Jahre alt war. Wir drehten einige Filme zusammen, die auf seinen Stücken basierten, unter anderem *Das Nest* mit Kroetz und mir in den Hauptrollen und *Heimat* mit Willi Harlander als meinem Partner und Kroetz als Regisseur – und wir spielten gemeinsam an den Münchener Kammerspielen Kroetz' Stück *Nicht Fisch, nicht Fleisch* mit Jörg

Hube und Monika Baumgartner. Kroetz gilt als der bekannteste und meistgespielte zeitgenössische deutsche Dramatiker. Der breiten Masse ist er besser bekannt als Boulevardreporter Baby Schimmerlos in der Serie *Kir Royal* mit Dieter Hildebrandt als Fotograf Herbie Fried an seiner Seite.

Kroetz` Qualitäten als Autor lagen unter anderem in der Essenz seiner Aussagen, der (gesellschaftspolitischen) Radikalität seiner Sicht und der Reduktion der Sprache auf das Wesentliche. Ohne dass es mir sofort bewusst gewesen wäre, lernte ich durch den Umgang mit ihm und seinen Werken, meine Aussagen in meinen Kabaretttexten mehr und mehr auf ihren Kern zuzuspitzen, Überflüssiges wegzulassen – was gerade bei der Satire so wichtig ist, aber einem Kabarettisten nicht immer gelingt. Kroetz war damals Mitglied der DKP und hatte eindeutige politische Ansichten, die er später revidierte und in verträglicherer Dosis nach außen zu kommunizieren verstand. Mich aber prägte er in künstlerischer Hinsicht. Alles, was ich da von ihm hörte und las, war für mich neu und unerhört. Ich sog seine Botschaften auf, weniger in politischer, als in künstlerischer, kreativer und formeller Hinsicht. Den klassischen Satz »Was gestrichen ist, kann nicht durchfallen« könnte auch Kroetz gesagt haben. Mit ihm verband mich eine längere Beziehung. Sogar ans Heiraten dachten wir mitunter, aber Kroetz sagte dann immer: »Heiraten … ach, Lisa, dazu sind wir zwei doch nicht spießig genug.«

Beide haben wir dann später doch geheiratet, aber jeweils andere Partner: er Marie-Therès Relin, die Tochter von Maria Schell, und ich Ali Khan. Nachträglich gebe ich seinem Instinkt Recht. Ich bin für eine Ehe nicht wirklich gemacht – aber beide Ehen (und alle meine Beziehungen) waren meiner persönlichen, künstlerischen und dadurch auch ökonomischen Entwicklung stets zuträglich. Vielleicht weil ich so gerne von Menschen lerne und mir viel abschauen mag.

»Wege entstehen dadurch, dass sie gegangen werden«, sagte Franz Kafka. Ein weiser Spruch, und am nicht gegangenen Weg scheiterte die Freundschaft zu Kroetz, die durchaus starkes

Potenzial hatte. Wir wohnten achtzig Kilometer voneinander entfernt und konnten uns nicht entschließen, zusammenzuziehen. Ich fand es schließlich zu mühsam, immer hin und her zu pendeln.

»Na ja, wenn schon achtzig Kilometer zu viel sind ...«, sagte Franz da und sah vor sich hin.

»Ja, stimmt ...«, erwiderte ich und fühlte mich nicht gut dabei.

Aber dass wir uns heute nach über fünfunddreißig Jahren zuweilen treffen, dass Marie-Therès meine Freundin geworden ist und dass Franz zu meiner letzten Kabarettpremiere ins Schlosszelt nach München gekommen ist, das ist vielleicht letztlich viel mehr wert als eine Scheidung und ein Rosenkrieg.

Auch mein Mentor Dieter Hildebrandt hat mich sehr geprägt. Ihm bin ich in tiefer Bewunderung und Liebe zugetan. Mein Vorbild konnte er nur theoretisch sein, weil seine Art, Kabarett zu machen, ganz anders ist als meine. Dieter ist intellektuell, spitzfindig, feinsinnig, mit profunder Kenntnis der Politik und Wirtschaft und großem Fachwissen. Meine Kunst ist eher gesellschaftspolitisch, bunt, rockig, mit Musik verwoben, und sie haut mehr auf den Putz. Das musste in den Achtzigerjahren auch so sein, speziell bei Frauen. Pionierinnen mussten einfach die Glocke ein bisschen lauter läuten. Aber Dieter Hildebrandt und Samy Drechsel förderten mich sehr, sie waren Fürsprecher meiner mehrfachen Mitwirkung sowohl beim *Scheibenwischer* (mit dem rockigen Kultsong »Mein Mann ist Perser« und 1986 mit der Skandalnummer »Der verstrahlte Großvater« in dem berüchtigten Scheibenwischer, aus dem sich der Bayerische Rundfunk damals ausschaltete) als auch in anderen wesentlichen Sendungen.

Dieter Hildebrandt, Samy Drechsel sowie der wunderbare Autor Klaus Peter Schreiner, dem ich einen Teil der Texte verdanke, mit denen ich die ersten Soloschritte gehen konnte, sie alle trugen wesentlich dazu bei, dass ich als Frau meinen Platz in der Kabarettelite fand.

Sie mochten mich, fanden mich gut und hatten auch keine Angst vor mir – und keine angestaubten männlichen Vorbehalte. Bei den heutigen Redakteuren und auch manchen Kollegen bin ich mir da nicht so sicher. Wir erleben beim Kabarett und in der Satire seit einiger Zeit wieder einen Rückschritt im sogenannten *Gender Mainstreaming*, auch Gleichstellungspolitik genannt, also bei dem Versuch, die Gleichstellung der Geschlechter auf allen gesellschaftlichen Ebenen durchzusetzen. Wohl gibt es in den privaten Fernsehsendern eine Schwemme von Komödiantinnen, deren Aussage jedoch eher sinnfrei ist. Aber in den öffentlich-rechtlichen trifft man kaum auf eine Kabarettistin in den wesentlichen Sendungen. Warum nicht? In Bayern habe ich ernst zu nehmende Kolleginnen und Konkurrentinnen in der Satire, aber was (gesellschafts-)politische Inhalte betrifft, dünnt es sich dann schnell aus.

Hier bin ich immer noch recht allein auf weiter Flur. Warum? Interessieren sich die Frauen in Kunst und Satire weniger für Politik? Mangelt es ihnen an Mut oder Kompetenz für politische Aussagen? Werden sie diesbezüglich auch nicht gefördert? Meist drehen sich ihre Inhalte um Beziehungen und Männer (immer noch), um Diäten, Gesundheit oder den Alltag und seine Probleme, sie ziehen oft Parodien vor (ohne tiefere Aussage) und bleiben unverbindliche Komikerinnen (ohne Botschaft). Ich bin ja gern konkurrenzlos, aber ich würde mir mehr Mitstreiterinnen in meinem Kampf für ein besseres Miteinander in Politik und Wirtschaft wünschen, denn: Frauen verhalten sich sozialer als Männer. Und gerade, was die Kunst und das Kabarett betrifft: *Frauensicht ist anders als Männersicht.* Und da Frauen mehr als die Hälfte der Bevölkerung ausmachen, sollten sie schon alleine deswegen eine deutlich stärkere Vertretung im Kabarett haben.

Als Frau im Kabarett

Text: Lisa Fitz

Als Frau im Kabarett,
in traditionsbewussten Regionen

in Rosenheim, Landshut, Freising, Marktl oder so,
hört man oft: »Des war aber jetzt schon ordinär.«

Genau. Die gescherten Witze macht der Mann. Jawohl.
Ein Weib macht keine derben Späße nicht! 1750 oder 2010 –
egal. Da steht dann auch in der Kritik: »unter der Gürtellinie«.

Warum schreibt Ihr nicht gleich:
Die Zone unter der Gürtellinie ist für den Mann reserviert!
Und zwar für die nächsten 1000 Jahre.

Mit dem Kabarett hatte ich mit Mitte zwanzig begonnen, in den Siebzigerjahren, mit zwei Shows in der Münchner Drehleier und in der Lach- und Schießgesellschaft, eine mit Band und eine solo, gefördert vom Leiter und Gründer Samy Drechsel, früher Journalist, Regisseur und Sportreporter, der junge Mädchen generell gerne sah – und vieles mehr, aber mich hat er gottlob nie bedrängt. Das waren die ersten Gehversuche, mit durchwachsenen Kritiken.

Ali gab mir den Kick zum zweiten Start mit dreißig. Ich war im vierten Monat schwanger, als das Theater Halbneun in Darmstadt anrief und nach einem abendfüllenden Programm von mir fragte. Der Lautsprecher des Telefons war an.

»Können Sie bei uns spielen, so zirka zwei mal fünfzig Minuten?«, fragte der Chef.

»O nee, das geht leider nicht«, antwortete ich, »ich hab nur ...«

... *eine halbe Stunde* wollte ich sagen, da rief Ali von hinten laut dazwischen: »Geh Schmarren! Logisch geht des – des mach ma! Sag zu!!«

Im magischen Bann seines Vertrauens in die Sache und seiner Dominanz sagte ich tatsächlich todesmutig zu.

Ali entschied: »Da geh ich mit auf die Bühne, dann hast scho mal dreißig Minuten weniger. Da mach ma scho irgendwas!«

Abendfüllendes Programm, endlich wieder – es klang verlockend und machte mir gleichzeitig Angst. Aber nun hatte ich einen Termin und musste da durch. (Was übrigens immer das Beste ist: *Termin festsetzen.* Dann kommt man nicht mehr raus.) Wir stellten Sketche, Songs und alte Nummern zusammen und verbanden das Ganze mit improvisierten Einlagen. Ali ging tatsächlich mit auf die Bühne. Sein Anfang und Einstieg ins Programm war eine (zu) laute Begrüßung in Fantasie-Türkisch-Arabisch, eine Sprache, die es nicht gab, die nur klang, als wäre sie eine, eine von Alis exaltierten Blödelnummern, eine Parodie auf orientalische Bazarhändler. Er durfte das, er war ja quasi zur Hälfte »oana von dene« – ein *Bayer mit Migrationshintergrund,* wie es heute in neudeutscher Verschraubtheit heißt. Wir fanden das wahnsinnig lustig und lachten uns bei der Probe halb tot. Die Zuschauer schwiegen betreten. Nach der Vorstellung erfuhren wir, dass unser Auftritt just in die deutsch-türkische Freundschaftswoche gefallen war. Die Zuschauer hatten sein lärmendes Intro völlig ernst genommen und sich nicht zu lachen getraut, weil sie es für eine Verbeugung an die türkischen Freunde hielten. Ich machte eine Milva-Parodie, und Ali führte abstruse Disco-Tanzstile von Teenies vor. Viele Jahre später traf ich einen Zuschauer, der damals diesen Kabarettabend besucht hatte, den wir »Menschliches« genannt hatten, nicht sehr einfallsreich, aber wir brauchten dringend irgendeinen Titel.

Oh Gott, dachte ich, und fragte den Mann vorsichtig: »Und …? Wie haben Sie das damals empfunden?«

»Sehr seltsam …«, sagte er und sah mit suchendem Blick in die Ferne, als ob von dort irgendwo eine Erklärung herbeischweben könne, »wirklich seltsam – ich habe vorher noch nie so was gesehen …«

Ich holte Luft und suchte nach Rechtfertigungen, da fügte der Mann hinzu: »Aber trotzdem gut. Seltsam, aber irgendwie echt gut …«

Mit vierunddreißig – 1985 – folgte das erste ernst zu nehmende Kabarettsolo »Die Heilige Hur'«, das aus Texten und Liedern entstand, die ich über die Jahre gesammelt und bisher nur bei (sehr gut bezahlten, aber für den Künstler oft entwürdigenden) Galaauftritten und Firmenfeiern vorgetragen hatte.

»Da gehst einfach hin und singst, nimmst dei Geld und gehst wieder«, hatte mein Vater immer argumentiert, wenn ich frustriert war ob der Ignoranz der geladenen Gäste, Vertreter oder Versicherungsangestellte, die sich oft genug weiter unterhielten, während ich auftrat. Er konnte meine überhebliche *Larmoyanz* nicht verstehen. Und ich irgendwann seine Ignoranz nicht mehr.

Inzwischen war ich Kabarettistin, offiziell, renommiert, gut kritisiert, geliebt, geachtet, gefürchtet. Und ich profitierte von einem fetten Frauenbonus, denn ich war wohl tatsächlich die erste Frau in Deutschland, die eigene Texte schrieb und sie als Soloprogramm auf die Bühne brachte. Lore Lorentz gab es vor mir und die Frauen in der Truppe der Lach- und Schießgesellschaft. Aber keine von ihnen verfasste, soweit ich weiß, ihre Texte selbst, und oft dienten sie nur als Alibi für Frauenthemen, damit auch das abgedeckt war, höflichkeitshalber. »Die Heilige

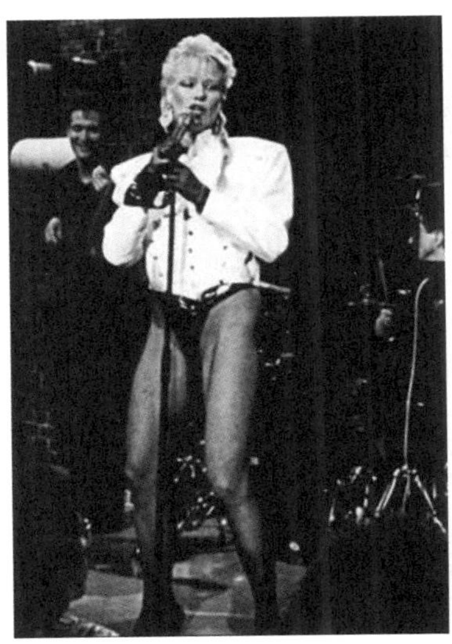

»Ladyboss«, Rockshow (1986)

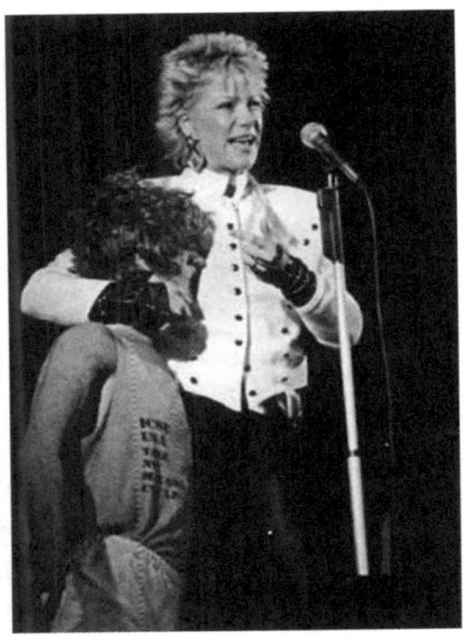

Der Mann für alles – aufblasbare Sexpuppe (»Ladyboss«, 1986)

Hur'« etablierte mich als Kabarettistin, und diese Monopolstellung hielt über viele Jahre – im Grunde bis heute, denn immer noch gibt es kaum politische Kabarettistinnen.

1987 wagten Ali und ich uns dann an das Rockkabarett »Ladyboss« (Thema: die Frau als Chef – zu dieser Zeit eine provokante Vision). »Ladyboss« war eine bunte, knallige Rockrevue mit sechs Musikern, großer Beschallungsanlage und aufwendiger Lichttechnik. Es gab im Publikum oft lautes Gejohle und Freudengeheul von aufmüpfigen, fröhlichen Frauen, aber auch Gegenden in Österreich, wie St. Johann, wo sich fünfhundert Zuschauer in reaktionsloser Schockstarre einkrampften, aufgrund der Aussagen, die heute noch bissige Satire sind. Ali kümmerte sich um die musikalische Umsetzung der Rocksongs, ich mich um die Texte. Meine geliebte Sandrina Sedona mit den feuerroten Haaren – seit Jahren meine Freundin und aus meiner Sicht die beste und ungewöhnlichste Sängerin, die ich kenne – war mit von der Partie und gemeinsam schleppten wir zwei Mädels eine lebensgroße männliche Sexpuppe auf die Bühne, die wir unter lautstarkem Anfeuern der Frauen im Publikum zu lauter Rockmusik mit dem Blasebalg aufpumpten und fröhlich präsentierten, damals etwas Unerhörtes. Ich leistete im Bereich Frauensatire tatsächlich jahrelang Pionierarbeit. Der Introtext von »Ladyboss« hörte sich so an:

Die Frau als Opfer … buähhhh!

Das Thema ist so was von abgelutscht, das kann ja keiner mehr hören!

Das Gleichberechtigungsgeseire zieht sich kein Schwein mehr hinein – und vor der Emanze ekelt man sich direkt. Wie kommt es aber dann, dass in den Satzungen der Tanzvereine der Mann als »Tänzer« bezeichnet wird und die Frau als »Tanzsportgerät«? Also das ist schon einen Song wert: »Und wenn der Wind unsre Liebe verweht – ich bleib für immer dein Tanzsportgerät!!«

Aber wir wollen nicht klagen. Dafür, dass es 1918 noch geheißen hat: »Frauen, Kinder und Schwachsinnige haben keine Zutritt zum Parlament!«, sind wir ganz schön weit – inzwischen haben immerhin schon Schwachsinnige Zutritt. Mit den Frauen ist das wie mit den Negern: zu lange blöd gehalten. Wir müssen jetzt das Denken lernen. Das ist wie mit Gymnastik:

Der Geist ist willig, aber das Fleisch ist schwach.

Wobei bei der halb emanzipierten Frau, der die Emanzipation ja doch irgendwie in der Schulterpolstern stecken geblieben ist, das Fleisch schon willig ist – aber der Geist halt noch recht schwach.

Aber das ist ja auch schon ein Fortschritt. Johann Gottlieb Fichte hat gesagt: »Im unverdorbenen Weibe äußert sich kein Geschlechtstrieb.« Na bitte.

Und bei wem sich jahrhundertlang nichts geäußert hat, der kann nicht geil und gescheit auf einmal sein – eines langt, jetzt samma zuerst mal geil!

Im letzten Jahrhundert hatten wir Frauen ja noch nicht mal eine Seele. Und achtundneunzig Prozent der Männer fanden, dass die Frau ein minderes Lebewesen sei.

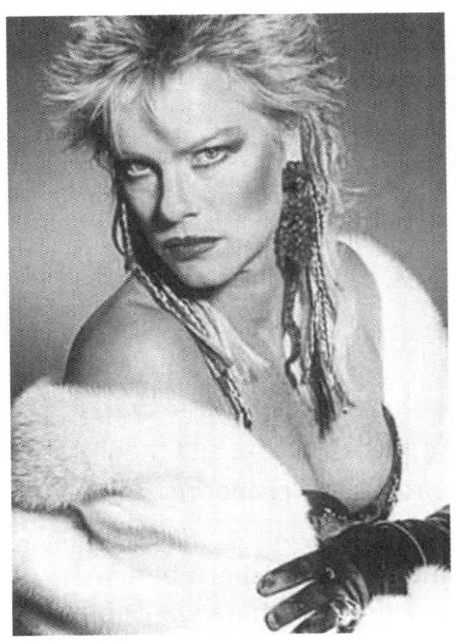

Fotoshooting für Plakat zu »Geld Macht Geil«

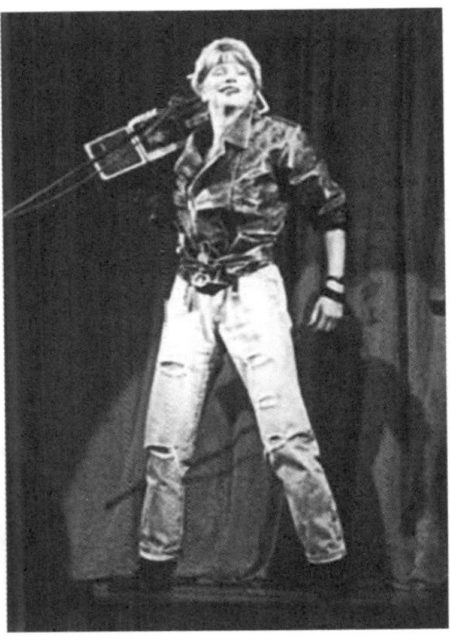

»Schlagabtausch« – Kabarettnummer aus »Geld Macht Geil«

(Zu einem Zuschauer) Was glotzt du mich so an, Mensch?! Bin ich ein minderes Lebewesen?? (Laut) Du sollst antworten, wenn das Frauli dich was fragt!

Frauen kommen nicht langsam und gewaltig – Frauen kommen schnell und mehrmals – wenn Sie es richtig machen! – Musik!

Im Anschluss an »Ladyboss« entstand 1989 das böse Satire-Solo »Geld Macht Geil«. Hier ging es um Geldgier des Individuums und Verlogenheit in Medien und Werbung. Und um Frauenpower. Ich könnte auch dieses Stück heute noch aufführen – der Text wäre nicht veraltet. Schön – und schaurig. Wie viel und doch wie so wenig hat sich verändert.

(Lisa tritt auf in weißem Nerz und rotem Cocktail-Brokatkleid.)
Sehe ich nicht faszinierend aus? Für eine Kabarettistin sehe ich doch geil aus! Mit diesem Kleid habe ich sie alle ausgestochen. Hat 1600 D-Mark gekostet. Das ist das Nettogehalt einer Krankenschwester. Tja, die Zeiten sind vorbei, wo eine Kabarettistin eine arme linke Kleinkunst-Sau war, die nach zweistündiger Verbalrevolution, quasi Sprechdurchfall, verbittert die Bühne verlässt und dann mit dem Hut in der Hand sammeln geht für a warms Essen und die Heimfahrt! Na, naa! Gegessen wird im Hilton, da ist auch das Zimmer reserviert, und die Heimfahrt besorgt der Chauffeur – und zwar in dem Wagen, der von der Partei bezahlt wird, die die Veranstaltung sponsert. Welche das ist, das ist ganz egal, es ist die, die besser zahlt!

Ja glaubst du, i bin no immer bläd und bleib auf dem Ast sitzen, den man mir später absägt? Na, naa! Unter drei Mille, im Vertrauen, geht euch heut kein genormter DIN-Kabarettist mehr aus dem Haus beziehungsweise aus dem zum Bauernhof umgebauten Reihenhaus. Ab drei Mille kann man reden ... da kann man sogar über die Themen reden. Aber das sind eh immer dieselben, weil nix vorwärtsgeht: *Hunger, Krieg, Atomwirtschaft, Abrüstung, Aufrüstung, Friedensbewegung, Frauenbewegung, Umweltverschmutzung* – der doofe Kohl, die Ohren vom Genscher – versetzt mit a paar blede Witz, dass das Publikum nicht einschlaft! Wir sollen die Gesellschaft verändern, wo wir als Zecken drinsitzen? Lachhaft! *Alle Menschen sind gleich – mir jedenfalls!*

Da, schaut her *(zeigt ihre Ringe)* – schön gell? Das habt alles ihr bezahlt!

Vor ein paar Jahren, da konnte man noch im alten Strickpullover, Norwegermuster, Breitcordhose und Terroristenschal – ich mein diesen Araberfeudel, gell – konnte man noch linke Parolen zur Wandergitarre hersagen. Was will man heute noch mit linken Parolen! Das politische Umfeld ist so rabenschwarz geworden, dass es sogar den Raben graust! Das hat mir der Vogel gesagt, Hans-Jochen, und der muss es wissen.

Das Ambiente hat sich ja auch geändert: Heutzutage hockt man Sekt schlürfend und Kabarett konsumierend in samtbezogenen Kleinkunststühlchen, haut sich kreischend auf die Nappaleder-behosten Schenkel, mit einem Kaschmirschal um den Hals (es gibt ja jetzt diese neue Anzuggeneration, die geistige Substanzlosigkeit mit Kaschmir tarnt), und grölt: »Genau, he! Dene hat sie's wieda gebn!«

Wem »dene«? Die, um die es geht, die sind ja gar nicht da! Die sind der Mond, den es nicht kratzt, wenn ihn der Hund anbellt! Na, naa – wenn ich jemand beschimpfe, dann euch! Ihr braucht das! Ich mache jetzt Wohlstandskabarett mit Spurverbreiterung für Zahnärzte mit Problembewusstsein.

Ich bin natürlich schon noch betroffen! *The world of money can be very depressing* … Wenn ich in der Abenddämmerung eines milden Novembertages den Nordzaun von meinem Gut entlangreite, denke ich mir auch immer wieder: »Mein Gott, es geht so vielen Menschen so schlecht! Vor allem in der Dritten Welt.« Und dann geh ich ins Solarium. Und dann ist das vorbei.

Tut ihr doch nicht so! Was hier drin sitzt, hat mit Sicherheit mehr Geld für Abmagerungskuren bezahlt als für *Brot für die Welt!* Geil ist heute ein spurverbreiterter Lamborghini für 300 Mille oder ein Bizeps ab 43 Zentimeter Umfang – oder Mountainbiking! Geil ist heute, was man *kaufen oder trainieren* kann: Belastbarkeit ist trainierbar, Leistung ist trainierbar, Geldgier ist trainierbar!

Was heute zählt, meine Damen und Herren, ist nicht mehr die Qualität der Köpfe, sondern die Qualität der Kaufkraft pro Kopf! Wir sind keine Menschen mehr, sondern Verbraucher – unsrer eignen Substanz!

Große Erfolge, großes Medieninteresse, der bunte Kabarett- und Rockvogel, der »Ladyboss« war geboren. Allerdings nur auf der Bühne und in den Medien.

Privat ging es ab der Premiere von »Geld Macht Geil« bergab. Ich war einem Geschäftsmann aus dem Rottal verfallen, war ein gefallenes Mädchen, *innerlich* – und kam nicht auf die Füße. Mein lustbringender Peiniger traf auf einen starken Ladyboss und hinterließ einen verkohlten Phönix. Nach der Trennung von Ali 1988 und unserer Scheidung 1991 (drei Jahre später, damit das Leid nicht zu groß für alle Beteiligten wurde) lag meine Seele im Schlamm und suhlte sich in Leid. *Ich kam nicht hoch.* Aber irgendwann – und ich kürze es hier ab, weil ich diese unselige Lovestory bereits in meinem Roman *Flügel wachsen nach* hinreichend beschrieben habe – begann ich die Komödie in der Tragödie zu erahnen und zu verstehen und fing an, mich als Phönix aus der Asche aus meinem Leid regelrecht herauszuschreiben. Ich fühlte, es ging zumindest um mein psychisches Leben. Wenn ich künstlerisch und emotional nicht wieder auf die Füße käme, würde weder von der Frau noch der Kabarettistin Lisa Fitz viel übrig bleiben.

So entstand »Heil« – aus Notwehr und Selbstschutz und Eigentherapie.

Das Programm »Heil« war der Wendepunkt, und das in mehr als einer Hinsicht. Christopher Rockyngham (er heißt tatsächlich so), mein studierter Multifunktionsmusiker, der immer alles besser wusste (das Unangenehme war, er wusste es wirklich besser), saß vor mir im ehemaligen Kuhstall, nunmehr im Rustikalstil zum Wohnzimmer des bäuerlichen Anwesens im niederbayerischen Rottal renoviert, mit freigelegten Ziegeln und Terrakottafliesen, und sah mich abwartend an. Dieses Anwesen kostete mich zusätzlich Zeit, Geld und Nerven, da ich nach der Trennung vom Geschäftsmann nun alleine in diesem riesigen Haus auf dem Land saß. Die Festung wurde zum Gefängnis, mal ganz abgesehen von der Arbeit und den Kosten, die so ein ländliches Anwesen verschlingt. Im Sommer wollte ich es immer behalten und jeden Winter verkaufen, wenn ich im Schnee und in den immensen Heizkosten versank. Mein Zaubergarten für Erwachsene, mein Elisenstraßen-Update kostete mich finanziell und nervlich fast Kopf und Kragen.

Christopher war, mit seinem Drehstuhl um sich selbst kreiselnd, eben von den Keyboards zur Gitarre gewechselt und fragte mich unduldsam: »Was nun? Soll ich an der Stelle Saxofon oder Gitarre spielen?«

Er spielte drei Instrumente und war einsetzbar wie ein Joker.

»Ja, ich weiß nicht so recht …«, sagte ich zögerlich.

»Okay. Und hier, wie viele Takte liegen hier zwischen dem Refrain und der Strophe – zwei oder vier?«

»Ach Gott, das ist eigentlich egal.«

»Lisa! *Egal* gibt es nicht, Musik ist wie Mathematik. *Egal* kann man nicht spielen. Es kann nicht einer vier Takte spielen und der andere zwei. Und ums festzulegen, müssen wir uns erst mal 'ne Stunde abstimmen? Also, zwei oder vier? Saxofon oder Gitarre?«

Ich musste auf einmal ständig Entscheidungen treffen, kein Ali war mehr da, mein Musik-Papi auch nicht. Allein auf der Bühne kann man sich mit Worten und Gitarre immer irgendwie durchschummeln, aber mit Musikern geht das nicht, sie brauchen exakte Ansagen. Immerhin war ich zweiundvierzig und hatte sechs Kabarettprogramme und zahllose Soloabende und Bandprogramme hinter mir – allerdings ohne je Bandleaderin gewesen zu sein.

Christopher dozierte laut weiter: »Wenn du ein kreatives Team willst, das mit dir Ideen entwickelt, und Musiker, die das Projekt mit dir gestalten, musst du uns mehr Kompetenzen geben und Raum lassen. Oder du hast Bezahlmusiker, die ihre Gage kassieren und das spielen, was du ihnen sagst. Dann musst du genau sagen können, was du willst!«

Ich will Bezahlmusiker, dachte ich, *die spielen, was ich ihnen sage.*

Aber ich konnte nicht genau sagen, was ich wollte.

»Okay«, erwiderte ich, »ich werde darüber nachdenken.«

Zwischen dem großen blonden Halbengländer Christopher und seiner kompetenten Intelligenz und dem feschen schwarzhaarigen Gitarristen Werner, der auch für die optische Aufmotzung zuständig sein sollte, gab es ständig Zoff. Sie passten zusammen wie die Faust aufs Auge und ergänzten sich optisch und musikalisch aufs Beste, aber für beide war es ein entnervender Prozess. Christopher erwartete Professionalität und gute Kenntnis der Harmonielehre, er spielte nach Noten und kannte die Gesetze der Musik. Werner Schultheiss, unser »Werni«, war ein Gefühlstier – er musste was fühlen, um geil spielen zu können, und war musikalisch nicht ganz so professionell wie Christopher, dafür mit Herzblut, Temperament und erfrischendem Humor bei der Sache. Christopher war der Kopf und Werni das Herz. Er war Autodidakt, kein Notist, er musste sich die Harmonien und Akkorde heraushören – oder Christopher darum bitten.

»Wie komm ich dazu, dass ich dir das Zeug raushöre, wer zahlt mir das? Das machst du bitte selbst!«, meckerte Christopher.

»Aber du bist doch hundertmal schneller als ich!«, nölte Werni.

Und in der Hitze des Gefechts, als er kein passendes Solo kreieren konnte, rief Werni einmal aus: »Mein Gott, ich bin eben mehr der Moll-Typ!!«

Christopher flippte aus:

»Was heißt denn hier *Moll-Typ*?? So einen Schwachsinn habe ich noch nie gehört. Ein guter Musiker spielt ein Solo in Dur oder in Moll und hat das zu können!«

»Das stimmt nicht, du siehst die Musik total kalt, ekelhaft, als wäre das eine öde Rechenaufgabe!! Jeder Musiker hat Stärken und Vorlieben, und wenn man was mag, dann spielt man's auch besser!«

Die Diskussionen dauerten oft über eine Stunde und kosteten uns alle Zeit und gute Laune. Später sagten beide übereinstimmend, ohne diese Auseinandersetzungen würde ihnen ein wesentliches Stück Wachstum in ihrer musikalischen Entwicklung fehlen, aber zum damaligen Zeitpunkt schien es nur kraftraubende Zeitvergeudung zu sein. Werni war der *neue Mann*, einfühlsam, gefühlvoll, weich, authentisch; Christopher war der solide Profimusiker, der Mann der Musikgesetze; ich dazwischen, zwischen Dur und Moll, mit Musikausbildung zwar, aber eher theoretisch als praktisch angewandt. Noten konnte ich lesen, hatte auch früher die klassischen Gitarrenstücke und zwei Jahre Klavier nach Noten gespielt, aber ich brauchte viel zu lang fürs Notenlesen und -spielen, weil ich das kaum nutzte.

Ich war auf Christopher angewiesen und musste, nein: wollte mich auf ihn und seine Unterstützung verlassen. Werni (den ich zum Abküssen fand, auch als Bühnentyp) und ich hätten das alleine nie hinbekommen. Außerdem war ich verantwortlich und fühlte mich schuldig an dieser Misere, denn ich hatte die beiden in dieser Zusammensetzung engagiert.

Und dann sagte ich mutig zu Christopher, dass ich Musiker wolle, die das spielten, was ich sagte.

»Gut«, meinte Christopher und atmete tief durch. »Dann musst du uns aber auch bitte genau sagen, was du willst und wenn du es nicht weißt, dann überleg's dir. Du musst die Chefin sein!«

Chefin sein, Chefin sein, Chefin sein, hallte es in mir. Ich fand das reizvoll und shocking. Ich hatte Angst. Als Chefin kann man nicht rumnölen und anderen die Verantwortung zuschieben – man ist selbst verantwortlich, für alle seine Entscheidungen. Ich nahm die Herausforderung an und wuchs – von Christopher geschubst – in die Rolle der Chefin hinein, langsam, stetig, und immer auf vermintem Gebiet.

»Heil« war das Rockkabarett, das mich aus meiner größten Dunkelphase holte – aus völliger Schwäche zu alter und neuer

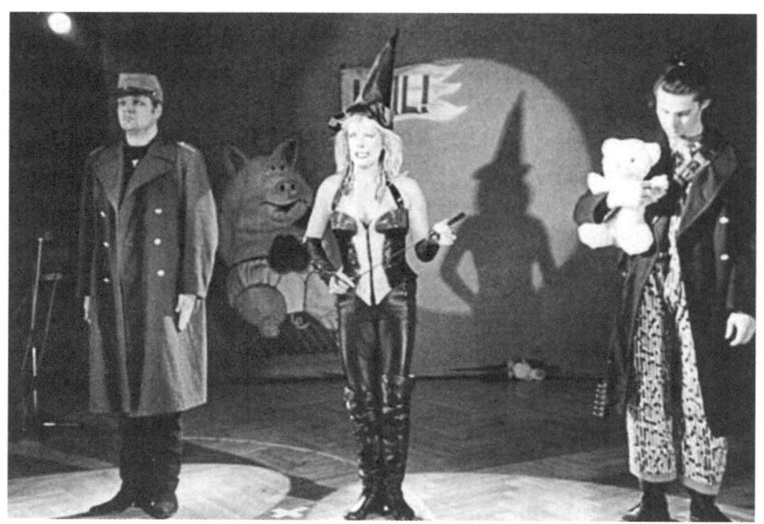

Programm »Heil« mit Christopher Rockyngham (l.) & Werner Schultheiss

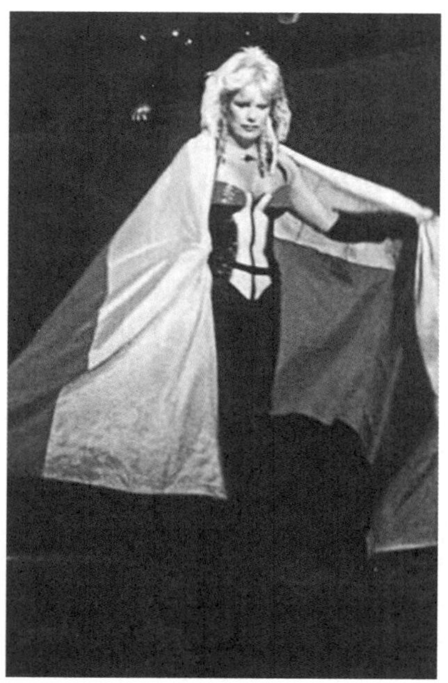

Nummer »Nationale Identität« aus »Heil«

Stärke brachte. Mein Vater war gestorben. Die Frau meines Liebhabers bekam ein Kind (!) und mein kreatives Alter Ego, meinen Ehemann Ali, hatte ich fortgeschickt. Durch meine Einsamkeit auf dem Land (in der Beziehungsfalle mit dem Geschäftsmann eingeschlossen) war ich vom Gefühl besessen, mir nun völlig entfremdet zu sein, nie mehr ein Kabarettprogramm schreiben und es auf die Bühne bringen zu können.

Aber – merket auf – dieses Programm wurde

meine Doktorarbeit. Denn nach dem Tod meines Vaters 1991 änderte sich viel. Als wäre sein verantwortungsvoller Geist in mich gefahren und hätte Geschäftssinn und Ordnung in mich gesenkt, begann ich, immer mehr Verantwortung zu übernehmen, für meine Programme, meine Finanzen, mein Haus. Und hier soll auch mit Dankbarkeit erwähnt werden, dass der Geschäftsmann durch seinen Einfluss nicht unwesentlich dazu beitrug, dass ich tatsächlich zur Geschäftsfrau, zum Ladyboss wurde.

Es war wie eine Geburt, bei der man als Gebärende ja immer kurz vor der Niederkunft das Gefühl hat, *jetzt geht nichts mehr, die Kraft ist aus*. Ich therapierte mich schreibend aus jahrelangem Liebesleid heraus. Und als ich »Heil« auf die Bühne brachte, saß der Geschäftsmann im Publikum und hörte fassungslos zu, wie achthundert Menschen über die Geschichte vom *porschefahrenden Traum aller Küchenhilfen* (also ihn) lachten und sich auf die Schenkel klatschten.

Textauszug aus dem Programm »Heil«: Der Porschefahrer

Ich glaub, meine Krise ist von den Bergromanen gekommen. Ich hab ja früher sehr viele Bergromane gelesen, gell. Die sind wie die Arztromane. Ich habe diese Schmonzetten geglaubt, wie jede Frau irgendwie ... zuerst mal. Des is halt so eine Traumwelt, wie in den frühen amerikanischen Filmen, wo sich der Mann über die Frau beugt und Baby sagt – und alles ist okee.

Aber dann hab ich mich mit der Zeit emanzipiert und bin stachlig geworden. Und hab so Sätze g'sagt wie: Einen Mann, der nicht abspült, schmeiß ich raus! Knallhart! Fuck off, ey! Und mitten in diesem frauenbewegten Leben, Ende dreißig, lauft mir so ein porschefahrendes Arschloch über den Weg! Mir! Mit nackenlanger Föhnfrisur, Muskeln und Goldketterl, Traum aller Küchenhilfen. Anfang dreißig, sattes Alter. Und natürlich war er verheiratet, unglücklich, versteht sich. Mit einer sauberen, netten, kleinen Frau in einem sauberen, netten, kleinen Haus. Aber: uunglücklich. Natürlich. Außen Django – innen Vollkasko! Na, hab ich mir denkt, nimmst ihn halt mit, den Burschi, als Freizeitgestaltung, kann ja net viel passieren. Jetzt hat der aber in seiner Erobererhybris einen auf Idyll gemacht, dieser sadistische Schleimer – und mich in Grund und Boden gesülzt, weil ja nur eine seelisch geöffnete eine wirklich leidenschaftliche Frau ist. Er wird, ja muss, sich von seiner Frau trennen, weil ich, verstehen Sie, bin die Liebe seines Lebens. Hab ich völlig eingesehen.

Des Peinliche an der Geschichte war nur – und des is der Punkt –, dass der Typ ein geiler Steiger war, und mir mein gesamtes frauenbewegtes Hirn deswegen in meine Hose gerutscht ist! Soo ein Hintern, soolche Schultern, soo ein Latissimus – soo ein Hirn! Außen Schwarzenegger – innen Pumuckl! Aber a guter Steiger!

Mein Credo war: *Wenn Kunst draus wird, ist Leid legitim.*
»Heil« erzählte von der Sehnsucht der Menschen nach Seelen-

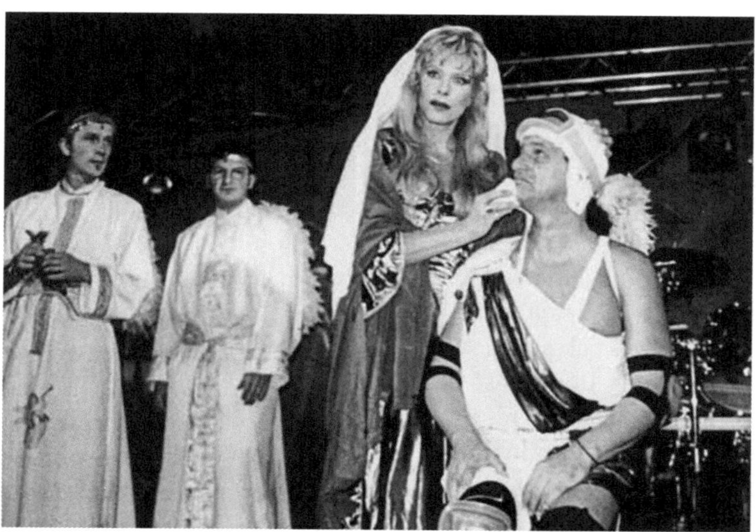

Rockkabarett »Kruzifix« mit Reinhold Hoffmann & Simisa Horn, Lisa als Heilige, Maria & Ali Khan als Schutzengel Ferdinand (v. l.)

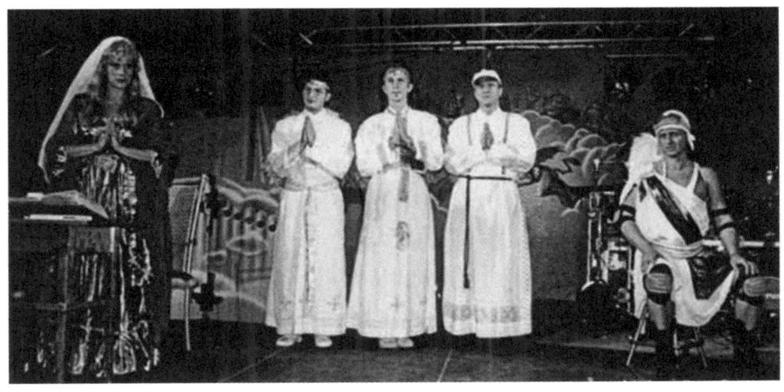

»Kruzifix« – Lisa, Simisa Horn, Reinhold Hoffmann, Tommy Amper, Ali Khan (v. l.)

heil und ihren seltsamen Irrwegen – von Therapien und Glückssuche über Religionswahn bis zu Ordnungssucht und Nationalismus: »Wer kein Selbstbewusstsein hat, braucht ein Nationalbewusstsein.«
Abgesehen von dem Rockkabarett »Kruzifix« war das mein bestes Programm. Es war ein Furioso, ein Ritt durch Emotionen, Krisen und Sinnsuche, mit Tiefe, Witz, Musik und Gefühl. Ali führte Regie, die beiden Musiker standen mir genial zur Seite und potenzierten meine Wirkung – und Alfred, mein guter Techniker, setzte das Ganze brillant in Licht und Ton für die Bühne um.

Heute liegen hinter mir etwa dreitausend Soloabende und Rockshows. In einem Internetforum schrieb ein Blogger zu dieser Meldung: »Sehr witzig, ha, ha – und ich bin der Papst. Wer's glaubt, wird selig.«

Aber es ist tatsächlich so. Hundert bis hundertachtzig Vorstellungen pro Jahr, durch alle Groß- und Kleinstädte und Kaffs im deutschsprachigen Raum, Deutschland, Österreich, Schweiz. Stadthallen, Theaterbühnen, Clubs, Kulturfabriken, Kabarettfestivals, Open Airs und Kleinkunstbühnen. Ein Kabarettprogramm läuft drei, vier Jahre, die mit Musikern zwei Jahre.

Und dann addiert man zwölf Programme à hundert bis dreihundert Vorstellungen – schon hat man die Zahl. »Die Heilige

Hur'« lief vier Jahre, mit gesamt fast fünfhundert Vorstellungen, »Geld Macht Geil« ebenso lang. In den letzten Jahren habe ich das Quantum reduziert, damit neben Bühne und Autobahn noch Leben stattfindet.

Hinter jedem erfolgreichen Mann steht eine starke Frau – sagt man. Und hinter jeder erfolgreichen Frau, heißt es, stehen hundert Männer, die sie zurückhalten. Aber wenn ich mein Leben betrachte, sehe ich, dass es umgekehrt war: Hinter mir standen hundert Männer und Frauen, die mich förderten. Aber – man muss sich das auch nehmen können. Es kommt nichts von selbst, oder wie man in Bayern sagt: *Von nix kommt nix.* Mein Verdienst war dabei vielleicht auch, dass ich in der Lage war, zu erkennen, wer mir guttat. Man muss das erahnen können und *wollen*: *Dieser Mensch – Mann oder Frau – kann mir etwas geben, das ich brauchen kann, und ich habe den Mut, mich auf ihn einzulassen, ich nehme seine Hilfe an.*

Und ich gebe ihm natürlich auch etwas zurück: Liebe, Kraft, Motivation, Unterstützung – was immer der andere braucht und entgegennehmen kann.

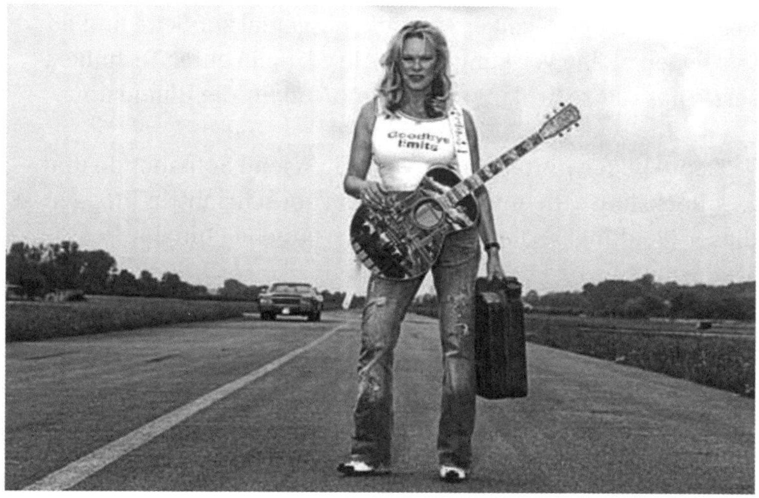

Fotoshooting am Eggenfelder Flughafen für das Plakat zu »Super Plus! – Tanken und Beten« (2008)

Mut ist der Startknopf! Herausforderungen annehmen! Unterstützung annehmen, den Wert eines Menschen und seines Supports erkennen und annehmen. Motivation ist der Schlüssel, ohne sie geht nix. Und Stolz. Wer sich Männern unterwirft, hat es möglicherweise in seiner Familie so gesehen. Wer es als Frau hinnimmt, drei Kinder großziehen zu müssen und dabei ohne Hilfe vom Mann zu bleiben, darf sich nicht beim Schicksal beklagen. Ich bin stolz und unterwerfe mich gern, wenn es Spaß macht – aber nie als Hausdeppin für einen Mann.

Im Laufe der Jahre wurde die Bühne zu einer Art Wohnzimmer für mich, und Lampenfieber kommt nur mehr bei Premieren auf. Man wird laut, man wird stark, man steht. Viele Tiefs durchwandert, viele Gipfel erklommen, aber immer gibt es in meinen Träumen noch weitere künstlerische Achttausender, die ich als Kreativ-Reinhold-Messner bezwingen möchte. Doch immer öfter flüstert auch ein leises Stimmchen: »Lass gut sein, Lischen, du musst nicht alles haben, vieles ist nur mehr ein Aufguss. Geh mehr in die Tiefe jetzt, beschäftige dich mit dem inneren Wesen der Dinge … Liebäugle ein wenig mit dem Begriff ›Downshifting‹ und probier doch auch mal, das Leben zu genießen und dich nicht nur anzutreiben.«

Etwas, das ich nicht gut kann. Immer laufe ich *full speed*, und es wundert mich, dass der Motor noch nicht durchgebrannt ist. Er funktioniert besser als mit zwanzig, wenn ich einstweilen auch langsamer in mein inzwischen geräumigeres Auto ein- und aussteige. Und immer noch bin ich getrieben von dem wahnhaften Drang, mein künstlerisches Potenzial entfalten zu wollen, zu *müssen* – und wenn ich zehn gute Romanseiten geschrieben, einen stimmigen Songtext verfasst oder eine pointenreiche, scharfe Kabarettnummer erstellt habe, dann bin ich glücklich, sonst nicht. Beim Sex vielleicht noch oder in der Natur. Selten, wenn ich längere Zeit in der Sonne sitze, ohne etwas zu tun – dann muss ein gutes Buch her.

Ein *Vogel* wäre ich so gerne – aber ich muss mir darüber klar sein: Ich bin eine emsige Ameise (im besten Sinn) – na ja, sagen wir mal: *Flugameise*.

On Tour

»Travelling makes your mind up«, sagte eine Amerikanerin einmal zu mir: Reisen öffnet den Kopf und erweitert den Horizont, es macht toleranter, selbstbewusster. Wer andere Kulturen erlebt und ihre Bräuche kennenlernt, mit fremden Menschen umgeht und sich ihnen anpassen muss, wer neue Speisen probiert, der muss sich Fremdem zuwenden, er kann nicht engstirnig bleiben. Engstirnige Personen nennt man landläufig gern *Spießer*. Sie zeichnen sich laut Wikipedia durch geistige Unbeweglichkeit, ausgeprägte Konformität mit gesellschaftlichen Normen, Abneigung gegen Veränderungen der gewohnten Lebensumgebung und ein starkes Bedürfnis nach sozialer Sicherheit aus, heißt es. In der Schweiz nennt man einen Spießer »Füdlibürger« – das Füdli ist das Hinterteil –, der also gleichsam mit dem »Füdli« am Heimatorte haftet. Die *Spießbürger* waren im Mittelalter diejenigen, die mit Spießen in der Hand ihre Stadt verteidigten. Na bitte.

Liberalität dagegen bedeutet, dass man viel gesehen und erfahren hat, vielleicht auch herausgefunden, wie man leben möchte, aber ohne das den Mitmenschen ständig aufzunötigen und, ganz wichtig: ohne eine andere Einstellung oder Lebensform abzuwerten. Das ist hohe Schule, und ich übe täglich. Deswegen reise ich. Aber selbst das ist keine Garantie, denn wie der Schriftsteller Ödön von Horváth beschrieb: *Der Spießer reist in der Welt herum und sieht doch nur sich selbst. Was gut und böse ist, weiß er, ohne nachzudenken.* Also, aufpassen, Freunde, auch im Ausland. (auf Teneriffa nicht im Café Salzburg Schweinsbraten bestellen)

Waren es die Reisen als Kleinkind, im Tourbus der Eltern? Frühkindliche Prägung also? Kaum einer aus dem Clan ist so reisebesessen wie ich (außer Gabi und Karlhans, Florians Eltern, die sich als »Bewegungsmenschen« bezeichnen und die halbe Welt gesehen haben, auch radelnd und per pedes, Respekt!).

Als Kind fuhr ich mit Detta sommers wie winters vier Wochen nach Tirol zum Skikurs oder in die »Sommerfrische«, wo die Buben, der Dammerl (Thomas) und der Girgl (Georg), in der Pension Sandbichler die kleine Lisa ärgerten: Sie steckten mir einen Kleiderbügel in den Anorak, zogen den Reißverschluss zu und hängten mich an der Garderobe auf! »In zwoa Stund kemma ma wieder, Lisei!«, riefen sie lachend mit kehligem K und stoben davon.

Das war mein erster Kontakt mit halbwüchsigen Jungs. Zwei Minuten nur blieben sie fort, aber lang genug, um mich heftig zu erschrecken. Als sie wiederkamen, fragte der Girgl feixend mit schadenfrohem Jack-Nicholson-Gesicht: »Hoscht di recht gfircht, Lisei, ha?« Und der Dammerl strahlte mich an, fröhlich über seinen gelungenen Streich: »Geh, mir dean da doch nix, Madl, mia san brave Tiroler Buam!«

Dort in Tirol traf ich einige Jahre später auch den riesengroßen Engländer John, der aussah wie der junge Donald Sutherland – John, von dem ich den ersten Männerkuss bekam, so aufregend und spannend ... und so viel Zukunft vor mir. Mit zehn durfte ich mit meinen Eltern nach Jugoslawien zum Zelten fahren, spielte mit einheimischen Kindern und hatte auf dem Campingplatz meinen ersten Rausch, weil Onkel Lenzi (der Schuft, Gott hab ihn selig!) in Ruhe mit meinem Vater Schach spielen wollte und mich Nervensäge am Abend heimlich mit drei Gläsern Rotwein lahmlegte.

Später, am Staffelsee im Camplager der evangelischen Jugend, lernte ich unter kirchlichem Schutzschirm die Liebe kennen, hurra! Während meines Studiums zeigte mir mein wunderbarer Schweizer Verlobter und Schauspielschulkollege Nikolaus Tschopp Südeuropa – Italien, Jugoslawien, Sizilien, Frankreich und Korsika, wo wir mit meinem ersten Auto, einem roten VW-Käfer, im Sand stecken blieben, weil mein

Baseler Abenteurerheld unbedingt ganz nah ans Meer fahren wollte. Mit ihm, dem weltoffenen Kosmopolit, der später Managergruppen auf Survivaltrips durch Südamerika führte, lernte ich das Reisen.

Mit vierundzwanzig waren Mona und ich auf Kreuzfahrt mit der »Hanseatic«. Ans Nordkap fuhren wir, und für Künstler war das eine feine Sache. Die Reise war gratis, es gab ein gutes Taschengeld dazu, und in zwei Wochen mussten wir nur viermal auftreten. Nach Island, Spitzbergen und Norwegen führte uns die Reise, in die Mitternachtssonne, zu dampfenden Wasserfällen und sprudelnden Geysiren.

Auf dieser Reise wollte ich mir eines Nachts, als es um ein Uhr noch taghell war, die Vorratskammern des riesigen Passagierschiffs ansehen, und ein betrunkener Schiffskoch versuchte, mich in den dunklen Hallen des Schiffsbauchs zwischen Schweinehälften zu vergewaltigen. Ich konnte ihm das durch Beschwören seiner Mannesehre und einer (nicht vorhandenen) Freundschaft zwischen uns tatsächlich ausreden. Zum Schluss stand der gute Koch schwankend vor mir, bat mich lallend um Verzeihung, weinte bitterlich und führte mich ritterlich ans Tageslicht zurück. Noch heute bin ich stolz auf mein Mundwerk und die Erfahrung: Psychologisches Gespür kann dir deine Frauenhaut retten.

Mit fünfundzwanzig flog ich nach Singapur und flanierte alleine in der pulsierenden Stadt herum. Ich schipperte auf die Malayen-Insel Rawa (später schrieb ich einen gleichnamigen Song) und lernte dort einen Prinz kennen, der aussah wie der Popsänger Prince und mit dem ich eine kurze zauberhafte Romanze hatte. All die Jahre – Reisen, Reisen, Reisen. *Am liebsten,* schrieb ich damals in mein Tagebuch, *wäre ich 200 Tage im Jahr in einem Wohnmobil durch die Welt unterwegs!*

In Thailand war ich vor zwei Jahren, davor in Hongkong und Indonesien. Dazwischen in Venedig, Sardinien und Korfu. Letztes Jahr zum zehnten Mal in Sri Lanka (meine Lieblingsinsel). Und überall ist es so schön – und wenn es wo nicht schön ist, dann ist es halt schön interessant. Mich plagt selten Heimweh,

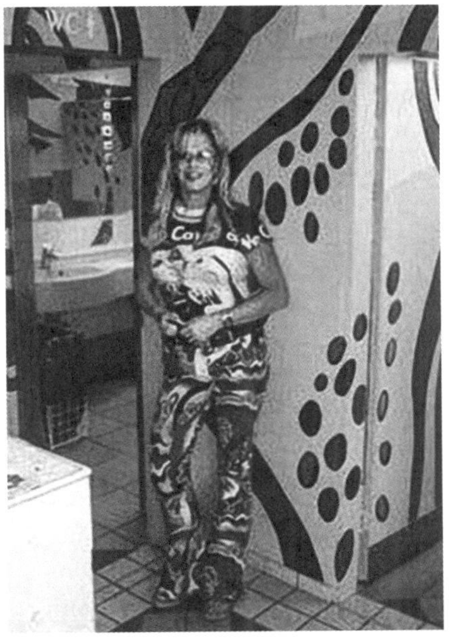
Psychedelic-Hippie-WC on Tour

aber dauernd Fernweh. In vierzig Ländern dieser Erde war ich schon, viele fehlen mir noch – Südamerika, Afrika und Neuseeland, wo mein Vater zeitlebens Schafe züchten wollte, China vielleicht und die Mongolei.

Seit gut vierzig Jahren bin ich außerdem beruflich auf allen Autobahnen in Deutschland, Österreich und der Schweiz unterwegs. Und ich freue mich immer, wenn ich das Schild *Freistaat Bayern* sehe und auf meinem Hof in Niederbayern ankomme. Ich kenne sämtliche

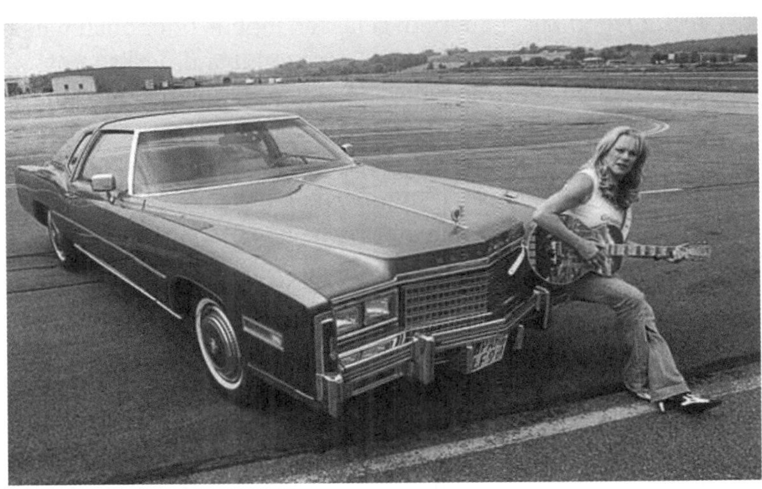
Mein Cadillac Eldorado, Baujahr 1977 – ein Wagen für besondere Anlässe

weichen und harten Hotelbetten und sollte froh sein, wenn ich mal nicht fort muss. Aber nach drei Wochen zu Hause beginnt es schon wieder zu nagen. Meine Herzwurzeln stecken in Bayern, aber wenn ich nicht oft genug wegfahren kann, werde ich ungut und mag nichts und niemanden mehr, mich nicht, meinen Partner nicht, meinen Beruf nicht. Unausstehlich werde ich dann, nölig und ein Kritikaster. Ich kann aber nicht alle drei Wochen verreisen, sondern muss auf Tour gehen, nach Hilden oder Bregenz fahren, nach Hamburg oder Köln fliegen, zu meinen Auftritten, aber immerhin, wenigstens das. (Dieter Hildebrandt, im vierundachtzigsten Lebensjahr und immer noch auf Tour, das nenn ich doch mal ein Vorbild!) Reiselust ist mein innerer Motor und die Vorfreude auf eine Reise.

Ich flüchte dann nicht *vor* etwas, ich bin neugierig *auf* etwas – Städte, Länder, Menschen und Kulturen, ich will das Klima wechseln, andere Gerüche aufsaugen, neue Sprachen hören und fremde Speisen essen, neue Eindrücke sammeln. Ich bin ein Reisejunkie.

On Tour, seit vierzig Jahren nun … Es gibt oft so wunderbare, glanzvolle Abende wie das Tollwood-Festival zum Beispiel, wo dreitausend Zuschauer ausgelassen jubeln, oder auch diese Gala für eine Technikfirma, wo Verwalter ein aufmerksames Kabarettpublikum waren, oder die vielen schönen Stadttheater und Hallen, wo von der Garderobe bis zur Technik und der Bühne alles passt und inklusive Catering (keine Wurstsemmeln wie die andren fünfzig Mal, sondern köstliche, fantasievolle Speisen) alles perfekt organisiert ist von weitsichtigen, erfahrenen Veranstaltern, in geschmeidiger Kooperation mit meiner wachsamen Agentin, und einem aufgeschlossenen lachfreudigen Publikum. Und einem Vier-Sterne-Hotel neben dem Schlosspark mit professionellem Service. Aber das ist nicht immer so. Bei 150 Tourorten und mehr pro Jahr gibt es auch seltsame Hotels …

»Zimmerserrrwisss, alloooo, allooo, Serrrvisss …«

»Ja, Herrgott noch mal … WAS IST DENN, VErDAMMT??!!«

Vor mir steht eine korpulente Frau mit südländischen Gesichtszügen.

Sie stützt die Arme gegen die speckigen Hüften und sieht mich an, die ich noch im Bett liege – verknittert, müde, zerwühlt –, als wäre ich ein fauler Teenie.

»Issa acht Uhr, wolle Zimmer putze!!« Ich bin fassungslos.

»Ich schlafe noch, das sehen Sie doch!!«

Da stapft sie zum Fenster, brabbelt was vom Nicht-Stören-Schild, das nicht an der Tür hing, reißt die Vorhänge auf, das gleißende Licht drückt mir die übernächtigten, verschwollenen Augen zusammen.

»Da – guckst du! Sonne scheint!! Mussu aufstehen und rausgehe – nixe rumliege in Bett!«

Die stämmige Hotelköchin im Lift fällt mir ein, die zu mir gesagt hatte: »Du dirr! Zu wenig dran. Musst du mehr essen!«

Die Zimmermatrone geht nicht weg, sie bleibt in der Mitte des Raumes stehen und fixiert mich *arbeitsscheues Gesindel* wie ein Insektenforscher sein Objekt.

»VERLASSEN SIE BITTE MEIN ZIMMER – ICH WILL SCHLAFEN. RAUS!!!!«

Ich kann mir merken, wo in den Hotelzimmern die Lichtschalter sind, jeweils für einen Tag meine neue Zimmernummer und abends meine fünfundzwanzig DIN-A4-Seiten Text. Aber schon auf dem Weg backstage zur Garderobe verwechsle ich Türen und Gänge und lande dann im Elektrizitätsraum oder im Hof. Das ist nicht mehr eingespeichert, Unnötiges fällt raus. Garderobe, Sachen packen, Bühnenkoffer ins Auto – Hotel.

Als Horrorvision gilt unter Kollegen und Insidern *Sektempfang mit den Honoratioren der Stadt und anschließende Einladung zum Essen mit den* örtlichen *Mitgliedern des ehrenamtlichen Kulturvereins.*

Das sind fleißige und bemühte Leute, aber es bedeutet für den Künstler, dass die Vorstellung im Restaurant weitergeht. Ein langer Tisch, an dem sperrige Kulturbeflissene sitzen, in sich verspreizt, die darauf warten, dass der Witzbold weiterwitzelt. Tut er aber nicht, er ist müde und verstockt und verweigert sich. Also wird nach einer Anstandsfrist und zwei Bier, die lockern, von den Kulturvereinlern drauflosgefragt: »Wie schreiben Sie eigentlich Ihre Texte?« – »Schreiben Sie denn alles selbst???« – »Und wie fällt einem das alles so ein?« – »Komponieren Sie auch selbst?« – »Bleibt ein Programm dann so oder verändert's sich?« – »Ist es jeden Abend gleich oder immer anders?« – »Improvisieren Sie viel?«

Mann, Leute, ich hab zwei Stunden geredet, sorgt doch bitte ihr jetzt für meine Unterhaltung, erzählt Geschichten, strengt euch an!!

Nein. Es bleibt auslaugend mühsam. Endlich Ende der Veranstaltung – Hotel – BETT! Das Hotel ist für einen Künstler, speziell für einen Comedian oder Kabarettisten, der zwei, drei Stunden lang sein Publikum zum Lachen und Nachdenken bringen soll, sein Zuhause, seine Heimat, seine Zufluchtsstätte.

»Hildebrandt und Richling (Rogler/Rether/Schramm/Priol) haben da auch schon übernachtet.« Das sagen die Örtlichen immer, wenn sie den Sparkurs fahren müssen und uns einen Drei-Sterne-Bunker schmackhaft machen wollen. *Ich will ein Vier-Sterne-Hotel!!* Weil ich eingebildet, schnöselig, arrogant bin und Starallüren habe. Ich möchte nach fünf (oder sechs oder sieben, auch nach drei oder vier) Stunden Fahrt etwas zu essen bekommen und nicht mit einem Taxi in der Stadt (oder dem Kaff) ein Lokal suchen müssen, das um 16 Uhr noch Küche hat (also meistens keins). Ich will weder Autobahntankstellen-Mampf noch einen Burger fressen müssen!

Ich will in meinem Zimmer keinen auf Zimmerlautstärke gedrosselten, schuhschachtelgroßen Minifernseher aus den Achtzigerjahren, ich will keine Tapeten mit roten Blumen und keine Teppiche mit orangen Kreisen und einem Bild an der Wand, auf dem ein Jäger mit Hund ist, der eine Ente im Maul trägt, und kein Zimmer mit Temperaturen eines rumänischen Kinderheims und einer Zentralheizung, die bis Anfang November außer Betrieb ist oder sich nachts ausschaltet.

Ich will am nächsten Morgen, wenn ich um 9:35 Uhr die Rezeption anrufe, nicht mit »Frühstück gibt's nur bis 9:30!«

angebellt werden, als wär ich im Erziehungscamp mit den strengsten Eltern der Welt, wenn ich nach meiner Show um zwei Uhr nachts eingeschlafen bin – und ich will auch nicht im Frühstücksraum mit zwanzig Vertretern, acht Familien und gefühlten dreißig Kindern hocken, deren Mütter mich anglotzen (»Ist das nicht die ...?«).

ICH MÖCHTE DAS FRÜHSTÜCK AUF MEINEM ZIMMER EINNEHMEN!

»Guten Morgen, Fitz hier, ich hätte eine Bitte – wäre es möglich, das Frühstück aufs Zimmer zu bekommen?«

»Äh ... nein, *das* geht leider nicht.«

»Warum nicht?«

»Wir haben keinen Zimmerservice.«

»Ah. Könnten Sie es vielleicht heute mal machen ...?«

»Das geht leider nicht.«

»Warum nicht?!«

»Wir machen das grundsätzlich nicht.«

»Gut. Könnten Sie es bitte *ausnahmsweise* raufbringen?«

»Tut uns leid.«

»Dann eventuell nur eine Portion Kaffee ...?«

»Nein, sorry, das geht nicht.«

»Du *holst jetzt sofort deinen Chef ans Telefon oder du bewegst deinen Hintern umgehend in die Küche, du renitente Gans, nimmst die läppische Thermoskanne Kaffee und bringst das EIN STOCKWERK HÖHER IN MEIN ZIMMER!!! WAS ZUR HÖLLE SOLL DARAN SCHWER ODER NICHT*

MÖGLICH SEIN?? Ich bin der letzte Promi, den euer Hotel sehen wird und vermutlich der einzige! Also tu deine Pflicht als Serviceperson, du blöde Schnepfe!!!«

Genau das dachte ich und sagte:

»Okay, tschüs.«

Ich will nachts Menschen treffen im Hotel und keinen ausgestorbenen, dunklen Betonbunker betreten, dass es einen schaudert, mit kahlen, bild- und schmucklosen Mauern; ich will keine Gänge mit abgewetzten Teppichen in psychedelischen Mustern entlanggehen, ich möchte, dass die Beschaffung eines Apfels keine Animositäten bei der Rezeptionstusse auslöst – und ich, wenn ich erkältet bin, möchte gottverdammtnochmal, dass man in der Lage ist, etwas von der Apotheke holen zu lassen – ohne Maulen, mit Aufschlag von mir aus.

Es gibt Drei-Sterne-Hotels, da macht die reizende Chefin jegliche Mängel wett, und die Zimmermädchen sind so goldig, dass man gerne Trinkgeld gibt und allen Unbill vergisst – aber ansonsten verschont mich mit drei Sternen! Dort ist alles Drei-Sterne: Drei-Sterne-Gäste, Drei-Sterne-Service, Drei-Sterne-Essen (wenn überhaupt), Drei-Sterne-Zimmer, Drei-Sterne-Fernseher, Drei-Sterne-Geschmack, Drei-Sterne-Benehmen. Und man fühlt sich als Drei-Sterne-Clown und wird traurig. Ich lebe im Auto, auf der Straße, ich bin eine Zigeunerin, bin in Hotels und Hallen, Theatern, Kleinkunstbühnen. Fünfzig Prozent meines Lebens finden *on the road* statt, ON TOUR! Man fühlt sich so, wie man lebt, das hat der Maler Hundertwasser richtig erkannt. Und es ist nicht Luxus, der nottut, aber man möchte von einem verlässlich guten Standard mit verlässlich gutem Service ausgehen können. Für meine männlichen Kollegen mag es weniger Gewicht haben, die meisten von ihnen setzen sich zu paar Bierchen mit dem Veranstalter oder den Technikern in eine Kneipe und *schwoabn* sich den Frust oder die Anstrengung *abi* – dackeln danach angetütelt in ihre Drei-Sterne-Bude und fallen in traumlosen Schlaf. *Es ist ihnen wurscht. Mir nicht.* Ich trinke nichts mehr und rauche nichts mehr, und ich will als Kabarettikone, jawoll, nicht nur im Licht stehen und für alle Hanswurst spielen und dann in eine grindige Bude abmarschieren – ich will ein Vier-Sterne-Hotel!

Es gab einen denkwürdigen Tag in O., da war ich ohne meinen Techniker unterwegs. Mein Techniker Alfred Hofmaier, Sohn des im Dezember 2010 verstorbenen Bürgermeisters Alfred »Jet« Hofmaier senior aus Regensburg, ist ein waschechter Oberpfälzer und der Mann, mit dem ich am längsten zusammen bin oder sagen wir: mit dem ich die an Jahren längste Arbeitsgemeinschaft bilde. (Selbst mit meinem Sohn war ich beruflich nicht so lange verbunden.) Ich lernte ihn kennen, als er sich mit Mitte zwanzig im Münchener Volkstheater für meine erste Tour in größeren Sälen als Tontechniker bewarb. Alfred ist mittlerweile zweiundfünfzig Jahre alt, eins fünfundneunzig groß, dünn und schlaksig, passt fast nie wirklich gut in ein Einzelzimmer-Hotelbett, hat mittellange dunkelblonde Haare (Stärke wie Rosshaar) – und ist beruflich treu wie Gold, ansonsten mit wechselhaften Phasen von übermäßigem Frauenverschleiß oder alternativ verlässlicher Monogamie. Auf einmal ist er wieder Single und zu jedem meiner Auftritte erscheint dann eine andere Frau – als hätte er ein unüberschaubares Netzwerk im deutschsprachigen Raum.

Sechsundzwanzig lange gemeinsame Tourjahre haben Alfred und ich auf dem Buckel und viele bierselige und weinreiche Abende vor diversen Hotelkaminen, und unser Privatleben bleibt bei den Gesprächen über Arbeit natürlich nicht außen vor. Wir wissen alles vom anderen, man versucht, sich zu trösten, sich in schweren Zeiten beizustehen, durchaus auch mit mütterlicher/väterlicher oder resoluter Kritik, wenn einer von uns beiden es zu toll treibt oder Alfred in der Liebe (aus meiner Sicht) zu stark seine männliche Egozentrik lebt. Er ist Fisch, seelisch im Überall und kosmischen Nichts des Universums beheima-

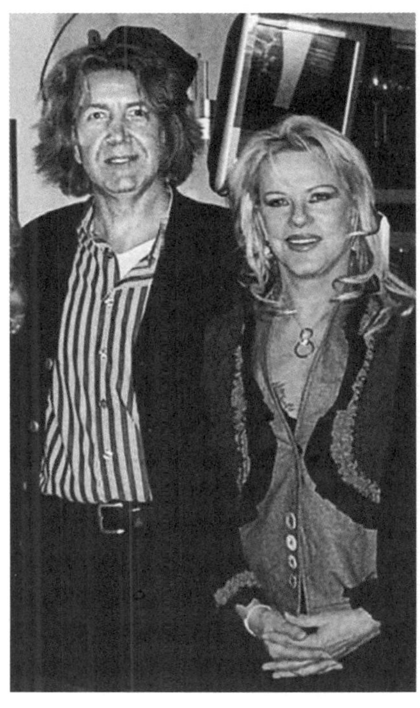

Techniker Alfred Hofmaier & Lisa – seit 26 Jahren zusammen on Tour

tet. Er versteht alles und sitzt alles aus, Aszendent Löwe: *Das Rudel muss zusammenhalten.*
Natürlich erwartet er die gleiche Toleranz von mir und ist beleidigt, wenn man seinen Geburtstag vergisst. Ich glaube, Alfred ist resistent gegen frauenbewegte Texte.
Für ihn hört sich alles an wie »Glabrrreewibisssubigagaglgl«.

Er kann meine jeweiligen Programmtexte zwar im Schlaf mitsprechen, aber er lässt sie vermutlich nicht mehr als Sinn oder Aufruf in sein Hirn. Das müsste sonst platzen nach zwölf Programmen und tausendfachen Wiederholungen, die ein Tontechniker auszuhalten hat.

Alfred hat einige Besonderheiten. Seine SMS bestehen nur aus »Ja« oder »Nein« oder »Passt!« Überflüssige Worte sind nicht seine Sache. »Um achtzehnhundert ist Donbrobe!« bedeutet, um 18:00 Uhr ist Soundcheck (Tonprobe). E-Guitar heißt beim ihm »Stromgitarre«, und wenn das Catering fehlt, sagt er: »Brotzeit is no koane do!«

Alfred ist ein Sensibelchen im Oberpfälzer Kokon und wie viele Männer ein bisschen wehleidig und hypochondrisch. Dafür immer da, wenn man ihn braucht. Er hat mit seiner Familie viele Höhen und Tiefen erfahren, Scheidungen durchstehen und tragische Todesfälle ertragen müssen. Er hat seine erste Tochter durch Leukämie verloren und seine zweite Tochter quasi auch nach der Scheidung durch den Kontaktabbruch seiner Exfrau und deren Stimmungsmache gegen ihn. Viele Krisen und Zwiste durchziehen sein in privater Hinsicht nicht einfaches Leben, aber erstaunlicherweise hat unser Bündnis bis auf eine Krisenphase alle unsere Auf und Ab überdauert. Das ist auch für mich nicht selbstverständlich, da ich mich ja eher von Menschen trenne, wenn die Probleme überhandnehmen, als eine Misere allzu lange auszuhalten, bis diese sich vielleicht harmonisiert. Wenn Alfred als Techniker mitfährt, klappt alles. Natürlich sind auch wir nicht gegen technische Defekte oder Lichtausfälle gefeit, aber meist bemüht sich »Frett«, alles schnell in den Griff zu bekommen.

An diesem Tag in O. ist Alfred also nicht dabei. Es ist eine Kleinkunstbühne, die schon ewig meine Agentur angejammert hat, Lisa Fitz solle doch bitte jetzt auch mal zu ihnen kommen. Aber irgendwas ist mit der Werbung falsch gelaufen. Die Veranstaltung wird mangels Besucher in einen kleineren Raum verlegt, Fassungsvermögen zirka hundert Besucher. *Ich hätte absagen sollen,* denke ich dauernd, *ich habe es geahnt.* Ich möchte am liebsten immer noch absagen und rufe die Veranstalterin an. Sie bittet mich ausdrücklich darum, das nicht zu tun. »Wir haben noch nie eine Veranstaltung abgesagt«, lamentiert sie. »Das wäre für unser Renommee ganz schlecht. Notfalls setzen wir halt Freunde und Bekannte rein.« Garantierte Gage minimal, prozentual anfallende Überschussbeteiligung unwahrscheinlich. (»Mehr geht einfach nicht bei uns!«) Technische Anlage samt Techniker werden vom Veranstalter gestellt, sonst rechnet sich der Gig für mich überhaupt nicht mehr. Okay, nennen wir es *Kulturbenefizarbeit.* Mein Lebenspartner Peter fährt als Tourleiter mit.

Am Vortag sind wir in der Käs bei Aktay und Sinasi Dikmen und Sohn Oktay Acet, gute Bekannte, nette versierte Veranstalter, alteingesessene Kabarettbühne, guter Techniker, tolles Publikum. Wir erfahren, dass ich hier zwei Tage hätte auftreten können und sollen, aber ein Tag auf Drängen des anderen Veranstalters freigegeben wurde für den Gig in O. Hätte man mir das gesagt, ich wäre gerne in der Käs geblieben, zwei Tage an einem Ort schonen die Nerven.

Nach einer stundenlangen Autobahnfahrt mit bescheuerten Sonntagsfahrern (Hut und Klorolle!) und Stau kommen wir endlich im Spielort O. an (ein Name, den ich vorher nie gehört habe) und fahren dort fünfzehn Minuten im Kreis – durch ein Labyrinth von Innenstadtumleitungen. Die Aggressionen steigen. Es scheint unmöglich zu sein, zum Hotel zu kommen. Es ist Sonntag und Markt. Die Veranstalterin hat es nicht für nötig befunden, uns darüber zu informieren. Wir parken irgendwo und schleppen die Koffer zu Fuß über Kopfsteinpflaster. Endlich finden wir das *Hotel zum Anker,* drei Sterne. Es ist dunkel innen und muffig, keiner da. Nach zirka drei Minuten Klingeln an der Rezeption schlurft eine ältere Dame heran, ein Dackel im Schlepptau. Sie ist immerhin freundlich. Nein, zu essen gibt es nichts. Zu trinken auch nichts.

»Nachmittags ist das Restaurant geschlossen. Minibar haben wir leider nicht.«

Der Dackel steht dabei und kläfft während des ganzen Gesprächs. »Die Zimmer sind im dritten Stock.« – »Wo ist der Lift?« – »Tut mir leid, einen Lift gibt es nicht.« Eine Hilfe auch nicht, sie ist alleine. Wir schleppen zwei schwere Koffer und zwei Taschen über die Treppe mit abgewetzten, seit gut dreißig Jahren nicht erneuerten Teppichen in den dritten Stock. Es riecht muffig und alt nach Abflussrohren. Der Dackel kläfft immer noch, es hallt durchs Stiegenhaus, er will sich nicht beruhigen. Vermutlich hasst er Gäste. Das Zimmer ist hässlich und klein, mit PVC-Belag, kein Teppich. Der Fernseher aus den Anfängen des TV-Zeitalters, fünfundzwanzig Zentimeter Bildschirmdiagonale, fünf Programme. Direkt vor dem Fenster ist der Markt sowie die Kirche, die uns beide am nächsten Tag in der Früh mit langem Geläute und lautem Marktrummel wecken werden.

Am Veranstaltungsort angekommen, finden wir dort nur eine Ausstellung vor und stille Besucher, die stumm von Bild zu Bild wandern. Ein brummiger alter Mann am Einlass schickt uns in den zweiten Stock. Die Veranstalter sind nicht da. Ein Techniker, der nett ist, aber vollkommen überfordert wirkt und begriffsstutzig ist, konfrontiert uns mit einer Licht- und Beschallungsanlage, die wir als *Kindergeburtstagsanlage* bezeichnen würden. Er hat nur einen einzigen Effekt anzubieten, einen (schlechten) Hall. Diesen auch auf den (schlechten) Monitor zu schicken, stellt ihn vor eine fast unlösliche Aufgabe.

»Wieso haben Sie nur einen Effekt? Hat man Sie nicht über die Erfordernisse informiert?! Das muss doch vorab durchgegeben worden sein!«

»Ja, schon, aber Ihr Techniker meinte, das würde dann schon reichen, wenn eben nix anderes da ist.«

Aha. *(Alfred, ich bringe dich um!)*

Musikgeschäft? Beschaffen? Bemühungen? Fehlanzeige. Beim Licht wird es ganz schlimm. Peter befürchtet, dass der Techniker mit Ton und Licht auch psychisch an seine Grenzen kommt – das heißt, es wird unmöglich für ihn werden, a) die Einstellungen überhaupt zu finden und b) sie jeweils passend zum Lied während der Vorstellung zu schalten. Die Lüftung läuft, auf der Bühne zieht es kalt wie Hechtsuppe. Der Techniker will sie laufen lassen.

»Den Zuschauern wird sonst heiß.«

»Aber ich kann dann morgen nicht mehr sprechen.«

»Ich könnte sie abkleben.«

»Wen?«

»Die Lüftungsschlitze über der Bühne – mit Gaffa Tape abkleben.«

Meine Zuversicht, dass das noch was wird, sinkt auf den Nullpunkt. Es geht so weiter, müßig, es zu beschreiben.

Warum war es nicht möglich, solche Dinge im Telefonat vorab eindrücklich genug zu vermitteln und auch ausdrücklich genug darauf zu bestehen, welche Technik und welchen Techniker meine Veranstaltung erfordert?? Einer der typischen Fälle, wo zwischen Veranstalter, Agent/-in und Künstler eindeutige Kommunikationsdefizite samt Interessenkonflikte zu vermerken waren.

Das Publikum hockt bis dicht an die Bühne gedrängt und ist provinzverstockt. Alte Weißkopfseeadler, die nicht wollen, dass ihnen eine Frau überhaupt irgendwas erzählt, und deren Ehegesponse, die kein Interesse an Politik haben. Beim Beitrag »Terror & Öl« – in dem es um die wirtschaftlichen Interessen der USA (Öl!) in Afghanistan und im Irak geht, die meines Erachtens nichts mit dem vorgegebenen Engagement der westlichen Verbündeten für die Einführung der Demokratie in diesen Ländern oder gar mit Terrorbekämpfung zu tun haben – leere Frauengesichter, die die Hintergründe nicht verstehen (wollen) und sich langweilen. Mich widert es an, mich ihnen so auf Tuchfühlung anbiedern zu müssen. Ich möchte sagen:

»Wisst *ihr, was? Geht nach Hause. Ich geb euch euer Geld zurück und fahre nach Hause und setz mich vor den Fernseher, da haben wir alle beide mehr davon. Weg aus dieser Scheißstadt, aus diesem Scheißhotel, weg von diesem Scheißpublikum, das ihr seid.«*

Ich sage es nicht.

Ein kleiner Lichtstrahl des Scheinwerfers der schlechten Lichtanlage fällt während des ganzen Programms auf eine Frau, die aussieht wie ein depressives Reptil. Mundwinkel nach unten gezogen, tiefe Falten graben sich über hoffnungslose, nichts mehr vom Leben erwartende Gesichtszüge. Sie ist mein magischer Blickpunkt über zwei Stunden lang. Sie lacht nicht ein einziges Mal.

Peter sitzt neben dem Techniker und diktiert ihm Nummer für Nummer, was zu tun ist. Jedes Mal, wenn er den Effekt für die Songs zuschaltet, gibt es am Monitor ein *Plopp* wie in der Bahnhofshalle. Der Hall ist billig, was der Techniker mit Überziehen der Intensität ausgleichen möchte. Ich kann das nicht mehr stoppen, ich habe die Ballade »A Minuten mit mir« schon begonnen. *Wie gewonnen, so zerronnen,* fällt mir ein, hier eher *nichts gewonnen, also auch nichts zerronnen* – war eh nix da. Das Publikum bleibt schlecht.

Die Veranstalterin erzählt mir danach, dass der Kabarettist X hier seine neuen Programme teste. Und der sage immer: »Wenn ich *euer* Publikum krieg, dann krieg ich sie überall ...« Sie meint, die Reaktionen heute seien für dieses Publikum geradezu euphorisch gewesen.

Wir gehen in unseren Drei-Sterne-Bunker, wo alles dunkel und keiner mehr an der Rezeption ist und trinken im hässlichen Zimmer eine mitgebrachte warme Limonade. Ansonsten gibt es in O. nachts nichts mehr zu essen, alle Lokale zu. Am nächsten Morgen wecken uns um sieben die Glocken, um acht Uhr kommt der Markt unterstützend dazu. Meine Stimme ist im Eimer, und wir verlassen die Kleinstadt um elf Uhr. Unterwegs bestelle ich im Auto die restlichen zwei Drei-Sterne-Hotels ab – von denen man uns später versichern wird, dass sie aber *wirklich sehr nett seien, und das Essen sehr gut, und Herr Rogler und Herr Schramm hätten dort auch schon …* – mit der Ausrede, dass wir leider nachts heimfahren müssen, und reserviere zwei Vier-Sterne-Hotels, die wir uns nachts gegen null Uhr per Internet im Laptop noch ausgesucht haben. Den Aufpreis zahlen wir selber.

Ich beschließe, meiner Agentin die Mehrkosten von der Provision abzuziehen, was ich wie immer nicht tun werde. Ihr wurde ja auch nur mehrfach versichert, *dass die Hotels wirklich sehr schön seien und dass dort auch schon Herr Rogler und Herr Schramm …*

Ich werde ihr nahelegen zu üben, bis vier zu zählen. Vier Sterne.

Vier-Sterne-Hotel, Vier-Sterne-Technik, Vier-Sterne-Veranstalter, Vier-Sterne-Veranstaltungsort. Und nach O. möchte ich nie wieder fahren. Lieber mal nach – Hawaii. Oder Tibet. Oder so.

Einmal Kuba und retour

Es gibt im Leben Ereignisketten. Manche Religionen sagen, dies sei das eigentliche Wesen des Karmas. Man muss das gar nicht auf zig Reinkarnationen auslagern, es reichen einige Lebensjahre, um rückwirkend innere und äußere Ursachen und Folgen erkennen zu können, die von einem Ereignis zu einem anderen führten. Bei mir war es die Trennung von meinem ersten Mann Ali Khan, die eine solche Ereigniskette auslöste. Ich hatte mit ihm meinen weisen, bissigen Zerberus verloren, der in seiner Intensität und seinen persönlichen Konflikten unerträglich, aber eben auch unersetzlich war. Er roch gefährliche Menschen bereits bei deren erstem Auftreten und ersten Sätzen, durchschaute und enttarnte sie. Das war anstrengend und oft unlustig, aber richtig. Er führte mich zu mir und machte mich standfest, wo ich noch wackelte.

Dann kam die Trennung, nach acht Jahren.

Am Ende einer langjährigen Ehe liegt zumeist die Sexualität brach, sie hat sich in Dauerkonflikten zerrieben, man kann nicht mehr miteinander und endet in erotischer Hinsicht ausgedörrt wie die Wüste Gobi. Meist wird kurz nach Trennungen und Scheidungen dann eine Notnagelbeziehung eingegangen, die die sinnliche Dürre in ein tropisches Paradies verwandelt, einen Garten Eden, der aber so wild wuchert, dass einen die Schlingpflanzen zu ersticken drohen und man sich nicht selten gerade noch rechtzeitig mit der Selbstschutz-Machete den Weg wieder frei hackt.

Ich wohnte nun in Niederbayern, und hier ereignete sich mein persönliches Waterloo, in dem ich alle Lüste und Qualen einer sexuellen Hörigkeit durchlebte. Stets war ich stark gewesen, und immer war ich es, die den Partner weggeschickt hatte, wenn sich die Diskussionen über Abwasch, Ignoranz oder Geld im Kreise drehten. Mein Credo war: *Ist es der nicht, ist es ein anderer.*

Dies jedoch war eine einzigartige Geschichte, und hier war alles anders.

Bei mir war der Notnagel ein Geschäftsmann aus einem kleinen bayerischen Ort – mein persönlicher Liebesgott Pan, mein *Faun.* Ein getriebenes Verfallensein suchte mich heim, eine abartige Form von Hörigkeit. Er war mein Animus, Urbild des Mannes, das eine Frau in sich trägt wie jeder Mann seine Anima, die den weiblichen Teil seiner Seele repräsentiert. Mit viel Glück findet man dieses Urbild in einem anderen Menschen wieder, und wenn man noch mehr Glück hat, was selten vorkommt, geht diese Beziehung gut.

Mein Animus war mir Vater und Mutter und Mann und Kind, Fluch und Segen, Himmel und Hölle, Gott und Teufel in Personalunion. Damals war ich sicher, nie mehr so lieben zu können, und vor einigen Wochen entdeckte ich ein Bild meines Vaters in jüngeren Jahren, auf dem er aussah wie mein Faun. Bingo.

Sucht, heißt es in der Psychologie, entsteht nicht dadurch, dass man von etwas zu viel bekommt, sondern dass man *etwas Wesentliches nicht bekommt* – etwas, das man braucht und das einem vorenthalten wird.

Der bodygebildete Geschäftsmann war ein Schlawiner, wie er im Buch steht, optisch zwischen Kevin Costner und Don Johnson, halbseiden, durchtrieben, er hätte auch vom Kiez sein können, halblange Haare, Wolfsaugen, kurz: ein geiler Steiger. Er gab mir – die ich genau danach gesucht, aber das in solcher Perfektion noch nie gefunden hatte – raffinierte Sexualität mit allen ihren Varianten und Spielen im Übermaß, aber er enthielt sich selbst. Mein Django mit Wolfsblick war ein abgebrühter Weiberheld mit perfekt trainiertem Körper und Bilderbuchmuskeln, ein niederbayerisches Schlitzohr, mit allen dionysischen Zauberwassern gewaschen, ein durchtriebenes Mistvieh, geschäftlich und privat. Ein Mann, der es verstand, auf dem Instrument Frau zu spielen wie ein Geigenvirtuose auf einer Stradivari und alle Register sexueller und erotischer Spielarten zu ziehen.

Donna Juanita hatte ihren Meister für den Rausch der Sinne gefunden.

Allerdings in einer Beziehung ohne Zukunft. Die Franzosen haben dafür den Begriff *Amour fou*, eine *verrückte Liebe*, ein leidenschaftliches Verhältnis, eine Romanze, die sich nur – und *nur* – aus dem Umstand nährt, dass man nicht zueinanderfinden kann und darf. Das Hindernis macht den Reiz der Affäre aus. In diesem Fall war das Hindernis eine Ehefrau, die hartnäckig war wie ein Afghanistankrieger und nicht im Traum daran dachte, ihren untreuen Mann jemals gehen zu lassen, egal, was er ihr lieferte. Ihre Überzeugung war: *Irgendwann gibt er auf, und ich habe gesiegt.* Vorgeschult durch ihren fremdgehenden Vater war sie diese Art von Frauenkummer von klein auf gewohnt. Sie war hart wie Kruppstahl. Sie wusste, ihr Mann ging fremd, das hatte er immer schon getan, sie wusste aber auch, er würde bleiben, wenn sie durchhielte.

»Du wirst nicht glauben, dass ich meinen Mann kampflos aufgebe, oder?«, sagte sie spitz zu mir und aus ihren stahlblauen Augen blitzte: *Niemals!*

Natürlich war seine Version für mich, die Ehe sei am Ende und die Scheidung nur eine Frage der Zeit – die alte Geschichte. Meine Naivität mag das Eindringen in eine fremde Ehe entschuldigen. Der Geschäftsmann, der unter meinem Einfluss immerhin noch ein ganzes Stück erfolgreicher wurde – die Familie verdankt mir also doch ein wenig –, war ein versierter Storyteller. Die Kunst der Lüge faszinierte ihn. Er war ein perfekter Spieler und ich sein perfektes (prominentes, egoförderliches) Spielzeug. Er war eine skrupellose Katze und ich (s) eine fantasievolle Maus. Wir erfanden über Jahre immer neue Varianten, uns lustvoll im Bann unserer Leidenschaft gefangen zu halten und über drei Oktaven zu erregen. Das mehrjährige Beziehungsdrama kostete mich damals meine seelische und körperliche Gesundheit und am Zenit fast mein Leben. Ich landete für sechs Wochen in einer psychosomatischen Klinik.

Danach sollte ich auferstehen wie der Phönix aus der Asche, mit klarerem Bewusstsein meiner selbst und tieferem Verständnis meiner Psyche, gewachsener Beziehungsverantwortung und größerer Reife. Und einmal mehr sollte sich erweisen, dass nachfolgendes Lebensglück nicht ohne vorangegangene persönliche Apokalypse hätte entstehen können. Nur wusste ich das zu diesem Zeitpunkt nicht und steckte in meiner emotionalen Hölle fest. Er gab wohl vor, mich lieben und mit mir leben zu wollen, vielleicht war es auch so, aber die Realität zeigte, dass er das nicht schaffte, weil er nicht das Wagnis einging, seinem Umfeld zu entfliehen, seiner Herkunft und seiner Ursprungsfamilie mit allen Konsequenzen entwachsen zu wollen.

Zu tief verwurzelt waren seine familiären Bindungen an seinen Clan und dessen kleinbürgerliche Sicht der Gesellschaft, zu langjährig die Beziehung zu seiner Frau, die verlassen zu wollen er vorgab. Er hatte sich schlicht überschätzt. Und ich mich auch. *It always takes two to tango.*

»Ich hab nix gegen ihn«, sagte mein Vater, »er tät gut zu uns passen. Aber wenn er mit dir leben will, da müsst er ja alles aufgeben. Er müsste seine Wurzeln kappen und würde damit alles verlieren, was ihn ausmacht, Eltern, Familie, Rückhalt, Freunde. Ich kann mich ja täuschen, aber ... das wird er nicht tun, glaub ich.«

Oh Papi, wie Recht hattest du! In einem Satz die ganze Wahrheit. Aber der Mensch will immer selbst die Konsequenzen seines Verhaltens spüren, anders begreift er es nicht.

Irgendwann – bis zu diesem Irgendwann allerdings brauchte ich mehrere Jahre! – setzte mein Selbstschutzmechanismus ein. (Dank an euch, Engel!) Ich wusste, es läuft auf das Ultimatum zu: ER ODER ICH. Mein Unterbewusstsein sagte:

GEH DA JETZT RAUS!!

Nur wie ...?

Okay, wie macht das ein echtes 68er-Mädchen? Mit der altbewährten Make-Love-not-war-Methode: *Lass krachen, Lisa, hau rein! Neutralisiere dieses Provinz-Sexgift mithilfe vieler Liebensabenteuer in der großen weiten Welt! Entfessle dich!* Ich wollte mich um jeden Preis freivögeln von dieser Sucht nach diesem Mann und begann dieses Vorhaben mit einer Reise nach Bali.

In Bali nahm ich mir *alles*, was mir vor die Optik kam und gefiel, Australier, Franzosen, Balinesen – hübsche Kerls, unterschiedlich begabt in der Liebe. Ich beschloss, kalt zu werden wie Eis, Lisas tragische Emotionen in seelenlosen Abenteuern gefrieren zu lassen wie ein Mann, der sich die Hörner abstößt, ich wollte mir meine frühere Haltung aus dem Prä-Faunianum wiedererobern: *Kommt der nicht, kommt ein anderer.* Auf in den Kampf!

Ich muss gestehen, dass mich diese drei Wochen nicht einmal im Ansatz unglücklich machten, im Gegenteil. Ich fühlte mich, als hätte ich endlich einen immer schon ersehnten Zustand totaler Freiheit erreicht, in einem fernen Land, anonym und von Herzen polygam. Ich war niemandem Rechenschaft schuldig und lebte das, was mir – und nur mir! – gefiel; nicht dem mit dem Zeigefinger herumwedelnden Zeitgeist, nicht der gängigen Moral, die mich noch nie interessiert hatte, nicht meinen Eltern oder meinen Freunden, auch nicht einem Lebenspartner oder was immer der Geschäftsmann-Faun zu sein vorgab, nicht meinem Sohn, niemandem – nur mir. Ich zog also einen Mann nach dem anderen durch mein Bett oder nachts an den Strand und fühlte mich an nichts mehr gebunden. Da ich erwachsen war und weder mit Schuld- und Unsicherheitsgefühlen zu kämpfen hatte, noch labil pubertierte, noch wie mit Mitte zwanzig mich nach einem Ehepartner oder Kindervater sehnte, genoss ich die vollkommene Unmoral und Leichtigkeit meiner Polygamie und ließ es krachen. Ich war Ende dreißig, gut trainiert und frei wie ein Vogel – und genau so handelte ich.

Den Australier fand ich zu machomäßig, deshalb beförderte ich ihn beim zweiten Treffen mittels einer Kopfmassage in den Schlaf und verließ sein Zimmer. Der Asiate am nächsten Tag hatte es besser drauf. Der Franzose war in der Flirtkunst unschlagbar, raffinierter war aber der indische Masseur des Hotels und am allerbesten die zwei Securitys vom Hotel im Doppelpack. Einer gab dem anderen die Klinke in die Hand – *unerkannt im fremden Land.*

Und als ich nach Hause zurückkam, war ich eine andere. Es würde noch ein Weilchen dauern, bis ich endgültig meine Freiheit und meine Selbstachtung wiederfände, aber ich hatte das Heft wieder in der Hand.

Dachte ich.

Denn der ganze Befreiungsschlag ging einher mit großen Mengen Alkohol. Bei meiner Rückkehr fand meine bacchantische Lebensweise mit einer Flasche Southern Comfort, die ich nach der fast zweitägigen Rückreise zu Hause leerte, ihren fragwürdigen Höhepunkt. Ich torkelte betrunken die Treppe im Haus hinab und krachte schwankend in das Bild mit einem Schutzengel, der zwei kleine Kinder auf einem brüchigen, alten Holzbrückerl über einen reißenden Fluss geleitet. Das Glas splitterte, und mein eigener Schutzengel hörte die Warnung. Er handelte in Gestalt meines fürsorglichen Schwiegervaters Hans (Alis Stiefvater), der mir mit dem Spruch »Auch Cäsar musste sich mal ausruhen« bewusst machte, dass ich mich in einer großen Lebenskrise befand und in einer Auszeit – nennen wir es Kur – ein paar Wochen mein Leben und die Folgen meines Handelns überdenken sollte.

»Aber ich muss auftreten … meine Angestellten … ich muss auf Tour, ich muss Songs und Texte schreiben …«

»Ja, ja«, meinte er, »aber wie gesagt: Auch Cäsar war mal müde.«

Bevor ich nachdenken und Einspruch erheben konnte, sorgte er dafür, dass ich schnellstmöglich ohne großes Aufhebens und Formalitäten einen Therapieplatz fand und eine Auszeit nehmen konnte. Nach und nach fasste ich wieder Tritt und bekam Boden unter den Füßen. Der Geschäftsmann schwängerte seine Frau, zog danach trotzdem zu mir und dann wieder zu ihr – wir drehten noch ein paar hochemotionale, leidenschaftliche Ehrenrunden, aber irgendwann fand das Dreiecksdrama mit meiner endgültigen Trennung von ihm sein unrühmliches Ende und ich zu meiner alten Kraft zurück. Danach war es ausgestanden und wurde – das muss man auch sehen – literarisch, komödiantisch, kabarettistisch und wirtschaftlich ausgewertet.

Was vermeintlich schadet, erbringt oft letztlich doch Kunst und Geld (die Jungfrau in mir).

Ich schrieb »Heil«, eins meiner besten Programme, und verfasste den dreihundertfünfzigseitigen Roman *Flügel wachsen nach*, in dem ich meine *Amour fou* zu dem Geschäftsmann als etwas veränderte Liebesgeschichte niederschrieb.

Die Reise nach Bali leitete nicht nur eine Katharsis, sondern auch eine Fernreisenphase ein. Die letzte hatte ich im Alter von fünfundzwanzig nach Singapur unternommen. Nun setzte ich diese Reisen fort. Jedes Jahr flog ich zu Ayurveda-Kuren nach Asien oder in die USA und reiste mit meinem Sohn im Wohnmobil durch Kalifornien oder alleine in die Karibik.

Man kann als Frau in vielen Ländern ohne Probleme und Gefahren alleine Urlaub machen, in Gruppen Bildungs- und Kulturreisen unternehmen, Yoga-Reisen buchen, Salsakurse oder Kuren und, wenn man das will, guten Sex in romantischem Ambiente und tropischem Klima bekommen. Sollte das Selbstbewusstsein ramponiert sein, diese Männer reparieren es, sie haben Lebensfreude, können gut tanzen und sind schön und schlank. Asiatische Männer verstehen mehr von der Liebe als die Afrikaner, deren Sexverständnis, wie man mir erzählte, über die Rein-raus-Nummer kaum hinausgehen soll. Die Inder dagegen haben das Kamasutra verfasst, das umfassendste Werk der Welt über die Liebeskunst, eine jahrtausendealte, wissenschaftliche Abhandlung über Sextechniken, Stellungen und Aphrodisiaka. Erotik nimmt einen hohen Stellenwert ein, und die Frage, wie die Frau befriedigt werden kann, beschäftigt die Autoren über Hunderte von Seiten. Bei uns gab's Oswald Kolle – und das auch erst seit den Sechzigern. In sinnlicher Hinsicht sind wir Ödland.

Meine Literaturagentin erzählte mir von Kuba.

»Wenn du sehen willst, wie gelebter Sozialismus funktioniert – oder auch nicht funktioniert«, sagte sie, »dann flieg mal nach Kuba. Dort siehst du Kultur, Musik, Politik, schöne, alte Autos, wunderbare Bauten, Tanz und gescheite Menschen!«

Die Mehrzahl der Kubaner verfügt über eine gute Schulbildung, eine bessere als so manche Niederbayern. Fidel Castro will seine Botschaft in alle jungen Köpfe bringen, und das geht am besten in den Schulen.

Ich buchte ein Fünf-Sterne-Resort in Kuba, um sicherzugehen, dass ich als Frau dort geschützt und sicher war. Aber die Gefahr lauerte weniger außerhalb als vielmehr innerhalb des Hotels. Dort traf ich gleich am ersten Tag den lässig an der Poolbar lehnenden Rey, einen bildschönen baumlangen Kubaner, der als Animateur im Hotel arbeitete und mir zur Begrüßung eröffnete, ab sofort stehe er jeden Tag zu meiner Verfügung, wofür auch immer … Rey war wirklich sehr verliebt in mich und ich in ihn. Er war Englischlehrer, der als Animateur mehr Geld verdienen konnte. Er besuchte mich in Deutschland und brachte sich vom ersten Tag an auf wunderbare team- und beziehungsfähige Weise in mein Leben ein. Ich hatte jedoch nicht den Mut, einen eins fünfundneunzig großen, dunkelhäutigen Kubaner in Niederbayern oder gar in Gesamtdeutschland als meinen neuen Freund zu präsentieren – weder meinem privaten Umfeld noch der Öffentlichkeit. (Viele Jahre später hat Heidi Klum genau das gewagt und sich viele Anfeindungen als »Negerschlampe« eingehandelt. So sind die Menschen halt bei uns und vermutlich überall auf der Welt.)

Während meiner Zeit in Kuba unterhielt ich mich immer wieder mit dem sonnigen, attraktiven Jungstar der Animateursriege. Ihosvanny hieß er, die spanische Form von Johannes, und war ein äußerst kommunikationsbegabter Alphamann. Er sprach mehrere Sprachen fließend und konnte wunderbar tanzen, Menschen unterhalten und zum Lachen bringen. Ein Deutscher macht eine Sache schnell und zuverlässig – ein Kubaner macht eine Sache vielleicht nie, aber das dafür unterhaltsam. Ein Deutscher hat Tempo, ein Kubaner Temperament. Ein Deutscher kommt mit fünf Bier intus von der Sause heim und lallt herum, mit dem Kubaner kann man fünf Stunden tanzen.

»Kannst du mir nicht helfen, nach Deutschland zu kommen?«, fragte Ihosvanny mich.

»Ich?? Wie denn?«

»Ich brauche diese weiße Einladungskarte. Bei uns ist das alles sehr kompliziert. Zwei braucht man, eine grüne und eine weiße, eine habe ich schon, aber die Freundschaft mit der Person, die mich einladen wollte, ist aus, und nun stehe ich da.«

»Aha. Na, du findest schon wieder wen, da bin ich mir sicher.«

»Nein, das ist so schwierig, ich warte schon so lange. Und ich will so gerne nach Deutschland! Du weißt, dass ich fleißig bin, oder? In Deutschland habe ich eine Zukunft, hier in Kuba nicht.«

Ihosvanny insistierte und löcherte mich so lange, bis ich einwilligte, ihm bei seiner Reise nach Deutschland zu helfen. Dazu muss der beziehungsweise die Deutsche mit mehreren (kostenpflichtigen) Formularen bestätigen, dass sie den Kubaner a) einlädt und b) für die Zeit seines Aufenthalts die Kosten und die Verantwortung für den Besucher aus Kuba übernimmt. Ihosvanny versprach, alle Kosten selbst zu tragen oder jemanden zu finden, der ihm Formulare und Flug bezahlte, nur zu dieser Einladung sei kaum jemand zu überreden. Da ich Ihosvanny als zuverlässigen, ehrlichen, liebenswürdigen und intelligenten jungen Mann kennengelernt hatte, wollte ich Schicksal spielen und ihm zu einer besseren Zukunft verhelfen. In Kuba hat ein junger Mensch keine Chance, es zu etwas zu bringen. Hier in Deutschland wachsen wir mit dem Gefühl auf: »wenn – dann«, das heißt, dass Fleiß und Einsatz für einen Beruf, eine Karriere positive Folgen haben. Ein Kubaner dagegen lernt schon früh:
»wenn – dann auch nicht«. Er kann sich anstrengen, wie er will, es nutzt ihm nichts. Ich wollte Ihosvanny also unterstützen – hier war vorerst keine Erotik im Spiel. Als ich ihn schon fast vergessen hatte, meldete er sich für einen Deutschlandbesuch an. Ob er einige Wochen bei mir wohnen könne, fragte er, bis er sich hier gesettelt habe.

»Nun ja«, sagte ich, »kurzfristig, aber für länger geht das nicht.«

Ich war ohne Lebenspartner, hatte ein riesiges Haus und gerade den Geschäftsmann seelisch entsorgt. Das meinte ich mit

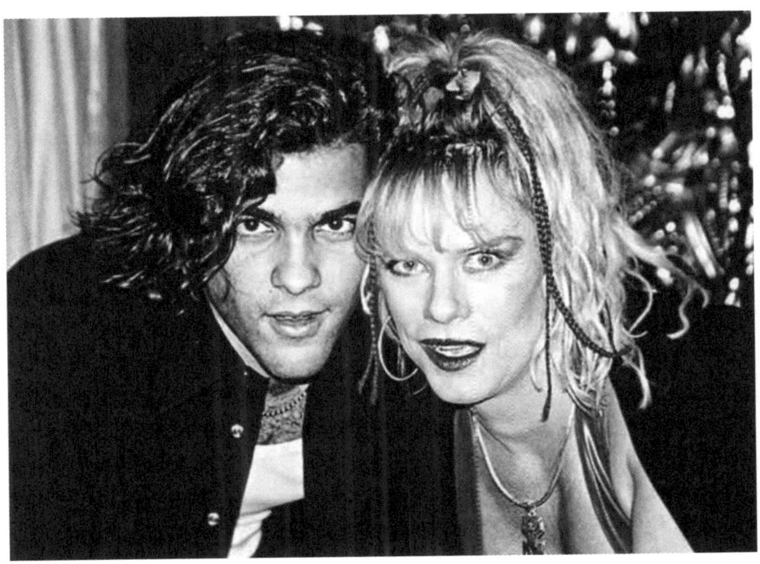

Ehemann Nr. 2: Ihosvanny Rodriguez aus Kuba & Lisa (1998)

Ereignisketten. Als Ihosvanny dann bei mir im Haus war und wir uns täglich sahen ... allein auf dem Land mit einem wunderhübschen jungen Kubaner im Haus, wer wollte den von der Bettkante stoßen? Und vor allem, warum?

Als wir dann einmal über unsere Beziehung sprachen, sagte ich zu ihm: »Ich hätte nicht gedacht, dass du dich für mich interessierst ... ich bin ja viel älter als du.«

»Na ja«, druckste er herum. »Ich hätte auch nie gedacht, dass du dich für mich interessierst – ich bin ja viel jünger als du. Du kannst dir jederzeit einen reichen älteren Mann nehmen, der viel mehr kann und hat und weiß.«

Sehen Sie, und da machen wir Frauen uns immer so viele unnötige Gedanken über drei Falten, wir Schisser. Jedenfalls stärkten Ihosvanny – den ich nun in Giovanni, die italienische Form von Johannes, umbenannt hatte, damit sein Name für Deutsche aussprechbar wurde – und ich uns gegenseitig das angeknackste Selbstbewusstsein und hatten viel Spaß miteinander.

Ihm habe ich die Erfahrung und die gelebte Erkenntnis zu verdanken, dass frau sich zu jeder Zeit – merkt euch das, Frauen! – einen jungen, feschen Mann an Land ziehen kann, wenn sie selbst dazu willens ist. Ob der junge Mann immer die bessere Wahl als der ältere Mann ist, sei dahingestellt Ich glaube, Vor- und Nachteile halten sich die Waage.

Als ich Giovanni, weil er so fesch war, das erste Mal zu einer Filmpremiere mitnahm und die Journalisten seiner ansichtig wurden, war es mit der Ruhe vorbei. Das hatte ich, es war das Jahr 1998, unterschätzt. Ich dachte nicht, dass mein Begleiter auf einer Veranstaltung für die Presse von so großem Interesse sein könnte. Er war es. Kaum war ich auf der Toilette, schnappte sich ein Journalist Giovanni, zog ihn beiseite und fragte ihn: »Sagen Sie mal, darf ich fragen, wie alt Sie sind??«

Giovanni gab brav Auskunft, bevor ich wegen meines WC-Aufenthalts eingreifen konnte. Vierundzwanzig sei er, antwortete er höflich – und damit war das Pferd von der Leine. Der Journalist fragte Giovanni, ob er denn wisse, wie alt ich sei? Ja, sagte Giovanni, das sei ihm bekannt und völlig egal. Als ich von der Toilette kam, rückte mir die Presse auf den Pelz. Wer der Junge aus Kuba sei, wie er denn heiße, man hätte den Namen nicht genau verstanden, und in welchem Verhältnis er zu mir stehe. Nun, erwiderte ich, es sei eben ein Besuch aus Kuba, Punkt, mehr wolle ich nicht sagen. Aber ich grinste – mein Gesichtsausdruck muss mich verraten haben. Das war der Startschuss.

Am nächsten Tag hatte ich die *Bild*-Zeitung am Telefon. Man wollte wieder wissen, wer der junge Mann sei und welche Rolle er in meinem Leben spiele. Ich entgegnete, dass ich mich dazu nicht äußern wolle. Doch man ließ nicht locker, terrorisierte mich drei Tage lang mit Anrufen, ebenso die Agentur und meine Büroangestellten. Ich wiederholte immer wieder, Giovanni sei nur zu Besuch da und mehr wolle ich dazu nicht sagen! Die Anrufer konterten, wenn ich keine Auskunft gäbe, dann schreibe man eben, was man denke.
Die Begründung lautete:
Die Öffentlichkeit habe speziell im Falle eines Prominenten ein

RECHT DARAUF, DIE NÄHEREN UMSTÄNDE ZU ERFAHREN.

Wenn ich keine Auskunft gäbe, schreibe man, was man sich so denke ...

»Okay«, sagte ich, »was wollt ihr?«

»Wir würden Ihnen den Fotografen Erwin Schneider schicken, der macht tolle Fotos von Ihnen und Giovanni, und wir bringen 'nen schönen positiven Bericht! Was sagen Sie dazu?«

»Na gut«, antwortete ich, »dann macht halt das Interview.«

Was blieb mir übrig, wenn ich nicht wollte, dass sie etwas schrieben, was sie sich ausgedacht hatten? Und ein bisschen stolz war ich auf Giovanni ja auch.

Es kamen Fotograf Erwin Schneider und die *Bild*-Klatschkolumnistin.

Ich bin Kabarettistin und gehe zu oft davon aus, dass man Satire in ihrer üblichen Überhöhung verstehen und eine ironische von einer ernsten Bemerkung unterscheiden kann. Aber das gilt offenbar nicht für alle, zumindest nicht für *Bild* und deren Leser.

Die Klatschkolumnistin fragte: »Warum so einen jungen Mann – und warum einen Kubaner?«

»Warum nicht?«, fragte ich frech zurück und riss die Klappe auf. »Wenn die Männer nach Thailand fliegen, dann müssen wir uns halt auch fesche Männer holen.« Es war dies als Retourkutsche auf die Sexprotzigkeit der Männer gedacht – wurde aber leider nicht so verstanden.

Erwin Schneider machte seine Fotos: Lisa auf dem Schoß von Giovanni, Giovanni gibt Lisa eine Fußmassage, Giovanni trägt Lisa auf Händen, Lisa und Giovanni beim Herumalbern. In der Tat schöne bunte Fotos – ich sah zwar älter als Giovanni aus, aber sehr gut, wir waren ein attraktives Paar.

»Mensch«, sagte Erwin nach einigen Stunden, »den Pool, den de da hast, wollt ihr da nicht rein? Das wären doch tolle Fotos!«

Lisa war trainiert, konnte sich zeigen, Giovanni eh. Lisa sprang. *Immer diese Eitelkeit ...*

Poolfotos. Nach vier Stunden Fotosession ist man gelöst, relaxed, findet alles lustig und nichts mehr schlimm. Viele

Jahre später wurde mir klar, wie man Gabriele Pauli zu ihren Latexhandschuhfotos überlistet hatte, die dann ihre politische Karriere beendeten. Erwin, der alte Hase, sagte: »Hey, machen wir doch noch diese Lauterbach-Elvers-Nummer, weisse? Das Foto, wo Heiner die Hände von hintenrum so auf Jennys Brust legt. Das schaut heiß aus, aber man sieht ja nix! Da vergibste dir doch nix, Lisa, du hast doch 'nen tollen Körper! Wir müssen's Foto ja nicht drucken, aber lass uns das doch einfach mal machen, und dann schaust du's dir an!«

Es war ein geiles Fotos und sah knackig aus. Und es kam auf die Titelseite, und damit nahm das Schicksal seinen Lauf. Das »Sommerloch« nennt man in der Presse die Zeit im Juli und August, wenn viele Menschen in den Ferien sind und es keine nennenswerten News gibt oder diese zu wenig Leser finden. Die Medien suchen dann händeringend ein reißerisches, im Grunde unsinniges Thema, das sie auf der Titelseite zu einer Sensation aufblasen können. Eine ganze Woche lang waren »Lisa und ihr Sommerlover Giovanni« *das* Thema in *Bild*. Die Leser schrieben sich ihre Zustimmung und Ablehnung von der Seele – dass ich *total Recht hätte und eine tolle, mutige Frau sei*, respektive eine *Schlampe und das Letzte*! Das allein wäre nicht von besonderer Tragweite gewesen. Aber die Sache hatte Konsequenzen.

Giovanni flog im September wieder nach Kuba zurück, die dreimonatige Einladungsfrist war abgelaufen. Nach einigen Tagen rief er mich aufgelöst an. Er habe seinen Job verloren, man habe ihm fristlos gekündigt, ihn rausgeworfen. Was war geschehen? Die Ausgabe der *Bild* mit unserem Titelfoto war, wie in viele Ferienorte, auch in Giovannis Hotel in Varadero geliefert worden und hatte dort an der Rezeption ausgelegen. Natürlich hatte man ihn erkannt. Die Angelegenheit drang zur staatlichen Tourismusbehörde und somit bis zur Regierung vor. Das Foto wurde zum landesweiten Skandal. Die Tourismusbehörde war empört, man kochte. So ein Verhalten galt als unmöglich. Ein kubanischer Animateur, der sich mit einer halb nackten Frau auf dem Titelblatt der größten Volkszeitung des kapitalistischen

Klassenfeinds zum Hanswurst, zur quasi männlichen Prostituierten machte – empörend!

Das Foto wurde zum Politikum. Es hatte Giovannis Rauswurf aus seinem Job im Hotel zur Folge sowie den Ausschluss aus der Tourismusbranche auf Lebenszeit. Er könne auf Kuba nie wieder in dieser Branche arbeiten, hieß es, sein Verhalten zeige, dass er dafür sowohl Reife als auch Verantwortungsgefühl vermissen lasse.

Was tun?

Bild rief wieder an, Redakteur L. fragte, was denn aus dem jungen Kubaner geworden sei.

»Bitte, Herr L., ich kann's Ihnen nicht sagen«, flehte ich ihn an. »Wir haben echte Probleme, Giovanni hat seinen Job in Kuba verloren, weil die *Bild* dort im Hotel auslag. Alles, was Sie berichten, schadet ihm!«

»Ja, so was!« L. heuchelte Teilnahme. »Ich verstehe.« Er machte eine Pause. »Aber die Leser wollen wissen, wie die Geschichte weitergeht. Lieben Sie ihn denn?«

»Wie bitte?«

»Ob Sie ihn *lieben*?«

»Herr L.«, erwiderte ich, »wir haben zurzeit andere Probleme als *Liebe*! Ich kenne den Jungen ein paar Monate, ich kann das jetzt doch nicht sagen!«

»Aber Sie müssen doch wissen, ob Sie ihn lieben ... So was weiß man doch ... als Frau«, insistierte er.

Ich weigerte mich, ihm eine Antwort zu geben. Er ging mir mit seiner unsensiblen Fragerei auf die Nerven. Ich bat ihn noch mal eindringlich, ausdrücklich und sehr persönlich um das Aussetzen einer weiteren Berichterstattung wegen der Probleme, die das für Giovanni nach sich ziehen können.

»Wir hatten auch nicht abgemacht, dass dieses Foto auf dem Titel erscheint ... dieses halb nackte. Genau deswegen hat Giovanni doch jetzt die Schwierigkeiten und den Jobverlust!«

»Ja, aber wenn Sie sich als reife Frau im Bikinihöschen fotografieren lassen ... So was ist für uns ein gefundenes Fressen, das müssen Sie schon auch verstehen. Ist doch ein schönes

Foto gewesen – und Sie können sich das leisten, Sie haben doch 'ne tolle Figur.«

Wir beendeten das Gespräch. Zwei Tage später erschien der Bericht: *Lisa Fitz: Böses Spiel mit jungem Kubaner.* Ich hätte den Jungen nur für meine eindeutigen Interessen ausgenutzt, und Giovannis Schicksal sei mir egal.

Giovanni rief mich verzweifelt an, er weinte am Telefon: »Was soll ich tun, was soll ich machen?«

»Na gut«, sagte ich, »ich überweise dir Geld. Wie viel brauchst du?«

»Nein«, sagte er, »das hilft nichts, danke. Ich habe hier keine Zukunft mehr, ich kann nicht mehr in meinem Beruf arbeiten! Ich bin wie ausgestoßen. Es ist alles aus. Es ist schrecklich!«

»Was soll ich denn tun?? Ich hab mit diesem Zirkus ja auch nicht rechnen können – dass die Ausgabe der *Bild*-Zeitung in deinem Hotel in Kuba landet! Wer denkt denn an so was??«

»Kannst du mich nicht heiraten?«

»Aber Giovanni, das ist doch Quatsch! Wir schlagen uns hier die Köpfe ein, und nach drei Monaten ist die Ehe im Eimer!«

»Aber was soll ich denn tun? Es ist alles aus! Ich weiß nicht mehr weiter. Vielleicht springe ich am besten von der Brücke ...«

Es ging wochenlang hin und her. Ich wollte nicht schuld sein an Giovannis beruflichem Niedergang und Lebensdrama. In Kuba ist alles sehr schwierig. Und gefährlich. Ein systemkritischer Mensch landet aufgrund seiner Äußerungen unter Umständen für Jahrzehnte im dunklen Knast, und ein Gefängnis in Kuba ist nicht vergleichbar mit einem in Deutschland. Was Giovanni auf und mit diesem Foto getan habe, hieß es, sei nicht tragbar. Er habe sich nicht systemkonform verhalten, er habe einen groben Verstoß gegen die politische Moral des Landes begangen, er stelle Kuba als Land für Sextourismus dar. Keiner von uns hatte das voraussehen können ...

Dennoch, ich trug meines Erachtens ihm gegenüber die Verantwortung für den *Bild*-Bericht. Ich hatte ihn auf die Filmpremiere mitgenommen, ich hatte ihn der Öffentlichkeit präsentiert, ich hatte all das ausgelöst. Und ich musste das nun irgendwie wieder glattbügeln, das sagte mir meine innere Ethik.

Ich kann jemanden, der nichts dafür kann, nicht einfach seinem Schicksal überlassen. Männer sagen in solchen Situationen eher: »Go home, Mädchen und lass mich in Frieden.« Ich sagte zu Giovanni: »Gut, dann heiraten wir eben.«

Und irgendwie war es ja auch spannend, vom Tabubruch her gesehen …

Wir machten einen Ehevertrag: Giovanni verzichtet auf eventuellen Unterhalt nach einer Scheidung, auf Anteil am wirtschaftlichen Zugewinn, auf Gütergemeinschaft, er erhält keinen Anspruch auf den Immobilienbesitz der Ehefrau. Eine vereidigte Spanisch-Übersetzerin aus dem Landkreis machte ihm alles klar: »Hast du alles verstanden, Giovanni?«

»Ja«, sagte er und lachte. »Ich habe verstanden, dass ich auf alles verzichten muss! Ist wie in Kuba.«

Ich fühlte mich schoflig, obwohl der Ehevertrag vernünftig und ich im Recht war. Die Heirat war ein Riesen-Bohei in den Medien. Ein bisschen genossen wir den Rummel auch, hatten viel Spaß und danach eine sehr euphorische Phase, in der wir sicher waren, eine gemeinsame Zukunft zu haben. Obgleich ich immer warnte: »Giovanni, unsere Ehe kann nicht länger als ein paar Jahre halten. Und ich werde auch keine Kinder mehr kriegen können und wollen!«

»Ich will eh keine Kinder!«, antwortete er.

»Gut. Aber in zehn Jahren werde ich viel älter ausschauen.«

»Egal, dann lässt du dich eben liften. In Brasilien machen das alle Frauen, das ist da ganz normal.«

»Aber du willst dann junge Frauen …«

»Nein, junge Frauen sind blöd, ich liebe dich, du bist toll. Ich will, dass wir verschmelzen, ich will bei dir bleiben.«

Eine Zeit lang ging es aufwärts. Giovannis Herz hing an der Bühne, am Theaterspielen, am Tanz, an der Show. Ich ließ für ihn einen Imageprospekt mit Profifotos herstellen, vermittelte ihn, der Intendant von unserem regionalen Theater bot ihm im

Stück *Little Shop of Horrors* die Rolle des verrückten, sadistischen Zahnarztes an, wo er singen und tanzen durfte. Ich hörte das Lied wochenlang zwanzigmal am Tag, und er spielte die Rolle sehr gut.

Wir boten seine Fotos einer Modelagentur an, von der noch zwei Jahre später Anfragen kamen. Ein Musikproduzent produzierte eine CD mit Giovanni und einem Partner im Duo für einen Sommerhit. Alles ließ sich gut an.

Aber Giovanni glaubte nicht wirklich an sich, und die Last wurde für mich zu schwer, einen jungen Menschen beruflich neu auf die Beine zu stellen. Außerdem war unser berufliches und wirtschaftliches Gefälle zu groß. Mit umgekehrten Geschlechterrollen wäre es leichter gewesen wie bei Bohlen und Naddel. Männer holen sich ja häufig sehr viel jüngere, beruflich nicht besonders qualifizierte Frauen ins Haus, die sich erst über die Männer definieren. Aber in unseren Rollen schafften Giovanni und ich es nicht.

Und dann begann Giovanni zu essen, er futterte und futterte. Ein kubanischer Körper ist darauf gedrillt, jede einzelne Kalorie wie ein kostbares Gut auszuwerten, denn der Hunger ist in Kuba täglicher Begleiter. Giovanni wurde in Deutschland dicker und dicker und immer unglücklicher. Natürlich hielt die Beziehung nicht, es wurde ein Hin und Her aus Hoffnung und Streiten, er fasste keinen Tritt in Niederbayern – wie auch. Immer häufiger lag er depressiv im Bett, und seine sprichwörtliche kubanische Fröhlichkeit wandelte sich in Verzweiflung. Ich konnte ihm nicht helfen, und er ging mir auch auf die Nerven. Wir stritten uns immer öfter, bis er die Unmöglichkeit des Zusammenlebens auf meinem Hof in Niederbayern akzeptierte und sich entschloss, beruflich lieber den schwereren eigenen Weg als den von mir geförderten zu gehen. In München suchte er sich einen Job an der Rezeption eines guten Hotels.

Diese Arbeit war nicht mit seinem Job in Kuba vergleichbar – hier bekam er wohl den vielfachen Lohn, aber in Kuba konnte er auf der Showbühne des Hotels stehen, singen, tanzen, Gäste unterhalten, er wurde mit Applaus anerkannt, und das in ganzjährig karibischem Klima. Außerdem war es seine Heimat.

Hier stand er hinter der Rezeptionstheke eines Hotels und musste einen öden Job verrichten, der keinen Glanz hatte. Giovanni hatte sich das alles leichter vorgestellt. In München suchte er sich Freunde in der kubanischen Szene und pendelte zwischen Niederbayern und München hin und her. Niemals lag er mir auf der Tasche, dafür hatte er viel zu viel Stolz. Er wurde eingebürgert und bekam die deutsche Staatsangehörigkeit (ein langatmiger Bürokratieprozess, der die Geduld von allen Beteiligten aufs Äußerste strapazierte und Auskünfte bis zum lückenlosen Lebenslauf *meines* Großvaters verlangte ...). Immer fand er Arbeit und lebte später – nach unserer einvernehmlichen Scheidung – einige Jahre auf Teneriffa in einem milderen Klima und arbeitete dort in einem Fünf-Sterne-Hotel.

2010 ist er wieder zurückgegangen nach Kuba und versucht nun, in seiner Heimat etwas aufzubauen. Nach zehn Jahren in der Fremde hat er wieder nach Hause gefunden.

Giovanni lehrte mich, den Geschäftsmann zu vergessen und Salsa zu tanzen, Lebensfreude auch zu zeigen – und ich freue mich noch heute, wenn ich seine fröhliche Stimme am Telefon höre oder ihn sehe. Wenn Kuba sich irgendwann wirtschaftlich öffnet, kommen wir vielleicht mit einem Ferienhaus ins Geschäft, wer weiß. Wir haben immer noch eine gute Beziehung ... aber Giovanni möchte nie wieder was mit den Medien zu tun haben – und ich in dieser Form auch nicht mehr.

Rückblickend verdanken wir uns gegenseitig viel – er mir seine mehrjährige Auslandserfahrung und ich ihm die innere Sicherheit, als reife Frau einen jungen Mann für mich begeistern zu können, wenn ich es will, egal ob in Kuba oder in Deutschland. Und das bedeutet einer Frau viel, diese innere Sicherheit (die meisten Frauen ab fünfundvierzig fühlen sie nicht). Eine Frau hadert dann nicht mit dem Alter und behält ihre *Lebensfreude*. Gibt es Wichtigeres als das?

Promisein

Prominent zu sein ist Fluch und Segen zugleich. Viele Menschen wünschen sich, bekannt und beliebt zu werden, *Millionen zu verdienen*, im Fernsehen aufzutreten. Vielleicht bin ich daran – bis auf die Millionen – schon zu lange gewöhnt, kenne es zu gut, als dass es mich noch bewegt. Schnell vergisst man auch, dankbar zu sein für all die Vorteile, die es mit sich bringt, prominent zu sein, weil man sich auf die Nachteile fokussiert. Aber ist das nicht mit jedem Status quo so? Ist man verheiratet, geht einem der Partner auf die Nerven – ist man Single, leidet man unter Einsamkeitsgefühlen. Man kann es uns Menschen nicht recht machen, weil jeder Zustand sich nach Abwechslung sehnt, weil das Beständige verlässlich öde wird. Ein konservativer Mensch verharrt lieber im Status quo, ein rastloser Geist möchte sich lieber öfter verändern – aber beide finden, wenn sie ehrlich sind, lang andauernde Zustände fad.

Seit Geburt kenne ich das Gefühl der Prominenz – von meinem Großvater, der allseits wohlbekannt war, von meinen Eltern, über die ich Kontakt zu vielen Prominenten hatte. 1972 erwischte es dann mich, das fragwürdige Glück, von heute auf morgen ein bundesweit bekannter »Promi« zu sein.

In der ersten Phase belustigte es mich, dann versuchte ich, mein Verhalten den Umständen anzupassen, dann kam die Phase der Verweigerung. Ich verweigerte mich den indiskreten, voyeuristischen, sensationslüsternen Fragen der Presse; und ich verweigerte mich in meinem Aussehen, meiner Kleidung, meinem Verhalten; ich weigerte mich, Autogramme zu geben, weil ich Autogrammsammler damals devot und bescheuert fand. Ich ging in ausgeleierten, alten Pullis und zerschlissenen Jeans herum, versuchte, mich unkenntlich zu machen, damit man mich nicht erkannte.

In diese Zeit fiel der Eklat in Rosenheim. Wir hatten einen Auftritt in Rosenheim mit unserer Rockshow »Ladyboss« gehabt und waren anschließend mit der Band zum Essen in ein gutbürgerliches Lokal gegangen, ich nenne es mal stereotyp *Zum Goldenen Hirsch*.

Unsere zehn Mann starke Truppe wurde an einem langen Tisch im rustikalen Kellerraum untergebracht, wo auch die Kegelbrüder und -schwestern ihren lustigen Umtrunk hatten. Als ich gerade beim Essen saß und die Gabel mit bayerischem Wurstsalat in den Mund stecken wollte, kam eine dicke Frau, legte mir beide Hände auf die Schultern, beugte sich von hinten über mich und schrie mir aus Atemnähe ins Gesicht:

»GRÜSS GOTT, FRAU FITZ!! GEB'N SIE MIR A AUTOGRAMM??!«

Wie gesagt: Es war meine Phase der Verweigerung.

»Jetzt grad net, i bin beim Essen!«

»Ja, bloß oans, des is ja glei vorbei, ha?? Des macha Sie scho, gell???«

Nein. Jetzt extra net, gscherte Ruabn.

»Ich hab leider keine Autogramme dabei heut.«

»Ja, wieso net?? Wieso ham Sie jetzt koane Autogramme dabei?

De miassen Sie *als Staaar* doch immer dabeihaben, so was!!«

»Vergessen.«

»Geh, oiso so was, des gibt's ja wohl net!«

Sie dampfte beleidigt ab. Eine Weile verging.

Kaum hatte ich die Gabel aus der Hand gelegt, kam ein älterer Mann in Trachtenjoppe und Haferlschuh, der sich als Ehemann der Dame vorstellte. Sein Gesichtsausdruck war nicht unbedingt freundlich.

»Wimmer, i bin der Mann von dera Frau! Oiso, Frau Fitz, jetzt red ma doch mal vernünftig, ha? Mei Frau wollt vorhin a Autogramm von Eana. Des wird doch wohl möglich sei! Mir san heit extra wegen Eana do her kemma. Da wern Sie doch jetzt wohl a Autogramm unterschreiben kenna, oa?! Des miassen S' scho macha, gell!«

»Ich hab ihr doch gesagt, ich hab keins dabei. Außerdem muss ich gar nix.«

Ich wurde renitent und hatte keine Lust mehr.

Er wurde nun richtig sauer.

»Geh, geh, geh! Des is doch net wahr, Sie wollen bloß net! Was hamman Sie gega mein Frau, ha?! Passt Eana die Nasen net vo ihra, oda wos?«

»Das kann ma doch in Gottes Namen akzeptieren, dass ich nicht will? Ich bin privat hier!«

»Wos hoaßt do privat? Sie san doch praktisch immer öffentlich! Wos? So, Sie wolln net. Ahaaaa. Sag i's doch. Oiso so is des! Überheblich sein aa no!« Er wurde nun laut, und alle sahen zu uns, auch die anderen Gäste.

»Sie, jetzt werd i Eana moi wos sagen: Es gibt weitaus Prominentere als Sie, gell! Das müssen mir uns von Ihnen nicht bieten lassen, so was! In Rosenheim brauchen SIE SICH NICHT MEHR BLICKEN LASSEN!!«

Er dampfte ab, die Gruppe zahlte und verschwand schimpfend, böse Blicke auf mich werfend. Natürlich hatte ich mich auch nicht korrekt, das heißt promigemäß und Fan-affin, verhalten. Von amerikanischen Schauspielern erzählt man, sie seien hochprofessionell in allen Angelegenheiten, die Öffentlichkeitsarbeit und Fans betreffen. Man könne sie nachts anrufen für ein Interview, und sie blieben stets entgegenkommend und höflich. Ich kenne auch Kollegen, die aus Überzeugung zu jeder Tages- und Nachtzeit, an jedem möglichen und unmöglichen Ort nett zu ihren Fans sind. Ich nicht. Bei mir ist das abhängig von meiner Tagesverfassung und vor allem vom Benehmen des Fans. Wenn jemand höflich ist, bin ich höflich – wenn jemand distanzlos und geschwätzig ist, ergreife ich die Flucht.

Eine Frau fing mich mal im WC eines Restaurants ab. Leider sind es, das muss ich sagen, eher die älteren Frauen, die jegliche Distanz gern vermissen lassen. Männer fragen selten nach Autogrammen. Am süßesten sind die jungen Mädchen. Sie wehen gut gelaunt und frisch heran, grüßen kurz, bitten fröhlich und lachend um ein Autogramm, bedanken sich nett und

– flupp! – sind sie wieder weg, wie der Frühlingswind. Nicht so die älteren Frauen, die den Promi anschauen wie Teenies Robbie Williams und ihn meist in ein Privatgespräch verwickeln wollen – wenn sie ihn schon mal abgefangen haben – und voraussetzen, dass ihn das zu interessieren hat. Privatsphäre – null. So sagte auch die Dame im Vorraum der Toilette, die ich eben im Begriff war aufzusuchen: »Ja, Wahnsinn! Dass i *Sie* jetzt da treff, Frau Fitz! Ausg'rechnet hier drin, gell, ha, ha, ha – ja so was, i glaub's ja gar net!!!«

Sie gluckste vor Freude und machte eine Pause, während derer sie dauernd den Kopf schüttelte. »Ja, so ein Zufall, des gibt's ja net – des is direkt a Glücksfall für mich!«

Fans sind okay, aber nicht auf dem WC!!!

Ich hoffte, ihre Erregung würde abklingen, damit ich aufs Klo gehen konnte. Es ging weiter: »Wissen S', i bin nämlich scho seit fünfundzwanzg Jahr a Fan von Eana!« Sie drückte meinen Arm und ergriff resolut meine Hand. »Mei Mann, wissen S', mit dem ich damals verheiratet war, der Ludwig, der is ja g'storben vor zwei Jahr ...« *Pause.* Ich fragte nicht, woran. Sie fuhr gottlob ohne die Krankengeschichte fort. »Ja, ja ... der hat Ihre Eltern ja noch gut gekannt, gell, den Walter. Und Sie – also, was i Sie immer scho mal fragen wollt ...«

Ihre Frage nach meinem Hund beantwortete ich kurz, dann sagte ich: »So. Also, ich muss dann mal ...«, flüchtete aber zur Tür hinaus und verkniff mir den Toilettenbesuch. Ich hatte keinen Bock, dass mir eine Frau, die seit fünfundzwanzig Jahren mein Fan ist, beim Pieseln zuhört.

Ich hatte es satt, einseitige Bekanntschaften auszuhalten, freundlich zu wildfremden, aufdringlichen Menschen sein zu müssen, die meine Privatsphäre störten, sobald ich außer Haus ging, die sich ungebeten an meinen Tisch setzten und mich in Gespräche verwickelten, die ich nicht führen wollte. Ich kannte all diese Menschen nicht, die mich kannten. In einem Supermarkt stand ich an der Kasse und suchte in meinem Portemonnaie herum. Als ich den Zahlvorgang beendet hatte, sah ich hoch zur Verkäuferin. Etwa fünfundzwanzig Menschen waren völlig verstummt und starrten mich an wie Wassergeister.

Ich packte mit gesenktem Kopf meine Sachen in die Tüte und flüchtete aus dem Panoptikum. Und wenn Robert de Niro vor mir stünde, ich würde ihn nicht so unverhohlen anstarren. Meine Tante Veronika, die mutige, fiel mir ein.
In eben der gleichen Situation, erzählte mir eine Cousine, soll sie ungehalten (und laut!) ausgerufen haben: »Diese blöden Gesichter!!!«

Heute, da jede Hausfrau, jeder Bauer und jeder Freizeitsänger in Sendungen wie *Frauentausch*, *Bauer sucht Frau* und *DSDS* bundesweit prominent werden kann, wird das Promisein durch diese Inflation von Prominenz etwas relativiert. Es ist nicht mehr so *extraordinär* wie in den Siebzigerjahren. Dennoch, ich kann nicht durch einen Stadtpark laufen, ohne während des Spaziergangs einmal pro Minute erkannt zu werden, ich kann in keinem Restaurant essen, ohne dass die Gäste an den Nebentischen mich anstarren wie eine grüne Kuh, ich kann nicht in einem Fitnesscenter trainieren, ohne dass man mich aus dem Augenwinkel beobachtet. Man steht unter Dauerbeobachtung fremder Leute, sobald man das Haus verlässt. DAS IST DER PREIS, JA, ICH WEISS! Gottlob bin ich ja nicht Britney Spears, Paris Hilton oder Madonna, die von einem Paparazzi-Pulk gejagt werden, sobald sie ihr Haus verlassen, oder Boris Becker, dem Besenkammern zum Verhängnis werden. Kabarettkultur ist ja noch eine Nische, die Mainstream-Journaille ist ein reißendes Tier. Diesen Preis würde ich für Ruhm nicht zahlen wollen. Aber es reicht, wie es ist, auch wenn ich in den Jahrzehnten versucht habe, mich daran zu gewöhnen: Man hat in der Öffentlichkeit kein Privatleben mehr, das sind die Nachteile.

ABER: Wenn ich in einen Supermarkt gehe, in ein Hotel, zu einem Autohändler, in eine Boutique, egal wohin – ich werde freundlicher empfangen als andere Menschen, ich bekomme stets eine Vorzugsbehandlung, ganz egal, ob ich das verdient habe oder nicht. Daran gewöhnt man sich gerne und schnell und nimmt es oft als allzu selbstverständlich. Dass es das nicht ist, wird klar, wenn Musikerkollegen oder Freunde oder auch mein Lebenspartner vor mir an die Rezeption, an einen Tresen oder an eine Verkaufstheke treten. Die Verkäuferin verändert ihr gesamtes Verhalten, sobald ich dazu komme: Ihr vorher muffiges, unfrohes, desinteressiertes oder nur professionell unverbindlich-höfliches Gesicht hellt sich dann auf, zieht sich zu einem Lächeln die Breite, beginnt zu leuchten. Beflissenheit ergreift ihr Wesen und sie fragt dreimal, was sie tun kann und ob alles recht ist. Egal wer, egal wo, in Deutschland ist es so immer, in Österreich häufig.

Als mein Sohn noch nicht als Kabarettist im Fernsehen auftrat, ging er in Hotels oft gern einige Meter hinter mir, weil es ihm Spaß machte, das Verhalten der Hotelangestellten zu beobachten. Eine Rezeptionistin konnte nicht auf den

ersten Blick erkennen, dass Nepo zu mir gehörte. Als ich an ihr vorbeiging, wurde ihr Mund doppelt so breit wie zuvor, das *Oh-ein-Promi!*-Strahlen hellte ihr Gesicht um mehrere Grade auf und verharrte dort für einige Sekunden.

»Griiiieß Goooott, Frau Fiiiiiitz!!« Sie leuchtete!

Als Nepo sie ebenso nett und freundlich grüßte wie ich zuvor, fiel ihr Gesicht in sich zusammen, für ihn hatte sie einen lieblosen, knappen Gruß mit kühlem Lächeln übrig. Ich würde lügen, wenn ich nicht zugeben würde, dass diese Vorzugsbehandlung für mich persönlich sehr angenehm ist – aber ist es nicht auch traurig? Dass die Unfreundlichkeit Standard ist und nur Prominenz das wunderbare Strahlen in die Augen des Servicepersonals bringt? Und dass es ein unbekannter Mensch nur mit äußerster Anstrengung zutage fördern kann?

Deshalb reise ich gerne in fremde Länder, wo man mich nicht kennt – nach Asien zum Beispiel, wo das Hotelpersonal mich behandelt wie Frau XY und ich spüre, wie man mich tatsächlich als Mensch wahrnimmt. Das macht Freude, denn die Asiaten sind fast ausnahmsweise freundliche, höfliche Menschen.

Auch nach Italien fuhr ich immer gern. Wenn mir ein Italiener nachpfiff oder mich mit seinem *Gratulationsblick* beschenkte, weil mein knappes Kostüm meine Beine zur Geltung brach-

te, dann wusste ich, das galt nur mir, der Signora Lisa, und nicht der *Promifrau Lisa Fitz*. Ich kann alle Verkäuferinnen und Rezeptionsangestellte verstehen, sie sind überlastet, überfordert, haben oft genug mit nervigen, lästigen Gästen zu tun. All das kann ich gut nachvollziehen, trotzdem ärgere ich mich, dass wir nicht freundlicher sind (ein Widerspruch in sich), mich eingeschlossen. *Fehlende Berufsmoral!*, brummle ich dann innerlich vor mich hin. *Kann ich mürrisch auf die Bühne hatschen, weil ich schlecht drauf bin? Kann ich meinen Text vergessen und pampig werden?*, brummle ich weiter. *Nein. Also kann ich von Angestellten verlangen, dass sie ihren Gästen und Kunden professionelle Freundlichkeit bieten.* So stelle ich mir das immer vor, aber da fällt mir wieder Adenauer ein:
»Nehmen Se die Menschen, wie se sin; andre gibt's nich.«

Wie wird man aber ein Promi?
Dafür braucht man: a) Glück, b) Förderer, c) Talent und d) den ungebrochenen Willen, prominent zu werden, zu sein und zu bleiben. Und dann noch die Energie, alles auszuhalten, was damit verbunden ist: Anfeindungen, Kränkungen, öffentliche Beurteilungen in Millionenauflage oder vor Millionen Zuschauern und diverse andere Umstände, an denen Kollegen mitunter zerbrechen und in Alkohol und Depressionen flüchten. Die Unvereinbarkeit von Sein und Schein, von Image und Realität will ausgehalten werden. Leicht verliert man aus dem Auge, was schöner Schein und was Wirklichkeit ist – und wenn man sich damit identifiziert, was über einen geschrieben oder behauptet wird und sich so zu sehen beginnt, wie einen die Leute sehen, dann ist man verloren. Besonders dramatisch ist es, wenn Verwandte und Freunde ihren Blick eintrüben lassen vom Umstand, dass man prominent geworden ist. Um das Prominentsein auszuhalten, gehört ein guter Anteil Bodenständigkeit und Stabilität dazu, gute, verlässliche Freunde und ein möglichst objektiver, wacher Blick auf die Umstände und Verhältnisse, eine klare Sicht, die man nie verlieren darf und ständig schärfen muss.

Ein arroganter Ton wurde mir zuweilen unterstellt. Er war mir ein Bedürfnis als kindische Entschädigung für viele Demütigungen und Entwürdigungen, die man als öffentliche Person aushalten muss. »Ach ja, Sie Arme«, sagen dann Neider, die glauben, ein Promi wohne immer in First-Class-Hotels, bekomme jahrzehntelang viel Geld, ohne viel zu leisten, und habe ein vergoldetes Leben. Auch Journalisten können es nicht wirklich beurteilen, eben, weil sie nicht prominent sind. Sie schießen stets aus der Deckung heraus, geschützt durch die Redaktion, keiner kann ihnen was. Oft unterschreiben sie ihre Artikel gar nicht mit ihrem Namen. Als Promi bist du zum Abschuss freigegeben, es kann dich jeder öffentlich desavouieren und anschiffen, Halbwahrheiten und Lügen verbreiten, seine persönliche Meinung über dich kundtun und dich diskriminieren, er darf dich ungestraft mit Jauche übergießen.

Und alle Beleidigungen und Verleumdungen bleiben im Zeitalter des Internets auf Jahre im öffentlichen Gedächtnis präsent, das ist kaum reversibel – es sei denn, du ziehst dich komplett aus der Öffentlichkeit zurück.

Man begründet es so: »Als öffentliche Person müssen Sie das ertragen.« Hämischer Zusatz: »Sie verdienen damit ja auch gut und nehmen alle Vorteile in Kauf.« Aha. Ist Promisein ein Vergehen? Ist man prominent geworden, um sich entwürdigen zu lassen?

Der Tropfen, der das Fass bei mir zum Überlaufen brachte, war irgendein weiterer unfairer *Bild*-Bericht. Irgendwann 2007 entschloss ich mich, nach vielen Jahren hämischer Beleidigungen, persönlich in die Höhle des Löwen zu gehen. Ich rief *Bild*-Chefredakteur Martin Heidemanns und seinen Vize an, vereinbarte einen Termin mit ihnen und flog dazu nach Hamburg. Bei diesem Gespräch gab man sich kooperativ, servierte Tee und hörte mir galant mit schräg geneigtem Kopf zu, verständnisvoll nickend.

»Sie sehen doch, wie ich hier vor Ihnen sitze!«, sagte ich kämpferisch und aufrecht im cremefarbenen Hosenanzug, klassischen Pumps und seidenem Halstuch. »Sie stellen mich ständig als ein schrilles Sexmonster und Männerkillerin dar. Das ist doch Quatsch, meine Herren! Ich bin eine emanzipierte, liberale Frau, die sich seit Jahrzehnten bemüht, gutes Kabarett zu machen.«

»Aber ja, Frau Fitz«, war die gedehnt herablassende Antwort. »Sie beurteilen uns vielleicht auch nicht so ganz richtig. Wir sind ja nicht blind. Wir sehen ja auch, wer da vor uns sitzt. Eine starke Frau.«

Sie nahmen sich zwei Stunden Zeit, führten mich charmant durch die ganze Redaktion, zeigten mir alle Räume und fachsimpelten mit mir über Dieter Bohlen, der zu *Bild* ein völlig andres Verhältnis habe wie auch Harald Juhnke – Gott hab ihn selig –, von dem ich glaube, dass er *Bild*-Fotografen immer gerne selbst informierte: »Hallo Leute, ick sitze jerade im Hilton. In einer Stunde bin ick besoffen, da könnt a kommen und von mir 'n super Foto schießen! Det vakooft sich quasi von alleene!« So kann man es auch machen, aber man muss halt die Folgen aushalten wollen – und können. Juhnke war ständig in *Bild* und bekannt wie ein bunter Hund, auch durch seine Alkoholexzesse, die ihn letztlich die Karriere und sein Leben kosteten.

Ich dagegen wollte etwas völlig anderes: Ich wollte öffentlich postulieren (auch als Vorbild), was eine Frau alles darf – aber nicht aus der antiquierten patriarchalischen Männersicht heraus gesehen, die sexuell aktive und emanzipierte Frauen abqualifiziert als Nutte, Hexe, Hausdrachen oder Karrieremonster – Männerscheiß halt. Ich wollte als Pionierin weibliche Freiheit im Denken und Handeln vorleben und klarmachen: Weibliche Sexualität *ist* ein Politikum! Mein Engagement ging stets dahin, den Frauen Mut zu machen, zu eng gesteckte Grenzen zu übertreten, ungehorsam zu werden, sich zu nehmen, was sie sich wünschen und sich vor allem darüber bewusst zu werden, was man sich so alles mutig wünschen kann – und darf. *Bild* aber wird von Männern für Männer gemacht, für Leser aus der eher bildungsfernen Schicht, nicht für Leser des Feuilletons der *Süddeutschen Zeitung*, eh klar.

Kurze Zeit nach meinem Besuch beurteilte *Bild* Promi-Paare. Irgendwelche Redaktionstussen schätzten da die Haltbarkeit von deren Beziehung ein. Lisa Fitz wurde auch aufgeführt. Ich wurde als »Krawallschachtel« bezeichnet, die sich, wenn ihr »Lover« (das war Peter, mein Lebenspartner seit mehreren Jahren) sie verließe, halt wieder *was Junges im Ausland* suche … Daraufhin schaltete ich den Rechtsanwalt ein. Der kam mit der Meldung zurück, rechtlich hätten wir da wohl leider keine Chance.

Auch der Presserat, vor den Anliegen gelangen, die sich in der rechtlich schwer definierbaren Grauzone von Sitte und Presseethik bewegen und nicht vor Gericht kommen, befand: Als Kabarettistin würde ich schließlich auch austeilen und müsse deshalb solche Berichte aushalten. Das Niveau und die Art des »Austeilens« wurde dabei nicht berücksichtigt.

Sie sehen: Promisein ist Segen und Fluch zugleich, oft ist es wie ein Makel. Seit nunmehr vierzig Jahren Prominentendasein weiß ich, wovon ich rede, es macht auch keinen Sinn, das als Larmoyanz auslegen zu wollen. Promisein ist lukrativ, bauchpinselnd und nervt hochgradig. Man muss es aushalten können und wollen.

Mein Problem mit *Bild* ist deren Focus auf Sex und Männer. Man reduziert mich auf eine schrille Blondine mit abnormem Sexualverhalten – und zeigt so nur ein manipuliertes Teil-Fitzchen, das Schlitzchen sozusagen. Das Ziel, gleiches Recht für Frauen zu demonstrieren (weil weibliches Sexualverhalten eben ein Politikum ist) wird sabotiert, und ich werde auf die »Krawallschachtel« reduziert. Damit steht das schlampöse Lischen, lächerlich und mundtot gemacht, politisch ungefährlich geworden, im Abseits. Moderne Hexenjagd – (okay, früher hätte man mich verbrannt, ein Fortschritt ist zu erkennen) um Auflage zu machen, aber auch – und hier wird es politisch – um emanzipatorisches und liberales Gedankengut in die nuttische Skandalecke zu schieben. Das heißt: Wenn eine Frau sich *gegen* eine langfristige Partnerschaft oder *für* einen deutlich jüngeren Mann oder *für* eine Beziehungsform entscheidet, die nicht der Konvention entspricht – wenn also eine Frau im 21. Jahrhundert eine ihr gemäße Beziehungsform wählen möchte, peppige Programmtitel wählt und freche Sprüche macht –, dann wird sie niedergemacht und diskriminiert. Berechtigt Selbstbewusstsein und Unkonventionalität zu negativer Berichterstattung und Dauerverpönung? Weil es angeblich die Volksmeinung wiedergibt? Vielleicht sind viele Leser dumpf, aber kann es für einen erwachsenen, intelligenten Chefredakteur – egal welchen – eine Lebensaufgabe sein, Dummheit zu reproduzieren und zu potenzieren?

Doch es steht ja gar nicht die persönliche Befriedigung des Redakteurs im Mittelpunkt, die Diskriminierung hat System, sie ist eine grundsätzliche Ausrichtung: Gewinnmaximierung durch Skandalisierung. Und das Problem ist nicht nur eine Volkesmeinung, die *Bild* bedient, sondern das Blatt formt ja die öffentliche Meinung. Es zeigt Frauen gern als willige Weibchen, die zur Befriedigung des Mannes und Erledigung der Hausarbeit bereitstehen, ohne zu denken oder zu murren. Das, meine Herren, ist vorgestrig.

Trash

Vier Monate vor meinem fünfzigsten Geburtstag beschließe ich zu entrümpeln und miste mein Haus aus. Aus dem Großreinemachen wird auch eine innere Ausmistung und Entrümpelung der Seele. Alte Wunden, Verletzungen, Erinnerungen, Wut über Menschen, Hadern mit Nichterreichtem, Freude über Highlights, alles zieht vorüber und wandert letztendlich in den Müll, in den Container. Im Tagebuch finden sich folgende Einträge:

1. Mai 2001

Ein wunderschöner Tag, ich bin traurig.

Der Artikel »Entrümpeln Sie Ihr Leben« von Annette Schroeder, den ich beim Entrümpeln (!) finde, gibt mir den letzten Kick für ein Vorhaben, was seit Monaten schwelt, sich seit einigen Wochen zum Brand entwickelt hat und seit gestern lodert: *Ich möchte mein Haus entrümpeln!*

Und meinen Kopf, das ist mir nach dem Artikel klar.

Da geht es um viel mehr als *Dinge*, und doch sind gerade die Dinge so belastend und so machtvoll. Sie schreien einen an – und wenn man fliegen will mit den Gedanken, stößt man sich die Flügel an ihnen, und irgendein Ding jammert: »Weißt du noch, woran ich dich erinnere? Warte, ich helfe dir: die leidvolle Auseinandersetzung mit deinem Exmann, als er verbittert ging und dir das Herz fast brach, obwohl du ihn los sein wolltest? Na, naa …? Fällt's dir ein? Erinnere dich, erinnere dich! Wenn nicht jetzt, dann morgen, ich steh immer da und mahne dich, bis es dir einfällt!«

Ich kann meinen Unrat nicht mehr ertragen!

Nein, kein Müll im Haus oder Garten, keine müffelnden Abfälle, sondern das unnütze Zeug, das sich in dreizehn Jahren Leben in diesem Haus und den siebenunddreißig Jahren davor um mich herum und vor allem IN MIR angesammelt hat. *Wie außen, so innen* – das Äußere ist der Spiegel der Seele, sagen die Weisen. Ich sehe auf die Dinge, und sie erinnern mich – an Leid, an Unsinn, an Liebesentzug, Verluste, an Projekte, derer ich nicht Herrin wurde oder werde, an Unerledigtes, an Kunst, die nur geplant, nie realisiert wurde, an Träume, an Größenwahn, an Versagen, an Vorhaben, die nicht in die Tat umgesetzt wurden, an Vergangenheit, die vergangen ist und zu nichts mehr gebraucht wird.

Es sind, zusammengezählt, wahrscheinlich mehrere Tausend Dinge, inklusive halb gebrauchter Lippen- und Konturenstifte, Haarklammern und Kämme, angefangene, nicht aufgebrauchte Badeschäume, gar nicht zu reden von den über tausend Büchern, Textnotizen und vielem mehr. Es vermüllt mich, es verschmutzt mich, all das Zeug, was da herumliegt und Schwaden von zurückliegenden Ereignissen aussondert. Der Mensch stirbt nicht an Abnutzung oder Verschleiß – er geht an Vermüllung ein, heißt es.

Wie außen, so innen. Ich kann es nicht mehr ertragen, es macht mich krank.

Gestern habe ich einen Zeitungsartikel über eine Frau weggeworfen, den ich vor zwei Jahren an die Pinnwand geheftet hatte, eine Frau, die niemanden mehr einladen konnte, weil ihr Haus eine Müllhalde geworden war. Sie konnte sich von nichts trennen, nicht mal vom Müll, der sich stinkend und modernd zuerst in der Küche, dann im Bad, dann in den anderen Zimmern ansammelte und ausbreitete wie wucherndes Unkraut. Ein Foto war dabei von ihr und ihrer armen kleinen Tochter, die dann ins Sozialheim kam.

Sie war ein Messie.

Natürlich bin ich NICHT so. Ich hebe einen Backstage-Pass von Aerosmith auf und einen Artikel über Jesus, gute Dinge. Auch Kleider gehören dazu. Ich schaffe es nicht, mich von ihnen zu trennen, schöne Kleider, die mich an Liebhaber erinnern. Trotzdem habe ich das Gefühl, ich vermülle. Am liebsten würde ich ausziehen. Meine Vision: reisen im Wohnmobil, nur mit dem Nötigsten, total vernetzt, die Harley hinten aufgebockt für Ausfahrten bei schönem Wetter.

Ich habe aber kein riesiges Wohnmobil, sondern ein riesiges Anwesen in Niederbayern mit fünfhundert Quadratmeter Wohnfläche (den ausgebauten Speicher mitgezählt). Ein großes Haus kann ein Segen, aber auch ein Fluch sein. Wenn die Reparaturen hinten fertig sind, fangen sie vorne wieder an – und nur Milliardäre können sich eine Eine-Million-Euro-rundum-Renovierung leisten.

Okay, ich habe eine Vision, einen Plan. Ich will mein Leben entrümpeln – und zwar gründlich. Ich will mir auf den Grund sehen, ich will spüren, was bleibt, wenn ich alles Überflüssige entsorgt habe. Ich will, wenn ich in mich hineinschaue, eine klare Quelle sehen. Gestern habe ich angefangen – wieder einmal. Bei den Textnotizen und im Schreibzimmer natürlich, das ist das Schlimmste, Hunderte von (natürlich wichtigen) Gedankensprengseln, die im Kopf herumvagabundierten und notiert wurden, weil sie irgendwann zu einer Nummer, zu einem Lied, zu einem Film, zu einem Roman verarbeitet werden wollten und sollten – aber bisher nicht wurden.

Ich habe es gestern geschafft, Texte wegzuwerfen – unglaublich, aber ich habe es geschafft, mit einem Trick: nicht genau durchlesen, nur drüberlesen, *querlesen* und nachspüren, ob innerlich eine Affinität entsteht zum Notierten. Am besten Brille gar nicht aufsetzen. Wenn die Augen zu lang haften bleiben und die Gedanken einsetzen und die Erinnerung an die Zeit und den Zustand, in dem die Notiz niedergeschrieben wurde und man sich im Thema verbeißt und beginnt zu assoziieren – dann ist es vorbei, dann fällt mir so viel dazu ein, dass der Text drin bleibt im Ordner, in der Mappe, in der Lade. *Guter Gedanke, den muss man aufbewahren, wer weiß, ob mir so was Gutes wieder einfällt …* Überbordende Fantasie.

Aber das ist doch *mein Kopf*! Diese Gedanken werde ich immer wieder haben, gratis, unendlich verfügbar. Okay, ein gewisses Kontingent an Teasern und ein Ideenpool sind in Ordnung, um die Kreativität in Gang zu setzen, als Katalysator, aber nicht zehn Ordner mit vierzig Themen und Papierberge mit Angefangenem. Textmessie, ich. »Fertigstellen ist wichtig für die Gesundheit des Schriftstellers«, hat mein Freund Franz Xaver gesagt, der Kroetz.

Das stimmt. Und selbst das Fertiggestellte wird irgendwann überflüssig. Alles wird irgendwann überflüssig, auch ich. Jeder wird irgendwann überflüssig. Es ist so unglaublich viel überflüssig, dass man es sich nicht vorstellen kann. Manchmal denke ich, es wird nur produziert, damit Zeit vergeht und Müll entsteht. Werbung, die uns hunderttausend Produkte und Dinge empfiehlt, von denen zehn Prozent genügen würden, aber die freie Marktwirtschaft muss ja am Laufen gehalten werden mit Gebirgen von Verpackungen. Was braucht der Mensch? Nicht viel. Wasser, Gemüse, Liebe und gute Laufschuhe.

2. Mai 2001

Heute vier Stunden Bücher aussortiert.

Es müssen hundert gewesen sein, mindestens. Ich habe nicht aufgegeben, nicht kapituliert vor der erschlagenden Vielzahl der Dinge. Ich werde mich durchsetzen. Meine Erinnerungen reiten mich und jagen mich durch die verödeten Steppen meiner Emotionen. Ist noch wer da? Oder seid ihr alle ausgerottet, ihr Gefühle – oder wie Rinnsale versickert im trockenen Wüstensand?

Es war schon morgens ein wunderschöner Maitag, im Schatten dann siebenundzwanzig Grad. Mein Garten strahlte mit der Sonne um die Wette, der Pool war lichtblau, die Büsche drückten ganz fest die Knospen heraus, die sich wie ein Farbschleier um sie legten, das Gras setzte sich gegen das Moos durch, die Gartenmöbel standen bereit – ein Tag, um im Liegestuhl zu liegen, zu laufen oder mit der Harley den Windungen der Asphaltstraßen durch die niederbayerischen Auen zu folgen. Aber kein Tag, um zu entrümpeln.

Und doch!

Ich sollte schreiben, telefonieren, für mein neues Frauennetzwerk arbeiten und Kabarettprogramme konzipieren und erstellen ... *Und doch!*

Ich war mies drauf in letzter Zeit. Irgendetwas – was, wusste ich nicht – war geschehen, und meine gute Stimmung und meine Power verflüchtigten sich mehr und mehr seit dem vergangenen Sommer, um in die große Herbstmelancholie zu münden. Ich wachte traurig auf, kämpfte den ganzen Tag über um Lebensfreude und ging niedergeschlagen ins Bett.

Nur das Fernsehen riss mich aus der seelischen Talsohle. Wenn ich entspannt lag und gute Filme sehen konnte, ging's. Tagsüber holten mich mehrmals Phasen mit Antriebslosigkeit und Negativismus ein. Ich mutmaßte, es könne die Grippeimpfung gewesen sein, die ich Anfang Oktober bekommen hatte und seit der ich nie wirklich erkältet war, aber mich auch nie mehr wirklich gut gefühlt hatte. Aber der eigentliche Auslöser war der *Spucktest* gewesen, ein Geschenk von Evelyne, der Mutter einer Freundin meines Sohnes, zu der ich auch ein gutes Verhältnis entwickelt hatte. Sie beschäftigte sich gerne mit Selbstfindung, Heilung und Wahrheitssuche. Zum 49. Geburtstag also bekam ich diesen Spucktest von ihr: Man spuckt in ein Röhrchen, dieses wird eingesandt, und der Speichel wird nach homöopathischen Kriterien, die ich nicht völlig durchschaue, untersucht.

Ich machte den Test trotz ihrer augenzwinkernden Warnung, ich solle ihn erst dann einsenden, wenn ich bereit für die *Wahrheit* sei. Na ja, dachte ich, wird schon nicht so schlimm werden. Das Ergebnis: »Weniger *Selbstdarstellung zugunsten der Kreativität anstreben!«*

Wie eine Bombe schlug diese Bestätigung meiner verdrängten Erkenntnis in meine Seele ein. Warum? Ich wusste nur: Das Ergebnis war vollkommen richtig. Es drückte aus, was ich vermutete und mir nicht eingestand. Ich wusste, dass ich seit geraumer Zeit mit Volldampf in die falsche Richtung düste; nicht wirklich in die falsche Richtung, aber … auf eine falsche Art und Weise. Mir war bewusst, aber nicht gegenwärtig, dass ich künstlerisch arbeiten musste, um mich wohlzufühlen, mit Menschen, die ebenfalls künstlerisch dachten und empfanden, auf der Bühne und im Fernsehen. Die Bühne bot Visionen, unabhängige Kreativität – beim Fernsehen wurde das schon schwieriger. Den Öffentlich-Rechtlichen war ich zu unkonventionell, den Privaten zu seriös. Immer zwischen allen Stühlen. So hätte auch meine Biografie heißen können: ZWISCHEN ALLEN STÜHLEN.

Das darf eine Frau nicht sein, entweder bist du Carmen Nebel ODER Sandra Maischberger ODER Cindy aus Marzahn.

»Du bist nicht superseriös, aber auch alles andere als schrill«, sagte ein Kollege. »Du bist aber nie im Leben ein Trash-Typ. Du bist frech und unangepasst, das ist etwas völlig anderes. Und du bist subversiv. Das hat schon Mae West den Kragen gekostet. Solche Frauen sind gefährlich für die Machtpositionen der Männer.«

Genau. Und ich mag mich auch nicht mit schnöseligen Jungredakteuren von Privatsendern, die weniger vom Fernsehen verstehen als ich (und von Kunst eh nix), aber das Sagen haben, herumstreiten und diskutieren, was im Fernsehen ankommt und was nicht. Sie haben sowieso immer Recht. Sie sitzen herablassend auf ihrem Pseudochefsessel und spielen den längeren Hebel und ihre ölige Jungarschmacht aus. Wie sagte es dieser ältere, weise Kollege so treffend? »Das Fernsehen ist ein Hurenfernsehen geworden, ein verdammtes Hurenfernsehen. Die Privatsender halten den Arsch hin für die Konzerne, die ihre Produkte und Spots platzieren wollen – und die platzieren sie nur, wenn die Quote stimmt, und für Quote huren die Sender und die Redakteure um die Wette. So ist das.«

Wo war ich? *Weniger Selbstdarstellung zugunsten der Kreativität anstreben* – das war's. Scheiß aufs Fernsehen. Erst mal zurückziehen, ausmisten, ordnen. *Des Weisen Amt ist Ordnen,* heißt mein Lieblingsmotto. Innere Ordnung und neue Ausrichtung durch Aufräumen. Altes raus, damit Neues Platz hat! Beim Entrümpeln des Arbeitszimmers stieß ich auch – warum musste ich das nun ausgerechnet jetzt finden?? – auf *Lisa's Late Nite,* ein Kapitel eines endlosen RTL-Romans. Über zwei Jahre konzipierte ich an einer Late Night Show herum. Viel Herzblut, Hoffnung und Freude hatte ich da reininvestiert. Eine klassische normale Late Night Show – wie die von Harald Schmidt, nach dem Vorbild von Jay Leno – als erste in Deutschland moderiert von einer Frau. Es gibt bei uns keine Frau, die so etwas macht. (Warum nicht?) Irgendwann wird sie kommen – und ich werde es nicht sein, weil ich über fünfzig bin, also unzumutbar fürs TV. Voller Eifer und Zuversicht war ich gewesen und war mit RTL weit in den Verhandlungen vorangekommen. Alles bereit für den Start, sogar das Budget für die Sendung stand fest. Ich freute mich sehr, endlich die verdiente Bestätigung für meine Leistung über all die Jahre zu bekommen. Dann der Schock: RTL-Geschäftsführer Helmut Thoma ging, Programmdirektor Marc Conrad ging, ORF-Intendant Gerhard Zeiler kam. Keiner der RTL-Redakteure wagte nunmehr, irgendeine Art von Entscheidung zu treffen (die ja hätte falsch sein können), solange er unter der neuen Intendanz und Programmdirektion nicht fest und sicher in einem neuen Postensattel saß. Also kam der lapidare Brief von Redakteur H., mit den obligatorischen kaltschnäuzigen drei Sätzen: »… müssen wir Ihnen leider mitteilen, dass …« So viele Redakteure sind grauenhaft feig und angepasst – sie verhindern oft eher Fernsehen, als dass sie es ermöglichen.

In so eine Programmchefmisere geriet ich insgesamt dreimal. Das zweite Mal hatte ich eine komplette Comedy-Sitcom im Auftrag von RTL (mit mir in der Hauptrolle) fertig konzeptioniert und schon zwei Folgen geschrieben, als nunmehr Gerhard Zeiler ging und Marc Conrad zurück kam – oder so, ich habe dann auch den Überblick verloren. Jedenfalls waren eineinhalb Jahre Arbeit umsonst – nein, nicht umsonst, es gibt ja andere Sender, denen man das Konzept vorlegen kann wie ein Schulmädel seinen Aufsatz dem Herrn Lehrer. Und die alle bei Frauen ein Alter von vierzig Jahren als Obergrenze setzen und einer Art Jugendfaschismus verfallen sind.

Natürlich sieht ein Mädchen frisch auf dem Schirm aus – aber auch ein junger Mann ist hübscher, als Rudi Carrell es war oder Günther Jauch oder Thomas Gottschalk oder Harald Schmidt. Junge Mädchen leuchten – außen, aber innen im Kopf sind sie tollpatschig wie Welpen. Sie müssen reifen in ihrer Erfahrung, ihrer Weltsicht und ihrem Witz. Ein junges Mädchen ist keck, aber sie steht ihre Frau nicht, hat keine eigene Meinung. Und da liegt der Hase im Pfeffer: Mann will keine zu eigenständige Frau beim Fernsehen, Mann will keine Frau, die denkt – und schon gar keine, die eine dezidierte Meinung hat. Die würde sie ja dann dem Redakteur womöglich auch sagen, und so weit soll es doch nun wirklich nicht kommen. Wie nannte mich mein Vater immer? »Störrisch«, das war's ... Man möchte keine eigenwilligen, störrischen Frauen.

Nun besteht die Welt aber nicht nur aus Männern und jungen Mädchen, auch wenn die alten Männer das gern hätten. Die Welt besteht auch aus Frauen zwischen vierzig und achtzig – einer ganzen Menge sogar. Und die wollen sich repräsentiert sehen in diesem Medium. Die sind eine Zielgruppe – und zwar eine große! Ein riesiges Potenzial. Oprah Winfrey hat in den USA damit Millionen gemacht und ist die erfolgreichste Moderatorin der Welt.

Nein, ich will nicht sauer sein, nicht traurig sein, es geht ja immer irgendwie gut weiter – ich will entrümpeln. Weiter mit meiner Ausmisterei!

Und ich habe einen Trick herausgefunden, wie es einfacher geht: Ich tue so, als ob ich in einigen Wochen ausziehen müsste. Da wirft man Dinge leichter weg. Auch innerlich. Ich muss mich trennen – aber vorher muss ich genau sehen und wissen, von wem und wovon. So weit, so gut.

Es gibt einen Begriff in der Psychologie: den *point of no return.* So nennt man den Umstand, wenn zum Beispiel eine Frau merkt, dass sie den falschen Mann geheiratet hat und sich unglücklich fühlt, sich aber dann nicht trennt, sondern den Status quo zementiert, indem sie ein zweites Kind bekommt, weil sie glaubt, damit wird alles gut. Oder er sich auf ein zweites Kind einlässt, obwohl er das nicht wollte. Nichts wird dann gut, sie/er wird immer unglücklicher, und irgendwann bleibt ihr/ihm nur noch die Flucht oder der Ausweg in Krankheit beziehungsweise Tod. Falsche Lebenswege, zu lange weitergegangen, ohne den Mut zu Brüchen. Der Irrglaube, wenn man den falschen Weg nur lange genug weiterginge, würde er irgendwann richtig werden. Den Punkt zum Umkehren, zum Neubeginn dabei dann längst verpasst. Wie fatal.

Was hat das mit mir zu tun?

Ich hatte eine undefinierbare Frust-Kulminationsebene erreicht. Der immer wieder von neuem aufgekochte *Bild*-Wahnsinn und das dadurch schräge, falsche Image machten mir zu schaffen. Ich hätte am liebsten eine bundesweite Kampagne gestartet mit der Headline: »ICH BIN NICHT SO!« Ich war mit meinem wundervollen Sohn mit dem Programm »Alles Schlampen außer Mutti« unterwegs, das die Leute begeistert aufnahmen. Aber Freud und Leid wohnen eben so nah beieinander. Die ganzen letzten Jahre war ich in den Medien immer wieder als etwas dargestellt worden, was ich nicht war, woran ich aber zum Teil auch nicht ganz unschuldig war – *it always takes two to tango* … Ich hätte nur alles gerne näher bei der Wahrheit und nur viertel so öffentlich gehabt, war aber nicht wachsam genug gewesen, um es zu verhindern.

Ich wollte also raus aus dem falschen Image (wie schon nach der *Bayerischen Hitparade*) und mich angemessen darstellen. Und wissen Sie was? *Ich wählte den falschen Weg.* Das passiert auch einer alten Wölfin, von der man meinen könnte, sie müsse es nach so vielen Jahren im Geschäft doch besser wissen.

Gar nix weiß man – man tappt immer wieder irgendwo rein. Irrtümer und Verführungen pflastern den Lebensweg. So ist es eben.

Aber, meine Lieben – aus den Steinen, die im Weg liegen, kann man auch was Schönes bauen … Wichtig ist nur, dass man rechtzeitig vor dem *point of no return* umkehrt, Unpassendes immer wieder aus dem Leben rausschmeißt, ausmistet – und dabei etwas lernt!

Aber vorerst ging's wieder mal mit Abenteuerlust und Volldampf in etwas hinein …

Dschungelparanoia

Als ich bei der TV-Gala »Stars in der Manege« acht fauchende Königstiger Männchen machen und durch Reifen hechten ließ, war das durchaus ein existenzielles Gefühl, eine lebensbedrohliche Situation; auch, als ich aus 4000 Meter Höhe mit dem Fallschirm sprang. Ebenso in der Todeskugel, wo Profimotorradsportler mit dem Kopf nach unten auf ihrem Bike mit Hochgeschwindigkeit über mich hinwegdonnerten. Extremerfahrungen, die ich jeweils nur in diesem bestimmten Moment zusagen und aushalten wollte. Zu einem früheren Zeitpunkt hätte ich die Courage noch nicht gehabt und später vielleicht nicht mehr. Aber ab und zu in meinem Leben, und solange ich sicher sein kann, dass ich es physisch schaffe, brauche ich den Kick, das Adrenalin, die Grenzüberschreitung, die Mutprobe.

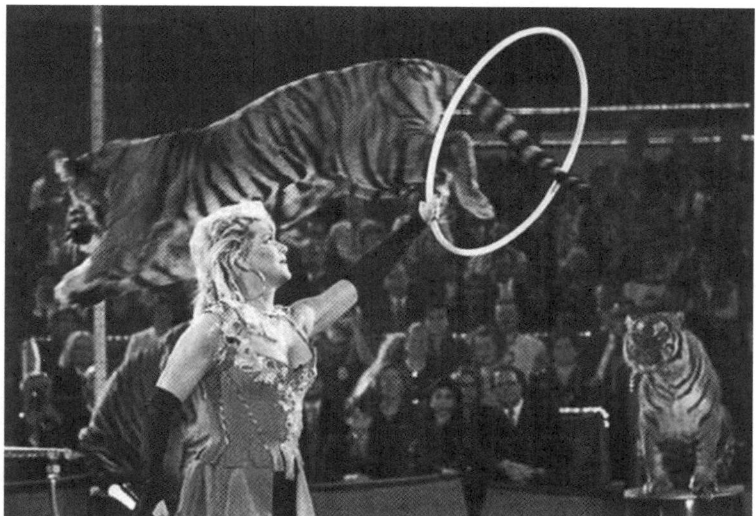

Stars in der Manege – mit acht Königstigern

Der Aufenthalt im RTL-TV-Dschungelcamp gehört ebenfalls zu den Grenzerfahrungen in meinem Leben, verbunden mit der leidigen Erkenntnis, dass ein in der Öffentlichkeit stehender Mensch kein Risiko mit spaßigen Events eingehen sollte, die in der Öffentlichkeit stattfinden, weil mit den Medien und der Öffentlichkeit nicht zu spaßen ist, auch wenn einem etwas persönlich Spaß macht.

Es war seit langem mein Traum gewesen, »mit nichts in den Wald zu gehen«, für einige Wochen mit Rucksack und Campingkocher, ohne Luxuskram, von einem grünen Dom beschützt, ohne die vielen Menschen, denen ich ständig ausgesetzt bin, alleine, nur mit ein, zwei Freunden vielleicht, gemeinsam einsam und still sein, tagelang durch Wälder zu marschieren, durch Tannennadeln und Gras stapfen, im Freien zu schlafen (die Steigerung dieses Traums war: unter Indianern leben). Eine kindliche Natursehnsucht. Aber ich brachte, wie man so schön sagt, den Arsch dafür nicht hoch. Ich lebte gut in meiner Komfortzone und hatte es mir in ihr bequem eingerichtet, wozu sollte ich so einen Bauchaufschwung riskieren? Fitnesscenter und Joggen reichte doch. Dafür kam das RTL-Angebot dann gerade recht.

Als mich Sabine Müller von Granada Media anrief, da wusste noch kein Mensch in der Branche und kein Zuschauer in Deutschland, welchen Medienhype diese Show auslösen würde – außer den Verantwortlichen vielleicht, die die gigantischen Einschaltquoten und die in die Millionen gehenden Zuschauerzahlen des britischen Originals in England kannten. Es war die allererste Staffel eines vollkommen neuen Formats. Keiner von uns Teilnehmern, die bei diesem ersten Dschungelcamp dabei waren, ahnte auch nur im Geringsten, was da tatsächlich auf uns zukommen würde.

Als sie fragte: »Lisa, haben Sie Lust, mit nach Australien zu fliegen? In den Dschungel?«, da sagte das Kinderherz: *Au ja, wow, fein! Abenteuer. Mit nichts in den Wald gehen.* Kein Hotel, keine Kleider (keine Schuhe!), kein Make-up, ohne die vielen Fetische.

Mal was anderes, schön, Abwechslung!! Langjährig gehegte Sehnsüchte drängten auf Verwirklichung. In diesem Fall: gut bezahlten Verzicht üben, Waldläuferin ohne Schminke sein, Zivilisation und Komfort zurücklassen. »Eine Abenteuershow, ganz neues Konzept, erste Staffel, zwölf Tage, live, Primetime, beste Sendezeit, auf RTL.« ... ABENTEUER!

Das Prinzip der Sendereihe, das wir in vollem Umfang dann erst in Australien erfuhren, ist schnell erklärt: Zehn Teilnehmer werden im australischen Wald ausgesetzt – ihr Aufenthaltsbereich ist ein kleines Areal mit Feldbetten und Schlafsäcken. Die »Küche« ist eine große Campingkiste mit Geschirr und Besteck, Öl, Streichhölzern und Kleinutensilien sowie Bohnen und Reis in einer Dreitagesration für zehn Personen. Diese kleine Portion Reis, etwa vier bis fünf Esslöffel pro Person, gibt es nur mittags. Ansonsten nichts, GAR NICHTS, nur Wasser, das abgekocht werden muss und in einem Gummisack bevorratet wird. Kein Kaffee, kein Tee, keine Schokolade, keine Limonade, nicht mal Kaugummi – NICHTS! –, außer Reis und Bohnen, nichts mit Geschmack, nur Olivenöl. *Und kein Salz.* (Gott, wie lernte ich das zu schätzen nach meiner Rückkehr!)

Die Mahlzeiten sind so minimal, dass sie nur das nötigste Grundbedürfnis des Körpers decken. Jede zusätzliche Mahlzeit muss erspielt werden, der jeweilige Spieler wird von den Teilnehmern oder vom TV-Publikum gewählt. So weit, so gut ...

Nur, dass die Spiele Prüfungen und die Prüfungen ekelfokussiert sind und bei den TV-Zuschauern Voyeurismus wecken: Schlangen, Spinnen, Ratten, Kakerlaken, Käfer – immer muss man sich bei einer der Dschungelprüfungen durch sie durch, in sie hinein bewegen, sie berühren (für einen Landbewohner eher noch vorstellbar als für einen Großstädter) oder sie sogar essen.

Bei dieser Prüfung kann man für das Team maximal zehn Sterne erspielen. In diesem optimalen Fall gibt es zehn Essen für zehn Personen; erspielt man drei, gibt es drei Mahlzeiten – für zehn Leute; bei NULL NIX – der Tag endet dann ohne Essen. Jeder Teilnehmer kann zu jeder Zeit aussteigen, indem er den albernen Satz ruft: »Ich bin ein Star, holt mich hier raus!« Er darf gehen und die restlichen Tage im Luxushotel wohnen, verzichtet damit aber auf die Hälfte seines Honorars, was für einige Mitspieler damals durchaus ein Thema war. Ab Tag X geben die Zuschauer jeden Tag per Telefon ihre Stimme für einen Kandidaten ab, und es scheidet derjenige Kandidat aus, der die wenigsten Zuschaueranrufe bekommen hat, bis zum Schluss der Übriggebliebene zum »Dschungelkönig« gekürt wird. Mich, die »schrille« Kabarettikone, verheizte man als intellektuelle Würze in der RTL-Truppensuppe.

Was bleibt von der Kriegerin ohne ihre glänzende Rüstung? Was bleibt, wenn das Korsett aus Schminke und Kleidern, Wohnraum, Partner, Image, Beruf und Statussymbole fehlen? Was bleibt von dir im feindlichen Gifttierwald mit konkurrierenden Mitspielern?

Mein Kabarettstern stand zu jener Zeit im Zenit, gute Buchung, volle Häuser und eine eigene TV-Sendung beim Saarländischen Rundfunk, ich war dabei, die Ernte einzufahren, als gesellschaftspolitisch orientierte Kabarettistin fast konkurrenzlos, aber irgendwie war mir diese seriöse Anspruchsnische, in der ich agierte, zu klein, und ich hatte das Gefühl, dass sich die öffentliche Sicht der Kunstfigur Lisa Fitz in diverse Teile spaltete: die seriöse Kabarettlady in der SR-Sendung, das unterhaltsame Entertainer-Kraftpaket in den Bühnenprogrammen mit guten Kritiken und die *Bild*-Fitz in der breiten Öffentlichkeit, die als schrille Skandalnudel abgestempelt wurde. (*Und die nicht vorhandene Late-Night-Talk-Lady,* dachte ich etwas stinkig.)

All diese medialen Einzelteile, oder besser Bruchstücke, wurden, wenn man sie jeweils so unverbunden präsentierte, dem Puzzle Lisa Fitz – meiner bunten wilden Biografie, einem facettenreichen Innenleben und der gefühlten kreativen Bandbreite – nicht gerecht. Fand ich. Ich war auf der Suche und wollte dem verfälschten Bild, das *Bild* ständig von mir entwarf, etwas entgegensetzen ... mich einer großen Öffentlichkeit ganzheitlich, homogen präsentieren – LIVE.

»Da musst du dann Regenwürmer essen«, behauptete Schauspieler und Comedian Georg Uecker lachend am Telefon, gut informierter Insider und Bekannter von Dirk Bach.

»Sicher nicht«, erwiderte ich, ebenfalls lachend. »Das sicher niemals.«

»Na, du wirst schon sehen ...«, orakelte er.

Ich glaubte ihm nicht.

Noch mal, meine lieben kritischen Freunde: Es war die allererste Staffel eines vollkommen neuen Formats. Keiner von uns Teilnehmern ahnte, was da auf uns zukam.

Einige Mails gingen zwischen Produktionsassistentin Sabine Müller und mir hin und her. Ich schwankte. Es war nicht wirklich herauszubekommen, welche Tragweite das Ganze haben konnte. Eigentlich sollte ich vorsichtigerweise lieber nicht zusagen, das war mir schon klar, aber ... ich hatte irre Lust darauf. Im Januar, wenn es losgehen sollte, lag mein Jahresurlaub, ich hatte also frei, welch ein schöner Zufall. Dachte ich. Hier bot sich etwas Neues, Unbekanntes. Australien, der fremde Kontinent, lockte, meines Traummanns Traumland, dazu der Dschungel und – nicht zuletzt – zwölf Tage lang Fernsehpräsenz zur Primetime, täglich ein bis zwei Stunden zur besten Sendezeit beim Marktführer RTL.

Dann lernen mich viele Zuschauer besser kennen, überlegte ich, *sie sehen mich LIVE agieren, und Vorurteile relativieren sich:* »männermordende *Amazone«,»schrille Emanze«, der ganze Scheiß, den andere in die Welt setzten – zur Hölle damit.* Meine drei Seelen, die so verschiedenen, würden vielleicht – auch in der Öffentlichkeit – eine friedliche Koexistenz finden können: die mit Hirn und Herz engagierte Fitz, deren Anliegen die Res Publica ist, die kämpferische Ideen verkündet und subversive Ideen streut und dazu eben diese Öffentlichkeit braucht. Im Gegensatz dazu die private Lisa, die den Rückzug sucht, den Wald, den Verzicht, das Loslassen der vielen Dinge. *(Der Weg ist das Ziel.)* Seele drei ist das von Abenteuerlust getriebene Teufels-Lischen, das was erleben und ständig neue Erfahrungen machen will. Mars im Löwen, würde meine Mutter sagen, sich beweisen wollen. Männlich fast – aus konventioneller Sicht.

»Ach, der Costa ...«, sagte ich, als ich hörte, dass Costa Cordalis auch mitfliegen sollte, »den kenn ich seit den Siebzigern.« Und mit Werner Böhm war ich schon auf Tour gewesen in der Zeit, als die *Bayerische Hitparade* noch lief. Die Vergangenheit holte mich ein. »Dustin Semmelrogge, da kenn ich den Vater, verrückter Kerl, guter Schauspieler.« Daniel Küblböck – den fand ich ganz lustig, ein Original unter hunderttausend Kopien.

»Mach das nicht«, warnte ein guter Freund. »Dieses Live-Wagnis ist Neuland in der Branche. Du weißt zu wenig darüber und auch nicht, wie es ausgeht – für dich.«

Im engsten Kreis, Familie und Management, berieten wir das Angebot immer und immer wieder. Das Image, würde es Schaden nehmen durch diese »Abenteuershow«? »Aber natürlich, Lisa!!«, sagen jetzt die Siebeng'scheiten, die es alle auch erst *nachher* wussten, *NACHDEM* DIE ERSTE STAFFEL AUSGESTRAHLT WORDEN WAR! Vorher waren nicht mal die Insider sicher, was da ablief. Und dauernd hüpfte der Kobold in mir: *Ich will aber! Ich habe Lust! Das macht Spaß! Das ist neu! Ich will, will, will.*

Scheiß aufs Image!, sagte ich dann an einem Dienstag beim Mittagessen zu mir. Schließlich gibt es auch ein Leben neben der Karriere. *Bin ich die Sklavin meines Images? Der Knecht meines Berufs? Das Haustier meines Niveaus? Der Butler meiner Karriere?* VARIATIO DELECTAT, *Abwechslung macht Freude,* sagte schon Cicero.

Den Ausschlag gab ein Treffen mit Hans Peter Henking von der Produktionsfirma Granada. Seine Überredungskunst ist legendär. Mit Charme, Witz und geschickter Argumentation verführte er mich, fegte letzte Zweifel mit rhetorischem Florett hinweg, verbreitete gute Laune und Vorfreude auf die Produktion und das Drumherum. Der Partner durfte ja mit und im Fünf-Sterne-Hotel Urlaub machen, auch das war ein Argument. Der Preis für einen First-Class-Flug für zwei Personen nach

Australien lag bei Quantas Air bei ungefähr 20 000 Euro. So einen Flug bekommt man auch nicht alle Tage geschenkt, liebe Freunde. Den Campaufenthalt sah ich also als gut bezahlten Urlaub mit Eventcharakter und ging mit Freude am Abenteuer hinein – und mit Neugier, was sich da unter Ausschluss von jeglichen Annehmlichkeiten an spannender Gruppendynamik entwickeln würde. An »Trash« dachte dabei keiner, »Spiele- und Abenteuershow im australischen Dschungel« nannte man es.

Ich sagte also zu.
Was sollte mir groß passieren?

Nach einer Nacht im Luxushotel ging's per Hubschrauber ab in den Wald. Nach zweistündigem Fußmarsch und totalem Verlust der Orientierung landeten wir in unserem Zuhause für die nächsten zwölf Tage: dem Wald! Feldbetten, Schlafsäcke, Campingkiste! Ich lernte Wasser auf selbst gemachtem Holzfeuer abzukochen, ohne Oropax im regenfeuchten Schlafsack zu schlafen, mit nächtlichem Besuch von exotischem Getier zu rechnen und Hunger zu bewältigen. Joggen musste entfallen, der Kreislauf und die Kondition meines sportgewohnten Körpers dümpelten vor sich hin. Nach gut fünf Tagen, also etwa der Hälfte des geplanten Aufenthalts, wurde mir fad. Man votete mich nicht für Dschungelprüfungen, weil sich die Zuschauer an Daniel Küblböck abarbeiteten. Ihn dreimal hintereinander in Kakerlakenbäder oder ähnliche Foltereien zu schicken, schien für sie bei diesem Gladiatorenspektakel ein voyeuristischer Orgasmus zu sein. Aber der kleine Kerl war zäh wie ein Skorpion. Meine Kollegen litten unter dem Dauerhunger – und ich unter Langeweile.

Nach einer knappen Woche hatte ich die öden Small Talks am Lagerfeuer und das Dahinvegetieren satt und ließ per Dschungeltelefon (einer kleinen Holzbude mit dunklem Monitor, aus dem eine anonyme weibliche Redaktionsstimme sprach) den Psychologen kommen, den RTL als Notfallhelfer bei seelischen Konflikten auf Abruf zur Verfügung gestellt hatte. Als Grund gab ich psychische Probleme an.

»Ich möchte hier raus«, sagte ich zum Psychologen.

»Geht's dir nicht gut?«, fragte er und sah mich besorgt an.

»Doch, prächtig. Aber mir ist sterbenslangweilig. Es regnet, und die Kollegen sind unergiebig. Ich will durch Australien cruisen. Es ist mir egal, wenn mich das die Hälfte der Gage kostet.«

Ich würde den törichten Spruch rufen: *Ich bin ein Star, holt mich hier raus!* – und mich verziehen aus diesem lahmen Camp. Abenteuer? Ein Seniorenstift war das, mit Whalewatching und aktionslos herumlungernden Körpern auf Feldbetten.

Wäre ich zu diesem Zeitpunkt gegangen, hätte mich *Bild* im Küblböck-Fieber mit gnädigem Desinteresse übersehen, und die Kulturszene hätte nachsichtig geurteilt: *Na, sie sieht es ja wenigstens gerade noch ein.*

Und da sagte der Psychologe: »Aber nein, das geht nicht! DIE MENSCHEN LIEBEN EUCH! Sie sind geradezu verrückt nach euch. Es sind jetzt sieben Millionen Zuschauer, und täglich werden es mehr – ihr seid KULT! So was hat das deutsche Fernsehen seit Jahren nicht mehr erlebt! Was kann ich tun, um dich zum Bleiben zu überreden??«

Die *Bayerische Hitparade* und Franz Pavlicek fielen mir ein … *(»Gigantische Resonanz! Waschkörbeweise Fanpost … riesiger Erfolg!!«)*

Auch damals dauerte es Jahre, bis ich das Dirndl-Image wieder losbrachte. Aber ich fühlte mich nicht gewarnt, ich war nur verdutzt.

»Wir führen langweilige Gespräche und bekommen nichts zu essen. Was soll daran interessant sein?«

Och Lischen, du kanntest den subversiven RTL-Schnitt nicht! Abgesehen vom (beabsichtigten) Trash-Level leisteten Producer und Cutter eine geradezu wahnwitzige Arbeit. Ihre Aufgabe war, vierundzwanzig Stunden Material täglich auf eine Stunde Sendezeit zusammenzuschneiden und dafür die spektakulärsten Szenen und Psychominidramen auszuwählen.

Der Psychologe sah mich erwartungsvoll an.

»Ich weiß nicht … mir ist langweilig«, wiederholte ich.

Und er erwiderte: »Machen wir's so – du bleibst noch zwei Tage. Wenn du dann nicht mehr willst, gehst du.

Okay?«

»Okay.« Ich blieb.

Als ich mit Costa Cordalis, dem letztendlichen »Dschungelkönig«, und Daniel Küblböck, der auf Platz drei gelandet war, als zweite Siegerin nach dem zwölftägigen Trial am Flughafen in Frankfurt ankam, war die Hölle los! Dutzende von Reportern aller Medien umlagerten uns, als wären wir Rockstars, und ich hatte wirklich Mühe, das in voller Tragweite zu begreifen. Der SR, sprich der Saarländische Rundfunk, so erfuhr ich nun erst, hatte mir unter dem Druck der regionalen Zeitungen und empörter Zuschauerpost in meiner Abwesenheit meine Kabarettsendung gekündigt.

Ich bellte eine aufgebrachte patzige Antwort in die Mikros, die durch alle Zeitungen ging und mit der ich mein Verhältnis zum SR und damit zur ARD auf einige Zeit vergeigte. Die Medien waren die nächsten Monate voller Häme, das Format war insbesondere während der ersten Staffel heftig kritisiert worden. Die Stimmung kochte bundesweit hoch. *Viel Lärm um nichts.* Etwas hysterisch alles, fand ich. Auf Flughäfen und in Supermärkten war ich bei den Zuschauern die *Dschungelheldin*. Aber viele Kabarettzuschauer waren beleidigt, Kulturämter mieden mich, einige TV-Sender auch. Es dauerte einige Zeit, bis das ausgebügelt war – trotz preisgekrönten Kabaretts –, und nur wegen zwölf Tagen in einem 16 000 Kilometer entfernten Camp im australischen Dschungel.

War das denn überhaupt *ein Dschungel?? Es heißt, ihr seid nur zehn Minuten von der nächsten Siedlung und von der Hauptstraße entfernt gewesen?! Ihr seid doch abends ins Fünf-Sterne-Hotel gegangen und habt nach dem harten Drehtag was Ordentliches gegessen?*

Nein, Freunde, wir waren im feuchten schmutzigen Camp, von Tag eins bis Tag zwölf! MITTEN IM WALD! Die australischen Führer sagten uns, es gäbe in unserem Areal die gefährlichsten, giftigsten Spinnen und Schlangen – man hätte sich aber bemüht, es davon zu säubern. Macht es da einen Unterschied, ob es die Tiere wirklich gab? *RTL würde seine zehn Teilnehmer wohl nicht in Todesgefahr bringen,* so die oft geäußerte Skepsis. Aber hätte Werner Böhm auf seiner Dschungel-Polonaise – untrainiert, in schlechter Kondition und mit hochrotem Kopf, bereits beim Anmarsch zum Camp der Erschöpfung nahe – einen Herzinfarkt erlitten, es wäre in Eigenverantwortung geschehen, da hatte man sich vertraglich gut abgesichert. »Auf eigene Gefahr« nahmen wir allesamt teil.

Wir schliefen auf harten Pritschen, ohne Kontakt zur Außenwelt und hatten zwölf Tage lang Hunger. Und an der Seitenwand des Plumpsklos hockte stets eine riesige schwarze Madam, die aussah wie eine Trichternetzspinne, rund acht Zentimeter im Durchmesser. Meine Mutter fiel mir ein:
»Spinnen sind nützliche Haustiere. Sie fressen die Fliegen.«
Danke, Mutter. Spinne, gutes Tier, Brave, du. Gottlob blieb sie im Häusl ruhig sitzen und sprang nicht wie diese Spinne im Reptilienshop, in den wir zu Abhärtungszwecken vor der Reise geschleppt worden waren.

Ich habe also Abenteuer gespielt, ich bin *mit Nichts in den Wald gegangen*, habe Teamfähigkeit und Führungsqualitäten bewiesen, bin unter hoher physischer und psychischer Belastung emotional stabil durch meinen Miniextremtrip marschiert. Ich könnte nun im Wald überleben und habe meine persönlich gewählte Herausforderung bestanden. Die Garmischer Gebirgsjäger sagten zu mir: »Mir kennan des ois, Lisa, bei uns is des tägliches Brot, inklusive Psychoterror, Schlamm und Viecher!« Yes! Ich – Soldatin, australische Dschungelkämpferin, Waldamazone!

Ich kann seither einen Schalter im Kopf umlegen. Durch die Überwindung bei den Dschungelprüfungen habe ich eine mentale Fertigkeit errungen, die ich nach jahrelangen Yogaübungen nicht geschafft hatte: Ich kann Emotionen und Befindlichkeiten nun aus- und einschalten wie Licht. Auch Flugangst und andere Ängste, und Aggressionen. Es ist alles ein mentales Training.

Deshalb fand ich den Aufenthalt im Dschungel spannend – auch unsere Ängste und deren Überwindung. Ich bin mit zehn Jahren durch den dunklen Wald marschiert, weil ich es interessant fand zu erforschen, ob es dort Geister gab. *Wovor die meisten Frauen sich zu Tode fürchten, da geht mein Weg lang.* Viele Frauen haben zu viel Angst, zu viel Ekel und Scheu und viel zu viele Vorbehalte; sie sind geborene Bedenkenträger, was von Nutzen sein kann, aber spaßbremsend ist. Ihren Sauberkeitsfimmel im Reihenhäuschen halten sie für kostbarer als einen Trip durch Costa Rica. Ich bin nicht so, ich würde Costa Rica wählen.

Aber ich will vorerst nicht mehr *mit Nichts in den Wald,* ich würde das Versace-Hotel vorziehen.

Aufgrund der Sympathiewerte beim Publikum – Freud und Leid liegen eben nah beieinander – bot mir RTL im Anschluss die Haupt- und Titelrolle in der Serie *Die Gerichtsmedizinerin* an. Über zwölf Folgen war ich die Gerichtsmedizinerin Hanna Wildbauer mit Einstiegsquoten von guten 4,5 Millionen Zuschauern. Auch dieser Traum hat sich somit verwirklicht. Und der ging gut für mich aus.

Acht Leichen

»Sie gelten ja als psychisch belastbar, Frau Fitz.«

Der Professor sah mich aus seinen klugen Augen forschend an.

»Nun ja ...«

Er sagte nichts und wartete ruhig meine Antwort ab.

»Doch, ja ...«, erwiderte ich. »Geht schon.«

»Na, dann wollen wir mal. Kommen Sie.« Er stand auf und öffnete die Tür.

Wir verließen sein Büro, und ich folgte ihm durch die kahlen Gänge.

Er machte große Schritte, holte weit aus, sein weißer Arztkittel flatterte ihm hinterher. Wir stiegen mehrere Treppen hinab, in den unteren Teil des großen Gebäudes der Rechtsmedizin.

»Haben Sie schon mal Tote gesehen?«

»Nein. Nur Katzen, Mäuse ... also Tiere. Keine Menschen.«

»Auch keine Verwandten? Am Sterbebett?«

»Nein, hat sich nicht ergeben.«

»Tja. Das erste Mal ist es nicht so lustig. Das kann einen schon mitnehmen. So, hier links bitte.«

Er öffnete eine Stahltüre. Beißender Geruch von faulendem Fleisch schlug mir entgegen.

»Oh ...«

»Ja, man kann es schon riechen, nicht wahr? Mit den Jahren gewöhnt man sich dran. Ich merke das gar nicht mehr.«

Er öffnete eine weitere Tür, der Geruch wurde intensiver.

Wir gingen wieder um eine Ecke – und da lag der Erste.

»Der hier hat sich erhängt. Ein alter Mann. Nicht schön, wenn das Leben so endet.«

Oh Gott.

Der Mann hatte eine tiefrote Rille rund um den Hals, von einem Draht oder Stahlseil. Sein Kopf war dunkel gefärbt, die

Zunge hing ihm aus dem Mund. Ich sah den Selbstmörder lange an und fragte mich, wie seine letzten Minuten gewesen sein mochten. Warum hatte er die Welt vorzeitig verlassen wollen? Geldnot, Einsamkeit, enttäuschte Liebe, Krankheit? Aber sich erhängen …? Durch meinen Kopf wirbelten unschöne Bilder.

»Der da vorn ist vom Olympiaturm gesprungen. Das Gesicht sieht nicht mehr so gut aus.«

Mir stockte der Atem. Der Kopf des Olympiaturmspringers sah eher wie eine Gummimaske als ein Kopf aus, eine, die man achtlos abgelegt hatte, der Kopf hatte keine Form mehr. Mir war schwummrig. Das würde nicht leicht werden, das wurde mir spätestens jetzt klar.

Der Professor drehte sich zu mir um.

»Kommen Sie klar? Wollen Sie weiter – oder brauchen Sie einen Moment?«

»Nein, nein, geht schon … alles okay, gehen wir weiter.«

Tief durchatmen ging nicht, der Geruch verursachte Übelkeit.

»So, hier sind die restlichen.«

Wir bogen wieder um eine Ecke und standen in einen großen Saal.

»Acht oder zehn Tote haben wir heute hier drin, einige sind nicht mehr schön.«

»Wie lange liegen die hier?«

»Das kommt drauf an, wie die Mediziner die Arbeit schaffen. Die Obduktionen dauern unterschiedlich lang, je nach Schwierigkeit. Aber nicht länger als zwei Tage.«

»Aha.«

Was sollte ich sagen? Es kam mir alles dumm vor, was aus meinem Mund kam im Angesicht dieser leblosen Leiber.

»Diese hier wurde obduziert. Wir machen sie später wieder zu, wenn der Befund fertig ist.«

Auf dem Tisch lag eine dicke Frau. Ihr Bauchraum war von oben bis unten geöffnet, die Organe lagen frei. Ich konnte sehen, wie ihre Beleibtheit von innen aussah, eine gut sechs Zentimeter dicke gelbliche Fettschicht umrandete den großen

Spalt, der über der Bauchhöhle auseinanderklaffte. Ich beschloss, sofort abzunehmen.

»Das nähen wir nachher wieder schön zu. Wenn der Schädel untersucht und geöffnet werden muss, machen wir seit einigen Jahren den Schnitt hinten am Hals und ziehen dann quasi das Fell über die Ohren nach vorne. Dann hat man nachher auf der Stirn keine unschöne Schnittstelle oder Naht.«

»Aber wieso, die Frau ist doch ...«

»Die Haut wird wieder nach hinten über den Kopf geklappt und die Tote optisch schön hergerichtet, wenn die Verwandten sie noch mal sehen wollen. So. Hier drüben wird gearbeitet. Da sehen Sie unsere Rechtsmedizinerin an ihrem Arbeitsplatz, also die Rolle, die Sie spielen sollen. Da müssen Sie sich jetzt innerlich ein bisschen fassen ...«

Wir gingen einige Meter zu einem Tisch, um den zwei Helfer und eine Medizinerin in Overalls standen. Alle drei wirkten hochkonzentriert und in ihre Arbeit vertieft. Der gesamte Körper des Toten war verkohlt. Der Mann war in einem Brand umgekommen.

»Die Rechtsmedizinerin muss die Todesursache überprüfen. Es hätte zum Beispiel sein können, dass der Mann erschossen wurde und der Täter danach das Haus angezündet hat, um einen Unfall vorzutäuschen.«

Die Helfer hatten Gummihandschuhe an und hievten die Innereien heraus, einen bluttriefenden Berg von Fleisch, und schafften ihn wie Schlachtabfälle auf eine große Waage, die neben dem Korpus stand. Als das Fleisch drauffiel, gab es ein schmatzendes Geräusch, als wenn man nasse Lappen in einen Kübel werfen würde. Die Ärztin sah mich an
und nickte mir kurz zu.

»Hallo.«

»Guten Tag.«

»Sie wollen sich das also antun?«

»Ja, ich ... äh ... für einen Film, eine Serie, *Die Gerichtsmedizinerin*, RTL.«

»Ah verstehe. Okay.

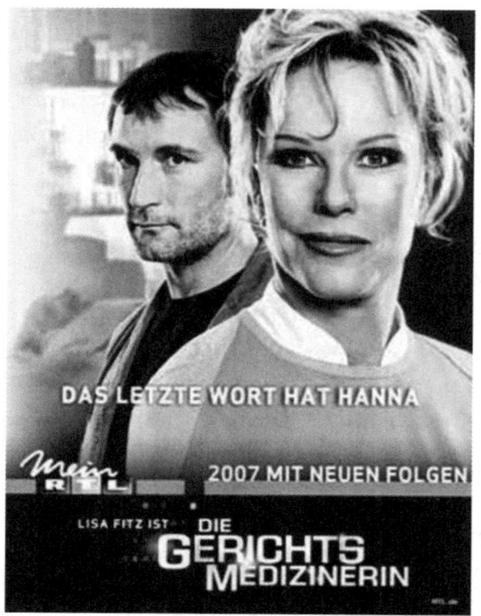

Haupt- und Titelrolle in der Serie »Die Gerichtsmedizinerin« (RTL)

Ich muss weitermachen.« Sie wartete, bis die Helfer ihre Arbeit beendet hatten. Dann beugte sie sich über die leere blutige Bauchhöhle und untersuchte sie akribisch.

Ich warf einen Blick auf den Kopf des Toten. Er war samt Haaren und Augen schwarz verkohlt wie ein Zombie aus einem Horrorfilm schlimmster Sorte. *Oh Gott,* dachte ich andauernd, *oh Gott.*

»Ja, ja«, sagte die Medizinerin, als hätte sie meine Gedanken geahnt. »Manchmal ist es halt gar nicht schön.«

»Wie halten Sie diesen Geruch aus?«

»Ach, ich rieche das nicht mehr. Das wird normale Arbeit, wie alles andere auch.«

»Ich habe gelesen, dass sich manche Mediziner duftgetränkte Wattestöpsel in die Nase stecken?«

»Ja, das habe ich anfangs auch versucht – aber dann hatte ich eine Mischung aus Eukalyptus und Leichenfäulnis in der Nase, das war noch schlimmer. Man gewöhnt sich dran, wie gesagt.«

Ich bemerkte, dass mein Mund offen stand. Mein Unterkiefer war während ihrer Aussage langsam nach unten gesunken. Ich klappte ihn verlegen zu und blickte sie verwundert an: eine schlanke, attraktive Frau in den Dreißigern, dunkle Haare, rehbraune Augen, mit wachem professionell-kühlem Blick.

Was tat so eine agile junge Frau in einem so unappetitlichen Beruf, in diesem stinkenden Horrorkabinett?

»Ich hätte noch einige Fragen. Wie kann ich Sie erreichen?«

»Lassen Sie sich vom Büro meine Telefonnummer geben und rufen Sie mich an, am besten gegen Abend.«

»Okay. Danke.«

Nun sah ich die zwei Männer mittleren Alters, die mit Fotoapparaten an der Fensterwand lehnten – ein Gerichtsreporter und ein Fotograf der Pathologie, der die Fotos zu den Arztberichten für die Gerichtstermine machen musste. Auch sie hatten keine frische Gesichtsfarbe, ernst und bleich blickten sie auf das Geschehen und nickten mir nur kurz zu. Wortreiche Begrüßungen, förmliche Vorstellungen oder gar Small Talk waren hier fehl am Platz. Es war eine seltsame Atmosphäre in diesem Raum, wo Leben und Tod diese irdische Allianz eingingen. In diesem Moment sprang die Tür auf. Zwei kräftige Helfer in Overalls schleppten auf einer Bahre einen toten Körper ins hintere Eck und hievten ihn, da er schwer zu sein schien, mit halblauten Kommandos und Schwung auf einen der halbhohen Metalltische.

»Das ist der Motorradfahrer«, erklärte der Professor. »Aber Sie müssen sich das nicht ansehen. Der lag schon einige Zeit. Man hat ihn erst heute gefunden, in den Büschen neben der Straße. Der Verwesungsprozess ist sehr fortgeschritten.«

Der Körper des Toten steckte noch in der schwarzen Motorradkluft und war voller Tannennadeln, Schmutz und Erde.

»Kann sein, dass da schon wieder was lebt im Körper. Gehen Sie lieber nicht zu nah hin, ist nicht sehenswert!«

Ich hatte auch kein Bedürfnis danach. Ich senkte den Blick und blieb einige Meter entfernt stehen. Nein, alles musste ich nicht sehen.

Das war 2004. RTL hatte mir die Titelrolle in der Serie *Die Gerichtsmedizinerin* angeboten. Die RTL-Intendanz und die Chefredaktion waren überzeugt, dass ich als Gerichtsmedizinerin Hanna Wildbauer, die von München nach Hamburg geht, gute Quoten einfahren könne. Die Entscheidung für mich als Hauptdarstellerin war schnell gefallen. Das freute mich ungemein. Die Hauptrolle in einer Serie war schon lange mein

Wunsch gewesen, nun ging er endlich in Erfüllung. Zuerst aber musste ich hier durch diese Geisterbahn.

»Du solltest dir das ansehen, Lisa«, hatte die Produzentin Claudia Thieme gesagt. »Es ist nicht so prickelnd, aber du musst ja kompetent wirken. Und das, was du dir in der Rechtsmedizin in München ansiehst, ist in der Serie quasi dein tägliches Arbeitsumfeld als Hanna Wildbauer.«

»Ja, ich weiß. Ich will das ja auch. Ich muss das in der Realität sehen, um zu wissen, was ich spiele!«

»Genau, sehr gut. Nur dass unsere Leichen halt lebende Schauspieler sind, die vom Maskenbildner geschminkt werden.« Sie lachte. »Und dass wir, na ja … dass wir nicht so eklige Bilder zeigen werden, sondern saubere, gestylte, mit viel Chrom und Glas und so, und Apparaturen in schönem Licht.Wir wollen ja die Zuschauer anlocken und nicht vertreiben.«

Klar. So was wie den verbrannten Mann würde ich nicht mal in einem Horrorfilm sehen wollen. Und dennoch … die Schwingung faszinierte. Ich konnte verstehen, dass dieses Szenario, wenn man sich daran gewöhnt hatte, seinen Schrecken verlor und dass man hierbleiben wollte, in dieser Zwischenwelt. Es lag etwas geisterhaft Unwirkliches in diesem Paralleluniversum. Ich stand dem Mysterium des Todes vis-à-vis.

Als wir den Raum verließen, lag im Gang eine weitere tote Frau, nackt wie alle Leichen hier, nackt wie Gott sie geschaffen hatte und wie er sie wieder zu sich nahm.

»Darf man sie anfassen …?«, fragte ich leise.

Keiner in diesem Raum sprach laut.

»Ja, wenn Sie sich trauen«, sagte der Professor etwas amüsiert. »Sie ist halt kalt. Das ist beim ersten Mal seltsam.«

»Und Leichengift und so?«

»Das mit dem Leichengift ist Unsinn, es ist eine Mär. Da passiert gar nichts.«

Ich stupste die Frau an und zog den Finger sofort wieder weg. Die Haut fühlte sich kühl an, weich und kalt wie eine Ledertasche, eine Gummihülle. Eine Hülle … ja, das war es.

In diesem Augenblick schloss sich für mich ein spiritueller

Kreis, nach jahrelangem Grübeln, Meditieren und Suchen.

Wenn dies alles ist, was von mir bleibt, so eine kalte, leblose Hülle, ein Gummisack … dann kann ich meinen Körper leicht zurücklassen. Ich lasse nur diese unbelebte Gummihülle zurück, das kann nicht schwer sein. Was macht Leben aus? Wo ging das hin, was da drin war? Gibt es das überhaupt, so etwas wie eine Seele? Oder sind wir nur ein – wie es die Physiker nennen – Funktionskreis aus Regelkreisen, Blutkreislauf, Nervenstränge, Atmung, Osmosen und Zellaustausch, und wenn einer der Regelkreise in seiner Funktion unterbrochen wird, ist es eben aus. Und dann bleibt nur dieser Gummisack? Keine schöne Vorstellung. Mir gefällt es besser, wenn es eine Seele gibt; sie entweicht im Augenblick des Todes, ihre gebündelte Energie wird freigesetzt und schwebt davon in die Weiten des Universums – als Lichtball ins Spektrallicht …

Meine Mutter hatte mir erzählt, dass sie ihre beiden Hunde mit ins Krankenhaus genommen hatte, als mein Vater gestorben war. Am 21. Dezember 1992 war die Nachricht seines Todes auf dem Anrufbeantworter. Nach vier anderen belanglosen Durchsagen hörte ich meine aufgelöste Mutter klar und deutlich sagen: »Lisa, dein Vater ist tot!!« Sie war außerstande gewesen zu warten, bis sie mich persönlich erreichen konnte.

So ist das Leben, so ist der Tod, er kommt nie zur rechten Zeit.

Ich lief damals fassungslos aus dem Büro rüber ins Haus und schrie über den ganzen Garten: »Nepo, Nepo!!!«

Er stürmte mir aus dem Haus entgegen, damals elf Jahre alt.

»Der Papi ist tot!!«

Nepo sah mich mit aufgerissenen Augen bestürzt an. Er dachte einen Augenblick, ich meinte seinen Vater Ali Khan.

»Nein, nein – der Opi!«, sagte ich und stand wie unter Drogen neben mir, unfähig zu handeln.

Nach einem zweiten Schlaganfall hatte mein Vater im Rettungswagen noch wirre Satzfetzen vom U-Bootkrieg fabuliert, dann das Bewusstsein verloren und war kurz nach Einlieferung ins Krankenhaus verstorben. Zwei Wochen hatte ich damit zu tun, meine Mutter aufzufangen, meine eigene Trauer blieb dabei auf der Strecke. Sie hatte irgendwie durchgesetzt, dass ihre beiden Hunde zur Abschiednahme von meinem Vater mit ins Krankenhaus durften.

»Als ich mit den Hunden am Krankenbett stand«, sagte sie mit einem fernen Blick und schien dabei in eine andere Welt hinüberzuschauen, »vor deinem toten Vater, da sahen die Hunde ununterbrochen nach oben, völlig unnormal, das haben sie noch nie gemacht. Sie haben unverwandt über mindestens zehn Minuten an die Zimmerdecke gestarrt. Ich kann mir das nicht erklären.«

»Aber was soll da oben gewesen sein, was meinst du?«, fragte ich.

»Mir ist es nur aufgefallen. Ich weiß es doch auch nicht.« Sie sah vor sich hin und dachte nach.

»Vielleicht schwebt die Seele ja nach oben weg … wenn sie entweicht. Irgendwo muss sie ja hin … wenn es sie gibt.«

»Aber eine Seele würde doch alles Materielle durchdringen können, oder?«

»Vielleicht verharrt sie da noch eine Weile und beobachtet den verlassenen Körper – und uns Lebende, wie wir weinen. Vielleicht trauert die Seele auch, dass sie den Körper zurücklassen muss, der ihr so lange Zeit treu gedient hat.«

Mich schauderte. Im Gang der Pathologie wischte ich meinen Finger verstohlen an der Jeans ab. *Was, wenn die Seele dieser Frau noch neben oder* über *ihrem Körper herumwaberte? Manche Seelen merken nicht, dass sie gestorben sind. Sie suchen sich dann einen Lebenden und bespringen ihn als Huckepackseelen, damit es noch Action gibt …* Ich hatte für mein Kabarettprogramm »Heil« zu viel gelesen über spirituelle Hypothesen und über Geisterforschung … *Was, wenn ich nun mit meiner Berührung zu dieser toten Frau eine metaphysische Verbindung hergestellt hatte?! Und ihre Seele verfolgt mich nun, besetzt mich und …*

»So, hier kommen wir wieder rauf, Frau Fitz, rechtsrum. Ich möchte noch kurz etwas mit Ihnen besprechen. Geht's Ihnen gut?«

Der Professor sah sich besorgt nach mir um.

»Ja ja, ja, passt schon ...« Ich trottete mit gesenktem Kopf gedankenverloren hinter ihm her. »Es sind halt doch viele Eindrücke beim ersten Mal«, murmelte ich.

»Ja, wohl wahr. Viele Studenten kippen um, wenn sie das zum ersten Mal erleben. Sie sehen auch ein bisschen blass um die Nase aus.«

Er war freundlich, lächelte aber nicht. Er wusste, wie sich ein Neuling in seinem Institut fühlte.

»Eine Bitte habe ich noch, Frau Fitz. Sie sind ja auch Kabarettistin, nicht nur Schauspielerin.«

»Ja, bitte?«

»Es freut mich, wenn Sie die gewonnenen Eindrücke für Ihre schauspielerische Arbeit als Gerichtsmedizinerin umsetzen können und wenn Ihnen der Besuch bei uns dabei helfen konnte. Aber machen Sie bitte keine Satire oder so was über diesen Ort hier.«

O nein, das hatte ich auch nicht vor!

»Wissen Sie, wenn ich mir vorstelle, meine Mutter wäre gestorben, und sie müsste obduziert werden, und ich würde dann im Fernsehen Witze drüber hören – das würde mir nicht gefallen. Und Ihnen sicher auch nicht, nehme ich an.«

»Nein, Herr Professor, da haben Sie wohl Recht. Nichts dergleichen kommt von mir.«

Ich verabschiedete mich und verließ das Gebäude.

Ich stand vor der Rechtsmedizin im Freien, an der frischen Luft. Die Sonne schien, die Vögel zwitscherten. Meine Beine waren wacklig wie Pudding, mein Magen war flau wie nach nicht mehr ganz frischem Fisch, und ich bemühte mich, meine Empfindungen an den Zügel zu bekommen – sie oszillierten zwischen Betroffenheit, Achtung vor dem Leben, Stolz auf meine innere Kraft und Grauen. Es gelang mir nicht. Ich war durch den Wind. Der Aufenthalt in diesem Leichenschauhaus und die Toten, die ich gesehen hatte, hatten eine Tür zu einer anderen Welt geöffnet, die sich ab jetzt nie mehr schließen würde. Die

Bilder der Toten marodierten noch wochenlang durch meine Fantasien. Vergessen würde ich sie nie, das war mir klar.

Aber der Besuch in der Rechtsmedizin war das fehlende Glied einer Kette gewesen – er schloss in meiner inneren Welt das letzte Stück im metaphysischen Kreislauf des Lebens und des Sterbens, das Mysterium Tod verlor seinen Schrecken für mich.

Ich habe seit diesem Tag bei den Toten keine Angst mehr vor dem Tod.

Die drogenlose Dame

Nymphomania

Text & Musik: Lisa Fitz

Wieder a verhurte Nacht, auf die ich zwei Tage speib,
Wieder außer Alkohol nix im Leib!
Viere, mit denen ich's gleichzeitig treib,
Was bin ich bloß für ein Weib!?

Nymphomania! Schizophrenia! Tutto kaputto!
Das ist der Untergang, das ist der Untergang –
der Weg zur Wahrheit führt durch die Hölle!
Nymphomania! Schizophrenia! Tutto kaputto!

Zwischen Erleuchtung und Delirium,
Zwischen Askese und Suff!
Zwischen Reformhaus und Trinkerheilanstalt,
Zwischen Kloster und Puff!

I bin a Einzelgänger, der nicht allein sein kann.
Bin ich die Frau von morgen oder ein missglückter Mann?
Im Herzen die Madonna, im Hirn die Dekadenz,
I bin die Supermutti – und a Pornostenz!

Wahnvisionen vom Himmelslicht,
Kosmische Trips ins geballte Nichts,
Größenwahn, ich selbst aufm Thron –
Dilettantenmeditation!

Suchten fressen die Seele auf,
Wo mal das Herz war, ist Gier.

Lauf, Baby, lauf!
Bleib nicht bei mir!

Nymphomania! Schizophrenia! Tutto kaputto!
Das ist der Untergang, das ist der Untergang –
der Weg zur Wahrheit führt durch die Hölle!
Nymphomania! Schizophrenia! Tutto kaputto!

Kilometer zwölf. Meine rechte Hüfte beginnt aufzumucken, neun soll ich noch schaffen. Meine Waden brennen, meine Knie schmerzen, wie soll das gehen, einatmen, drei vier, ausatmen, drei vier, nicht den Rhythmus verlieren, nicht an die Schmerzen denken. Schweiß rinnt, Stirn abwischen, kurze Pause, Wasser trinken – weiter geht's. Bei Kilometer vierzehn setzt die typische Euphorie des Marathonläufers ein, Endorphine werden ausgeschüttet, der Schmerz durch körpereigene Opiate betäubt … Ich spüre nichts mehr, spüre nur, wie ich laufe, laufe, laufe, immer weiter, immer weiter … Nur noch sieben Kilometer – das ist zu schaffen, es ist zu schaffen, ich will es schaffen, ich schaffe es … Kilometer neunzehn zieht sich etwas, bei Kilometer einundzwanzig werde ich unerwartet schneller, irgendetwas treibt mich zum Endspurt an, ich überhole acht, zehn andere Läufer, setze noch mal an Tempo drauf – und da ist es, ich sehe es auf mich zukommen, ich renne durch, höre ganz weit weg, wie Menschen uns zujubeln, mir und meinen Mitläufern – ich bin durch, ich bin am ZIEL, ZIEL, ZIEL!!!

Ich habe mit einundfünfzig Jahren meinen ersten Halbmarathon geschafft!

Mein Leben war ein Teufelsritt, auf den mich Dionysos, der antike Gott des Weines, der Freude, der Fruchtbarkeit und der Ekstase, aufgebockt hat. Mich, Jungfrau-Geborene und ewig Liebende.

Der Ritt begann mit Ende fünfzehn, legte bei dreißig eine Pause für einige Ehe- und Mutterjahre ein und setzte sich mit achtunddreißig bis zweiundfünfzig fort. Manchmal nur die Lightversion, aber das Füllhorn von Sex, Drugs and Rock 'n' Roll habe ich wohl zur Gänze über mir ausgegossen, alle Sümpfe wollten heißen Herzens und heißer Vulva durchwatet werden. Höllentrips und Wiederauferstehung, selten als Opfer, eher als Täterin und Beobachterin, die alles erfahren wollte, was Gefahren barg, sogar, als ich mir den Luxus der Unterwerfung leistete, was mich fast meine psychische Stabilität kostete. Ich wollte auch diese Erfahrung zu Ende bringen, den Kreis schließen. Immer fuhr ich mit zweihundert in die Kurve, aber meine Seele hatte das Lebensrennen auf verborgene Weise im Griff, oder es stieg rechtzeitig ein (oft unsichtbarer) Beifahrer oder ein Freund zu, der gegenlenkte. Im entscheidenden Moment verstand ich, wann die Geschwindigkeit zu mindern, die Suchten zu lassen waren. Vielleicht war es der frühe Yogaunterricht, der mich bewahrte. Oder auch der Buddhismus, der sagt: *Machen kannst du alles, aber es hat Folgen.* Und ich konnte auch keine selbstzerstörerischen Tendenzen bei mir entdecken, eher ein Übermaß an Lebensdrang und Tollkühnheit.

Das ist so leicht dahingesagt – *vom Gas gehen, gegenlenken, Suchten lassen.*

Es liegt in der Tat jahrelange harte Arbeit hinter mir, mir in selbst auferlegten, monatelangen Disziplinarmaßnahmen das wieder abzugewöhnen, was ich jeweils von mir Besitz hatte ergreifen lassen – das, was sich zunächst als Spaß darbot, später dann als Last und Bürde Huckepack getragen werden musste.

Aber ob es Nikotinabusus beim Feiern war oder übermäßiger Alkoholgenuss, Vielmännerei oder Kaufräusche – immer ergriff zur richtigen Zeit ein weiser Archetypus in meinem Kopf das Wort: *Liebe Lisa, es wird nun zu viel, fange an, es zu ändern.* Oder ein Freund sagte das, und ich erhörte ihn, begann, die Askese aus eigener Kraft umzusetzen, mühsam, langsam, stetig.

Ab dem Alter von dreizehn Jahren war ich ständig verliebt; in jeden, den ich hübsch fand, verliebte ich mich, es war ein Dauerzustand über Jahre. Wenn und solang ich verliebt war, dann zu hundert Prozent, mich verzehrend. Aber die, die ich später bekam, wurden mir schnell langweilig. Meine romantische Sicht glorifizierte die Männer, nur was dann als Bodensatz beim oder nach dem Sex blieb, empfand ich meistens als zu banal. Also genau das, was die größte Furcht der Männer ist: *Sie könnten nicht genügen* – das traf ein. Sie genügten mir nicht.

Sie boten mir zu wenig und langweilten mich, intellektuell oder emotional, oft auch finanziell, weil sie es zu nichts brachten. Und warum sollte ich bei einem Langweiler bleiben, wenn zwanzig andere in der Schlange warteten?

Erfolgreiche Männer interessierten mich nicht, auch nicht deren Autos oder deren Geld. Sich einen Millionär zu angeln, bedeutet für eine Frau Abhängigkeit und Unselbstständigkeit. Um wirkliche Karrieretypen oder erfolgreiche Kollegen machte ich instinktiv einen Bogen, weil ich ahnte, wie egomanisch man sein muss, um Erfolg zu haben, und lieber selbst erfolgreich sein wollte. Mit siebzehn wusste ich das noch nicht, ich mied nur intuitiv Männer, die Macht hatten oder Macht über eine Frau ausüben wollten. Ich wollte nicht Geld verdienen *lassen*, ich wollte es *selbst verdienen*, es musste *mein* Geld sein, das ich ausgeben konnte, wie und wann ich es wollte.

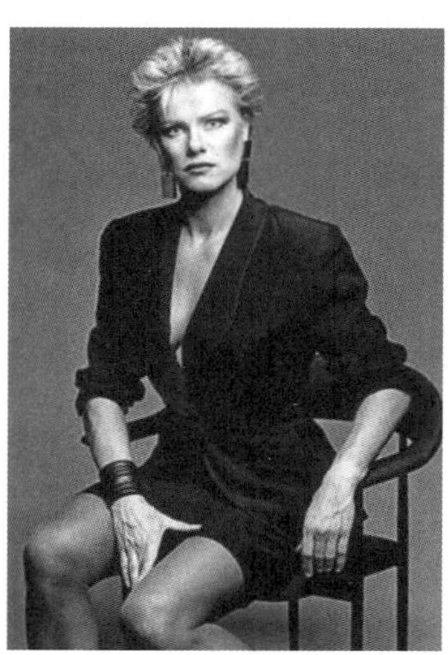

»Die drogenlose Dame« – Song aus der Rockshow »Ladyboss«

Ich will mir selbst meinen Jaguar XK8 kaufen können und ihn nicht vom Mann als Zweitwagen geschenkt bekommen, vom Mann, der mir ständig subtil oder offen vermittelt, dass er die Nummer eins ist.

Ich bin die Königin in meinem Reich. Und ein Mann, der das verstanden hat, kann mein König sein.

Man kann sagen, dass ich zwei Leben gelebt habe. Der Tatsache, dass meine Mutter früher Sportlehrerin war, verdanke ich mit Sicherheit mein zweites, Sport wurde mein Energiespender Nummer eins. Im langen ersten Leben, das sich mit dem zweiten über Jahre wie ein Reißverschluss verhakte und sich mit ihm abwechselte, gab es unzählige Nächte, die ich betrunken mit ein bis drei Männern verbrachte, Tage, in denen ich mit einem Jahrhundertkater über der Kloschüssel hing – Räusche, Orgien, Feste, apathische Katerstimmungen, depressive Talfahrten und schwärzeste Aussichtslosigkeit.

Ich bin doch kein Säufer

Text: Lisa Fitz

Ganz schön eng, mein Glitzergewand,
ich bin die Schönste im ganzen Land
und schütte Champagner in mich hinein
und Schnäpse und Biere und Cocktails und Wein –
und wenn ich dann völlig besoffen bin
und mir mein armes Hirn gerinnt,
dann kann ich lachen und Dinge tun,
die ich mich nüchtern nicht trau, da bin ich immun
gegen Wärme und Liebe und Lachen
und Freunde und Unsinn machen,
gegen Händchenhalten, Gefühl entfalten
und gegen romantische Sachen.

Ich bin doch kein Säufer, wo denken Sie hin?
Säufer liegen im Rinnstein drin.
Säufer sind Penner, und jedes Kind weiß,
dass sie Alkoholiker sind!
An Sekt für den Kreislauf,

an Wein zum Essen,
An Schnaps für den Magen,
und drei Bier zum Vergessen!

Heute ist mein Kopf klar wie ein Bergsee. *Mein Körper ist mein Freund geworden.* Ich habe die Suchten und Genussgifte aus meinem Körper getrieben wie einen Alien, aus meinem Leben verjagt wie eine Rattenplage aus der Stadt. Das gibt Kraft und Energie ohne Ende. Ich bin psychisch stark und stabil. Ich trinke nicht, rauche nicht, bin giftfrei – seit sechzehn Jahren jetzt.

Mit dreiundfünfzig Jahren bin ich drei Halbmarathons gelaufen, einundzwanzig lange Kilometer in zwei Stunden fünfzehn. Der zwanzigjährige Afrikaner lief's in einer. Ich bin kein Afrikaner und nicht mehr einundzwanzig, und ich finde, zwei Stunden fünfzehn sind eine sehr befriedigende Zeit.

Und immer und immer wieder höre ich Freunde und Kollegen wie eine CD mit Kratzer, die hängt, gebetsmühlenartig daherleiern: »Aber das ist doch langweilig, das ist doch kein Leben! Das macht doch keinen Spaß.«

Falsch.

Macht das Leben denn nur mit Kippen und Bier Spaß?

Oh, du trauriger Mensch, der du nie über *deine Sucht hinauswächst,* denke ich dann immer. Wäre es so, dann hätte kein einziges Kind Spaß am Leben; Kinder, die Energiebündel unserer Gesellschaft, brauchen weder Sex noch Bier noch Kippen, aber sie haben zehnmal so viel Spaß beim Spielen wie die erwachsenen tranigen Giftler. Die Sache mit dem Suchtspaß ist ein grindiges, abgedroschenes Klischee. Und ich möchte mich aus dem Korsett der Konventionen befreien, Klischees knacken, dem Gruppendruck widerstehen – ich möchte selbst denken, erfahren, leben. *Finde raus, was du willst – und dann tu es!* Drogen sind die Flucht auf einem lahmen Pferd, Freunde, irgendwann bricht das zusammen. Besser, das Cowgirl steigt vorher ab und sucht sich ein neues Pferd. Mein neuer Gaul sind Kunst und Sport. Na gut, Sex und Abenteuer auch.

Ich möchte immer das tun, wonach mir ist. Noch mal, mein Leitsatz fürs Poesiealbum: *Ich möchte am Ende meines Lebens nicht sagen müssen: Mein Leben hat allen gefallen, nur mir selbst nicht.*

Das gilt auch für das feuchtfröhliche Hicks-Klischee. Ich will nicht mit hängender Nase feststellen: Ich habe dreißig und mehr Jahre die Filmpremieren-Proseccos, das Wies'n-Bier und die Hüttenschnäpse mit dem lallenden Rudel weitergesoffen, nur damit sich für alle Beteiligten Kuhstallwärme einstellt. Unbequem, ich weiß. Egal.

»Aber *warum trinken Sie denn nichts, Frau Fitz?«* – »Wollen *Sie nicht einen Schampus?«* – »Ein *kleines Gläschen …«* – »*… aber warum denn nicht?!«* – »Oder *ein Bierchen?«* – *»Gar nichts???«* – *»ABER WARUM DENN NICHT???«*

Dann werden sie anzüglich und nur mehr hohl,
der Bürger in ihnen macht auf frivol.
Nüchtern zu schüchtern, besoffen zu offen,
nur bei Aktienverlusten betroffen.
Der Schluckspecht hat in Wirtschaftsfragen
und im Nachtclub an der Bar das Sagen.

Die Wohlstandstrinker regieren das Land,
ihr Einheitsgesang, der ist uns bekannt,
gegen Wärme und Liebe und Lachen
und Freude und Unsinn machen,
gegen Händchenhalten, Gefühl entfalten
und gegen romantische Sachen.

Viermal pro Woche Workout im Fitnessstudio jetzt.

Aber mein zweites Leben wäre gar nicht möglich gewesen ohne das erste. Ich hätte mich dann nicht nur mit sechzehn Jahre, sondern weitere vier Jahrzehnte ständig fragen müssen, was ich – herrje! – alles versäumt habe. Nun kenne ich das wilde

Leben bis zum Abwinken, bis zum Abkotzen sogar, und ich bin's zufrieden. Es ist ausgereizt.

Leben Nummer zwei kam natürlich nicht von einem Tag auf den anderen – *hoppla, jetzt kommt die starke Lisa aus der schwachen herausgekrochen, Aha-Erlebnis, Erleuchtung, Leben geändert, Heldin geworden.* Oh Gott, nein, Vogel Fitz flatterte durch endlose, unzählige Windböen und Flauten, stürzte ab, wurde im Sturm gebeutelt, segelte über Meere der Einsamkeit, kämpfte sich durch Sümpfe der Traurigkeit, hat eine Unzahl Federn gelassen in Rückfällen, Schwächen und Denkfehlern aller Art, ein zähes (jahrzehntelanges) Ringen um Ziele *(... der Weg ist das Ziel – und dann ist das Ziel weg!)*, und vieles musste dabei auf der Strecke bleiben. Manchmal verdurstete auch tatsächlich der Spaß, und es entfiel das dumme entspannende Fallenlassen in den unsinnigen Rausch, der so schön blöd und gleichgültig macht ... aber das hatten wir ja schon, und der Preis für schale Aufgüsse ist mir jetzt, da ich ihn kenne, zu hoch.

Nach der Geburt von Nepo, 1981, mit dreißig Jahren, fühlte ich mich wie ein dicker, alter Mehlsack, unsportlich und schwach. Mein Coach Ali war es, der damals sagte: »Du brauchst körperliche Belastung!!« Ich dachte tatsächlich, mein Mann sei verrückt geworden. Wenige Wochen nach der Geburt meines Kindes auf den Joggingpfad? O ja, er trieb mich in den Wald zum Joggen, ich schleppte mich keuchend und fluchend hinter ihm her, stocksauer und grantig vor mich hinmotzend: »Idiot! Arschloch!«

Das war der Anfang meiner Neugeburt als Sportlerin.

Ein Schlüsselerlebnis mag dann als Zünder für mein neues Leben gedient haben: Auf einer der vielen Filmpremieren sah ich nachts gegen drei Uhr noch eine prominente Damenrunde im leeren Saal sitzen. Fast alle Gäste hatten den Event verlassen, nur die drei Damen noch nicht. Es waren sehr bekannte Fernsehschauspielerinnen, im Alter zwischen fünfzig und sechzig, so genau konnte man das nicht mehr sagen, und die Saalordner und das Servicepersonal konnten sie nicht so einfach hinausbitten. Also standen die Mädchen erschöpft am Rand des festlich geschmückten Saals, verstohlen gähnend, und warteten müde auf das Aufbrechen der Damen.

Ich hatte meine Jacke vergessen, und als ich sie auf meinem Sessel entdeckte, verweilte ich kurz und sah mir die drei Damen etwas näher an: Sie waren stockbesoffen. Vor ihnen stand neben der Whiskyflasche eine volle Flasche Champagner im Eiskübel. In den Händen hielten sie Zigaretten, an denen sie ohne Unterlass sogen wie an Schnullern. Ihre toupierten, schicken Frisuren waren derangiert und hingen in wüster Auflösung zur Seite, ihre dickschichtige Schminke war verwischt, der Lippenstift war übers Kinn verschmiert und die schwarze Wimperntusche verlaufen. Drei traurige alte Clowns. Ihr Blick ging ins Leere, die Gläser schwankten in der Hand, die Unterhaltung war kaum mehr zu verstehen.

»Weiiisssssu …«, lallte Dame eins, die blonde mit der rauchigen Whiskystimme, »der Rrrrischisssööör waa einffach grauuuuenhfft, sach et dir, hundertpro 'n Stümmmmpa! Vööööllich uuunfääähig!!«

»Jenau! Du saaaags's«, nuschelte die zweite, dunkelhaarige.

»Sssin doch Vollidioten alles, keeene Ahnung von Klasse un' Qualitääät, die ollen Trottel!!!«, lallte die Blonde, begleitet von Raucherhusten, der ihren verbalen Output vorzeitig beendete.

Die dritte bekam einen Schluckauf. Sie sagte gar nichts und stierte trübsinnig hicksend vor sich hin auf den Sektkübel.

Es war ein trauriger Anblick. Das Leben zum Melodram verkommen. Ich betrachtete sie noch eine Weile aus einiger Entfernung und dachte mir: SO MÖCHTE ICH NIEMALS WERDEN!!

Die drogenlose Dame

Text: Lisa Fitz

Ich geh nicht *in die nächste Bar.*
Ich mach mir nichts aus Bier und Wein.
Ich bleibe nicht bis um vier. O nein! O nein

Mein Herz ist stark. Mein Kopf ist klar.
Ich bin – *die drogenlose Dame*!

Meine Droge ist die Abstinenz und die Askese.
Da ich drogenlos lebe, ist meine Kraft und Dynamik
eine vielfach höhere als deine.
Mein Einordnen ins drogengewohnte Gefüge
find ich erschwert – sowie auch das Kommunizieren
mit dem drogenabhängigen Menschenrest!

Leicht resigniert, manchmal trist und verloren,
such ich den Platz in dieser Gesellschaft
und sehe den einzigen Weg in einem Rückzug
in distanzierte Einsiedelei –
Drogenlose liebt man nicht. Schade.

Dabei wär ich frei für Kraftspiele
überdimensionierter Art. Gespart. –
Du ziehst es vor, zu saufen.

Es gibt noch das dritte Leben, das spirituelle. Das religiöse. Yoga, Buddhismus, Meditation, spirituelle Entwicklung, Psychotherapie und Selbsterfahrung. Meine Parallelwelt. Ich weiß nicht, warum sich Widerstand in mir bildet, darüber zu schreiben. Vielleicht weil ich dies als am privatesten empfinde. Und doch muss es als Teil meiner Entwicklung und Persönlichkeit hier seinen Platz bekommen.

Als ich sieben Jahre alt war, nahm mich meine Mutter in den Yogaunterricht zu Herrn Hildebrandt nach München mit, einem bodenständigen distinguierten Schweizer, der immer in tadellos weißem Arztkittel und weißer Hose unterrichtete, seriös, zurückhaltend. Solide also, nichts Abgehobenes. Yoga bedeutete für mich: *stillsitzen, wenn's* überall *juckt*. Die Tiefe und der Sinn erschlossen sich mir erst viel, viel später

– die Yogaübungen hatten Langzeitwirkung. Meiner Mutter brachten sie für ihr Leben Selbststärkung und eine positive Wende, die sie aber nicht davor bewahrte, zehn Jahre später in tiefe seelische Abgründe zu versinken.

»Seien Sie nachsichtig mit Ihrer Mutter«, sagte Yogalehrer Hildebrandt immer wieder mild zu mir. »Sie hat es nicht leicht. Sie *macht* es sich auch nicht leicht.«

Er sagte das so überzeugt und nachdrücklich, als hätte er die Fähigkeit, in die Seele meiner Mutter zu blicken, tiefer zu sehen als normale Menschen und auch als wir, seine Schüler, als hätte er Einsicht in kosmische Schriften, in eine Palmblattbibliothek, wo das schwere Karma meiner Mutter niedergeschrieben war.

Carl Gustav Jung, der Schweizer Psychiater (immer die Schweiz!) und Begründer der analytischen Psychologie, erklärte es detaillierter. Mittlerweile ist seine Erkenntnis mein Leitsatz geworden, an dessen Umsetzung ich hart arbeite. Sinngemäß schrieb er, seine härteste Lektion sei folgende gewesen: Selbst wenn er als Psychoanalytiker und Therapeut sicher war, dass seine (kompetente) Sicht der Dinge psychologisch korrekt und sein empfohlener Weg für den Patienten oder Ratsuchenden sinnvoll gewesen wäre (und auch der kürzeste Weg von A nach B) – er habe (schweren Herzens) akzeptieren müssen, dass dieser Mensch einen anderen Weg gehen wollte und die verschiedenen Umwege in Richtung sei-

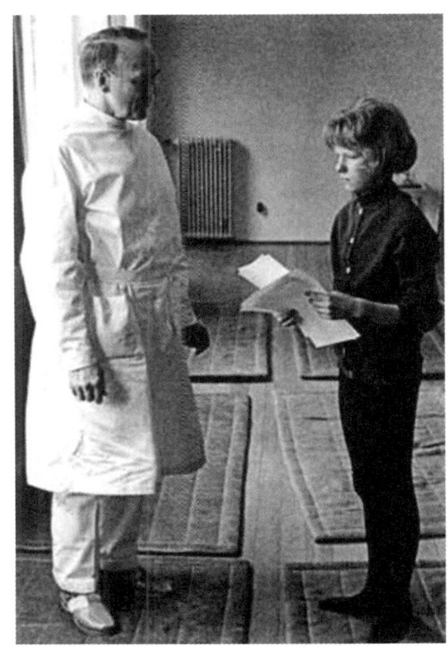

Yogalehrer Hildebrand & Lisa

nes Ziels für seine Entwicklung brauchte und auch suchte. Und dass er sich fürchtete, den kürzesten Weg zu gehen. Punkt.

Daran knabbere ich heute noch, täglich, dauernd. Weil ich nicht verstehen will, warum meine Mitmenschen meine effektiven (und, wie sich oft erweist, sinnvollen und richtigen) Ratschläge, die sie und ihr Problem auf dem schnellsten Weg zum Erfolg und zur Lösung befördern könnten, nicht annehmen wollen oder können. Aber es hilft nicht, ich bin ja auch so: Ich will alle Fehler selbst machen.

In meinen Zwanzigern erfolgte mein Austritt aus der (protestantischen) Kirche. Nicht, weil ich Atheistin gewesen wäre, im Gegenteil, Gott und die damit verbundene Thematik sollten mich zeitlebens beschäftigen. Nein, ich konnte die frauen- und sexualfeindliche Institution Kirche sowie ihre Verbote und Maßregelungen in keiner Weise als verbindlich für mich erachten. Und ich akzeptierte auch ihre böse Vergangenheit, die Hexenverfolgung und die Inquisition, nicht. »Eine Frau, die eine so sündhafte Vergangenheit hätt' wie die Kirch, nicht mit der Zange tät man die anfassen!!«, stellte ich in einem Kabarettsolo fest und, bezogen auf die Hexenverfolgungen und die Tötung von Millionen unschuldiger Frauen: »Was dem Hitler die Juden, waren der Kirche die Frauen.« Da war die Luft im Saal oft zum Schneiden gewesen, und so mancher Journalist musste lang überlegen, wie er das in seiner Rezension bewerten wollte.

Ich beschäftigte mich verstärkt mit asiatischen Religionen, mit Meditation und philosophischen Schriften, bevorzugt Schopenhauer, später Erich Fromm, und las alle Bücher des US-amerikanischen Anthropologen Carlos Castaneda. In den Siebziger- und Achtzigerjahren erlangten sie internationale Popularität. Seine Studien zu den Indianern Mexikos und deren Gebrauch von Heilkräutern und *Heiligen Kräutern* (Peyote) brachten ihn zu einem Yaqui-Indianer namens »Don Juan«, der ihm eine Philosophie und Sichtweise von Wirklichkeit vermittelte, die Castanedas bisherigen wissenschaftlichen und religiösen Welterklärungsmodellen widersprachen. Vielleicht war dieser »Don Juan« auch eine Fiktion, jedenfalls spielten dabei Pilze als Halluzinogene und auch LSD eine wichtige Rolle. Castanedas Werke waren in der New-Age-Bewegung ein Muss. Und ich befand mich zu dieser Zeit mitten drin im New-Age-Fieber. Ich wusste, dass der amerikanische Geheimdienst CIA schon in den Fünfzigerjahren die Droge LSD in großem Umfang eingesetzt hatte, um Menschen gefügig zu machen, zu kontrollieren und handlungsunfähig werden zu lassen. Das wollte ich alles genauer wissen – und erfahren.

Ein LSD-Trip mit meinen Cousins Thomas und Stephan brachte mir Einblicke in die üblicherweise verschlossenen, endlosen Weiten meiner bunten Psyche. Ich machte vorher eine halbe Stunde Yogaübungen, damit ich heil durch diesen Trip käme, und Thomas sicherte zu, uns zu führen, weil er mehr Erfahrung hatte und wusste, wo Gefahren lagen. Auch Inge, seine Frau, war mit von der Partie.

Als die Wirkung einsetzte, beschränkte sich die erweiterte Wahrnehmung zuerst auf veränderte, sehr intensive Farben und Strukturveränderungen der Menschen und Dinge in meiner nächsten Umgebung. Ich sah, dass Thomas ein »Häuserbauer« war: »Du baust schützende Gehäuse und Dächer über Menschen«, erkannte ich. Thomas fand das sehr interessant. Ich auch. Inge sah ich als »Schlingpflanze«, als eine Art wunderschöne lila Clematis, die sich schützend und stützend, aber auch etwas die Luft nehmend, um ihre Angehörigen rankte.

Als der Trip in psychischer Hinsicht etwas klaustrophobisch zu werden drohte, ordnete Thomas einen Spaziergang im Freien an. Thomas und Inge wohnten nördlich von Hamburg inmitten ländlicher Umgebung, und der Spaziergang schien ein guter Vorschlag zu sein. Wir kamen an einem Schweinekoben vorbei, und genau in dem Moment, als wir ihn passierten, machten die Schweine auf einmal einen Höllenlärm. Sie quiekten und grunzten um die Wette, als sei der Teufel los, was wiederum Thomas zu der tiefen Erkenntnis brachte: »Schweine sind anders ...« Vermutlich verspürten die rosa Grunzer nur Hunger oder Aufregung, weil wir ihre Ruhe störten – wir aber hatten tief in die Seele der Schweine geblickt.

Irgendwann bekam ich dann Paranoia, weil die Aussicht, dass ich noch weitere sechs bis acht endlose Stunden in diesem Ausnahmezustand gefangen sein würde, mich hysterisch zu machen drohte. Ich hängte mich an Cousin Stephan und fand, er müsse mich ständig halten, umarmen und drücken, weil ich mich sonst in Angst auflösen würde. Der Arme war völlig überfordert. Gottlob ließ die Wirkung irgendwann nach, und rückblickend kann ich sagen, dass ich zwar durchaus interessante und intensive Farbempfindungen und tiefgreifende Erkenntnisse hatte – dass mir aber mein Tagesbewusstsein eindeutig sicherer zu sein scheint. Meine erste und einzige Erfahrung mit LSD also, immerhin.

All die Jahre durchwanderte ich aus Neugier und breit gefächertem Interesse an Geist und Psyche so viele Kurse, Lehren, Bücher und Therapien, ständig reflektierend, dass auch meine Seele für mich zum offenen Buch wurde. Selbstbewusstsein heißt ja nicht nur, dass man sich mag, sich gut findet und widerstandsfähig wird, *Selbstbewusstsein* heißt zuallererst: Bewusstsein seiner selbst. Das heißt zu klären: *Was geht in mir vor? Warum geht das in mir vor? Woher kommt das? Welcher Art sind meine Sorgen und Probleme? Was sind deren Ursprünge? Und wie werde ich sie los oder lerne, mit ihnen umzugehen und mit ihnen zu leben?*

Das halte ich für eine wesentliche Voraussetzung für ein glückliches und erfolgreiches selbstbestimmtes Leben, zu fragen und zu verstehen: WIE BIN ICH – UND WARUM BIN ICH SO?

Mein Paralleluniversum begleitet mich ständig, Tag und Nacht. Träume analysieren, Gefühle beobachten, meine Reaktionen verstehen lernen und die meines Gegenübers. Diese Leidenschaft teilte bisher keiner meiner Lebenspartner, dafür aber viele meiner gleichaltrigen Cousins und Cousinen. Was der Eltern- und Kriegsgeneration noch nicht gegeben war, weil sie ganz andere Sorgen und Probleme zu bewältigen hatten, ist die Innenschau und Selbsteinsicht, die Reflexion – das wiederum ist aber ein typisches Merkmal meiner Generation: die Psyche, das Empfinden und Verhalten analysieren und therapieren (lassen), sich selbst verstehen lernen (wollen).

Rebirthing war eine der beeindruckendsten Erfahrungen – ich schwebte quasi über mir und sah mich zwei Meter unter mir liegen – und durchlebte noch einmal meine Geburt. Vielleicht ging meinem Künstlergehirn seine kreative Fantasie durch, aber ein eindrucksvolles Erlebnis war das allemal. Ich ließ mich rückführen in vergangene Leben, in denen ich ein Schmied in einer dunklen heißen stickigen Hütte war, der so gerne Kunstschmied sein wollte, oder in ein anderes Leben, in dem ich eine italienische Ärztin in einem kleinen Bergdorf war. Fantastische, bereichernde Bilder, vielleicht wahr, vielleicht auch nicht.

Ich liebe meine Supervisor-Analytikerin und Verhaltenstherapeutin Gabriele Mühle und frage sie oft, was ich in verzwickten Situationen am besten tun soll – auch wenn ich dann genau das Gegenteil mache von dem, was sie mir rät (mit Gruß an C. G. Jung). Ich verehre sie allein deswegen, weil sie eine intelligente Frau ist (wunderbar!) und weil die Gespräche mit ihr Dünger für meinen Geist sind.

Und auch das Schreiben dieser Biografie hat mich emotional nicht ins Wanken gebracht, das *Alles-noch-mal-durchleben-Müssen*, wie viele sagen – weil ich alles Schwache, Traurige, Miese und Geringe schon von mir weiß. Mir mein Leben viele Male mit Lehrern und mentalen Begleitern bewusst gemacht und durchdacht und durchfühlt, viele bittere Tränen geweint und verstehen gelernt habe, dass meine lieben Eltern und meine Verwandten und meine guten Freunde, dass alle nur Menschen sind und oft auch nur Opfer von Opfern.

Dafür, Leute, verzichte ich auf alle Kippen. Oder gar Joints. (Langweilig!) Und auf alle Flaschen in meinem Leben.

Ein indisches Sprichwort sagt: Es gibt Hunderttausende von Lehrern, aber es ist schwer, einen wahren Schüler zu finden.

Powerfrau – das Geheimnis der Kraft

»Wo haben Sie nur die Power her?«, fragte die zierliche Frau im grauen Anorak und sah mich bewundernd an.

»Powerfrau« – ein Klischee, das in den Achtzigern oder Neunzigern aufkam und Frauen attestiert wird, die sich *selbst verwirklicht* haben, ein weiteres Klischee. Was heißt das: *sich selbst verwirklichen*? Und hat nicht jede Hausfrau mit drei Kindern genauso viel Power, nur in anderer Art? Mir ist die Lobhudelei unangenehm. Dass man mich presseseits als Powerfrau handelte, befriedigte zwei Jahre die Eitelkeit, dann wirkte es hohl. Ich möchte auf Augenhöhe mit Frauen sprechen.

Die blasse zartgliedrige Dame machte einen verhärmten Eindruck. Sie sah unglücklich aus, als ob sie resigniert hätte, generell.

»So viel Kraft …«, seufzte sie. »Die möchte ich auch mal haben …« In mir stritten sich die internen Kommentatorinnen. *Dann tu was dafür,* sagte die herrische Nummer eins, *von nix kommt nix. Zu spät,* bemerkte die zynische Nummer zwei lakonisch. *Nicht mein Problem,* Nummer drei, die Ignorantin, zuckte mit den Schultern.

Ich war das Vorbild der kleinen Frau. Aber ihr Weg war ein ganz anderer, sowohl der zurückgelegte als auch der zu ihrem Ziel, wenn sie sich überhaupt eines gestattete.

»Oh, vielen Dank«, sagte ich höflich. *Wie banal,* höhnten meine Stimmen. *Hast du nicht mehr drauf?*

»Sicher waren Sie schon als Kind so stark?«, fragte die Frau.

»Nein, nein, im Gegenteil …«, warf ich so hin, während ich ihr ein Autogramm gab. »Das hat lange gedauert und war viel Arbeit. Sie müssen nur dranbleiben …« *Wenn du wüsstest,* dachte ich. *Ich war ein Schwachmat und ein hässliches Entlein, subjektiv empfunden.* Aber eine ehrliche Antwort hätte ein längeres

Gespräch nach sich gezogen, zu dem ich am Bühnenausgang nachts um Viertel nach elf, nach einem zweieinhalbstündigen Solo keine Lust hatte, ich wollte in mein Hotel, die Schokolade aus der Minibar essen und träge in den Fernseher glotzen.

Sie müssen nur dranbleiben … Welch törichte Empfehlung. Sie hatte einen völlig anderen Background als ich, vermutlich keine Vorbildfrauen in der Familie und war Mitte fünfzig. *Was rätst du dieser Frau so dummes Zeug?!*

Aber was hätte ich ihr sagen sollen? Ich gab ihr das Autogramm und verabschiedete mich so herzlich, wie es mir unter den Umständen möglich war.

Sie war eine fremde Frau, die sich mir nahe fühlte, weil sie mich zweieinhalb Stunden als Bühnen-Lisa erlebt hatte, in Superform, mit flotten Witzen und frechen Sätzen, vielen Reflexionen und gefühlvollen Liedern – aber was sollte ich nachts um elf zwischen Tür und Angel mit einer fremden Frau aus dem Nähkästchen meiner Seele und Lebenserfahrung plaudern?

»Auf Wiedersehen, kommen Sie gut nach Hause. Gott schütze Sie«, sagte die kleine Person und sah mir immer noch nach, als ich mich zehn Sekunden später nach ihr umdrehte. Noch im Hotelbett dachte ich an sie und fühlte mich nicht gut dabei.

Vielleicht ist die Wurzel der Kraft der Stolz, die Eigenliebe, die Wertschätzung der eigenen Persönlichkeit, der man zutraut, sich ein Ziel zu setzen und es zu erreichen, egal wann, in fünf Jahren oder in zwanzig oder in hundert Inkarnationen oder nie – aber immer zuversichtlich in Richtung des Ziels unterwegs.

Oder der Stolz, in der Mitte des Weges der Erkenntnis Raum zu geben: *Das war das falsche Ziel für mich, ich* ändere *es.* Ohne Verbitterung, aus Weisheit. Das Ziel, das zu erreichen man sich für wert erachtet, fordert Kraft – und diese Kraft lässt sich trainieren. Seit ich Bodybuilding betreibe, weiß ich: *Kraft ist trainierbar. Belastbarkeit auch.*

Kraft hat man nicht *einfach so*. Ein Mann hat mehr physische Kraft als eine Frau, weil er mehr Muskeln hat, aber wenn ein schwächlicher Mann gegen eine trainierte Frau antritt, wird es schon schwieriger für ihn. Wenn eine Frau Judoka ist und der Mann ein kettenrauchendes, rachitisches Bürscherl, das jahrelang seine Gesundheit vernachlässigt hat, ahnen wir, wer den Zweikampf besser übersteht. Ein Chirurg hat als Zehnjähriger nicht die Disziplin und Energie, mehrere Stunden mit hundertprozentiger Konzentration im Operationssaal zu stehen und Verantwortung über Leben und Tod anderer zu übernehmen – aber als Fünfundvierzigjähriger hat er sie, weil er sie sich antrainiert hat in vielen Jahren. *Life is training.* Keine Fähigkeit hat man einfach so, weil man halt ein Glückskind oder so was ist. Hinter jeder Biografie und jedem Erfolg oder Misserfolg steckt ein langer Lebensweg, ein Charakter, der geformt wurde durch Ahnen, Eltern, Ausbildung, Freunde, Brüche, schicksalhafte Wendungen, Selbstdisziplin oder Nachlässigkeit.

Nichts ist einfach irgendwie so, alles hat seine Ursache. *Life is training.*

Unzählige Shows trainieren auch bei einem Kabarettisten diese Power. Manche meiner Kollegen absolvieren bis zu zweihundert Gastspiele pro Jahr in ebenso vielen deutschen, österreichischen oder schweizerischen Groß- und Kleinstädten, und jeder von uns liefert bei seiner Solovorstellung jeden Abend einen Textoutput im Umfang vom Urfaust – aber alle Rollen in einer Person. Wenn man fünfhundert oder achthundert Menschen vor sich sitzen hat, die alle Eintritt bezahlt haben und mit dem Anspruch und der Erwartung dahocken: »Unterhalte mich!« – dann muss man! Man muss raus ins Licht und ein gutes Zirkuspferd sein, egal, wie einem zumute ist, egal, was einen umtreibt oder runtergezogen hat. Egal auch, ob man Grippe hat, Bronchitis oder Liebeskummer. Meine Eltern traten sogar an dem Abend auf, an dessen Mittag sie in der Schweiz die Nachricht vom Tod meiner Großmutter bekommen hatten. Es gab einen Vertrag, keinen Ersatz, und mein Vater sagte mit Tränen in den Augen: »Die Mami hätte nicht gewollt, dass wir absagen.«

Also gingen sie hinaus auf die Bretter, die in dem Augenblick alles andere bedeuteten als die Welt, und sangen tapfer fünfundvierzig Minuten lustige Lieder und machten Witze. Und nachher wurde geweint. So ist das, um zwanzig Uhr geht es los, da geht der Vorhang hoch – *the show must go on. Powerfrau* ist nur die halbe Wahrheit, *Zirkuspferd* wäre richtiger. Bühne macht stark.

Man muss stark werden wollen, man muss es sich wert sein. Es muss ein Trieb sein. Viele Frauen haben ein Bild von weiblicher Schwäche im Kopf, viele Männer (und Frauen!) finden das sogar *bezaubernd*, ein wenig feminine Zerbrechlichkeit und Feingliedrigkeit. Sie halten es für sensibel und weiblich. Vielleicht ist es das auch, aber es zählte nie zu meinen Idealen. Mir sind die Flintenweiber lieber, nach dem Vorbild der amerikanischen Siedlerfrauen, die gut mit dem Gewehr umgehen konnten und ihre Farm verteidigt haben. Wilde, ungezähmte energievolle Frauen mit Temperamentsausbrüchen. Solche Frauen (und auch Männer) muss man kennengelernt, gesehen, bewundert, geliebt haben, damit man weiß, was gelebte und trainierte Kraft ist. Die wilden Frauen und Männer in meinem Leben sind fort, sie starben oder verkümmerten, verließen sich oder wurden von ihrer Energie verlassen, auch weil sie sie nicht trainierten. *Life is training.*

Ich habe versucht, all meinen Lieben Kraft zu geben, aber wie sagte eine Freundin so treffend: *Aus einem Goggo machst du keinen Ferrari!* Und aus einem Handkäs wird ein Leben lang kein Gorgonzola, ja schon. Aber ich mag das nicht akzeptieren. Ich glaube an den göttlichen Funken in jedem Menschen, an seinen Talentfunken, den er verglühen lässt, indem er, ihn missachtend, nicht an sich glaubt. Sie haben sich unterkriegen lassen, viele meiner Lieben, vom Leben, von den Partnern, haben sich von ihren Männern oder Frauen kleinmachen oder kleinhalten lassen, von wirtschaftlichen Problemen, vom Alkohol, mangelndem Selbstvertrauen und mangelnder Zuversicht, Pessimismus, Negativismus oder nicht austherapiertem Seelenleid.

Ich habe alles aufgesogen – Bewusstmachung, Erleuchtungswege, Therapien – nicht wie ein Schwamm, sondern wie ein Vampir, ein Erfahrungsvampir. Ich bin seelisch untötbar.

Viele meiner Schwächen sind wie Ton im Fegefeuer der Leidenschaften und der Süchte zu Emaille geworden. Jeder seelische Einbruch wird abgefedert durch unzählige Stoßdämpfer – Glaubenssätze und Lebensweisheiten aus Religionen, Philosophien.

Und durch die Vorbilder meiner Ahnen und Role Models – Mutter, Großmutter, Vater, Schauspiellehrerin, Exmann, Sohn – und durch Peter, meinen Mann. Diese Generationen- und Menschenkette ist ein ständiger Kraftstrom, der durch meine Adern fließt, er speist mich, stützt mich, leitet und führt mich und bewahrt mich vor Gefahren. Mein Lieblingsbild ist ein kitschiges Gemälde mit einem Schutzengel und zwei kleinen Kindern. Der Schutzengel geleitet die beiden, Bub und Mädel, sicher über ein brüchiges Brückerl über reißende, wilde Wasser. Es hing über meinem Kinderbett, und ich schlief jeden Abend mit meinem Blick darauf ein. Der Engel breitet seine Flügel über die Kinder aus und beschützt sie. Ich bin zwar schon vor Jahren aus der Kirche ausgetreten, aber mein Schutzengel ist bei mir – er ist eine innere Haltung.

So viele Menschen liebe ich – meine Großeltern, meine Eltern, meine Freundin Mona, meinen Studienrat Brüschwiler, meine Schauspiellehrerin Ruth von Zerboni, Ali, auch meinen Schlawiner-Geschäftsmann, meinen Kubaner Giovanni, meinen komplexen Fitz-Clan und natürlich Peter, meinen Traummann. Und meinen Sohn Nepo sowieso. Ich verstehe sie, auch wenn ich manchmal mit ihnen hadere, ich habe ihnen innerlich alles schon vergeben, bevor ich es ihnen vorwerfe. Es ist eine kosmische Verschmelzung, wir sind eins. Denn alles, was ein anderer falsch macht, kenne ich auch von mir. Ich kann alles, alles, alles verstehen. Es ist die Fähigkeit, sozusagen von der Ursuppe zu trinken, sich anzudocken an den großen Kraftstrom einer allumfassenden Energie, sie aufzusaugen.

Und, ganz praktisch gesehen: Ich schaue mir gerne Stärken anderer Menschen ab, ich mag es, sie mir bewusst zu machen, nachzumachen und sie in mir zu verankern. In Bayerisch: Ich zapfe das universelle Bierfass an. Ich habe keine Sperre, keine Blockade, keine Mauer, fühle keine Angst oder innere Überheblichkeit. Ich könnte auch mit einem Straßenarbeiter ein gutes Gespräch über seine Lebensphilosophie führen und viel von ihm gelernt haben, wenn ich gehe. Ich muss nicht verachten, um mich gut oder groß zu fühlen, ich muss niemanden kleinreden, um ihn zu verharmlosen und mich zu erhöhen – ich brauche keinen Abwärtsvergleich, um ein marodes Selbstbewusstsein zu stärken. Wenn meine Putzfrau eine Eigenschaft hat, die ich gut finde, dann bewundere ich diese Eigenschaft. Ich beobachte und adaptiere diese Eigenschaft und übe sie ein. Und wenn sie eine schlechte Eigenschaft hat, lehne ich nicht die Putzfrau, sondern nur diese Eigenschaft an ihr ab. Differenziert zu denken will ich lernen, anstatt pauschal zu urteilen. Ich habe zu jeder Zeit den Wunsch, meinen Vorbildern oder ihren Eigenschaften nachzueifern, mit mehr oder weniger Erfolg. Überheblichkeit und Arroganz sind lächerliche, törichte Eigenschaften, sie machen einen Mensch, ob Staatslenker oder Kirchenfürst, klein. Ich habe gelernt, mich fernzuhalten, wenn ich merke, dass mir ein Mensch schadet.

Und das Allerwichtigste:

Wenn ich umgefallen bin, egal, in welche beschissene Drecklache: Solange ich nicht tot bin, erhebe ich mich und gehe weiter. Das bin ich mir, meinem Stolz und meinem Schutzengel schuldig. Und wenn mir jemand einen Ratschlag gibt, den mein Verstand als gut für mich erkennen kann, behalte ich ihn so lange im Kopf, bis ich ihn umgesetzt habe.

Mein Wiener Maler

Eismeer
Text & Musik: Lisa Fitz

Gib mir den Regen, die Erde und die Sonne
Und einen Prinzen, der noch Träume hat.
Der mich erinnert, dass der Seele Flügel wachsen können
Und dass ein Mistkäfer am Rücken Goldstaub hat.

Kurz bevor ich ihn kennenlernte, hielt ich mich für eine seelische Tiefkühltruhe. Meine Liebesfähigkeit war so beschädigt worden, dass seit einigen Jahren Eiszeit angesagt war. Ich hatte zwar heiße Affären, *wonderful crazy hot stuff, ya man,* aber ich wusste bereits beim Einstieg, sie würden sich als ausgeblasene Dekoostereier erweisen – *weil ich nicht wollte.* Ich war ja auch verliebt, sogar verheiratet mit Giovanni, aber innerlich nicht bereit, eine heilige Herzensbindung einzugehen.

Dennoch: Alleinsein war für mich nicht Synonym für *Einsamkeit* und *Depression* oder das *Fehlen eines Partners* an meiner Seite. Alleinsein war für mich keine Horrorvision, kein unfreiwillig gelebtes Defizit, sondern eine Fülle an *Zeit für mich, Lesen, Hobbys, Training, Muße, Meditation und ein Höchstmaß an Freiheit.* Die Freiheit, jederzeit zu tun, zu lassen, was ich möchte. Dahin zu reisen, wohin ich will, zu kommen, zu gehen vor allem … zu reden, zu schweigen, wann immer ich es will. Aber mir tat das Alleinsein nicht gut. Das störrische Lischen in der Lisa verweigerte eine Beziehung, aber genau die tat ihm verdammt gut …

Der Prinz, der wird mit mir zum Eismeer reiten
auf einem Feuerross, hin zum späten Mond.
Er holt mit mir die Seele aus dem Eismeer,
Lässt ihr Flügel wachsen, große weiche Schwingen …

Im Juni des Jahres 2002 hatte ich oder etwas in mir dann beschlossen: *So, liebe Lisa, nun ist es genug mit den Tändeleien und Zeit für eine Beziehung, die Tiefe und Dauer hat, die deine Liebesfähigkeit aus dem Dornröschenschlaf wiedererweckt.* Ich wollte (mit einundfünfzig) wieder einen Lebenspartner und beschloss, mir einen zu suchen.

Und dann kam er prompt daher.

Am 5. September beim Harley-Treffen in Faak am See in Österreich, wo jedes Jahr an die 40 000 Harley-Fahrer und ihre Freunde zusammenfinden, um bei Rockmusik zwischen Verkaufsständen Bier zu trinken, zu fachsimpeln und abzufeiern. Ich auch. Ich war einer Einladung gefolgt, weil ich so vage dachte: »No ja, Lisa, wenn du eine neue große Liebe finden willst, dann musst du schon auch außer Haus gehen. Wie eine Pizza à la carte bestellen kann man den Lebenspartner noch nicht.«

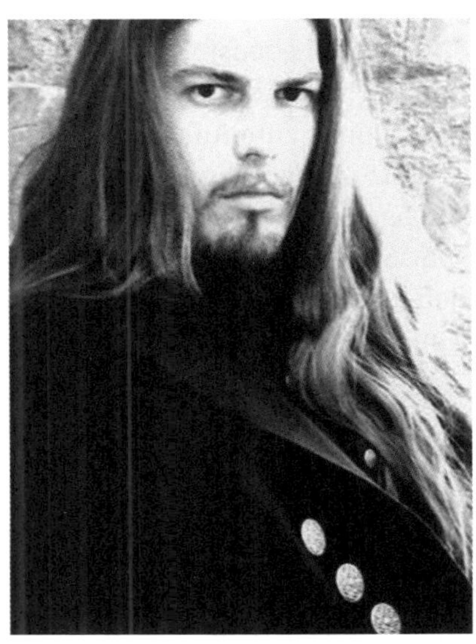

Peter Knirsch, Maler und Comic-Zeichner

Unter Tausenden von Harleyfahrern fanden wir uns auf traumhafte Weise und bauten nach einem gemeinsamen Kaffee über drei Wochen die Connection Wien-Niederbayern zeitgemäß per SMS auf, trafen uns in München und gestanden uns im Lokal Adria in der Leopoldstraße bei Vanilleeis und Erdbeeren mutig unser beiderseitiges Interesse an einer Langfristigkeit. Peter hatte als Wiener gar nicht gewusst, wer *Lisa Fitz* war. Wunderbar. Dann besuchte ich ihn in seiner Wohnung in Wien, um zu sehen, wie mein neuer Held lebte, und er mich in Niederbayern. Er trug mir schnell eine Lebensgemeinschaft an. Ich warnte ausdrücklich eine Stunde am Telefon, dass das nach einem halben Jahr beendet sein könne, und ob er sich das auch gut überlegt hätte? »Ja«, sagte mein sanfter Eroberer und war partout nicht zum Einknicken und Rückzug zu bewegen.

Der Prinz, der soll mit mir zum Eismeer reiten
und mein Herz mir aus dem Gletscher holen.

Ich saß wieder mal zwischen den Stühlen. Was sollte Priorität haben: die emotional stabile Langzeitliebe oder Lebenslust und Abenteuer?

Viele Frauen ab Mitte vierzig bekommen Torschlusspanik, wenn sie *keinen* Mann haben. Ich bekam sie, *wenn ich einen hatte*! Jede Lebensform ist anstrengend – eine Partnerschaft zu schultern oder alleine zu leben, jemanden an der Backe zu haben oder keinen zum Anlabern und Nerven zu haben, salopp gesagt.

Alles ist anstrengend!

Das Gras scheint nur immer auf der andern Seite grüner zu sein. So weit hatte ich das nachhaltig begriffen, auch dass große Liebe und großes Freiheitsbedürfnis sich ständig streiten (müssen).

Mein schöner Prinz blieb hartnäckig und zog schließlich zu mir. Es ging so geschmeidig, wie es nur geht, wenn sich etwas Stimmiges zum richtigen Zeitpunkt ereignet. Ich veränderte mich – unmerklich.

Ich bin treu jetzt (Huch!) – keine One-Night-Stands mehr, keine Affären. Seine Eifersucht zeigt Wirkung. Obwohl er sie gar nicht nötig hätte, er könnte jeden Abend drei Models abschleppen. Ich finde diesen Gedanken sogar stimulierend. Aber er will das nicht. Er hat früher in einer Tabledance-Bar gejobbt, die süßen Früchte hingen ihm täglich in Augenhöhe vor der Nase. Er hat nichts nötig, er sieht gut aus, er ist eins dreiundneunzig groß, ohne natürliche Feinde, er hat einen schönen trainierten Körper und keinen Komplex, er muss sich und anderen Männern nichts beweisen. Er ist resistent gegen Frischfleisch. Er zieht es vor, eine gestandene, reife Frau an seiner Seite zu haben. Peter geht auch nicht in Discos oder Bars, wie das Lesezirkel-Klischee (»Ein jüngerer Partner will öfter ausgehen«) es vermuten möchte. Er ist gern zu Hause und malt in seinem Atelier oder werkelt im Garten herum. Freiberuflich, künstlerisch, handwerklich, nicht bevormundet von Chefs oder anderen Landplagen. Sein Lebenstraum ist eine Südstaatenfarm mit Holzterrasse und Schaukelstuhl und einem Bier. Ich verstehe das. Er ist ein Traummann.

Aber mein Traum ist die ganze Welt und ihre Menschen, dauernd, immer, manisch: reisen, fahren, sehen, lernen. Ich bin ein unruhiger Geist. Ich bin Unruhe. Ich will Unruhe.

Die letzten Jahre bin ich hart geworden
Und klug, das auch, nur halt im Fühlen dumm.
Wie kalte unfruchtbare Wintererde,
vereist, in mich gekehrt und stumm ...

Und meine Krusten haben sich verhärtet
Und niemand hat sie aufgeweicht.
Mitsamt hochtrabenden Gedanken
Geh ich im Kreis und fühl mich seicht.

Mein motorradfahrender Traumriese ist nun mein Weggefährte seit neun Jahren. In der Boulevardpresse nennt man ihn immer noch »Lisas junger Lover« – dabei ist es die beste Beziehung, die reifste Liebe in meinem Leben.

Doch immer noch – *ja, verdammt! Ich Mann, ich!* – nagen Zweifelwürmer, ob ich nun heillos kleinbürgerlich geworden bin, im klebrigen Kosewortesumpf versinke, über den ich mich lustig gemacht habe. Ob ich meine Schärfe einbüße, den Trainingsbiss und die Marathonfrau in mir verliere. Nicht, weil das so schlimm wäre – wenn's gefällt, ist alles erlaubt –, nein, weil die kuscheligen Fernsehcouchjahre verdammt schnell vorbeiziehen und ich dann schon wieder zehn Jahre älter bin und mir sagen muss: *Nun ja, Frau Fitz, jetzt wird's mit den Verrücktheiten aber langsam schwieriger ...* Die 68er-Gespenster (»Wer zweimal mit demselben pennt ...«) machen *Buh!* und feiern Mummenschanz in der Bedenkenträger-Geisterbahn. Der Teufelsbraten schmort ...

Ich bin nun seriös.

Und habe einen wirklich wertigen Mann – sowohl von den äußeren als auch von den inneren Werten her, ein wahrlich rarer Trüffel. Eine vollkommen neue Erfahrung – dass etwas passt, und ich muss schon wirklich sehr blöd sein, wenn ich mir das vergeige.

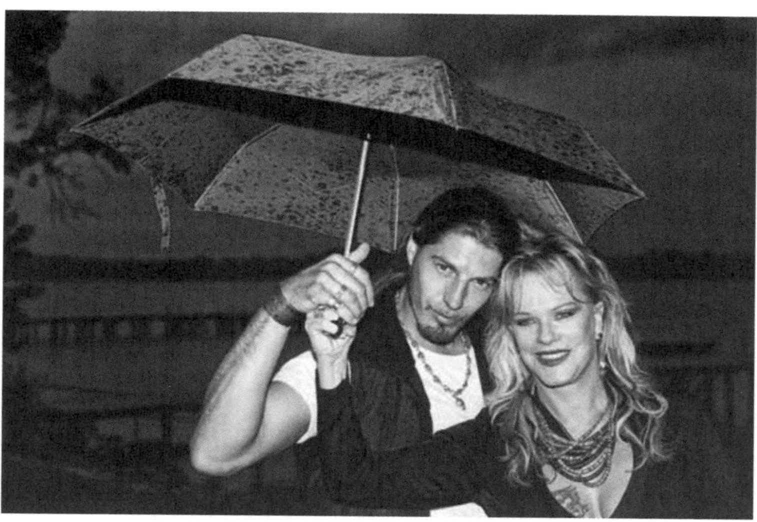

Zwei unter einem Schirm: Peter & Lisa

»Eine Frau ist am schärfsten im engen, hochgeschlossenen Kostüm, in Nylons und High Heels«, sagt Peter oft, und er hat Recht. Ich trage nun Kostüm und keine schwarzen Lederklamotten mehr, wieder Röcke (auch sehr kurze), und ich habe dreimal so viele Schuhe wie früher (weil er Pumps so liebt). Ein Kostüm, das nicht alles offenbart oder so schrill ist wie Madonnas frühere Outfits, ist in der Tat schärfer als sämtliche Hippie- oder Popklamotten, in denen weibliche Popstars auf MTV wie dekorierte Zirkuspudel ihre Kopulationsbewegungen zu den Songs machen. Irgendwie billig, stimmt. Ich komme jetzt mehr nach meiner Mutter in ihrer attraktiven Phase – edleres Outfit.

Warum fällt mir dieser blöde bayerische Spruch ein? *Im Alter wird die Hur betert.* Je zügelloser die Frau in der Jugend, desto viktorianischer wird sie im Alter. *Betfreudiger.*

Meines Liebsten *Kostümphilosophie* geht in der Tat auf. Kostüm ist schärfer. Und unbequemer. Das Dahinstöckeln in engen Röcken, wieder bewegungsarm gemacht werden durch Kleidung. Scharf, aber unfrei. Meine Einstellung ist noch nicht zu Ende gedacht, es arbeitet noch …

Ob meine Seriosität von Dauer ist?

Vielleicht geht mein Liebster auch irgendwann wieder seiner Wege, altersbedingt, auch wenn er es jetzt heftig verneint? Oder ich steige aus der Zweierkiste aus, weil sie mich einengt?

Er hasst es, wenn ich so denke und rede, er wird dann traurig. Er sagt, wir zwei bleiben für immer, immer, immer zusammen. Mag sein. Tina Turner hat ja auch einen wesentlich jüngeren Mann seit vielen Jahren. Aber ich finde, Plan B und C müssen zu Ende gedacht werden dürfen, für alle Fälle und zur seelischen Rückversicherung.

Plan B: Single sein, Reisen um die Welt, dummes Zeug, Ferienaffären, seelische Ups and Downs, wenig Kontinuität, Stress mit inadäquaten oder unterbelichteten Typen und schönen Körpern, weil's halt spannend und exotisch ist – am Anfang, später wird's öde und lästig. Wobei »unterbelichtet« auch in der obersten Etage eines Konzerns vorkommt. Nein, ich will keine Entwicklungshelferin für rückständige Männergemüter mehr sein und ihnen vermitteln müssen, was Respekt, Teamwork im Haushalt, Integrität und Loyalität bedeutet. Das hat nichts mit dem Status zu tun. Ein Arzt, ein Professor, ein Vorstandsvorsitzender einer Weltbank kann privat der notgeilste Wicht sein und zu hundert Prozent partnerschaftsuntauglich. Nein, ich habe keinen Respekt vor Männern, den sie nicht verdient haben, den hat eine Frau mit meiner Erfahrung nicht mehr. Ich achte Leistung, Reife, Autorität, Erfahrung und Kompetenz – wo vorhanden. Wenn Aufgeblasenheit, Selbstgerechtigkeit, Egozentrik und unterlassene Hilfeleistung in Alltagsdingen dominieren, wovor – und wozu – sollte ich Respekt haben?

ICH BIN SO.

Dass ich bin, wie ich bin, hat nichts mit *falsch* oder *richtig* zu tun.

ICH BIN EIN KIND MEINER ZEIT – und ich bin anders als meine Eltern und Großeltern. Ich bin *beruflich* in der Tradition meiner Familie geblieben, *privat* nicht!

Gott, warum kann ich innerlich nicht RUHIG sein? GRABESRUHE …

Noch mal zurückdenken: Für mich gab es keine schlimmere Vorstellung, als vierzig Jahre mit dem gleichen Mann zusammen sein zu müssen, dazu war mir mein spannendes Frauenleben zu schade. Als ich bei meiner ersten Hochzeit die Unterschrift setzte, dachte ich so nebenbei für mich: *Man muss auch mal verheiratet gewesen sein.* Ja, das dachte ich – und unterschrieb. Und sagte mir: *Wenn's nicht läuft, lasst dich halt wieder scheiden.* Mir reichen acht Jahre mit einem Mann, dann werde ich meist unruhig und will weiter, woanders hin, neue Erfahrungen machen, anders leben, neue Menschen kennenlernen … Dieses Credo mag Menschen, die das Hohelied der konventionellen Familienidylle singen, vor den Kopf stoßen, sie empfinden es vielleicht als Sakrileg der heiligen Institution der Ehe. Ich möchte nicht kränken, will nur den Frauen und Männern Mut machen, denen unwohl ist, weil sie ähnliche Wünsche, aber nicht den Mut haben, dazu zu stehen.

Meine zwei Ehen sind nicht *gescheitert* – sie sind *beendet, weil ich sie nicht fortführen wollte.* Auf dieser Differenzierung liegt großes Gewicht. Denn wenn man in einer Situation verharrt, nur weil man zu schwach, zu feig oder zu konventionell ist, sie zu beenden, empfinde ich das nicht als Erfolg. Und wenn man den Mut hat, eine Ehe zu beenden, weil man sie nicht mehr fortführen will, sehe ich das nicht als Scheitern, umso weniger, wenn man zu dieser Ent-Scheidung steht und sich damit gut fühlt.

Muss man die lebenslange Ehe als Vision haben? Wer sagt, dass eine Ehe lebenslang dauern muss? Die Kirche? Die Konvention? Die Gesellschaft? Wer ist das genau? Die Verwandtschaft? Die Nachbarn? Die Medien? Ich möchte Konventionen auf ihre Eignung für mein persönliches Leben prüfen und für falsch befinden dürfen.

Ich laufe keinen Trends nach, ich bin *lieber der Trend.*

Wollte ich je so werden wie diese Frauen, die ich an den Autobahnraststätten sehe, wenn die Kaffeefahrtbusse sie ausspeien? Sie schauen alle identisch aus, die gleiche Kleidung, die gleichen Männerhaarschnitte (pflegeleicht!), alle mit dem obligatorischen Übergewicht im reiferen Alter, kein Modebewusstsein, kein Chic, kein Esprit, kein Mut, keine Karriere. *Das* Mutti – ein Neutrum. Und wenn ich vorbeigehe, folgen mir zuweilen feindselige, misstrauische Blicke und halblautes Gemurre:

»Als *Frau steht ma net* so *in der* Öffentlichkeit, *und ma sagt net solche Sachen wie die – und ma macht so was net [was auch immer], und ma hat aa net so an jungen Freund, und a Mann hat aa net so lange Haar wie der …«*

Aber sie, die Kurzhaarschnittbomber in ihren KIK-, TACO- und Vögele-Outfits, sie dürfen richten und Maßstäbe setzen? An ihrer Seite g'wamperte, ebenso erotikfreie Ehegesponse, im Sommer in Hawaiihemden, Bermudashorts, aus denen dicke Neonröhren in weißen Socken herauswachsen, die in Sandalen oder ALDI-Espadrillos stecken, Miami Vice für Arme. »Und *so was vermehrt si aa no …«,* sagt Peter dann mit seinem morbiden Wiener Schmäh. Das sind Couchkartoffeln, denen meine

Botschaft, meine Wortkunst und mein Gesang scheißegal sind, die nur Promigucken wollen? So sei es. Diese Kleingeister sind meine Feinde, in Ewigkeit. Amen.

Der Prinz, der soll mit mir zum Eismeer reiten
und mein Herz mir aus dem Gletscher holen.
Und dann fängt in mir irgendwas an zu singen.
Was ist das – Liebe oder Gott …?

Peter ist ein wunderbarer Mensch, treu, integer, loyal, hilfsbereit und attraktiv (manchmal auch stur wie ein texanischer Ochse). Das zeigte sich zu Beginn nicht. Er stand in Faak am See dekorativ am Verkaufsstand von Harley Davidson, Wien, wie ein gefährlicher Rocker mit langen, glänzenden Haaren, um die ihn jedes Mädel beneidete, vielen Silberringen an jeder Hand, einem schwarzen Hut und einer abgewetzten Lederweste zur zerlöcherten Jeans. Seine Aufmachung war außergewöhnlich, wie alles an ihm, und ich dachte: »Das ist ein wahnsinniger Typ!«

Nicht, weil ich gleich so vernarrt gewesen wäre, sondern weil ich beeindruckt war und etwas in mir flüsterte: *Sag's ihm, Frau Fitz, er freut sich! Mach als Frau gefälligst auch mal ein Kompliment und zieh dir das nicht nur immer gnädig rein von den Männern, Madame.*

Ich nahm mein Herz, das stark klopfte, an die Hand und sagte aufgeregt, aber tapfer zu ihm: »Du bist ein wahnsinniger Typ!« Er sah mich verdutzt an und gestand mir später, er habe es noch nie erlebt, dass eine Frau ihm das so direkt sagte – nicht so eine Frau wie ich. Und eigentlich sei das der Auslöser dafür gewesen, dass er sich auf den Weg zu mir gemacht habe.

Das Kuriose ist bei den Menschen – und speziell bei der Paarbildung –, dass in der größeren Babuschka, als die sie sich gegenseitig vorführen, eine kleinere steckt, die sich erst nach einem halben bis einem Jahr offenbart, wenn man sich kennt.

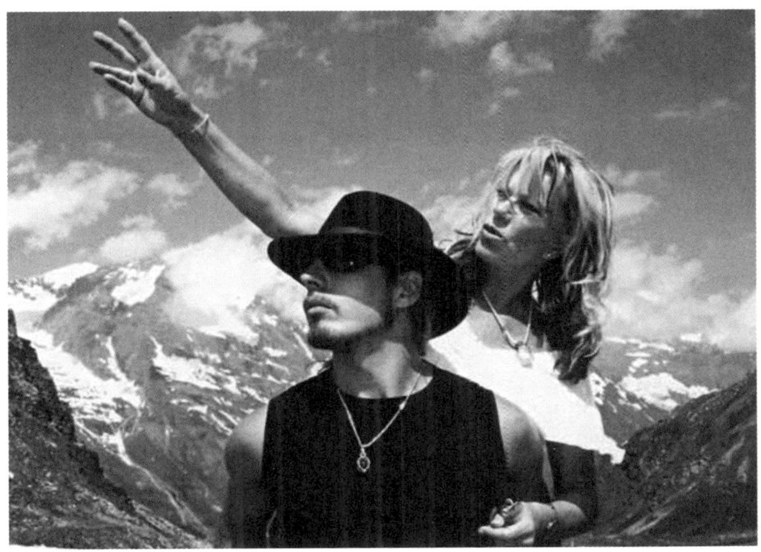

Nach den Sternen greifen … (Lisa & Peter bei einer Oldtimer Rallye in Alta Badia)

Ich kannte eine verruchte Tabledancerin, ein geiles, versautes Stück, das die Männer ganz wild machte – zu Hause lief sie ungeschminkt mit Brille in großen grauen Pullovern als Hausmaus herum. Sie war eifersüchtig und hatte eine vollkommen bürgerliche Vision (Mann, Kind, Haus, Hund) von der Zukunft und sprach ganztägig von Familie, Treue und Anstand.

Den Politiker, der Moral predigt und heimlich zu Huren geht, kennen wir zur Genüge, auch die katholischen Priester und ihre sexuellen Abgründe. Das ist die gut bekannte Doppelmoral, wenn im Biedermann der Nuttenteufel steckt. Andersrum ist es kurioser: Wenn aus dem wilden Django, der auch nie ein Kind von Traurigkeit war, ein unvermutet wunderbarer, beziehungstauglicher Lebenspartner schlüpft. Eigentlich ist es ein Wunder der Nonkonformität. Peter ist zwanzig Jahre jünger als ich – ja echt, buhuuu –, und es ist meine bisher harmonischste und tragfähigste Partnerschaft. Nie hätte sie sich ereignet ohne Mut – Mut, gegen die Konvention zu handeln, Mut, ein Risiko einzugehen, Mut, seine Ängste zu überwinden, Mut, den Gegenwind in der Öffentlichkeit auszuhalten. Mut zum Ungehorsam.

Selten habe ich so einen beziehungsfähigen Menschen wie meinen schönen Wiener Maler erlebt.

Peter hat tatsächlich alle meine Wunden geheilt, er hat mich heil gemacht.

Liebeszeit

Text & Musik: Lisa Fitz

Nach jahrelangem Schweigen
war mein Herz ganz still.
Und war sich sicher,
dass es nie mehr lieben will.

Nach kalten Abenteuern,
die die Seele nicht berühren,
fing ich an, so langsam
die Seele zu verlieren.

Es ist nicht gut, mein liebes Kind,
wenn Menschen so alleine sind
mit Wunden der Vergangenheit.
Leid heilt auch zu zweit.

Reif wie eine Pflaume, ein roter Apfel auch.
Und reif auch in der Birne und im Bauch.
Liebeszeit wird knapper, man meidet mehr den Schein.
Man möchte nicht mehr protzen, nur mehr sein.

Kältezeit zu Ende Ende
im Gelände
System macht eine Wende!
Liebeszeit.

Jedoch: Meine Unruhe bleibt. Verdammt!

Vor kurzem lief eine Sendung über Janis Joplin im Fernsehen. In der Inhaltsangabe zu dieser Dokumentation stand: *Janis Joplin bot eine hervorragende Projektionsfläche für das Bild einer unabhängigen, sexuell aktiven und selbstbestimmten Frau. Aber in ihren Sehnsüchten war sie tief gespalten. Ihrem Drang nach Freiheit, nach einem anderen wilderen Leben, stand eine tiefe Sehnsucht nach einem konventionellen Leben, nach Heirat und Geborgenheit gegenüber.*

So ist das auch bei mir, nur umgekehrt: Meiner Sehnsucht nach Geborgenheit steht ein tiefer Drang nach Freiheit und einem wilderen Leben gegenüber.

Ich bin eine Ameise, die fliegen will. Oder bin ich ein Vogel, der nur denkt, er ist eine Ameise? Es gibt doch Flugameisen, oder? Ich weiß es nicht.

Ich warte. Es geschieht, wie es geschieht. So sei es.

Vertraue in die Richtigkeit der Ereignisse – auch der inneren.

Das Silberbesteck

Wir hatten alles vorbereitet, um meine Mutter bei uns in Niederbayern in unserm ländlichen Anwesen aufzunehmen. Ein Teil des Hauses war altersgerecht umgebaut worden, Handgriffe waren angebracht, Teppiche erneuert, Bodenschwellen beseitigt worden, eine neue Küche eingebaut, die Gesamtkosten waren beträchtlich. Und dann brach sie sich am 7. November 2010 durch einen Sturz das Bein. Ihre alte Hündin Bella war beim Gang in den Garten in den lange nicht benutzten Pool gefallen, meine schon gebrechliche Mutter hatte es irgendwie geschafft, sie aus dem laubgefüllten Tümpel herauszuhieven und wollte sie im Flur abtrocknen. Der Rüde Jimmy lief ihr dabei aufgeregt zwischen den Beinen rum. Die nasse verschreckte Bella und die rutschigen Fliesen waren Mutters Verhängnis gewesen – sie fiel, Oberschenkelhalsbruch. Bella knurrte die Männer vom Malteser Hilfsdienst an, die innerhalb kurzer Zeit gekommen waren, um meine Mutter in die Klinik zu bringen. Ich dankte dem Himmel und uns, dass wir es geschafft hatten, ihr das Notrufband um den Hals aufzudrängen – sonst würde sie jetzt vielleicht nicht mehr leben.

Ein guter Freund sagte: »Das war ihre Art, sich aus dem Haus zu verabschieden.«

Danach das übliche Prozedere – für einen alten Menschen eine Odyssee: Krankenhaus, Reha, Kurzzeitpflege, wechselndes überlastetes Personal und narkosebedingt eine dramatische Verschlimmerung ihrer Demenz. Sie war nun in einem Zustand, der es unmöglich machte, sie zu uns zu nehmen.

Im Krankenhaus schrie sie nachts lautstark nach der Polizei, als man ihr Infusionen geben wollte oder etwas zu trinken. Sie verweigerte alles. Man wolle sie vergiften, schrie sie ohne Unterlass, bis man es irgendwie schaffte, sie ruhigzustellen. Sie begriff nicht mehr, wo sie war und warum sie dort war, auch wenn man es ihr zwanzigmal hintereinander erklärte.

»Es wird mit der Zeit wieder besser«, sagten Verwandte, die das Gleiche durchgemacht hatten. »Warte ein halbes Jahr, da kann viel geschehen.«

Gut. Ich wartete und dankte insgeheim dem Schicksal, dass dieser Kelch, ihre Aufnahme bei uns und die Belastung der Betreuung und Pflege, an mir vorübergegangen war. Ich hatte mich nicht stark genug gefühlt, dieses Joch zu tragen, diese Aufgabe zu stemmen. Das halbe Jahr unterwegs auf Tour, mit tausend Volt Energieverbrauch, wir hätten ad hoc eine Vierundzwanzig-Stunden-Pflegekraft einstellen müssen, von der wir nicht gewusst hätten, ob und wie sie das alleine schaffen würde. Wir wären gestresst auf Tour gegangen und tourgestresst heimgekommen zu einer Mutter, die nicht mehr imstande gewesen wäre zu verstehen, warum sie so lange allein bleiben musste – ohne uns. Also kam sie ins Pflegeheim in eine Zwei-Zimmer-Wohnung, die Peter ihr in einer Nacht- und Nebel-Aktion mit ihren eigenen Möbeln und vertrauten Gegenständen einrichtete, sodass sie sich zu Hause fühlen konnte.

Ins Altersheim abschieben, formuliert man immer so undurchdacht. An wem bleibt die Pflege denn im Allgemeinen hängen? An den Frauen. Und keiner möchte darüber nachdenken, wie sie das neben ihrem normalen Leben schaffen sollen! Die beiden alten dicken Hunde, vierzehn- und fünfzehnjährig, holten wir aus dem Tierheim, wo sie fürs Erste eine Notunterkunft gefunden hatten, und nahmen sie zu uns. Das war mein Zugeständnis an meine Mutter. Ihre Hunde waren ihre Kinder geworden, nun waren sie und die Hunde meine Kinder.

All das hielt uns monatelang auf Trab. Wir bewegten uns nur mehr mit schlechtem Gewissen zwischen den Aufgabenbereichen hin und her. Wie sehr wir uns auch anstrengten, jeder Tag war unbefriedigend, weil immer ein Bereich unerfüllt bleiben musste. Ihr Haus in Krailling hatte ich verkaufen können und müssen, unter Preis, meine Mutter hatte sich die letzten Jahre nicht mehr um ihre Finanzen gekümmert und sich geweigert, ihren wachsenden Darlehen ins Auge zu sehen. Ich half, wo ich konnte, das Haus war mir überschrieben worden, aber damit auch die Kredite, die laufenden Kosten und die Verantwortung für Instandhaltung und Reparaturen.

Eigentlich hätte meine Mutter schon seit ein bis zwei Jahren nicht mehr alleine dort leben können, aber mithilfe ihrer Zugehfrau, die mit den Jahren mehr und mehr ihre Altenpflegerin geworden war und sich ihrer annahm, ging es so recht und schlecht. Meine Mutter kämpfte sich durch die Einsamkeit, verweigerte aber Besuche von Freunden. Die tapfere Zugehfrau war mit der Pflege überlastet, ich durch meinen Beruf auch. Die Situation war für alle Beteiligten nicht glücklich, aber meine Mutter weigerte sich strikt, ihr Haus zu verlassen. Ich war ständig auf Tour und wohnte zwei Stunden von ihr entfernt, die Besuche waren nur in Dreimonatsfristen möglich, und es gab nicht wenige Menschen, die sich in übler Nachrede ergingen, dass ich mich nicht ausreichend um meine alte Mutter kümmerte. Keiner kannte ihren Starrsinn, ihre Verweigerungen und ihren Unwillen, sich auf Kompromisse einzulassen, die nicht in ihrem Sinne waren, aber die Gesamtsituation entspannt hätten. Sie wollte an Weihnachten nicht zu uns geholt werden. (»Da ist dein Vater gestorben, ich will das nicht feiern! Ich bleibe alleine!«) Sie wollte uns generell nicht besuchen (»wegen der Hunde«), sie fand die meisten Menschen, die sie sehen wollten, nicht passend, langweilig oder enervierend und erging sich am Telefon in langen Klagen über alles und jeden.

Alles änderte sich mit der zunehmenden Demenz. Diese Krankheit verursachte ihr nächtens Ängste, sie fürchtete, im Nichts, im bewusstlosen Dunkel, in einer Nacht der Sprachlosigkeit zu versinken, sie träumte schwer und schreckte hoch und schrie dann, alleine im Haus, erzählte sie. Also wurde, als ihre Zugehfrau und Betreuerin es nicht mehr schaffte, ein Pflegedienst hinzugezogen und meine Mutter, die in Pflegestufe eins eingestuft worden war, bekam ein Antidepressivum. Womöglich hätte sie es viel früher nehmen sollen, dachte ich, vermutlich war ihr Schicksal eine nicht bewusst gemachte Depression. Ich hatte das seit langem geahnt, aber sie wollte von meinen und auch von psychologischen Ärztediagnosen nichts wissen. »Ich hab immer nur auf seine abstehenden Ohren schauen müssen«, erzählte sie von ihrem einzigen Besuch bei einem Psychologen. »Und dem werde ich sicher nicht mein Leben erzählen. Das geht den überhaupt nichts an!«

Mit den Tabletten begann sie freundlich zu werden. Sie gehörte zu den Menschen, die im Alter nicht böse werden, sondern nett.

»Wenn ich nix mehr begreife und verblödet bin, dann setzt du mich halt irgendwo rein.«

In ein Heim, hatte sie gemeint, und ich hoffte und betete, dass ein gütiger Gott etwas geschehen lassen möge, damit ich meine Mutter beim Datum X, das gnadenlos immer näher rückte, nicht zum Auszug zwingen musste. Aber sie klammerte sich während der letzten Jahre ans Haus wie eine Ertrinkende an eine Planke, die Hunde dienten zusätzlich als Vorwand für die Unmöglichkeit aus- und umzuziehen, nein, solange sie bei Verstand sei, werde sie keinesfalls in ein Heim gehen, und am liebsten wolle sie in ihrem Haus sterben!

»Was ist, wenn du stürzt? Wenn etwas passiert?«, fragte ich.

»Ich werde kein Pflegefall!«, sagte sie energisch. »Das steht auch in meinem Horoskop. Ich werde eines unnatürlichen Todes sterben, das weiß ich! Ein Unfall oder ich falle wo runter oder so.«

»Mami«, sagte ich dann, wenn wir stets die gleiche Unterhaltung führten, »das liegt doch nicht in deiner Hand ...«

Davon wollte sie nichts wissen.

»Wir nehmen sie zu uns«, sagte mein Liebster immer wieder in seiner unerschöpflichen Gutmütigkeit.

»Du bist naiv«, entgegnete ich. »Du hast keine Ahnung, was das bedeutet, eine Mutter zu pflegen. Ich stehe auf der Bühne, und du bist Tourmanager und auch Künstler! Ich kann nicht erschöpft von der Pflege meiner Mutter auf die Bühne gehen und überarbeitet heimkommen!«

»Das schaffen wir schon«, erklärte er immer und immer wieder zuversichtlich und guter Dinge. »Wir werden eine Pflegekraft engagieren und alles gut organisieren. Ich helfe dir!«

Er stellte sich vor, wie wir sommers im Garten sitzen und singen, ein Bierchen trinken und die letzten Jahre in inniger Gemeinschaft verbringen würden. Ich fand seine Bereitschaft großartig, und er schenkte mir damit zumindest diese schöne Vision, aber ich glaubte nicht, dass das hätte gut gehen können – und stimmte dennoch schweren Herzens zu. Er hätte sich zu hundert Prozent eingebracht, dessen war ich sicher, ich kannte ihn seit acht Jahren. Aber ich war mir meiner selbst nicht sicher. Ich hatte stets zu meiner Mutter gesagt: »Ich werde dich später nicht pflegen, Mami – das kann ich nicht.«

Lieber Gott, lass etwas passieren, betete ich, *dass wir das nicht entscheiden müssen, bitte lass diesen Kelch an mir vorübergehen.*

Mein Gott hörte mich und ersann eine Lösung, vielleicht war es auch das liebende Unterbewusstsein meiner Mutter, ihre Seele. Ihr Unfall war gleichzeitig auch ihr Abschied aus Krailling. Als sie schließlich im Pflegeheim war, fragte sie nie wieder nach ihrem Haus.

Das Ausräumen des Hauses und Auflösen ihres Haushalts war eine kraft- und zeitraubende Aktion. Gottlob hatten wir drei Jahre zuvor, als meine Mutter ein neues Kniegelenk bekommen hatte, schon einen großen Teil ausmisten können. Doch immer noch gab es kistenweise Zeitungen, Kartons voller Zeitungsausschnitte, Altkleider, Nippes aus dem Keller, Blumentöpfe, Vasen … Alles, was nicht mehr zu gebrauchen war, kam auf den Sperrmüll. Die zweite Fuhre, die aus dem Haus gebracht wurde, waren ihre Möbel, mit denen wir ihr neues Heim einrichteten, Bilder, Schränke, Teppiche, verwertbare Möbel. Wir sortierten zudem aus, was bei ihr keinen Platz mehr fand und bei uns untergestellt werden musste. Die dritte Aktion waren die Container. Das war am härtesten – zwei riesige Container, in denen das Leben meiner Eltern und meines davonschwebte, als sie der große Kran an der riesigen, schweren Kette nach oben lupfte und auf den Laster setzte, der sie auf die Müllhalde fahren würde.

Dem war tagelanges Aussortieren vorausgegangen: Was bleibt, was kommt weg? Bankauszüge, Krankenkassenordner,

Theaterstücke meines Großvaters, Videos und Bücher, Bücher, Bücher. Als Helfer hatte ich drei Nichtleser, die verständnislos auf meine Bücherkisten für den Container warteten, ich alleine mit den geistigen Schätzen, deren Ausmaß mich erdrückte. Wunden Herzens musste ich im Schnellverfahren Dutzende und Aberdutzende von Kochbüchern, Romanen, Biografien, Sachbüchern, Atlanten und Weltliteratur dem Container übergeben – Flohmarkt, Stadtbibliothek, all das war viel zu zeitaufwendig, wir hatten nur drei Tage zwischen der einen und der anderen Tour. Die Matratzen meiner Eltern, ihre Bettdecken, im Kellerbüro Regale voller alter Studiotonbänder (für die es gar keine Tonbandgeräte mehr gibt) mit Aufnahmen von bayerischen Musikgruppen, Schauspielern, Sängern – alles in den Container. Der Schreibtisch meines Vaters, säuberlich geordnet, Radiergummis, Bleistifte, Spitzer, Kugelschreiber – in den Müll.

Dann kam der letzte Termin: Ein Kleinbus mit Kisten voller Gegenstände, die wir für uns ausgesucht hatten und behalten wollten, restliche Kleider meiner Mutter, ihr Schmuck. Wir würden am Morgen nach der letzten Nacht im Haus alles sauber auskehren und Abschied nehmen von meinem Elternhaus, das zweite Elternhaus, das ich verlor.

Dann fand ich die Tagebücher … in sauberer, akribischer Schrift hatte mein Vater die letzten zwei Jahre vor seinem Tod beschrieben. Nie hatte ich seine Schrift entziffern können, nun konnte ich sie auf einmal lesen, als hätte er mir aus dem Jenseits eine magische Brille zugeschoben. Ich setzte mich in die Küche, wo die letzte helle Lampe leuchtete und las, was nach seinem Schlaganfall in ihm vorgegangen war, wie er mit starkem Schwindel gekämpft und dennoch den *Verkauften Großvater* auf Tournee gespielt hatte, die kraftraubende Titelrolle. Er beschrieb die Gespräche mit seinem Arzt, der ihm riet, alle Engagements anzunehmen, das lenke ihn von der Krankheit ab, er äußerte Gedanken über seine Frau, meine Mutter – und über mich.

Er beschrieb einen Streit, den wir hatten, weil er sich über eine meiner Tanten und ihren damaligen jüngeren Freund und ihre Auseinandersetzung mit ihm in einer Weise geäußert hatte, die mir missfiel. Sie werde doch bald sechzig, sagte er, und da sei das dann ja eh bald kein Thema mehr. Ich hatte mich heftig aufgebäumt und versucht, ihm streitbar klarzumachen, dass es nicht anginge, wie chauvinistisch und altbacken er sich in seiner abfälligen Frauensicht gebärde. In seinem Tagebuch stand, er sei im Moment froh, wenn ich nicht käme, weil meine Mutter nach meinen Besuchen immer völlig aufgelöst sei. Er hielt zu ihr, er war immer und zu jeder Zeit und unter allen Umständen loyal. Er sah wohl ihre Schwächen, aber er war und blieb ihr Beschützer – *ihr* Beschützer! Und ich war der Störenfried.

Wieso muss ich das ausgerechnet jetzt noch finden?, haderte ich.

»Das ist doch gut …«, sagte Peter sanft. »Nun kannst du ihn besser verstehen.« *Damit mein Puzzle also vollständig wurde, spielte mir mein Vater seine Tagebucheinträge zu.* Ich bekam ein besseres Bild von ihm, konnte ihn tatsächlich besser verstehen, aber es war so schmerzhaft, und es gab nun keine Chance mehr, darüber zu reden.

Aber das Reden hätte wohl auch nichts genützt.

Wir hatten jahrelang über alles und nichts diskutiert. Die Diskussionen mit ihm, auch auf hohem philosophischen Niveau, hatten meinen Geist geschärft und meine Argumentationsfähigkeit gestärkt, mein Denken gebildet, aber selten unser Verständnis füreinander verbessert. Ich verstand ihn ja, aber meine Versuche, mich ihm zu erklären, blieben ohne Erfolg. *Er* verstand *mich* nicht. Das tat mir so leid – und nun noch mehr.

Papi, bitte verzeih mir, dass du mich nicht verstehen konntest.

Angenommen, spürte ich da das Haus sagen …

Ich glaube, er war da. Er tauchte noch einmal auf, als alle Möbel draußen waren, alle Kisten verstaut und Peter und ich im leeren Haus in der verbliebenen letzten Einbausitzecke im Wohnzimmer saßen. Er war der Letzte, der das Haus verließ, nicht meine Mutter.

Ich heulte Rotz und Wasser, Peter heulte mit.

Wir gingen in die Kraillinger Brauerei und erzählten uns Kindergeschichten, über Tränen und Leid und Missverständnisse. Die Kraillinger Brauerei, in der mein Großvater gesessen hatte, mein Vater gesessen hatte, in der meine Eltern sich kennengelernt und in der ich meine Hochzeitsfeier abgehalten hatte, in der wir so viele Muttertage und Geburtstage gefeiert hatten und in die wir meine Mutter die letzten Monate, als sie noch halbwegs mobil war, zum Essen geführt hatten. Der Wirt merkte wohl, dass etwas Besonderes um uns war und hielt sich dezent zurück. Und als wir um Mitternacht in das geisterhafte entkernte Haus zurückkamen, fiel uns beiden ein, dass Valentinstag war.

Wir weinten wieder und hielten uns gegenseitig erschöpft im Arm. Eine letzte Nacht schliefen wir in meinem Elternhaus, und als wir es am nächsten Morgen nach der Übergabe an die neuen Besitzer verließen, winkte niemand mehr, keine Mami stand an der offenen Türe und hob ihre Arme – eine Ära war abgeschlossen.

Nach einem guten Monat war meine Mutter, wie man sagt, im Heim angekommen. Sie mochte ihre Wohnung dort, die Einrichtung, freute sich über das Essen und verstand, dass sie körperlich gut versorgt wurde. Wir besuchten sie so häufig, wie es uns möglich war, und fanden einen Weg, um mit ihr zu kommunizieren. Wir halfen ihr, ihre Sätze zu vervollständigen, lachten mit ihr, wenn sie Wörter verwechselte, beruhigten sie, wenn sie verzweifelte, weil sie ihre Sprache verlor.

Peter war der treibende Part.

»Komm, wir besuchen deine Mutter«, sagte er. »Komm, wir bringen ihr Honig mit. Vergiss die Gitarre nicht.«

Er druckte Fotos und Liedertexte aus, packte Fotoalben für sie in eine Kiste und stöberte alle alten Schätze auf. Zu dritt saßen wir um den Bauerntisch im Wohnstift und sahen Fotos an. Peter entdeckte ein Album mit der Aufschrift »Von Lisa für meine Mami«, in dem ich Bilder aus ihrem ganzen Leben zusammengestellt hatte mit meinen Beschreibungen und Kommentaren und Malereien. Damals hatte sie es achtlos weggelegt und in ihrer dunklen Zeit nicht wertgeschätzt und mich verletzt. Nun war sie begeistert und erzählte immer und immer wieder davon. Wir sangen gemeinsam »Am Brunnen vor dem

Tore«, »Sah ein Knab ein Röslein stehen« und ihr Lieblingslied »Rosemarie« immer und immer wieder – und alle alten Lieder vom FITZETT. Sie wusste fast alle Texte auswendig, die hatte die Demenz vollkommen unversehrt gelassen. In einem der Alben fand ich ein handgeschriebenes Märchen in einem Brief von meiner Patentante Marikus, einer Junggesellin und Bibliothekarin, die sich in wahrhaft vorbildlicher Weise ihres Patenkindes und der Aufgabe als Patentante angenommen hatte. Ich hatte sie ganz vergessen.

Das Märchen (ich glaube, sie hat es selbst geschrieben) handelte vom Kasperl, der eine Frau sucht. Die »liebe Mami« geht mit ihm auf die Suche nach ihr, und sie finden die Gretl in einem kleinen Häuschen im Wald bei einer armen Familie. Aber der Kasperl muss warten, weil die Gretl noch viel zu klein ist. Er soll später wiederkommen, um sie zu holen, wenn sie größer ist.

Auf dem Rückweg hören die liebe Mami und der Kasperl Hilferufe, und wie sie ihnen nachgehen, entdecken sie, eingesperrt in einer Grube, tief wie ein Verließ, eine Prinzessin mit ihrem Vater, dem alten König, die man dort versteckt hat. Der Kasperl befreit sie, und die liebe Mami darf alle drei in ihrer warmen Manteltasche mit nach Hause zur Lisa nehmen.

Mir fiel ein, dass ich von Tante Marikus meine erste Kasperlfigur, eine Handpuppe, bekommen hatte und dass das beiliegende Geschenk zu diesem Märchen und diesem Brief damals die Prinzessin und der König gewesen waren.

Mein Gott, gibt es mehr Symbolik? Ich las das Märchen vor, ohne darauf gefasst gewesen zu sein, wovon es handeln würde. Tränen flossen.

Zu Hause putzte mein Liebster das alte Silberbesteck meiner Mutter.

»Lass doch gut sein«, sagte ich zu ihm. »Ich ess doch gar nicht mit dem Besteck. Wir verkaufen es am besten.«

»Nein«, sagte er entschlossen, »das tust du nicht. Nur, weil etwas alt ist, heißt das nicht, dass es nicht mehr gut ist oder dass man es nicht brauchen kann. Die alten Dinge haben eine

Vergangenheit, sie erzählen eine Geschichte, und sie sind oft viel, viel schöner als die neuen!«

Mein Nostalgiker Peter. Er gab den Dingen ihren Wert und ihre Bedeutung zurück, den Fotoalben, den Erlebnissen meines Vaters als Marineoffizier im Krieg im U-Boot, alles lebte wieder auf.

»Weißt du eigentlich, was dein Vater für ein Held war?«, fragte er mich.

Peter hatte sich lange und ausgiebig mit dem Zweiten Weltkrieg, den historischen Fakten und Kriegstechniken befasst.

»Abgesehen von dem Horror und den Schrecken dieses Krieges und den Verlusten der Gegenseite ..., aber dein Vater hat vierundzwanzig Stunden in unbeschreiblichen Umständen, unter härtesten Bedingungen verbringen müssen, in einem U-Boot, das vom Feind beschossen wurde, da war er gerade mal zweiundzwanzig Jahre alt. Er war als Leutnant zur See auf der U 223 zweiter Wachoffizier. Hier steht das ...«

Er zeigte mir das Fotoalbum. »U 223 Typ VII – C Klasse, Nenntauchtiefe 120 Meter. Bei der vierundzwanzigstündigen Verfolgung mit Wasserbomben ging die U 223 auf bis zu 260 Meter Tiefe. Und am 29. 03. 44 versenkte sie die U.S.S. Dorchester.«

»Oh Gott ... dort waren auch junge Burschen drin, die alle umkamen!«

»Das stimmt ...«

Unsere Stimmung sank auf den Nullpunkt.

»Deswegen hat er wahrscheinlich so selten darüber gesprochen.«

»Die waren alle froh, dass die Schrecken des Krieges vorbei waren, das kannst du glauben ... Aber du hast ihn immer als so gemütlich und ein bisschen weich beschrieben – dein Vater hat Unvorstellbares durchgemacht und geleistet! Freiwillig ist in dieser Zeit niemand in den Krieg gegangen!«

Peter zog die Fotos meiner Mutter in ihren schönen Bühnenkleidern heraus, scannte sie ein und vergrößerte sie, druckte sie für mich und meine Mutter aus und ließ mich dazu Geschichten erzählen, auch zu allen alten Bildern meiner Familie, und fragte bei jedem Bild, wer die Menschen auf dem Foto seien und in welcher Beziehung sie zu meiner Mutter stünden. *Er gibt den Dingen ihren Wert und ihre Bedeutung zurück,* dachte ich wieder. Auch dem schönen Geschirr aus Krailling, das nun auf unserem Mittagstisch steht und benutzt wird, den Fotos von meiner Mutter und mir – und dem Silberbesteck.

»Ich danke dir«, sagte ich, »ich danke dir wirklich von Herzen. Ich werde das nie vergessen.«

Dankbarkeit ist die Erinnerung des Herzens«, sagt Romano Guardini.

Und echter Ungehorsam, wenn er nicht nur eine maskierte spätpubertäre Auflehnung sein soll, setzt zuerst mal das Annehmen der Vergangenheit voraus.

»Ich kann die schönste Zeit in meinem Leben, die Zeit, als ich ein fünfjähriges Kind war, wieder lebendig werden lassen«, sagte ich zu Peter.

Wir lagen beide auf der großen Couch. Meine tiefen persönlichen Erkenntnisse kamen wie immer zu einem seltsamen Zeitpunkt, diesmal mitten in einem alten US-Western. Er drehte den Fernseher ab und sah mich lange an. »Ja. Das kleine Mädchen, die glückliche Lisi, die du Jahrzehnte in ein Burgverlies gesperrt hast, darf jetzt wieder raus und deine Hand nehmen …«

Bis dahin war die Beziehung zu meiner Mutter nie wieder richtig gut und meine Abneigung gegen ihr Verhalten so groß gewesen, dass dies nicht möglich war. Ich hatte als Dauerbegleiter ständig das Gefühl gehabt: *Kinderglück ist Vergangenheit, vorbei. Diese Mutter gibt es nicht mehr, dieses Glücksgefühl auch nicht, kein Geborgensein in warmen Mutterarmen mehr und dieses Kind nicht, auch nicht in mir.*

»Ich hab wieder zu meiner Mami gefunden«, murmelte ich leise.

Dann sah ich Peter mutig in die Augen, der auch etwas betreten dreinblickte ob dieses kleinen großen Augenblicks. Er nickte langsam und wartete ab, ob ich noch was sagen würde.

»Ich hab die kleine Lisi in mein Herz gelassen …«

Der Kasperl hat seine Gretl gefunden. Und nun schauen wir mal, was wir daraus machen.

Clan macht stark

Ich glaube, ich habe alles durch an Selbsterfahrung – geistig, seelisch, körperlich. Bin immunisiert gegen Heilslehren, geimpft gegen Schmarren. Die Bayerin in mir und die über Generationen weitervermittelte und gelebte *Liberalitas Bavariae* meiner Familie hat mich lebenslang davor bewahrt, mich im mentalen Labyrinth selbstverliebter Gurus oder moralischer Vorgartenzwerge zu verirren oder dem wirren Dogma eines profitorientierten Sprücheklopfers hinterherzuhecheln. Neugierig, begeistert bin ich in jede dunkle schmutzige Höhle gekrochen und in einige Fallen getappt, wollte alles wissen und erfahren am eigenen Leib, aber ich bin nirgends sitzen oder hängen geblieben. Auf fegefeuergehärteten Beinen stehe ich nun. Halleluja!

Eine grundsätzliche geistige Freiheit, die ihre Wurzeln auch aus dem Clan speist, schützt meine Seele und meinen Körper vor Selbstzerstörung. Nach jeder *Hundekurve* (wer mit Hunden spazieren geht, weiß, wie viele überflüssige Wege sie zurücklegen) – sie wurde auf Hexenbesen weitläufig ausgeritten – bin ich wieder auf meiner Spur gelandet und konnte sagen: *Schee war's, aber jetzt geh ma wieder auf 'm graden Wegerl weiter.*

Ich bin dafür unendlich dankbar, denn wie viele Gefahren gibt es für einen Wurm wie mich, auf der Schnellstraße des Lebens von Rasern überfahren, von Ignoranten zertreten zu werden. Ich hätte untergehen, in einer Sucht oder in Resignation versinken, an der Seite des falschen Mannes zum künstlerischen Nichts schrumpfen, von einer Krankheit aufgefressen werden können, mich dominieren, schwächen und verwirren lassen oder in namenloser Beliebigkeit versanden können. *Es war nicht so.*

Und wenn man mich fragt, warum ich nun stark bin, dann sage ich: Das verdanke ich meiner Familie, meinen Ahnen, meinen wundervollen vitalen Großeltern, meinen unermüdlichen starken Eltern, meinen weisen und verrückten Tanten und Onkels, meinen streitbaren diskussionsfreudigen Cousinen, meinen sensiblen loyalen Cousins, meinem integren Sohn Nepo und meinem Exmann Ali – sie sind mein Rudel, meine innere Herde. Sie alle spielen in mir Theater. Die schillernden Farben ihrer persönlichen Facetten leuchten aus mir im privaten und im öffentlichen Bühnenlicht; meine Gedanken spiegeln die ihren wie ein Kaleidoskop in vielen Brechungen – als Lieder und Texte, als innere Entwicklung. Und ich bin stolz, dass sie zum Clan gehören und Teil meiner stark gewordenen Seele sind. Und ich danke auch meiner Fähigkeit zu erkennen – spät, aber dennoch! –, dass jeder Zweig auf einem Ast sitzt, der aus einem Baum wächst, der seine Wurzeln in einer Heimaterde hat – spirituell oder materiell.

Wenn dazu noch so ein loyaler, wertvoller Lebenspartner wie mein lieber Peter, lustige Freunde und integre Geschäftspartner kommen, die Empathie und Begeisterung mitbringen (den Rest muss man raushauen!) – dann bringt man so ein Leben ganz gut rum.

Aber bis es rum ist, hab ich mit ein bisschen Glück noch dreißig Jahre und davon fünfzehn, um viele Dinge zu machen, die *man nicht tut* – und es bleibt weiterhin: ein langer Weg zum Ungehorsam.

* * *

Dank an …

*Meine Mutter Molly und meinen Vater Walter Fitz,
an Nepo Fitz, Ali Khan, Maria & Hans Rohm,
Mona Freiberg, Kurt Kinkele & Familie,
meinen Fitz-Clan (Tanten, Onkels, Cousins und Cousinen),
Karin Winkhart & Roland Forster (für seinen Tipp mit der Lektorin), Alfred Hofmaier,
Klaus Peter Schreiner, Dieter Hildebrandt, F. X. Kroetz,
Fred Bertelmann, Samy Drechsel, Ruth Drexl,
Christa Zoidl, Anke Nagel, Sibylle Aiello,
Sandrina Sedona, Christopher Rockyngham, Reinhold Hoffmann, Robert Adé,
an unsere beiden Stofftiere Wolfi & Elke, die Supertherapeuten,
an Gudrun Rohe, meine weise Literaturagentin,
an Dirk Kohl vom Weltbuch Verlag für die Neuauflage meiner Biografie
und an Kirsten Reimers, meine wunderbare Lektorin, die nie den Überblick verlor, Klarheit schaffte und Restchaos sichtete!*

*Und zu guter Letzt vor allem an Peter,
meinen großen gefundenen Schatz, der mich all die Monate aushalten musste, während ich diese Biografie schrieb.*

Anhang

Werkverzeichnis

Diskografie

LPs/Singles
1972 – In bin bläd (Single)
1973 – ’s war schee (Single)
1974 – I mag di (LP)
1974 – Die Bayrische Hitparade (LP)
1975 – Der Tango-Franz (Single)
1981 – Mein Mann ist Perser (Single)

CDs
1983 – Die Heilige Hur’ (Rocksongs)
1985 – Die Heilige Hur’ (Solokabarett)
1985 – Fitz Hits
1987 – Ladyboss (Rocksongs)
1990 – Geld Macht Geil (Solokabarett)
1993 – Lisa Live (Solokabarett)
1993 – Loonatic (Englische Rocksongs)
1993 – Bilder im Kopf (Rocksongs)
1995 – Heil! (Solokabarett & Musiker)
1996 – Kruzifix (Rockkabarett)
1998 – Die Geilsten (Die besten Songs und Texte)
1999 – Wie is’n die in echt? (Solokabarett)
2003 – Alles Schlampen außer Mutti (Kabarett mit Sohn Nepo)
2005 – Lex Mihi Ars (Solokabarett)
2005 – Nuan (Hörbuch)
2010 – Super Plus! Tanken & Beten (Solokabarett)

Bühnenprogramme

1974 – Erstes Soloprogramm (Drehleier, München, mit Musikern)
1976 – Lisa Fitz Solo (Kabarettsolo, Lach- & Schießgesellschaft, München)
1980 – Menschliches (Kabarett mit Ali Khan)

1983 – Die Heilige Hur' (CD & Solokabarett)
1984 – Ein Perser kommt selten allein (Einmalige Rockshow im Münchner Volkstheater)
1987 – Ladyboss (Rockshow mit Ali Khan & Band)
1989 – Geld Macht Geil (Solokabarett)
1993 – Heil! (Solokabarett & Musiker)
1996 – Kruzifix (Rockkabarett mit Ali Khan & Band)
1997 – Herzilein (Theaterstück)
1998 – Wie is'n die in echt? (Solokabarett & Musiker)
2002 – Alles Schlampen außer Mutti (Kabarettshow mit Sohn Nepo)
2005 – Lex Mihi Aris – Die Kunst sei mir Gesetz (Solokabarett)
2008 – Super Plus! –Tanken & Beten (Solokabarett)

Bücher

1988 – Die Heilige Hur' (Texte & Lieder)
1990 – Geld Macht Geil (Texte & Lieder)
1994 – Heil! (Buch zu CD & Bühnenprogramm)
1995 – Flügel wachsen nach (Roman)
1996 – Kruzifix (Buch zu CD & Bühnenprogramm)
2003 – Alles Schlampen außer Mutti (illustriert von Peter Knirsch)
2005 – Nuan (Roman)
2011 – Der lange Weg zum Ungehorsam (Autobiografie)
2022 – Der lange Weg zum Ungehorsam (Autobiografie), Wiederauflage als Taschenbuch-Edition und E-Book

Bildnachweise Innenseiten

- Agentur Schneider-Press/Erwin Schneider: S. 302
  Farbbildteil: S. 4 oben, 5 oben, 6 unten, 7 unten
- Manfred Baumann: *Farbbildteil:* S. 8 oben
- Martin Hangen: *Farbbildteil:* S. 5 unten
- Mr. Bear: S. 213
- Niko Schmid-Burgk/photoselection: *Farbbildteil:* S. 8 unten
- Pauli/Succomedia, München: S. 246
- picture-alliance: *Farbbildteil:* S. 7 oben
- picture-alliance/dpa: S. 348
- Privat: S. 8, 9, 21, 26, 32, 33, 34, 35, 36, 39, 45, 48, 49, 55, 56, 59, 61, 71, 72, 79, 80, 94, 97, 105, 106, 107, 111, 112, 117, 122, 125, 127, 133, 135, 136, 137, 138, 143, 153, 166, 171, 174, 180, 188, 190, 233, 235, 242, 244, 245, 251, 257, 273, 236, 333, 345, 353,
  Farbbildteil: S. 1, 2, 3, 4 unten, 6 oben
- RTL Television: S. 316

Über die Autorin

Lisa Fitz, 1951 in Zürich geboren, stammt aus einer bayerischen Künstlerfamilie und gehört zu Deutschlands profiliertesten und erfolgreichsten Kabarettistinnen.

Populär wurde sie 1972 als Moderatorin der im Bayerischen Rundfunk ausgestrahlten Musiksendung „Bayerische Hitparade" und machte sich als Songwriterin mit „I bin blöd" und „I mog di" (1972) auch außerhalb Bayerns bekannt. Seit den 1970er Jahren wurde sie auch als Schauspielerin zu einer festen Größe im TV, so u. a. im „Tatort", bei „Meister Eder und sein Pumuckl", im „Der Bulle von Tölz", im Kroetz-Film „Das Nest". Als „Dr. Hanna Wildbauer" hatte Lisa Fitz von 2005 - 2008 die Titelrolle der RTL-Serie „Die Gerichtsmedizinerin" inne.

Ab 1980 legte sie ihren künstlerischen Schwerpunkt konsequent auf das Kabarett. Von der Politkabarett-Legende Sammy Drechsel (1925 - 1986) von der „Münchner Lach- und Schießgesellschaft" sowie von Kabarettist Dieter Hildebrandt gefördert und mehrfach zu Gast in der Satiresendung „Scheibenwischer", machte Lisa Fitz es sich zur Aufgabe, gegen die Resignationshaltung vieler Menschen zu wirken. Mit 16 Soloprogrammen (Stand 2022) wie „Geld Macht Geil", „Alles Schlampen außer Mutti!" (2002), „LEX MIHI ARS – Die Kunst sei mir Gesetz" (2005), „MUT – Vom Hasen zum Löwen" (2013) „Weltmeisterinnen" (2018) und „Dauerbrenner – das große Jubiläumsprogramm" (2021) setzte sie dieses Konzept um.